21 世纪教师教育系列教材·物理教育系列

中学物理课程与教学论

张军朋　许桂清　编　著

北京大学出版社
PEKING UNIVERSITY PRESS

图书在版编目(CIP)数据

中学物理课程与教学论/张军朋，许桂清编著.—北京：北京大学出版社，2021.8

21世纪教师教育系列教材·物理教育系列

ISBN 978-7-301-32320-5

Ⅰ.①中…　Ⅱ.①张…②许…　Ⅲ.①中学物理课－教学研究－师范大学－教材　Ⅳ.①G633.72

中国版本图书馆CIP数据核字（2021）第140728号

书　　　名	中学物理课程与教学论
	ZHONGXUE WULI KECHENG YU JIAOXUE LUN
著作责任者	张军朋　许桂清　编著
责 任 编 辑	李淑方
标 准 书 号	ISBN 978-7-301-32320-5
出 版 发 行	北京大学出版社
地　　　址	北京市海淀区成府路205号　100871
网　　　址	http://www.pup.cn　新浪微博：@北京大学出版社
微信公众号	通识书苑（微信号：sartspku）　科学元典（微信号：kexueyuandian）
电 子 邮 箱	编辑部 jyzx@pup.cn　总编室 zpup@pup.cn
电　　　话	邮购部 010-62752015　发行部 010-62750672　编辑部 010-62767857
印 刷 者	河北滦县鑫华书刊印刷厂
经 销 者	新华书店
	787毫米×1092毫米　16开本　23印张　560千字
	2021年11月第1版　2025年6月第4次印刷
定　　　价	65.00元

内容提要

　　本书基于当前我国核心素养导向的基础教育物理课程改革的需要及其对培养卓越物理教师的要求,在吸取近年来物理课程与教学论学科建设最新成果的基础上,重新建构了课程的内容,主要包括中学物理教育的目的和任务,中学物理学习的基本理论,中学物理课程的基本理论,中学物理教材,物理教学过程、原则、方法与策略,物理教学设计与说课及评课与观课,中学物理教学资源的开发和利用,物理教学测量与评价。本书编写时力图体现中学物理课程与教学论的核心内容,力图反映物理教育研究的最新成果和基础教育物理课程改革的最新实践成果,做到理论性与实践性的统一、基础性与时代性的统一。

　　本书可作为师范院校物理学专业本科生教材,也可作为课程与教学论(物理)专业研究生及教育硕士(学科教学·物理)学位课程"物理课程与教学论"的教材或参考书,还可以作为中学物理教师、物理教研人员和有志于从事中等物理教育的综合大学物理学专业及相关专业毕业生接受继续教育的参考书。

前　言

　　"中学物理课程与教学论"是为高等师范院校物理学专业师范生开设的一门专业必修课程。经过本课程的教学和实训,物理师范生可具有先进的、与基础教育物理课程改革相适应的课程与教学理念,掌握从事中学物理课程教学所必备的基本知识、基本方法和基本技能,具有卓越的物理教师专业发展所必备的物理教学信念与责任、物理教学知识与能力和实践基础,在多样化的实践活动中发展物理教学与研究能力,不断提升自己的物理教学专业素养。本书就是为这门必修课程而编写的教材。

　　本书基于核心素养导向的基础教育物理课程改革的要求,在吸取近年来物理课程与教学论学科建设最新成果的基础上,本着简明、实用,突出重点的原则,重新建构了"中学物理课程与教学论"课程的内容,主要包括中学物理教育的目的和任务,中学物理学习的基本理论,中学物理课程的基本理论,中学物理教材,物理教学过程、原则、方法与策略,物理教学设计与说课及评课与观课,中学物理教学资源的开发和利用,物理教学测量与评价。本书编写时力图反映物理教育研究的最新成果和基础教育物理课程改革的最新实践成果,做到理论性与应用性的统一、基础性与时代性的统一。

　　下面是对本教材使用的说明和建议。

　　1. 关于课程和教材名称

　　从历史沿革上看,我国高等师范院校物理学专业在本课程名称上曾采用过"中学物理教材教法""中学物理教学法""物理教学法""物理教学论"等称谓。课程名称不同,一方面会引起对"同一课程"的不同理解,另一方面也给学科建设、教学工作、学术交流等带来不便。据了解,虽然目前很多院校在培养方案中课程名称大多是"物理教学论",但大家平时仍习惯于用"中学物理教学法"来称谓。我们认为,用"中学物理课程与教学论"替代或统一本课程仍沿用的多种称谓是必要的、合理的和适宜的。这样做的好处在于:第一,有利于改变长期以来对本课程"经验性"的印象,从而有利于提升本课程的学术性;第二,有利于改变长期以来我国对物理课程及其研究弱化的现象,有利于引导研究者和学习者既要关注物理教学研究与改革,更要关注物理课程研究与改革,从而有利于推进物理课程的研究,有利于提升学习者的课程意识;第三,"中学物理课程与教学论"这一名称也较准确地反映了这门课程的学科性质,这门课程的学科性质是研究中学物理课程与教学问题,指导物理课程与教学实践的一门理论兼应用的学科。基于以上原因,本教材采用了与课程名称相同的称谓。

　　2. 关于课程的设置和本教材的适用性

　　近年来,国务院和教育部出台了一系列教师教育改革的文件,各高等师范院校也加强了对教师教育改革的力度。特别是有些高校对本科类教师教育课程进行了整体改革,开设了不同层次、不同类型的多门课程,如必修的"中学物理课程与教学论""中学物理实验研究""信息技术在物理教学中的应用""中学物理微格教学""中学物理教学设计",以及选修的"物理教学测量与评价""物理教育研究""物理学习心理学"等。此外,随着"互联网＋教育"的兴起,新形态课程如"在线课程""共享课程"如雨后春笋般涌现,为学习者随时随地学习提供了现实的可能性。鉴于各院校开设教师教育课程的实际情况,为了避免重复,本教材保留了"中学物理课程与教学论"最为核心的内容,力求给师范生提供当前物理课程和教学改革的新理念、新思路、新方法。建议使用本教材的教师自觉实现与不同课程的对接,如本教材与微格教学课程的对接、本教材与在线课程"中学物理教学设计"的对接,从而实现理论与实训的结合、线下学习和在线学习的整合。

3. 关于课程的理论性和实践性

我国在本门课程的实践中存在着两种极端倾向,在强调理论性时,削弱或忽视实践性;在强调实践性时,忽视理论性。当前后一种倾向表现得特别突出,应引起高度的重视和关注,否则后患无穷。从教材的本质属性来看,作为教材的"中学物理课程与教学论"是涉及物理课程、教学理论和技术发展的知识系统,这个知识系统至少包含理论性知识、经验性知识和方法论知识,或简约概括为通常讲的知识、技能和策略。从作为一门课程的"中学物理课程与教学论"来讲,如何让缺乏教学实践经验的师范生接受这门课程的理论知识、技能和策略,并逐步内化为他们自己的体验,转化为他们执教物理课程的智慧,是讲授这门课程的最大挑战。为了避免上述问题,我们提出以下建议:

第一,要重视理论的教学。"中学物理课程与教学论"是一门实践性很强的理论课程,重视理论教学是对这门课程必然的要求,但在重视理论教学的同时,要自觉将理论和实践活动建立联系:一方面与案例研讨和课例观摩相结合的理论知识的教学要得到切实的重视,另一方面教师要引导师范生在理论指导下进行教学技能的训练和教研能力的培养。

第二,要认识和适应教学对象的特点。本课程的教学对象是即将走上工作岗位的师范生,他们的特点是有物理课程和教学的直觉认识,但缺少课程意识、教学体验和教学观念,因此在本课程的教学中,情境教学、问题教学、课例研讨应该得到重视。

第三,要联系当前国内外物理课程与教学改革的实际,切实引领师范生树立先进的教育理念和可持续发展的观念。但要注意本门课程仅靠理论的讲授和认同是不行的,还必须给师范生提供机会,创造环境条件,让他们亲自去实践、去体验,也就是让他们在反思中学、在做中学、在悟中学、在探究中学、在同伴的质疑问难中学,以达到从自己的体验和领悟中实现理性认识和实践体验的融合统一。

在我国,基于核心素养的基础教育物理课程改革刚刚起步,物理教师教育课程的改革也在探索之中,特别是"互联网＋"对教育的影响在不断增强,本书的内容体系是一次新的尝试,定有很多不足之处,恳请广大读者批评指正。

张军朋

2021 年初夏于广州

目 录

0 绪 论

物理学是自然科学领域的一门基础学科,研究自然界物质的基本结构、相互作用和运动规律。物理学基于观察与实验,建构物理模型,应用数学等工具,科学推理和论证可形成系统的研究方法和理论体系。物理学始终引领人类对自然奥秘的探索,深化着人类对自然界的认识,推动了科学技术的进步,促进了人类的生产生活方式的变革,对人类的思维方式、价值观念产生了深远影响,对人类文明和社会进步做出了巨大贡献,对人类未来的进步和发展也将起着关键作用。在普通中学阶段设置物理课程的目的在于使学生在探索认识物理世界的同时,掌握物理学的基本知识和技能,引导学生从物理学的视角认识自然,理解自然,建构关于自然界的物理图景;引导学生经历科学探究过程,体会科学研究方法,养成科学思维习惯,增强创新意识和实践能力;引领学生认识科学的本质以及科学·技术·社会·环境(STSE)的关系,形成科学态度、科学世界观和正确的价值观,为成为有责任感的公民奠定基础。要达到这一目的,其基本途径就是物理教学。物理课程与教学论作为研究物理教与学问题的一门学科,对于推动我国基础教育物理课程与教学的改革与发展,提高物理教育的质量和效益,培养合格物理师资产生了重要的作用和影响。本章在对物理课程与教学论的形成和发展过程进行简要回顾的基础上,对物理课程与教学论的学科性质、研究对象和内容以及物理课程与教学论课程的任务、学习方法展开探讨,以期读者对物理课程与教学论有一个概括的认识。

0.1 物理课程与教学论的形成和发展

回顾历史,我国高等师范院校始建于光绪二十八年(1902 年),校名为京师大学堂"师范馆",学制二年。第一学年学普通课,第二学年分科学习,共分四科,当时称为四类。物理、化学、数学合在一类,教育课程有教育学、心理学。1919 年修业年限改为四年,教育课程,除教育学、心理学、教育史之外,又增设了"教授法原理"课程。1933 年设立了物理系,除各种物理学科课程之外,教育课程的安排是:一年级学习"教育概论";二年级学习"教育心理";三年级学习"普通教学法""教育统计及测验"、教育参观;四年级学习"中等教育""教育史""教育行政""儿童及青年心理""物理教学法"、参观实习。至此,物理教学法才作为一门独立课程在我国师范院校开设。但当时中学物理课程大都采用欧美的教材,所以直到中华人民共和国成立前夕,中学物理课程教材和教法受西方和日本的影响较大。

20 世纪 50 年代初,我国各行各业全面学习苏联的经验和做法,教育界也不例外。苏联的教育理论和实践经验相继被介绍到我国,特别是苏联著名教育家凯洛夫(N. A. Kaiipob)主编的《教育学》的翻译出版,凯洛夫的教育思想逐渐渗透到各科的教学中去,各师范院校相继开设了物理教学法课,使用的教材是东北师范大学物理系齐庆生教授翻译的苏联物理教学法专家兹那敏斯基的《苏联中学物理教学法》。1954 年 8 月,北京师范大学物理系方嗣樛教授编写的《物理教学法》出版,并由中央人民政府高等教育部教材编审处审定为高等学校交流讲义。讲义的序言指出,物理教学法课的"目的和任务是教会物理系、科的师范生认识中学设置物理课程的目的和任务及其教材内容,中学物理课程的教学规律以及中学物理教师所负的教学任务"。这部教材借鉴苏联的先进经验,结合我国的具体情况,比较全面地阐述了中学物理教学的基本问题。这对我国的中学物理教学及教学研究步入正轨,建立正常的物理教学秩序,组建一支物理教学研究的专业队伍,起了积极的作用。但由于我们几乎全盘接受了苏联当时的做法,所以,在教学中出现了某些偏差,如教学环节强求规范,过分强调知识的传授,夸大教师的作用。1963年,教育部颁布《高等师范学校物理系教学计划(草案)》把"中学物理教学法"改称"中学物理教材教法",使此前一度中断的中学物理教学法课程恢复正常,不少学校采用自编讲义恢复教学,并开展了一些教学研究工作。

1966 年至 1976 年教学研究和教学改革工作被迫停止。高校恢复招生后,师范院校恢复并充实了物理教学法的研究,把物理教学法课程作为必修课,各级各类物理教学研究机构陆续成立,才使我国的物理教育步入了一个崭新的天地。

1978 年中国物理学会组建了物理教学研究委员会,1981 年中国教育学会成立了物理教学研究会(1997 年更名为中国教育学会物理教学专业委员会)。物理教学研究会的建立,标志着我国的物理教学研究步入了新的阶段。实践证明,物理教学专业委员会的建立对推动我国中学物理课程教学改革与研究,交流物理教育信息与研究成果,提高中学物理教学质量,改革高等师范"中学物理教学法"课程,提高中学物理教师的水平都起到了积极的作用。在这一时期,陆续创办了一些中学物理教学研究的专业性刊物,发表和出版了物理教学理论与实践研究的文章和著作,推动了物理课程教材教法的研究成果的交流与传播。1981 年 1 月由苏州大学物理系许国梁教授主编的《中学物理教学法》作为高等学校试用教材出版;1984 年 5 月,北京师范大学物理系阎金铎教授编著的《中学物理教材教法》问世。这些著作和教材总结了我国中学物理教学的历史经验和研究成果,对于帮助师范院校学生了解物理教学工作,熟悉和掌握物理教学原则、教学内容、教学方法起到了积极作用。

在我国学位制度建立之初,一些重点师范大学就开始培养物理教育方向的硕士研究生,那时把这一方向称为"物理教材教法研究",这对于提高物理教学的研究水平,充实高校教材教法教师队伍和培养中学物理骨干教师都起到了极大的推动作用。1983 年,国务院学位委员会在第二届博士、硕士授权点学科评议会议期间,决定把"教材教法"改称为"学科教学论",作为教育学的二级学科,从而使学科教学研究的法定地位得到确立,并在《教育学授予博士和硕士学位的学科专业目录》中把"学科教学论"定为硕士研究生的学位课程,随之"物理教材教法"更名为"学科教学论(物理)"。这标志着物理教学论作为一门学科的地位正式被承认,相应的著作也相继出版。1998 年,国务院学位办将"学科教学论"更名为"课程与教学论",从而使物理教学研究由教学领域扩展到课程领域。

从上述历史沿革的情况来看,在我国"物理教学法"课程自 20 世纪 30 年代初开设,至今已有近百年的发展历史。在此期间经历了新旧社会两个不同时期,经历了加强—削弱—取消—恢复—加强的曲折与反复,其课程名称也由原来的"物理教材教法"逐渐改造成为"物理课程与教学论"或"物理教育学",而成为教育科学中的一个重要分支学科。这里有必要对"物理教学法""物理教学论""物理课程与教学论"或"物理教育学"之间的区别与联系做一些说明,以求在概念上取得统一认识。

(1)物理教学法。它是在教学论的一般原理指导下,在总结教学经验的基础上,研究物理教学中的任务、内容、原则和方法等具体问题和具体规律。基本上它只回答物理教学"是什么"的问题,是关于物理教学的"浅层次的知识",而没有从根本上回答物理教学中"为什么"的问题。至于在教学法中加入教材研究而成为教材教法,这说明在高等师范院校开设教材教法课,对于加强师范生的职业训练和培养师范生成为一个合格的物理教师所需的教学基本功训练,以缩短毕业后由学生变成教师这种不适应的过程来说是必要的,物理教材教法课应该成为高等师范院校的一门专业必修课程。但这种需要绝不能补偿和掩盖这门课程自身的不足,也说明了高等师范院校仅靠开设教学法课程并不能充分体现师范院校的特点,也不能反映高等师范院校应有的水平,更不能适应当前教育改革形势的需要。

(2)物理教学论。在物理教学法研究的基础上,结合物理教学改革和实践,对传统物理教学理论的总结与反思和对新的学科教育理论的探索,孕育着物理教学论的形成和发展。它以物理教学领域中的现象和问题为研究对象,要对物理教学中的诸多问题给出"为什么"的回答,以揭示物理教学的基本规律。因而,它着重从理论与实践的结合上,研究物理教学中的问题,以发挥对物理教学实践的指导和预见作用。

(3)物理课程与教学论。物理课程主要回答培养什么人的问题,物理教学论主要回答如何培养人的问题,二者之间显然有着密切的联系。过去,我们是在统一的物理课程下思考研究物理教学问题。随着基础教育改革的推进和研究的深入,人们逐渐认识到课程问题是学校教育的核心问题,因此将物理课程与教学论结合起来研究,不仅扩展了人们的研究视野,还可从更深的层次上认识物理教学的本质和问题。

(4)物理教育学。物理教育学属于学科教育的范畴。物理教育学不仅要研究物理学科教学的理论问题,还要从教育学的基本原理出发,从培养人的高度来讨论物理教育中的问题。它不仅要揭示物理教学的基本规律,还要揭示物理教学培养人的规律。物理教育学不仅要研究物理课程的设置、物理教材的编制、物理教学方法的选择及物理教学的组织等问题,更重要的是要分析本门学科在培养人的整体工作中的地位和作用,并从这个角度出发研究物理课程、教材、教法,研究它与其他课程的关系,与学校中其他教育教学活动的关系。

物理教育学还是一门正在发展中的学科,远远没有形成具有自身特色的理论体系。它的形成和发展需要从其他学科内吸取营养,需要在实践中丰富其内容,在理论上加以完善。当然,任何一门学科的诞生和发展都需要有一个不断完善、充实提高的过程,物理教育学也不会例外。

0.2 物理课程与教学论的学科性质

物理课程与教学论是一门什么性质的学科？这一问题直接关系到物理课程与教学论的研究目的和研究方向，因而是物理课程与教学论中必须首先回答的一个问题。

目前，人们对物理课程与教学论的学科性质的认识不尽相同。概括起来，大致有以下几种认识。

1. 倾向于将物理课程与教学论看作一门应用学科

认为物理课程与教学论是一般课程与教学论和相关学科理论在物理学科教学中的应用。其研究取向是理论加物理教学的实例，其目的是用物理教学的实例，去印证教学理论和相关理论的正确性。这种研究的明显不足是偏重于课程教学理论和概念的移植，缺少结合学科教学实践的实证研究，结果必然导致本身学科特色不足。从"应用科学"的特征上，把物理课程与教学论看作一门应用科学，也是不可取的。人们通常所说的"应用科学"是应用某一既有科学理论在某一领域内阐述，并对这一领域有直接指导作用的学问。"实用性"是应用科学的最突出的特点，虽然物理教学遵循一般的教学规律，但关于这种"一般规律"在教学论中已经阐明过了，所以学科教学论对此只引入而一般不展开论述。但是，这种简略并不意味着物理课程与教学论只是运用它，而且物理课程与教学论的主要任务也不在于揭示这些"一般规律"，而在于探索由物理学科教学的特殊性所决定的相应的特殊规律。

2. 倾向于将物理课程与教学论看作一门理论学科

认为物理课程与教学论是阐明物理教与学的原理，揭示物理教学规律的学科。其研究取向是沿袭了苏联教育家凯洛夫的教学理论框架。其研究目的是试图从哲学认识论的角度对物理教学活动提出一个描述性、解释性框架体系。这种研究由于抽象概括水平高，内在逻辑体系严密，而导致物理课程与教学论内容空洞、抽象，脱离实际。

3. 倾向于将物理课程与教学论看作一门应用理论学科

认为物理课程与教学论是由理论和应用两部分组成，是一门应用理论学科。它既要研究物理课程教学的一般规律，也要研究这些规律在物理教学实践中的应用。但作为一门应用理论学科，它不是课程论、教学论、教育心理学的理论在物理教学实践中的直接应用，更不是在课程与教学论中补充一些物理实例，作为课程与教学论的注释，而是具有明确的研究对象、目的和任务。持这种观点的研究者主张要将移植与改造、思辨与实证结合起来，其目的是丰富、完善、拓展物理教学的理论，寻求物理教学最优化的途径和方法。这种认识对拓展物理课程与教学论研究的思路，理解物理课程与教学论的学科性质方面，具有一定的启示意义。

4. 倾向于将物理课程与教学论研究看作外推理论研究

根据研究的目的，教育研究分为基础理论研究、外推理论研究和应用研究三类。基础理论研究有时又称为纯粹研究或根本研究。它的主要目的是揭示、描述、解释物理教育现象、过程、活动的机制，探寻事物的本质和规律，在基本原理和原则方面增加科学知识,揭示新的方法论,它回答"是什么"和"为什么"的问题,但回答不了"怎么办"的问题。外推的理论研究仍属理论研究的范畴,它也担负着揭示本质、总结规律、发展和验证理论的任务。但它与基础研究的区别在于,它具有更强的实践目的性,它不仅要揭示规律,还要研究把已经认识的规律运用于实践活动的方法。即既要回答"是什么"和"为什么"的问题,也要在一定程度上回答"怎么办"的问题。应用研究的主要目的则是根据实际需要,为具体领域或情境提供特定的策略、建议、方案,增加以研究为基础的知识,发展特定的研究方法。由此可见,外推的理论研究实际是一种以理论研究为主,同时又将研究的视点推向实践应用的兼具理论与应用色彩的研究类型。因此,从学科性质来看,主张物理课程与教学论属于外推的理论研究。

5. 倾向于将物理课程与教学论看作既是学术性科学又是工具性科学

说它具有学术性,是由于它具有学术性科学的三个特征:个人性、知识性、研究共同体。个人性是指其研究建立在个人研究的基础之上,而且研究行为符合某些规范。比如1942年,默顿(R. K. Merton)提出的规范。这些规范主要有:公共性,科学是公共的知识;普遍性,科学知识不存在特殊权益的根源;无私利性,为了科学事业不应计较个人利益;独立性,科学是对未知领域的发现;批判性,质疑科学研究中已发现成果的正确性。知识性是指研究的目的在于获得科学知识。研究共同体指科学研究的基本社会体制是其交流系统,包括学术会议,学术团体,各级科研组织,书籍、杂志和其他出版物等。从物理课程与教学论的产生和发展过程来看,物理教育研究具有这三个特征,同纯学术科学一样具有学术性科学的特征。

说它具有工具性,是由于它还具有工具性科学的三个特征:技术性、社会性、社会干预性。技术性是指其研究的目的是用于社会生活和社会生产的技术手段。社会性是指其研究的客体是社会生活和社会生产中的各种问题,而且这种问题时刻离不开社会实际。社会干预性是指研究受到社会政治、经济、意识形态的干预。物理教育研究的实践证明,它具有这三个特征,同纯工具性科学一样具有工具性科学的特征。

显然,这种认识对物理课程与教学论的建设具有一定的现实意义:一是可以促使人们对如何提高物理课程与教学论的学术水平的思考;二是可以真正发挥物理课程与教学论的工具职能,从而使物理课程与教学论真正起到对物理教学活动的指导作用;三是可以加强研究主体之间的合作,从而有利于促进理论研究和实践研究的结合。

6. 倾向于将物理课程与教学论看作交叉学科、综合学科和发展中的学科(或边缘学科)

交叉性是指物理课程与教学论是物理学和教育科学交叉结合的产物,但交叉学科是那些研究客体介于两门学科的研究客体之间,因而是不十分确定的学科。将物理课程与教学论列入交叉学科的依据是认为客体介于"物理学"和"教育科学"之间。可是,物理课程与教学论的客体是"物理课程""物理教学",而不是"物理加课程""物理加教学",不是介于物理学和课程教学之间的某事物,而是作为一个客观存在的独立现象"物理课程""物理教学"或"物理教育"而存在,其自身有独特的规律,因而把它说成是交叉学科是不适当的。把物理课程与教学论说成是综合学科是说物理课程与教学论的内容涉及物理学的知识、技能和方法,涉及教学论、教育心理学、教育测量与统计学的基本概念和规律,也涉及信息论、控制论的观点和方法,以及哲学、逻辑学、工艺学等方面的知识,从而使它具有综合性的特点。学科之间相互渗透、相互联系是现代科学发展的基本趋势。物理课程与教学论作为一门学科,在其发展过程中必然要吸收相应学科的研究成果,必须借鉴相关学科的研究方法是显而易见的,把物理课程与教学论说成是一门综合学科,虽有一定的合理性,但不具有突出的现实意义。至于把物理课程与教学论说成是发展性学科,只是表述了它的发展性质,不属于它的学科性质。

综上所述,对物理课程与教学论学科性质不同的认识,反映了人们对物理课程与教学论研究的不同价值取向,也直接影响物理课程与教学论体系的构建。从物理课程与教学论的功能定位上来讲,物理课程与教学论一方面描述和解释物理课程教学现象,另一方面要指出怎样的物理课程教学才是有效的,并对物理教学行为进行一定的规范,给教师提供一系列使教学有效的建议。前者的描述为后者的规范提供科学基础,因此我们倾向将物理课程与教学论看作研究物理课程与教学现象和问题,揭示物理课程与教学规律,指导物理课程与教学实践的一门理论兼应用的学科。

0.3 物理课程与教学论的研究对象

一门学科能否确立,主要取决于有没有相对独立的研究对象。因此,明确物理课程与教学论的研究对象,对于物理课程与教学论的学科建设与发展具有十分重要的意义。目前,国内外学者在这方面并未形成统一的认识。归纳起来,大致可分为以下几类。

1. 物理课程与教学论的研究对象是物理教学的规律和实践

这一观点的主要问题是以物理课程与教学论的研究任务代替研究对象。探索物理教学的规律,指导教学实践是物理课程与教学论研究的主要目的和基本任务,但并不能由此就将物理教学规律作为研究对象。以教学规律作为研究对象,不但笼统、抽象,而且在具体研究中也难以实现操作化。

2. 物理课程与教学论研究对象是物理教学的全过程,包括物理课程理论、物理学习理论、物理教学理论、物理评价理论等

这一观点的主要问题是以物理教学研究内容和范围代替研究对象。从某种角度而言,学科研究对象及其研究内容和范围三者之间有密切的关系,但三者又有区别。研究对象说明是干什么的,是指明仅属于物理课程与教学论要研究的东西,即"应然的";研究内容则说明某一学科具体研究些什么,指出涵盖学科的重要概念和范畴的问题;研究范围则是说明这一学科涉及的领域,指明学科研究的深广度及与其他学科关系的界限。从这一方面讲,对于物理课程理论、物理教学理论、物理学习的理论、物理教学评价的理论等,物理课程与教学论确实要研究,但并不是只有物理课程与教学论才研究它们。

3. 物理课程与教学论研究对象是物理教学问题

这一观点的主要问题是混淆了研究客体与"研究对象"这两个概念之间的关系。研究客体是研究者的活动所针对的实际领域,而研究对象则是研究者和研究的客体之间的中间环节。事实上,对物理教学问题,不只是物理课程与教学论一门学科要研究,其他

学科如物理教学心理学、物理学习论、物理教学测量与评价等也要研究，而且这些学科从这个客体中都会选出自己要研究的东西，提出各自的研究目的，对于研究目的和结果也各有各的说法。这就是说，各个学科都要按照自己的对象进行研究。虽然把物理教学问题作为研究对象，能使物理教学研究具有一定的目的性和指向性，但它并没有指出物理课程与教学论自身要研究的东西。

对物理课程与教学论研究对象的不同看法，反映了人们对物理课程与教学论的不同认识，特别是对物理课程与教学论学科性质的不同认识。例如，倾向于将物理课程与教学论定位于理论学科的研究者，一般都赞同将物理教学的一般规律作为研究对象；而倾向于把物理课程与教学论定位于应用学科的学者，大都同意将教学操作规范作为研究对象。根据我们对物理课程与教学论的学科性质的基本认识，我们认为，物理教育领域中教与学的活动是物理课程与教学论的研究对象。

0.4　物理课程与教学论的内容

基于我们对物理课程与教学论的研究对象的认识，物理课程与教学论研究领域或课程内容至少包括以下五方面。

（1）物理教育的价值和功能。即回答为什么教和学的问题。本书的第 1 章（中学物理教育的目标和任务）中讨论了这个问题。

（2）物理教学内容的构成。即回答教什么和学什么的问题。本书的第 3 章（中学物理课程的基本理论）和第 4 章（中学物理教材）中讨论了这个问题。

（3）物理教与学相互作用的方式与方法。即回答如何教和如何学的问题。本书的第 2 章（中学物理学习的基本理论）、第 5 章（物理教学过程、原则、方法与策略）、第 6 章（物理教学设计与说课及评课）、第 7 章（中学物理教学资源的开发和利用）中讨论了这个问题。

（4）物理教学的测量与评价。即回答教得怎么样和学得怎么样的问题。本书的第 8 章（物理教学测量与评价）中讨论了这个问题。

（5）物理教学功能和价值的拓展。即回答物理教学进一步深化问题。本书没有增设专门章节讨论这个问题，而是渗透在上述各章中。

随着研究的深入会不断出现物理课程与教学论的新的研究领域，因而，物理课程与教学论的学科内容体系也将随之发生新的变化。不过，作为物理课程与教学论的构成部分，上述各理论是不可缺少的。另一方面，随着研究的进展，物理课程与教学论也会像其他学科一样，分化和发展出许多分支学科来。

0.5　物理课程与教学论课程的任务和学习方法

"物理课程与教学论"是高等师范院校物理学专业师范生的必修课程，其目标是使高等师范本科师范生具有 21 世纪我国基础教育物理课程改革和发展所需要的，从事中学物理教学所必需的教学知识、技能和能力基础。它的基本任务是：学习本课程，可使师范生具有现代科学教育的理念,初步掌握中学物理课程与教学的一般规律和方法,具有分析和处理中学物理教材、选择和运用教学方法和教学手段、进行教学设计的能力,具有改革创新意识和初步的物理教育研究能力,从而为顺利从事中学物理的教学与研究、不断提高物理教学的质量奠定基础。

物理课程与教学论课程,是培养合格的中学物理教师的重要课程之一。要学好这门课,必须对它的重要性有一个正确的认识,同时要了解这门课程的学习方法。

对于一个中学物理教师来说,物理学科知识无疑是从事物理教学工作的基本条件。但"仅通晓一门学科并非必然地会成为该学科的好教师""学者未必是良师"。教学实践表明:具有同样专业知识水平的两个教师,由于教学理论素养的差异,其教学质量和效果会有很大的不同。因此,对一名物理教师来说,物理课程与教学论的研究和学习是十分必要的。即使有一些实践经验的教师,也应该努力研究这门课程。因为,当教学经验还没有上升为理性认识的时候,不可避免地会有这样那样的局限性和盲目性;经验一旦上升为理论,就能对实践起指导作用。

教学既是一门科学,又是一种艺术。作为一门科学,物理教学有自身的规律性,要求教师在教学实践中去遵循、去探索;作为一种艺术,物理教学本身就是一项创造性的活动。但是这种创造性活动是否能产生出好的教学效果,一是在于教师的教学是否符合物理教学的规律,二是在于教师的教学是否体现出自己的教学个性或风格。这就要求教师既要掌握物理教学的规律,同时又要在教学实践中发挥自己主动精神和创造性,并坚持不懈精益求精地进行锤炼。

物理学科知识与物理教学知识是构成物理教师的专业素养的两个重要方面。就目前物理教师的现状而言,与物理学科知识相比,物理教师应具备的物理教学知识更为贫乏。在教学实践中,只知道按课本教,而不知道怎么教和为什么这样教的教师大有人在。物理课程与教学论的知识,不论对在职教师还是对在校师范生都不是可有可无的,而是值得引起重视的。

怎样才能学好物理课程与教学论课程呢?

其一,要转变角色。每个师范生都要以教师的身份参与到本课程的学习和训练中。

其二,要有扎实的物理学科知识,这是物理教学的本体性知识。若没有扎实的物理学科知识,物理教学设计和实践就失去了根基,物理教学质量的提高就成为一句空话。

其三,要掌握教育学、心理学的基本理论,这是物理教学的条件性知识。把这些知识有效地应用于物理教学设计和实践中,是落实物理教学目标和任务,提升物理教学质量的重要保证。

其四,要理论联系实际,要亲身实践,这是提升教学设计能力和教学实践能力的必由之路。即使是最富有指导性的教学理论,对没有实际经验的教师来说,往往既不能体会,更不会应用,要真正掌握本课程的内容,光靠阅读教材、参考书,听教师讲授和做好作业是不够的,因此,要结合亲身从事物理教学实践的经验、体会进行学习。

其五,要关心课程改革,关注国内外中学物理教育的新动态和新进展,从而使物理教学设计和实践紧跟时代的步伐。同时积极参加教学研究活动,吸取先进的教学经验,积累教学资料,不断地分析总结,再指导自己的教学实践活动。

其六,要不断地进行教学设计和实践的反思和总结。例如,在进行教学设计时,要经常地问自己,这是一个什么课型的设计,这一课型有什么特点,这一课型的教学要求是什么,这一课型有哪些教学策略可以利用,关于这一课型有哪些研究资源和实践资源可以利用,我的设计是否符合物理课程改革的要求,能否有效体现和落实物理核心素养的目标,等。

其七,要学好这门课程,仅仅靠线下课程的学习还是不够的。要充分利用网络在线课程,要将网上在线课程和线下课程学习结合起来。线上要主动听讲,主动质疑,独立思考,认真完成作业;线下要主动查阅资料,研讨问题,积极参与实践和技能训练。

思考与实践

1. 试对物理课程与教学论学科性质的几种不同的观点加以评述,并谈一谈你自己的观点。

2. 从适应物理教学改革和发展的角度,谈一谈你对物理课程与教学论课程内容的改革构想。

3. 试对物理课程与教学论目前存在的问题做一简要的分析与评论。

4. 你对本课程的教与学有何建议和要求。

参考文献

1. 中华人民共和国教育部.普通高中物理课程标准(2017年版)[M].北京:人民教育出版社,2018.
2. 李新乡,张军朋.物理教学论[M].2版.北京:科学出版社,2009.

第1章　中学物理教育的目标和任务

📖 学习目标

1. 知道物理学在教育层面上的多维内涵,了解物理学的基本内容与发展概况,理解物理教育的价值。
2. 理解科学本质及其在物理教育中的价值,会从科学本质的角度思考和认识物理教育中的问题。
3. 了解科学教育目标的历史演变,理解科学素养的含义,理解物理核心素养的含义,理解物理教育的目标和任务。

物理教育的目标是物理教与学达到的预期结果,体现了物理教育的价值取向,是物理教师从事物理教学工作的出发点和落脚点。达成或实现物理教育的目标是物理教育的基本任务,因此,物理教育的目标和任务是两个密切联系的不可分割的整体,是物理教育实践和研究的核心问题。物理教育的目标对物理课程目标的制订,物理课程内容的选择和确定,物理课程的实施与评价有着重要的导向与制约作用。对于物理教师来说,物理教育的目标也是确定教学目标,选择教学策略,设计教学过程,开展教学评价的重要依据。明确和深刻认识物理教育的目标和任务是物理教师从事物理教学工作的基础和前提。

物理教育的目标和任务的确定受多种因素的影响,如社会的需要、物理学科的特征、学生的发展等,并随着国家政治、科技、经济和文化意识形态等的变革而不断变化,随着国际科学教育研究的不断深入以及国际科学教育改革和发展的实践而不断完善。对于物理教师,要明确和深刻认识物理教育的目标和任务,增强做好中学物理教学工作的责任感,还需要对物理学的特征、内容和发展,物理教育的功能和价值,科学本质与物理教育的关系有一个深刻的理解和认识。

1.1　物理学与物理教育

物理学与物理教育密不可分,要全面认识和理解物理教育,首先应该搞清物理教育中的物理学的内涵,了解物理学的基本内容与发展概况,正确理解和认识物理教育的价值,了解物理教育改革与发展的历程,只有这样,才能从更广阔的背景和视野中,认识物理教育的目标和任务,把握物理教育的方向。

1.1.1 物理学的多维内涵

物理学的英文单词"Physics"来源于希腊文，原义是自然，中文的含义是"物"（物质的结构、性质）和"理"（物质的运动、变化规律），与现代观点相吻合。我们通常说，物理学是研究物质的结构、物质的相互作用和物质运动的基本规律的自然科学。但这只是对于物理学在学术意义上的一种界定。而作为教师所面对的"物理学"，是学校的一门课程，于是有必要从教育意义的层面上进行一番分析和考察，以挖掘蕴含在其中的丰富内涵。

1. 作为系统化的知识体系

自古以来，人类就不断地对周围绚丽多彩而又复杂多变的自然现象进行了观察和探索，在探索过程中，不断地积累着对物质世界的认识。物理学自伽利略（Galileo Galilei）开始，形成独立的科学分支以来，已发展成为一门具有严密逻辑体系的理论科学。这个知识体系是基于实证的，有推理和归纳的，力求用定量而简明逻辑的语言来描述事实，表达概念和规律，并力图确认物质世界最基本的原理，追求其内在的统一性。

在物理学知识体系中，存在五种不同层次和水平的物理知识，即物理事实、物理概念、物理定律（或物理规律）、物理理论和物理模型。

（1）物理事实。物理事实（Physics Fact）是指人们运用感官或科学仪器获得的具体的、可被验证的科学信息。它一般回答"是什么"一类的问题。物理事实是物理概念、物理规律和物理理论产生和发展的基础。由于事实是我们通过自身感官或科学仪器所感知到的事物的状况，并且作为一种客观存在，因此，通常被认为是可靠的信息。但实际上，由于一些不确定和限制性因素的存在，我们通过感官获得而认识的物理事实也包含一些错误的可能性。随着科技的发展和认知水平的提高，人们对于物理事实的认识也会不断丰富和深入。

（2）物理概念。物理概念（Physics Concept）是对物理事实的归类、概括、抽象和总结，是在物理事实的基础上，运用思维和推理来确认一些事实或信息，并在它们之间建立起有意义的联系，将其所具有的共同特征或本质属性进行抽取和概括而形成的。概念反映的是客观事物的共同特征或内在的本质属性，是具有共同特征或本质属性的事件、事物或现象的抽象化。概念是思维活动的结果和产物，同时又是思维活动借以进行的单元。概念都有内涵和外延。概念的形成和发展是一个活跃的过程，包括了三个不同的层次，即概念系统、概念和子概念。

（3）物理定律。物理定律（Physics Law）或物理规律描述了两个或多个物理概念之间的联系。如摩擦生热说明"摩擦"是与"内能"的变化相联系的。可以说，物理定律描述的是在自然界中观察到的但未经追究其原因的固定现象。当我们在某些特殊的条件或环境下不断重复观察到同一种结果时，就可能将其归纳成科学定律（Scientific Law）。科学定律是科学家对一系列特定环境下肯定会发生的事件的一种陈述。

（4）物理理论。物理理论（Physics Theory）是指经过反复的实验检验，并能很好地说明广泛领域中能观察的各种现象或实验结果的一种解释，是回答"为什么"的问题。物理理论可能帮助人们理解表面看起来互不相关的科学事实或规律之间的本质联系,同时也可能通过预测帮助人们发现新的科学事实。由此可见,物理理论与物理事实、概念不同,物理理论不只停留于对现象的分类和描述,而是达到解释的水平。运用物理理论可以对那些模糊和隐藏在直接观察外的复杂的现实进行解释。物理理论从不会成为物理事实,它在被证明有误或修改前保持暂时性。正如霍金(S. W. Hawking)所描述的那样:"在它只是假设的意义上来讲,任何科学理论总是临时性的:你永远不可能将它证明。不管多少次实验的结果和某一理论相一致,你永远不可能断定下次结果不会与它矛盾。"

(5)物理模型。物理模型(Physics Model)也是一种理论阐述,用以解释和整合已知的信息来适合一个特定的自然现象。模型有助于个体将一个规律或理论中最显著的特征概念化。通常,模型是从抽象的思想中推论出来的,它们在现实中并不存在。物理模型的建构是一个曲折的过程,随着信息的积累和补充,已有的模型就要作出修改以调和新的信息,甚至形成一个新的模型来替代原有模型。

物理知识体系的建立过程是一个层层递进、不断深入的发展过程。在这一过程中,知识的发展并不只是简单的量的积累,而是包含着复杂的思维加工过程,从对物理事实的认识到物理概念的形成、物理定律的发现、物理理论的建立和物理模型的建构,个体必须深入地认识和理解各种物理知识,探讨和分析各种物理知识之间的关联以及存在此种关联的原因,并且运用这些物理知识来解释和预测自然现象或问题。因此,在物理知识获得过程中,个体理解和运用物理知识的能力也得到了相应的发展和提高。由此可见,在物理学的发展中,物理知识的获得与物理能力的发展是密切相连的,知识是能力获得的基础和载体,能力是知识发展的保障。

2. 作为探究与思维的过程

从科学认识论的角度来看,仅仅把物理学作为关于物质世界的知识体系是不够的,知识体系只是从结果、从既成的形态来概括物理学的特征,是一种静态的科学观。还应该用动态的观点来解释物理学,将物理学看作人类获取知识、探索自然的认识活动,是创造知识的过程。从"活动过程"的角度来认识物理学比把物理学作为"知识"来理解,更能使我们从更广泛的人类活动的背景上认识和把握物理学的特征。

探究是人类认识世界的一种最基本的方式,人类正是在对未知领域的不断探索中认识世界,寻求对自然界的正确解释。而"正确的解释"(科学概念、定律和理论)的形成和完善又是依靠不断的探究或大胆的质疑完成的。科学是一种"探究意义的经历",发现意义、领会意义是经历和参与的结果,没有这些先决条件,就不可能真正理解事物的意义。

同时,科学作为一种探究,不仅强调科学的过程性,还将科学思维与科学探究过程紧密地结合在一起。实用主义的重要代表人物之一、美国哲学家和教育家杜威(J. Dewey)就曾指出,探究是"对任何一种信念或假设的知识进行的积极、持续、审慎的思考"。在科学探究中,人们不仅使用观察、分类、交流、测量、推论、预测、假设等科学方法,还使用逻辑、想象以及以证据为基础的思维来形成并修正科学解释,识别和分析各种模型,交流并捍卫自己得出的科学结论。因此可以说,科学发展的历史就是探究的历史,就是思维发展的历史。

科学探究(Scientific Inquiry)是指科学家研究自然界的各种方法和根据他们所搜集的证据提出解释的过程。科学探究的过程主要包括观察和提出问题、形成假设、实验求证、得出结论和交流等基本环节。

(1) 观察和提出问题。观察是科学探究的基石。通过观察可以发现自然世界中未知的各种事物和现象,从而提出问题。因此,观察和提出问题是密不可分的。但是,并不是所有的观察都能导致提出问题,问题往往是经验和观察的产物,其中好奇心扮演了十分重要的角色。科学探究只能够回答通过观察和搜集证据来加以解答的科学性问题,不能回答个人爱好和鉴赏力的问题。在科学探究中,个体要经常审视自己知识的界限,探寻运用他们的理论所无法解释的难点,从而确立需要探究的事实。

(2) 形成假设。假设(Hypothesis)源于个体的观察和提出的问题,是对于一系列观察结果的可能性的解释或某个科学问题的可能答案,它试图解释一种模式或预测一种结果。值得注意的是,假设并不一定代表事实,因为它仅仅是对观察到的现象的一种可能性的解释。从科学的角度来说,假设必须是可检验的。这就意味着研究者必须能够进行一系列的调查研究和搜集事实证据来支持或否定某个假设。判断某个假设是否正确,必须进行许多调查与实验。虽然假设只是一种试验性的观点,必须通过观察或实验加以验证,但它能帮助探究者澄清思想和说明关系。

(3) 实验求证。实验(Experiment)是对观察和假设的一种验证。通过实验,假设就可以被证实或支持,而那些由"权威"传递的错误观念也可以被抛弃。实验是有明确程序,并可重复进行的,它常用来验证一个包含因果关系的假设。

(4) 得出结论和交流。在对假设进行验证的基础上,个体总结其发现并得出和形成结论(Conclusion)。所谓结论,就是根据实验所得的结果而做出的总结。科学结论有可能是对假设的支持,也有可能是对假设的否定,并提出新的假设。因此,得出结论常常并不是科学探究的结束,而是新探究的开始,科学正是在这种循环不断的探究中获得发展的。科学探究过程中的一个重要环节是将实验的结果与其他人进行交流。交流(Communicating)就是通过书面和口头语言的形式与其他人一起分享自己的观点和实验成果的过程。在交流成果的过程中,研究者总是尽可能地详细描述他们的实验设计、操作步骤和程序,以便其他研究者能重复他们的实验过程。

3. 作为一种态度与精神

物理学作为有人参与的科学活动,它还是一种态度和精神。所谓科学态度,是个体基于对科学的本质,科学、技术与社会的关系以及科学过程的认识和理解而形成的各种信念、情感和行为倾向。所谓科学精神,是个体在科学活动中所形成和表现出来的人格特征,是各种科学价值观、科学品质以及行为准则的整合。科学态度作为一种建立在科学观念基础上的心理与行为倾向,与由各种科学观念整合而成的科学精神是密切相连的。科学态度是科学精神的重要组成部分,科学精神是科学态度的内化与升华。

科学态度和精神的具体内容主要包括好奇心、求实、严谨、怀疑、创新、坚持、合作等。

(1) 好奇心。科学家的一个重要特征就是对自己研究的事物始终充满好奇心。正是好奇心,驱使科学家不断追求他们所从事的科学研究的新境界,面对挫折和困难,仍然坚韧不拔,坚持到底。

（2）求实。求实即按照事物的本来面目认识事实，不带有成见和偏向。在科学探究中，尽量摒除各种可能造成偏见的个人、宗教或社会因素，尊重事实，追求真理。同时，要能够倾听和尊重他人的意见，能接受他人的正确意见，并修正自己的观点。

（3）严谨。严谨是科学研究的必要条件。在科学研究中，从资料的搜集、整理、分析、推理、实验到最终得出结论，都需要严谨，不能忽略事物的细微差别和任何细小的发现，在没有获得充分的证据之前绝不能随意做出判断或结论，否则就无法保证科学研究结论的精确性与可靠性。

（4）怀疑。科学之所以为科学，是因为科学追求真理，强调实证和科学推理，不崇拜任何权威，不轻信，不盲从，更不迷信。同时，从科学理论的发展来看，科学知识与理论总是在不断发展的，因此，应该用一种客观的和开放的心态来看待科学，以怀疑和批判的思维来评判科学理论的发展。

（5）创新。创新就是在已有知识的基础上，提出一种富有创意的方式来解决问题和创造发明。科学活动的基本特征是永无止境地探索未知、追求真理。科学必须创新，创新是科学的生命和灵魂。

（6）坚持。科学成果之所以宝贵，不仅在于它能够造福人类，对人类社会发展具有巨大的推动作用，还在于科学成果中饱含着科学家的艰辛和不懈追求，追求科学的道路充满着困难和挫折。科学发展的历史证明，坚持是科学态度和精神的一项重要内容，是科学家最宝贵的精神品格之一。

（7）合作。科学研究离不开科学家之间的合作。如果说现代意义上的科学是从某些科学家个人的研究开始，那么随着科学的发展，它越来越成为科学家们的一项共同事业。正如著名科学家托马斯·库恩（Thomas S. Kuhn）所指出的，在现代社会，科学的主体是科学家共同体或科学家集团。科学的这种社会性随着科学综合性的不断增强而愈显突出。

4．作为一种文化

从广义来说，文化指的是人类历史实践过程中创造的物质财富和精神财富的总和。它包括科学文化和人文文化。同样，物理学家在长期科学实践中所创造的大量物质产品与精神产品，也就构成了物理文化。物理文化是科学文化的重要组成部分。

物理学是以实验为基础的科学，它的基本研究方式就是实践，因而在客观性上表现为"真"；物理学创造的成果最终是为了造福于人类，它在目的性上体现出"善"；另外，物理学还在人的情感、意识等多方面反映了"美"。正因为物理学本身兼具真、善、美的三重属性，我们完全有理由说，物理学不仅是一种文化，还是一种高层次、高品位的文化。

（1）求真。物理学最讲究实证，物理学家在科学研究活动中最基本的态度就是实事求是，坚守"实践是检验真理的唯一标准"的原则。正如物理学家费曼（Richard Phillips Feynman）所说："不论你的想法有多美，不论你怎样聪明，更不论你名气有多大，只要与实验不符便是错了，简简单单，这就是科学。"可以说，物理学的发展史，就是一部不断修正错误、不断逼近真理的"求真"史。

（2）从善。物理学致力于将人从自然中解放出来、从必然王国走向自由王国，帮助人们不断认识自己,促使人的生活趋于高尚。这是物理学的价值取向和终极目标,因而物理学的本质是从善的;另外,物理学家的行为也是从善的。爱因斯坦(Albert Einstein)曾这样评价居里夫人(Marie Curie)和以她为代表的杰出物理学家:"第一流人物对时代和历史进程的意义,在其道德方面,也许比单纯的才智成就更大。"他们那种严谨求实的态度,献身科学的精神,热爱人民的情怀,对于后人无疑是一份尤为珍贵的人文财富。

(3)至美。美是真理的光辉,善是美的本原。物理学因真而美、因善而美。物理学的美属于科学美,主要体现于简单、对称和统一;对称则统一,统一则简单,它们构成了物理学的基本美学准则。

翻开物理学的篇章,可以发现到处都跳动着美的音符,体现了人们对美的追求与创造。仅以统一性为例。当代物理学的发展,正朝着两个相反的研究方向延伸:最宏大的宇宙与最微小的粒子。令人感到惊讶的是,随着研究的深入,它们两者并非是分道扬镳、越走越远,反倒显示出不少殊途同归、相反相成的迹象。例如,粒子物理学的一些研究成果常被天体物理学家所借鉴,用来探寻宇宙早期演化的图像(正因此,粒子物理学在某种意义上也被称为"宇宙考古学")。反过来,宇宙物理学的研究也为粒子物理学家提供了丰富的信息与印证。于是,物理学中两个截然相反的分支,就这般奇妙地衔接在了一起——犹如一条怪蟒咬住了自己的尾巴。

又如,物理学家狄拉克(P. A. M. Dirac)首先发现,在自然界的某些物理量之间存在着下列引人注目的关系:宇宙半径/电子半径$\approx 10^{40}$,宇宙年龄/强衰变粒子寿命$\approx 10^{40}$,氢核与电子的电力/氢核与电子的引力$\approx 10^{40}$……在上述比数中,宇宙这个最大的系统,与基本粒子这个最小系统之间,竟然珠联璧合达到了如此完美的统一,让我们再次领略到了物理世界的美,一种动人心弦的壮丽的美。正是这许多美不胜收的事例,激发起人们对大自然由衷的赞叹与敬畏,难怪爱因斯坦会说:"宇宙间最不可理解的,就是宇宙是可以理解的。"

通过以上分析,我们对于物理学有了一个较为全面的认识:它不仅表现为系统化的知识体系,还作为一种认知活动,是人们积极探索周围世界、获取知识、探求规律的过程,还包含有独特的科学方法和科学精神,更是一种文化。科学知识与能力、科学过程与方法、科学态度与精神、科学文化是物理学作为一门自然科学的四个基本要素。一名物理教师对自己所任教的物理课程做一番全方位的审视与剖析,是十分必要的。一方面可使我们看到,物理学原来有着如此丰富的内涵,从而会更自觉、更有意识地去挖掘和开发它的育人功能,全面提升教学质量;另一方面又使我们看到,物理学原来有着如此美好的禀性,从而会更加钟爱物理,更有激情地去从事物理教学。只有真正热爱物理的物理教师,才能做到不仅教会学生理解物理、应用物理,还会进一步引导他们去感悟物理、欣赏物理。

1.1.2 物理学的基本内容与发展

物理学是研究物质运动的基本规律、物质的基本结构及其相互作用的一门科学。最初的物理学是哲学的一部分,直到16世纪末才从哲学中分离出来,成为一门独立的科学,到 19 世纪末,经典物理学已经发展得相当完善,但同时,也发现了一些经典物理学无法解释的实验事实。20 世纪初,物理学进入现代物理学的新时代,获得了前所未有的高速发展。下面对经典物理学和现代物理学的基本内容做一简要概述,并对现代物理学的发展方向做一简要介绍。

1. 经典物理学

（1）力学

力学的研究对象是机械运动及其规律。力学是一门古老的科学。它是在生产实践的基础上逐步发展起来的。但真正开创力学新纪元的则是 17 世纪的伽利略。他发展了观察和实验的方法,发现了惯性定律、落体定律和力学相对性原理,从此力学才发展为一门独立的科学。17 世纪的后期,牛顿（Isaac Newton）在伽利略、笛卡儿（Rene Descartes）、开普勒（Johannes Kepler）、惠更斯（Christiaan Huygens）等人研究的基础上,建立了运动定律和万有引力定律。运动定律就是在力的作用下物体怎么运动的规律,万有引力是一种特定的物体之间存在的基本相互作用力。这两个定律的建立,奠定了经典物理学的基础。自牛顿以后,经典力学的新发展表现为一些科学家重新表述了牛顿运动定律,如拉格朗日方程组和哈密顿方程组。这些重新表述,形式不一,实质并没有改变。在不改变实质的条件下,用新的、更简洁的形式来表述牛顿运动定律,这是一个方面。另一方面,就是将牛顿运动定律推广到连续介质的力学问题中,就出现了弹性力学、流体力学等。在这一方面,20 世纪有更大的发展,特别是流体力学,终于导致航空甚至航天的出现。

（2）热力学与统计物理学

热力学与统计物理学的形成与发展伴随着人类对有关大块物质究竟是怎么样的,怎么从物理学角度来解释而产生的。热力学与统计物理学是研究热现象的规律及应用的一门科学。在物理学中,通常根据物质层次的不同,把物理现象分为宏观现象和微观现象:宏观现象一般是指由大量微观粒子组成的系统在总体上所表现出来的现象;微观现象一般是指原子、分子等微观粒子所发生的现象。描述系统宏观性质的物理量称为宏观量,描述粒子微观性质的物理量称为微观量。

热现象是一种宏观现象,但可以从宏观和微观两种不同观点着眼,采用不同的方法加以研究。所谓宏观观点,是从系统的宏观总体上来观察和考虑问题。用宏观量来描述系统状态的方法叫宏观描述。微观观点则是从组成宏观物体的大量分子的运动和相互作用着眼来考虑问题。用大量的微观量来描述系统状态的方法叫微观描述。

根据对热力学系统描述方法的不同,形成了热现象的两种理论:宏观理论与微观理论,即热力学和统计物理学。热力学不涉及物质的微观结构,只是根据由观察和实验总结出来的宏观热现象所遵循的基本规律,用严密的逻辑推理方法,研究系统的热学性质,这是关于热现象的宏观理论。统计物理学则从物质内部的微观结构出发,即从每个粒子所遵循的力学规律,用统计的方法阐明系统的热学性质,并且认为系统的宏观性质是大量微观粒子无规则运动的平均效果,宏观量是微观量的统计平均值。

在热学的形成与发展历史中,从远古时代起,由于火的运用,以及用火制造出陶器、铜器和铁器等,人类就接触了大量的热现象,积累了许许多多热的知识。直到 18 世纪初,由于蒸汽机的出现,推动了热学实验的发展,并建立了系统的计温学和量热学,从此,对热现象的研究走上了实验科学的道路。特别在 19 世纪上半叶,在热学中出现了突破性的研究成果,即迈耶(J. R. Meyer)、亥姆霍兹(H. Helmholtz)、焦耳(James Prescott Joule)等人先后通过不同的研究途径,发现了能量守恒与转化定律,从而建立了热力学第一定律(能量守恒);在热力学第一定律建立以后,法国物理学家克劳修斯(Rudolf Julius Emanuel Clausius)和英国物理学家开尔文(Lord Kelvin)各自独立地发现了热力学第二定律(即熵的恒增)。这两个定律的发现奠定了热力学的基础。

在热力学发展的同时,分子动力学也迅速发展起来,特别是 19 世纪中叶,克劳修斯、麦克斯韦(James Clerk Maxwell)、玻耳兹曼(Ludwig Edward Boltzmann)等人对气体分子动理论进行了大量研究,使气体分子动理论从一些定性的论据发展成为系统的定量理论。在 1870 年以后的几年里,建立了麦克斯韦-玻耳兹曼统计法。1902 年,吉布斯(Josiah Willard Gibbs)建立了系综理论,从而使热学上很多与平衡态有关的问题获得普遍的解决,奠定了经典统计力学的基础。

19 世纪末,20 世纪初,关于多原子气体比热容和黑体辐射强度分布规律的研究,揭示了经典统计物理学理论的重大缺陷,从而导致量子论的产生,继而产生了量子统计物理学。

(3)电磁学

电磁学是研究电磁场以及带电粒子之间相互作用规律的一门科学。电磁现象是自然界存在的一种极为普遍的现象。早在两三千年以前,人类就已有了电与磁的原始认识。例如那时人们就已认识了摩擦起电等静电现象。在我国战国末年,发现了磁铁矿吸铁现象,后来将它应用于指南针及航海等。到了 18 世纪,由于生产迅速发展,电磁学也获得了重要进展。

1785 年,库仑(Charles-Augustin Coulomb)用精巧的扭秤实验(Torsion Balance Experiment)直接测定了真空中两个静止电荷的相互作用力与它们之间距离的平方成反比,与它们的电荷量的乘积成正比,建立了库仑定律(Coulomb's Law),从此电学研究开始进入科学行列。1819 年,奥斯特(Hans Christian Oersted)发现电流的磁效应。1820 年,安培(André-Marie Ampère)发现电流之间的磁相互作用。1831 年,法拉第(Michael Faraday)等人发现了电磁感应现象的规律,建立了电磁感应定律,使人们对电磁现象的内在联系有了进一步的认识,并使大量利用电能成为现实。19 世纪中叶,麦克斯韦在总结前人工作的基础上,提出了统一的电磁场理论,并预言了电磁波的存在,后来赫兹(Heinrich Rudolf Hertz)在实验室中证实了电磁波的发射。另外,电磁波不但包括无线电波,实际上包括很宽的频谱,很重要的一部分就是光波。光学过去与电磁学是完全分开发展的,麦克斯韦的电磁场理论提出后,光学也变成了电磁学的一个分支了。在这里,电学、磁学、光学得到了统一,这在技术上有重要意义。电磁学直到现在,不论在技术上还是在理论上都是起主导作用的一门学问。

电磁学是经典物理学中发展相当完善的一个分支,它可以用来说明宏观领域内的各种电磁现象。物质的电结构是物质的基本组成形式,电磁场是物质世界的重要组成部分,电磁作用是物质的基本作用之一,电磁过程是自然的基本过程,因此电磁学渗透到物理学的各个领域,成为研究物质过程必不可少的基础。

但在电磁学发展过程中牵涉参考系的问题,我们说电流有磁效应,电荷有流动问题,这就牵涉观察者的问题。因此,电磁学本身就牵涉在什么参考系中看问题,牵涉运动导体的电动力学问题,即导体或物体在运动,它的规律是怎样的。因为光学是电磁学的一部分,所以这个问题也可表达成为光的传播与参考系有什么关系。这样,到了19世纪后期,就出现了迈克耳孙-莫雷实验(Michelson-Morley Experiment),结果表明,不同的参考系测出的光速基本是一样的,这样一来,也就肯定了在惯性系中电磁学遵循同一规律,也就是说惯性系中光速应是常数,这实际上导致了后来的爱因斯坦的狭义相对论。狭义相对论基本上是电磁学的进一步发展,也可以说是推广,在肯定电磁学的基础上把它推广。迈克耳逊-莫雷实验在19世纪还没有得到很好的解释,这也是19世纪遗留下来的一个重要问题。

2. 现代物理学

(1) 量子力学

进入20世纪,物理学就取得了两个突破:一个是1900年普朗克(Max Planck)提出了能量子的概念,一个是1905年爱因斯坦提出了狭义相对论的时空观。

1900年,英国物理学家开尔文在表示了对19世纪物理学成就满足的同时,提出了"在物理学晴朗的天空的远处,还有两朵小小的令人不安的乌云",这两朵乌云指的是当时物理学无法解释的两个实验:一个是多原子气体比热容实验,另一个是迈克尔逊-莫雷实验。正是这两朵乌云导致了量子论和相对论的诞生。

量子力学是反映微观粒子(分子、原子、基本粒子等)运动规律的理论,它是20世纪20年代在总结大量实验事实和旧量子论的基础上建立起来的。在19世纪末,黑体辐射、光电效应等现象的发现,使人们认识了光的波粒二象性特征。在光的波粒二象性的启发下,为克服玻尔(Niels Bohr)理论的局限性,1924年,德布罗意(de Broglie)提出微粒也具有波粒二象性的假设,后被戴维孙-革末实验(Davisson-Germer Experiment)所证实。在此基础上,1925年,薛定谔(Erwin Schrödinger)创立了量子力学的一种表征形式——波动力学。该理论用波函数描写微观粒子的运动状态,以薛定谔方程确定波函数的变化规律,并用算符方法对物理量进行计算。后来玻恩(Max Born)又对波函数作了统计解释:波函数在空间某一点的强度(振幅绝对值的平方)和在该点找到粒子的概率成比例。几乎同时,海森伯(Werner Karl Heisenberg)创立了量子力学的另一种表征形式——矩阵力学。在该理论中所出现的各物理量(如动量、能量、位置等)都由矩阵表示,矩阵元就是可能的测量结果。各动力学量之间的关系用矩阵方程来表示,并用矩阵方法进行运算。波动力学和矩阵力学虽然在数学形式上差别较大,但在本质上是相同的理论。应用这些理论去解决原子、分子范围内的问题都得到与实验相符的结果。

在解决原子核和基本粒子的某些问题时,人们发现单纯用量子力学无法做到,后来人们又进一步把量子力学和相对论结合起来。1928年,狄拉克推广量子力学的原理,使之适合相对论,进而创立了相对论量子力学,后逐步发展成为现代量子场论。

量子场论是关于各种场的量子效应的理论,是用把场加以量子化的方法去研究场。

在研究中对每一种基本粒子都引进一种场,并把它们之间的相互作用看作各种场之间的相互作用。量子场论为基本粒子的研究提供了理论基础,并取得了很大的成功,但同时还存在不少困难。

（2）相对论

相对论是现代物理学的理论之一,分为狭义相对论和广义相对论。

狭义相对论是关于物质运动与时间、空间关系的理论。狭义相对论理论的出发点是爱因斯坦提出的两条基本假设：

① 相对性原理。在一切惯性系中物理规律都相同。

② 真空中光速不变。不管在哪个惯性系中,测得的真空中的光速都相同。

爱因斯坦从他的这两个基本假设出发推导了联系两个惯性系 K 和 K' 中时空坐标之间的方程组。这就是著名的"洛伦兹变换"。爱因斯坦用这组变换还导出了运动刚体的"长度收缩",运动时钟的"时间延缓"效应和新的速度合成公式,以及著名的质能关系式 $E=mc^2$。

爱因斯坦的狭义相对论的时空观是时空观发展史上的一次大变革,它把原来认为毫无联系的时间、空间和物质的运动密切联系起来,并揭示了它们之间联系的具体形式,表明了时空的相对性和绝对性的辩证统一。

广义相对论是一种引力理论,它是在狭义相对论的基础上建立起来的。基于引力质量与惯性质量相等,爱因斯坦提出了广义相对论的基本原理：

①等效原理。即在一个小范围内的引力和某一加速系统中的惯性力相互等效。

②广义相对性原理。即自然定律在任何参考系包括非惯性系中都可表示为相同的数学形式。

根据广义相对论,引力是时空弯曲的结果,空间、时间的弯曲结构,决定于物质的质量密度在空间、时间中的分布,而空间、时间的弯曲结构又反过来决定物体的运动轨道。它不仅很好地解释了水星近日点的进动问题,而且由它所预言的光线在引力场中的偏折和光谱的红移等结论,也被天文观察与实验所证实。广义相对论已成为现代天体物理学的理论基础之一。

3. 物理学科的现状与前沿

从物理学对四种相互作用研究的角度看,自然界存在四种基本相互作用,即强相互作用、电磁相互作用、弱相互作用和引力相互作用。其中引力和电磁力是长程力,而弱力和强力是短程力,只发生在原子核内部。

相互作用有强度上的差异：若强相互作用为 1,电磁相互作用则为 10^{-2},弱相互作用是 $10^{-13}\sim10^{-19}$,引力相互作用是 10^{-39}。

致力于各种相互作用的统一,是许多科学家追求的目标。爱因斯坦晚年致力于统一场论,试图将引力和电磁力统一起来,虽未取得成功,但他指出的物理学的研究方向是对的。20 世纪 60 年代末,温伯格(Steven Weinberg)与萨拉姆(Abdus Salam)成功地将电磁相互作用与弱相互作用统一起来。目前探索各种相互作用的大统一理论仍是物理学研究的前沿。

从物理学对物质结构研究的角度,物理学所研究的物质结构有不同的层次,从宏观物体到大分子、分子,到原子、原子核,一直到夸克等基本粒子。研究物质结构尺度的跨度从 $10^{-20} \sim 10^{20}$ cm。

根据物质结构的层次性,相应地物理学也可以分成许多学科。例如考虑到微小层次的,就是粒子物理学、核物理学,然后是原子物理学,再上层就是分子物理学、凝聚态物理学,尺度更大的就到了固体力学,然后是地球物理,再到空间物理学、天体物理。经典物理学中的光学、声学等学科正在向应用科学转化。目前,似乎更重要的是依据物质结构层次来分类。研究对象应该说从最小的所谓夸克这些最基本粒子一直到最大的整个宇宙。

有两个发展前沿是很明显的,一是研究最微小的物质(基本粒子研究),另一个是研究最大的物质(宇宙的研究)。很奇怪的是这两个前沿领域好像两个不同的发展方向,回环曲折,最后又逐步结合在一起了,我们希望研究的粒子愈小,就愈需要提高它的能量。非常高的能量状态,只存在于宇宙的早期,因此,目前的基本粒子研究以及将来的研究,在某种意义上是宇宙考古学的问题,就是宇宙早期是怎么样的。

除了这两个明显的前沿外,应该还存在一个前沿,就是探讨复杂物质的结构与物性。

1.1.3 物理教育的价值

1. 物理学的价值

物理学是一门基础自然科学,它的发展不仅对物质文明的进步和人类对自然界认识的深化起了重要的推动作用,还对人类思维的发展产生了深刻的影响。1999 年,在美国亚特兰大市举行的国际纯粹物理和应用物理联合会第 23 届大会通过决议,呼吁社会重视物理教育的重要性,并指出:物理学——研究物质、能量和它们相互作用的学科——是一项国际事业,它对人类未来的进步起着关键的作用。对物理教育的支持与研究,对所有国家都是重要的。这是因为:

①物理学是一项激动人心的智力探险活动,它鼓舞着青年人,并扩展着我们关于大自然知识的疆界。

②物理学发展着未来技术进步所需要的基本知识,而技术进步将持续驱动着世界经济发动机的运转。

③物理学有助于技术的基本建设,它为科学进步和发明的利用培养所需的训练有素的人才。

④物理学在培养化学家、工程师、计算机科学家以及其他物理科学和生物医学科学等科技工作者的教育中,是一个重要的组成部分。

⑤物理学扩展和提高我们对其他学科的理解,诸如地球科学、农业科学、化学、生物学、环境科学以及天文学和宇宙学——这些科学对全人类都是重要的。

⑥物理学提供发展应用于医学的新设备和新技术所需的基本知识,如计算机断层扫描(Computed Tomography,CT)、磁共振成像(Magnetic Resonance Imaging,MRI)、正电子发射层析术(Positron Emission Tomography,PET)、超声波成像和激光手术等,改善了人类的生活质量。

物理学家费曼认为,在公众的心目中,科学在一定程度上是指它在技术上的应用,这是科学最明显的价值。科学力量的产物或者有益或者有害,主要依赖于人类如何使用它。当人们运用科学对社会做了积极的贡献时,功劳不仅要归功于科学本身,还要归功于指导人们去这样做的道德原则。科学应用所带来的社会后果并不是科学本身造成的,科学的文化价值应当给予更多关注,科学家群体中的自由探索和怀疑精神是科学对社会的最大贡献,也是人类面对和解决各种社会问题的有力武器。

2. 中学物理教育的功能与价值

(1) 激发学生的好奇心和求知欲。我们生活在自然界中,也生活在物理学和技术为人类所创造的环境之中,自然界和生活中有着许多奇妙的现象,如雷鸣电闪是怎样产生的? 为什么在靠近地磁极地区的上空大气中会出现彩色发光现象? 这些有趣和意想不到的现象和问题,将激发学生强烈的好奇心和旺盛的求知欲。学习物理能使我们获得一把打开奥秘之门的钥匙。

正如物理学家费曼所说的那样:"学过科学以后,你周围的世界仿佛就变了样子。就拿树来说吧,树的构成材料居然主要是空气。你把树焚烧了,树就会化作原来的空气,在火焰的光热中散发出来的是原来被束缚在里面用来把空气转化为树的太阳能。在火烬中的那一小部分残余物质,则本来不是来自空气,而是来自固体物质泥土。

这些都十分有趣,这样的例子,科学里面简直是俯拾皆是、不胜枚举,都很有激励作用,你可以用它们去激励、去启迪、去教育别的人。"

我们每个人都是天生的科学家,我们生来对周围的事物和组成这个世界的一切物质以及其他有生命的东西都具有好奇心。物理教育将有助于保持这种好奇心,使得因领悟和探明自然界的事理而产生充实之感和兴奋之情。

(2) 使学生获得未来发展必备的知识基础。应用这些基础知识,学生可以解释感兴趣的物理现象和问题,如:航天飞机是怎么实现和空间站对接的? 激光测速仪的道理是怎样的? 全球卫星定位系统(Global Positioning System,GPS)是怎么回事? 移动支付是如何实现的? 在现代社会,一个人如果没有基本的物理知识是很难适应现代社会生活的。即使将来从事的工作与物理学联系较少,但总要在日常生活中遇到许多现代化的设备,总要处理类似"能源""交通""环境污染"等社会关心的问题。缺乏基本的物理知识,就不可能合理使用这些设备和正确解决这些问题。至于将来从事技术或科研工作,物理知识就更显重要。

(3) 增强学生的创新意识和实践能力。在物理学中,每一个概念的建立过程,每一个规律的发现过程,每一项技术的发明过程,都是对学生进行创新意识培养的典型案例。苏联著名物理学家卡皮查(Peter Leonidovich Kapitza)认为:数学和物理是培养学生创造性思维能力最合适的学科,而物理和数学相比更接近生活。在实践能力的培养方面,物理课程更具有得天独厚的条件。

(4) 感受物理学与现代生活息息相关。物理学的实际应用随处可见,人们充分地享受着物理学与技术创造的成果:走进厨房,电冰箱、微波炉;走进客厅,电视机、空调器;走进书房,电话、电脑;走进医院,X 射线透视、超声波治疗、CT 检查、激光手术等;走进商场,琳琅满目的物理科技产品……

这些成果深刻地改变着人类的生活方式,学习物理能使我们更好地理解科学与生活的关系。

（5）理解物理学对促进人类社会发展的作用。影响世界进程的重大发现（如万有引力定律、能量守恒定律、电磁理论等）的介绍使学生了解物理学作为科学和技术的基础，对促进人类物质创新和社会发展的作用。

17世纪后期，牛顿总结了经典力学的理论体系，建立了万有引力定律，它使人们第一次用统一的理论来认识神秘的天上运动和地上运动，它不仅在当时的科学研究和技术创新中发挥着基础理论的指导作用，也为人类实现飞出地球的梦想指出了方向。"阿波罗"8号宇宙飞船从月球返回地球的途中，当地面控制中心问及"谁在驾驶"的时候，指令长回答说："我想现在是牛顿在驾驶。"

18世纪，蒸汽机的改进和发展得益于热学的研究，隆隆作响的蒸汽机车替代了乡间小道上"咯吱咯吱"作响的人力和畜力车，手工生产方式开始向机械化生产方式转变。

19世纪以来，电磁场理论建立，开启了人类电力时代的序幕，电力技术和电磁波通信技术从此进入社会，使人类的生活发生了前所未有的变化。电力的发现和应用照亮黑暗的世界，使工业发展的规模和速度达到前所未有的水平。

（6）渗透物理思想的教育，使学生感受物理学对人类科学观进步的影响。了解物理学与人类文明发展的相互联系，培养科学思想和科学精神。如哥白尼的日心说所引起的宇宙观的革命性变化就在于从有限封闭的世界走向无限的宇宙。牛顿经典力学的建立导致了世界图景的机械化、机械论哲学的建立。它使人们相信，世界是按照确定的规律运行的，理论有预见的功能，知识就是力量开始成为人们的信条。20世纪初，物理学的革命又一次改变人们的世界：机械决定论的思想不再是放之四海而皆准的真理观。学了物理学之后，从不同的视角、以不同的方法看世界，有助于提高学生认识世界的能力。

（7）让学生直接亲历和间接感受探究过程，培养科学方法和能力。物理教育提供探究的机会，让学生在动眼观察、动手实验、动脑思考的过程中学习物理，间接感受科学探究过程，学习物理方法（如物理模型方法、理想化过程、建立假说、实验方法等），发展物理思维能力和其他各种能力。

自伽利略创建物理学的基本研究方法以来，牛顿、笛卡儿、法拉第、麦克斯韦、爱因斯坦等众多物理学家发展和丰富了这种对人类来说是无价的思想宝库。

物理学的方法是富有创造性的，其中最重要的，一是通过观察实验获取直接经验，二是运用理性思维构建理论成果。二者密切结合。

（8）物理的学习能够提高学生参与社会问题的决策能力。我们生活在一个被科学和技术支配的世界里，在商场里、在乘坐的交通工具里、在家中、在我们的周围……科学无处不在。现代社会中的许多问题需要更多的民众参与，例如，核电站是否安全？如何减少电磁辐射对人体的危害？政府对环境污染采取了什么有效措施？如果没有现代科学知识，没有物理学的参与，对现代社会实行民主管理几乎是不可能的。

（9）有助于学生科学世界观的形成和科学价值观培育。好奇、怀疑、探究、实证、锲而不舍，是科学家在物理学研究中表现出来的崇高的科学精神，也是对学生进行科学世界观和科学价值观培育的极好的素材。好奇，即能从"司空见惯"的事物和现象中发现自己感兴趣的问题，进而努力探究。怀疑，即不迷信前人和"权威"的结论。怀疑精神也就是批判精神,其对立面是盲从、轻信。实证,即对好奇所产生的假想和怀疑的对象进行证伪验真,也就是解决所提出问题。不断进取、锲而不舍,即对自己探究的结果,自信并有恒心。

综上所述,在物理学迅速发展并日益影响社会变革和发展的今天,物理教育在满足学生在科技发达社会里、日常生活中使用和维护现代设备的个人需要,了解同科技有关的各种职业的性质和范围,满足学生将来选择工作的需要,为从事基础科学和专业学科研究的学生提供适宜于他们的知识,并帮助他们获得知识,满足学生进一步学习的需要,满足作为一个现代化公民,了解和正确处理由于科技发展而出现的新的社会问题的需要等方面正在发挥越来越重要的作用。物理教育在基础教育中的价值和作用正备受人们关注,同时,正确理解和认识物理教育的价值和作用,对于思考和解决"长期以来,物理教育到底存在什么问题?学生为什么要学物理?""学什么样的物理?""如何学物理?"等一系列问题有着重要的意义。

1.2　科学本质与物理教育

 **案例 1-2-1**

"热胀冷缩"的教学

师:同学们,请大家设法帮我解决一个问题好吗?

生:(齐答)好!

师:(出示三个踩瘪了的乒乓球)谁能帮我使这个踩瘪了的乒乓球重新鼓起来?

生:我能!

师:怎么个法子?请先说说看。

生:我先把瘪乒乓球放入杯子里,然后倒入热开水,乒乓球被热开水一泡就会鼓起来。

师:真行吗?请你上讲台试试。

生:(泡乒乓球,并将鼓起来的乒乓球拿给老师。)

师:还有一个呢?

生:没鼓起来。

师:仔细看看,是什么原因?

生:(仔细观察后)剩下的这一个,因为有了裂缝,所以鼓不起来了。

师:为什么有裂缝就鼓不起来了呢?

生:这第三个乒乓球有了裂缝,乒乓球里的气体受热会从裂缝处跑走。

师:真是这样吗?假如我不相信怎么办?

生:(想说又说不清楚……)

师:当别人不相信,那你就拿"事实"给他们看。我先帮你设计一个实验。(演示)我用这盐水瓶比作乒乓球,这瓶口便可当作"裂缝",再用一个气球套住瓶口,然后浸入热开水之中。如果瓶里的空气真的受热会从瓶口挤向气球里,气球就会因此而鼓起来,是吗?

生:是。

师:(烧开水,气球果真鼓起来)事实怎么样?

生:事实证实了我们的想法是正确的,气体受热体积会增大。

物理学是一门基础的自然科学,和其他自然科学一样,具有科学的本质特征。科学本质(Nature of Science)阐明了科学的基本特征,认识科学本质对于教师在物理教育中树立正确的自然观、科学观,理解科学教育的内涵和科学探究的本质,进而确立物理教育的指导思想、目的、内容以及教育教学方式等具有重要的意义。本节阐述了科学本质的内涵,并对科学本质在物理教育中的价值及其在物理教育中的问题进行了论述和探讨。

1.2.1 科学本质是什么

科学本质问题,实际上是要回答"科学是什么"的问题。从词源学上看,英文"科学"(Science)一词来源于拉丁文中的 scientia,意思是知识、求知,即有知识。长期以来,由于认识的角度不同,人们对"科学是什么"的问题一直存在着不同的看法,至今没有给出一致的回答。

尽管如此,考察科学发展的历史和科学研究的对象、过程、方法、成果等,对于现代科学的一些基本特征,人们还是形成了很多的共识。

美国科学促进会(American Association for the Advancement of Science,AAAS)在其制订的《2061 计划——面向所有美国人的科学》(*Science for All Americans*:*A Project* 2061)中,从科学世界观(Scientific Worldview)、科学探究(Scientific Inquiry)、科学事业(Scientific Enterprise)三个方面对科学本质进行了阐述。

1. 科学世界观

科学家对他们所从事的工作以及他们如何看待自己的工作都有一些基本的信念和态度,它们与自然世界的性质和我们对它的了解有关。

(1)世界是可知的。科学家们相信,运用智慧和扩展人类感官的仪器,人们能够发现自然运行的图式。

(2)科学理论是变化的。一种科学理论不管对一系列观察事实解释得多么完美,总可能有其他理论同样适用或比它解释得更好,使用范围更广。

(3)科学知识的持久性。尽管科学理论是变化的,但只是修正而不是彻底地否定。

(4)科学不能为所有的问题提供全部的答案。世界上有些事物是不能用科学方式有效地进行研究的,如信仰就其本质来说是不能证明或否定的。尽管有时科学家们通过确认一些特殊行为的可能后果,权衡利弊后对讨论如善良与邪恶这类问题有所贡献,但他们无法解决此类问题。

2. 科学探究

科学中不同的学科,对证据的依赖、利用假设和理论、应用逻辑等很多方面是相同的。不过,科学家们在确立研究对象、如何开展工作、是重视历史资料还是实验发现、应用定性还是定量方法、如何应用基本理论以及吸收多少其他科学家的研究成果方面是大不相同的。尽管如此,由于科学家们不断进行着技术、信息和概念的交流,所以他们对构成有效科学研究的要素是有共识的。离开了具体的科学研究,科学探究就难以表述。科学的一些特点使科学探究模式具有下列明显的特征:

(1)科学需要证据。科学主张的确立最终是由对现象的观察决定的。科学家们被动地进行观察(如地震、鸟的迁徙)、收集标本(岩石、贝壳)、主动地探究自然世界(如向地壳钻空或者配制实验药物)等目的就是寻找证据。由于科学对证据的依赖,所以开发更好的仪器和观察技术具有很大的价值,同时,任何研究个人或小组的发现都需要被其他研究者验证。

(2)科学是逻辑与想象的结合。科学证据必须符合逻辑推理原则,也就是说,证据是应用一定的推理标准、证明和常识确定的,但是仅有逻辑和对证据进行严密的验证通常还不能满足科学的发展要求。科学概念不会仅从数据或一些分析中自动地产生,提出假设或理论去想象世界是如何运行的,然后再设计它们如何能在现实中得到验证,这与写诗、作曲或设计摩天大楼一样具有创造性。

(3)科学能进行解释和预见。科学理论的可靠性通常取决于它们揭示先前看起来没有联系的现象之间关系的能力。例如,大陆漂移学说的可靠性在于它说明了诸如地震、火山、不同大陆上化石、大陆的形状以及海底轮廓的匹配等各种现象之间的关系。

(4)科学家需要明辨是非,避免偏见。科学家的国籍、性别、种族、年龄和政治信仰等可能会使他们偏向于寻找或强调某种证据或解释。如多年来,男性科学家对灵长类动物进行的研究,一直把重点放在雄性动物的竞争性社会行为上,直到女性科学家进入这一研究领域,人们才认识到雌性灵长类动物组建社会行为的重要性。在一个研究领域,避免难以察觉的偏见的方法是让不同的研究者或研究小组从事同一项工作。

(5)科学不奉行独裁主义。即使是最有声望的科学家,有时也拒绝接受新的理论,尽管已收集到足够的证据说服了其他科学家。然而,从长远的观点看,理论由其结果来评判。即当某人提出新的或改进的理论后,如果它能比以前的理论解释更多的现象或回答更重要的问题,那么新理论就会逐渐地取代以前的理论。

3. 科学事业

科学作为一项事业,有个人、社会和机构三个维度。科学活动是当今世界的主要特征之一,与其他特征相比,它也许更能把我们的时代与以前的时代区别开来。

(1)科学是一项复杂的社会活动。科学研究的方向受利益、政治气候、种族、社会价值等因素的影响。由于科学具有社会属性,所以科学信息的传播是科学进步的关键。许多科学家以论文的形式在会议、专业科学杂志或互联网上发表自己的发现和理论,并由此向其他科学家通报自己的研究工作,让他们对自己的观点进行评论,最后这些发现成为科学知识的有机组成部分。

(2)科学分为不同学科,在不同的机构中进行研究。科学分为不同学科,其优点是它们可以为组织研究工作和研究结果提供有内在一致性的概念结构;缺点是它们与世界的运行机制不一致,并且,不同领域的研究方式可能存在差别,使得学科间的交流会产生困难。传统学科的交叉不断形成新的学科(如天体物理学、基因工程、社会生物学等)。赞助机构(如大学、企业、政府、私人基金会等)通过决定支持何种研究对科学研究的方向施加影响。

(3)科学研究中有普遍接受的道德规范。准确记录、光明磊落、重复验证、以同行科学家的评判为支撑等一直是大多数科学家所恪守的职业道德传统。但是,有时由于首先公布一种理论或观察结果所带来的名誉上的压力,一些科学家可能不愿意公开自己的研究信息,甚至伪造他们的发现结果。还有一个需要关注的科学道德问题是科学实验中活体实验物的使用和处理,不管是人还是动物,都不应受到虐待,对人还要本着自愿的原则。此外,科学研究是应用于军事还是其他对人类有潜在危险的目的,也是敏感的道德问题。

(4)科学家在参与公共事务时,既是专家又是公民。通常,科学家能帮助公众理解一些事件发生的可能原因或可能性,能证明哪些想法是不可能的。与科学有关的公共问题和科学研究相比完全不同。涉及公众利益时,与其他人一样,当自己的利益、个人的利益、合作者的利益、团体的利益或社区的利益受到威胁时,科学家们同样会产生偏见。

莱德曼(Norman G. Lederman)等在综述国际科学教育研究中有关科学本质研究文献中提出,目前对科学本质的认识在以下三方面是基本一致的:科学观察依赖于理论指导、科学知识不是绝对真理、科学知识具有经验性。他还提出比较适合中学生的对科学本质的阐述:

①科学知识是暂定性的,当发现新的证据和对已有事实有新的解释时,科学知识将会改变,但是在一定时间内会处于稳定的地位;

②科学知识最终是建立在经验证据基础之上,基于对自然世界的观察;

③科学知识在一定程度上具有创造性;

④科学知识的产生具有主观性;

⑤科学知识与社会和文化有关;

⑥科学理论的构建是从观察到推论的过程,观察是通过人的感官或这些感官的扩展收集的,推论是这些观察的解释;

⑦科学定律和理论是不同的科学知识,科学定律描述观察现象之间的关系,而科学理论是对自然现象的推论解释。

同时他还提出科学探究的分析框架,即:

①科学研究都是从问题开始的,但是并不都是检验假设;

②科学研究的方法具有多样性;

③探究过程以问题的提出为指导;

④科学家即使采用同样的步骤研究也不一定能得到相同的答案;

⑤探究过程影响到研究的结果;

⑥研究的结论必须与数据的收集相一致;

⑦科学数据与科学事实是不同的;

⑧解释来自对数据的收集和研究者的已有认识。

综上所述,科学本质是关于科学是什么、科学怎样运转、科学家作为一个社会群体怎样工作、社会怎样既引导科学事业又对科学事业做出反应等问题的理解。科学就其本质来讲,实际上是人类对所观察或认识到的自然现象进行的合理解释或说明。为了使其具有可靠性、准确性和预见性,人们应用了逻辑、数学以及实验的方法,使其形成经过验证的、系统的知识体系。自然界的复杂性、无限性以及人类认识的有限性,需要人们不断地进行科学探索才能逐步认识大自然运行的规律。由于科学是人类努力奋斗的事业,所以科学与人类社会的发展有着密切的关系,同时人及其所处社会的价值观、道德观等对科学探究活动也会产生深刻的影响。

1.2.2　科学本质在科学教育中的价值

理解科学本质,对于全面准确地认识和把握科学教育的特点和规律,切实地改善和提高教师的科学教育观念和行为,促进学生科学素养的发展,具有重要意义。

1. 科学本质能使我们树立正确的科学观

进行科学教育,首先要对科学有正确的认识,树立正确的科学观。科学本质阐明了科学所具有的基本特征,是人们对科学本质属性的正确认识。

对科学的认识,目前存在着"科学主义""伪科学"和"反科学"三种错误思潮。"科学主义"过分夸大科学的力量,认为科学无所不能,并把科学方法引入人类文化的所有研究领域。"伪科学"是打着科学的旗号,把已经被科学界证明不属于科学的东西当作科学或把没有科学根据的非科学理论或方法宣称为比科学还要科学的主张。"反科学"与"伪科学"不同,它是利用科学产生的一些不良后果或科学的缺陷来否定科学的价值。科学本质能帮助我们认清它们的实质,在科学教育中避免犯"科学主义""伪科学"和"反科学"的错误。

2. 科学本质揭示了科学教育的内涵

长期以来,我国的科学教育内容一直把传授和掌握系统的科学知识放在首位,从科学本质来看,这是片面的,没有反映科学的全貌。科学教育内容应体现科学既是关于自然的系统的知识体系,也是人类探究、认识自然的过程,同时也包含有态度、价值观和道德方面的问题。美国科学教育家梅丁等(Ralph E. Martin)指出:科学教育应有 3 个方面的内涵,即科学知识(Scientific Knowledge)、科学过程能力(Science Process Skill)和科学态度(Scientific Attitude)。由此可见,梅丁等的论述,比较完整地反映了科学本质对科学教育内容的要求。

3. 科学本质加深了对科学探究的认识

在科学教育中,倡导科学探究的教学方式是当前科学教育改革的主要趋势。那么,为什么在科学教育中如此强调科学探究的重要性呢?过去我们一般从社会对人才的需要和学生发展的角度出发,把科学探究看成是培养高素质人才和发展学生各种能力的有效手段。毫无疑问,这是必不可少的,也是有重要意义的,但是,从科学本身来看,它们只是外部的原因。科学本质说明,科学不仅是系统的知识体系,更是一种探究活动。所以,在科学教育中,把科学探究作为教学方式是科学本质的要求。在科学教育中,倡导科学探究的教学方式,重要目的之一就是要反映科学探究的本质,还科学以本来的面目。

4. 科学本质是科学教育的重要目标

科学教育的目的不仅是让学生获得科学知识,更主要的是使他们形成关于自然的基本观点,获得探索自然规律的方法,同时提高创新能力和养成科学精神。鉴于科学本质在形成正确的自然观、科学观、提高学生进行科学探究活动的自觉性以及培养创新能力和科学精神中起着不可或缺的作用,在当前科学教育改革中,它已成为科学教育的重要目标之一。

美国《国家科学教育标准》(简称《标准》)目的就是要在美国建立一个有很高科学素养的社会。《标准》认为:良好的科学素养很重要的一方面是对科学本质的理解,知道科学是格物致知的一种途径,其基本特点是以实证为判别尺度,以逻辑作为论辩的武器,以怀疑作为审视的出发点;认识什么样的东西是科学、什么样的东西不是科学,科学能够做什么、科学不能做什么以及科学如何在文化中起作用等一系列的问题。所以,认清科学本质已成为美国对学生进行科学教育的一个重要组成部分。我国 2017 年新修订的普通高中物理课程标准与 2003 颁布的高中物理课程标准相比,一个突出的变化就是在物理核心素养中明确提出关于科学本质的教育。

总之,科学本质说明了科学知识是如何产生、发展的,阐明了科学不仅是系统化的知识体系,同时还是一种不断发展和自我矫正的探究过程,任何科学知识都是人们进行科学探究的成果;在科学的发展历程中,不仅涉及自然现象之间的关系,还涉及人与自然、人与社会之间的关系。所以,理解科学本质,对于确立科学教育的指导思想、目的、内容以及教育教学方式等具有重要的价值。

1.2.3 中学物理教育中与科学本质有关的几个问题

目前我国高中物理课程标准把对科学本质的要求,包含在物理核心素养的科学态度与责任之中。事实上,物理教育作为科学教育的重要组成部分,本身就蕴含有对科学本质的基本要求。下面就目前中学物理教育中几个有关问题作些思考。

1. 将物理教育的内容定位在物理知识上是不完整的物理教育

物理教育的目标是培养和发展学生的物理核心素养,提升学生科学素养的水平。但要实现这一目标,从科学本质的角度来看,教师必须明确物理知识的获得固然是物理教育的一项重要内容,但并非唯一目标;在获取知识的过程中,要培养学生领悟科学、正确认识科学的作用、运用科学的能力——即理解物理事实、概念、原理、定律和理论,进行科学推理,运用科学进行个人事务决策和形成对社会问题的看法等。同时,对于科学过程与方法的掌握和运用以及科学态度、精神和价值观的养成也是物理教育的重要内容。

2. 物理教师对科学本质的认识程度,比拥有科学知识的多少更直接影响教学水平

只有知道了什么是科学,才能把科学知识讲活;只有明确了科学与其他学科知识的差异,才能教好物理课;只有具有了科学的精神,教学中才能得心应手、灵活主动、游刃有余。然而,即使是西方国家对已有的科学本质内容的教学实验也很不满意,并认为其根本原因是教师本身对科学本质的理解存在缺陷和错误。由于教师并不会将他所不知道的东西传授给学生,同时,在一个特定的情境下,教师的信念、学科内容知识、对教学法的知识以及对学习者的认知等会融合在一起,形成一个特有的知识体系,用来决定教师在教学中的行为表现,从而影响学生的学习,因此,提升教师对科学本质的认识和理解应成为教师教育的内容。

有关研究表明,下列途径可以增进教师对科学本质的理解:

①开设有关科学方法的课程,可以增加教师对科学本质的理解。

②科学史和科学哲学的课程,有助于增进教师对科学本质的理解。

③教师的研究经验会影响其对科学本质的认知,但必须持续加强才具有效果。

④阅读当代的科学研究文献,可以激发教师对科学本质的注意与了解。

3. 科学本质教育的途径:明示与暗示

(1)明示(Explicit)。是指将科学本质内容列为直接的教学目标。这个过程可以是

利用科学史、科学哲学或融入学科知识教学或实验操作的过程中等多角度去诠释科学本质,并通过课堂讨论、阅读相关资料等方式直接传达科学本质的信息给学习者,借以达到科学本质的教学目标。

(2)暗示(Implicit)。是指将科学本质内容列为间接的教学目标。这个过程可能如同上述利用科学史或其他教学活动,例如科学探究活动、科学过程技能、做科学等方式,将科学本质的观念嵌入教学中,不直接向学生陈述或教授科学本质内容,即强调以间接的方式让学习者体会科学本质。

综上所述,明示教学途径是让学生直接对所涉及的科学本质内涵加以讨论、反思,来增进学生对科学本质的认识。所以,明示教学路径被视为培养学生科学本质较具体而有效的方法。必须注意:明示的引导学生理解科学本质容易导致讲述式的传达,故需融合建构主义或所谓探究式的教学来培养科学本质观。其中建构主义又主张教师在教学时应以学生的先备知识与经验为起始点,协助其主动建构自我的知识。

4. 教师要善于运用恰当的语言,描绘真实的科学

已有研究指出,教师的语言,包括教材中的语言可能极大影响着学生对科学本质的理解。因此教师在阐述和描述概念、理论性知识时,采用的语言要能体现科学本质方面的立场,展示真实的科学的一面。因为这类知识本质上并非真实存在于客观世界,而是人类对客观现象的解释,其产生过程往往蕴含着人类的丰富想象和创造性。比如,下面这段文字就是教师在引入分子概念以及说明分子间有间隙时,使用的语言:

糖水有甜味的事实说明蔗糖并没有在水中消失。蔗糖是以一种被称为分子的微粒分散在水中。由于分子实在太小了,所以我们无法看到它们……实验表明:混合液的体积小于水和酒精的体积之和。怎样解释这一现象呢?……(大米豌豆混合实验)与大米和豌豆混合相类似,水和酒精混合后体积减小的事实也表明分子之间存在空隙。水分子比酒精分子小,当它们混合时,水分子填补了酒精分子之间的空隙。

当学生听到这段内容的描述时,就会了解到最初人们并非真的看见了分子(粒子),而是在事实的基础上创造性地引入了分子的概念。而分子间有空隙的观点更是在问题的驱使下(怎样解释这一现象呢?),运用丰富的想象和对比(豌豆与大米的混合)得出的结论。这样学生可能认为科学不是先于自然现象而客观存在的,它可能不是对现实的确切描述,而是人们在观察到现象之后的一种合理解释,因为它能解释更多的现象,才被人接受并称为科学的知识。

5. 教师在呈现知识时,既要注重科学的结果又要注重科学的过程

教师关注学生学习科学的过程,既包括关注学生个体学习知识的活动过程和思维过程,也包括关注人类认识某一规律时科学家群体的活动过程和思维过程。

(1)以探究的方式呈现知识,关注学生的认识过程

科学探究是学生体验科学过程、理解科学本质的重要途径。将探究作为内容呈现的主要方式表现在,教学中不是直接给出知识的结论,而是努力设置合适的问题情境,在问题的探索过程中获得知识的结论。例如以"分子的性质"为例,我们可以按下面思路设计这部分内容:

引入分子的概念——承认我们无法看到分子,即使用现在最先进的仪器,也只能看

见一些较大的物质分子——（学生自然会疑惑，看不见的物体怎么研究呢？回想黑箱问题的研究方法，就能想到通过推理、解释外显的现象来形成假设）——提出问题：看不见的分子是紧密无间地挤在一起，还是存在空隙——酒精和水的混合实验，学生看到体积减小的事实——安排豌豆和大米的混合实验，引发学生的合理想象，对比解释现象——得出分子间有空隙的结论。

这是一个典型的思维探究过程，实验事实不能直接告诉学生问题的答案，而结论只是一种合理的假设，最后设计的"讨论"内容（举例说明固、液和气体分子的空隙大小）可以给学生提供机会列举并运用这个假设解释更多的现象，从而确信它的科学性。

理解科学探究是理解科学本质最重要的一个方面，其中包括理解观察、实验、假设与证据的关系，理解数据与结论的区别，教师在教学设计时要充分考虑这个因素，并将其作为选择探究内容的重要依据。

（2）运用真实的史实呈现知识，关注知识的产生过程

恰当运用科学史，展示科学知识的建立过程，也是对学生进行科学本质教育的重要途径。例如，"原子结构的模型"的教学设计就可以以"科学家是怎样揭开原子结构秘密的呢？"为基本问题，分别介绍汤姆孙、卢瑟福、玻尔三位科学家的研究工作，从历史的角度展示原子结构模型的建立过程，让学生感受到科学知识的形成"往往需要有一个不断完善、不断修正的过程"。

值得注意的是，在科学史教学中，教师往往只注意选取成功科学家的部分成功的工作，失败的案例过少，这样学生很容易把科学家和科学工作神话化，同时总是强调过去科学家的工作对现有理论的贡献，很容易使学生不能谦虚地对待历史。

（3）层层深入地呈现知识，保持学生的好奇心，展示科学的逻辑性

对于那些学生接受起来较难的科学知识，教师应把知识逐步分解，层层铺垫，逐步深入地介绍，始终吸引学生的好奇心，又避免挫伤学生的信心，同时让学生感受到科学严密的逻辑性。

有些问题现在看来很简单，但人类的认识过程却可能是艰辛的，让学生重新体验一下这个过程，也能帮助他们感受科学的严密性。例如，在认识"地球的形状"教学时，对于这个学生早已了解的科学事实，教师并不是一带而过，而是介绍了人类认识地球的一个片段，从"天圆地方"的假设，到"天涯海角走不到边、远去帆船的船身比桅杆先消失"的疑惑，并用学生可以感受的"铅笔在篮球和木板上的移动"作对比，向学生展示了符合逻辑性的推理在科学发展中的重要作用。

（4）结合知识介绍科学方法，充分发挥科学方法的教育价值

科学方法教育不能局限于技能的学习，也要让学生了解一些科学方法背后蕴含的认识论思想，同时，学生对科学方法的学习和理解过程，也应成为理解科学精神的重要途径，这些正是科学本质教育的核心内容。

除了介绍能够体现科学的经验性特征的观察、实验（设计、条件控制、测定、记录）方法之外，教学中还应结合合适的科学知识和探究活动，介绍数据的分析与处理、分类、模型、假说和逻辑等科学方法，体现科学探究过程的严密性、逻辑性和创造性，使学生不仅学习到不同方法的操作技能，也能了解一些方法背后蕴含的深刻思想。

6. 在科学探究活动中体现科学本质

对于中学生来说,科学探究是指用以获取知识、领悟科学家们研究自然界所用的方法而进行的各种活动,包括观察,提出问题,设计研究方案,获得实验证据,分析和解读数据,提出答案、解释和预测,把结果和结论告诉他人,等等。

人们早就认识到物理学是一门建立在观察和实验基础上的科学。物理学的历史是人类对自然现象不断探究的、充满错误和艰辛的历程。只有通过探究活动,学生才能真正理解物理学的历史和本质,并将对物理学的理解和科学探究的经历内化为物理核心素养。

(1)科学探究活动应注重"科学性"与"主动性"。让学生通过探究活动体验科学探究的过程,需注意两个问题:一是"科学"的探究,例如,观察依赖已有的理论基础、探究方案的科学严谨性、观察记录的客观准确性等;二是学生的主动参与,学生应在"做"中学,如果只是照"菜谱"机械操作,那么"做"是做了,却未必能学到什么。

(2)没有万能的科学方法。应该让学生通过科学探究活动了解科学探究的一般过程和基本方法,又不能让学生误认为这就是物理学研究的唯一程序。教材的编写在这方面是两难,因此,教学中就更加有责任不能将探究的一般过程僵化为唯一的固定模式。

(3)应重视对探究结果的分析。目前的一些教学实践中比较重视探究方案的设计及实施过程,却往往轻视对探究结果的分析。对探究结果进行分析对于体现科学的本质是非常关键的:①对结果的分析和解释需要创造性思维的作用。例如,牛顿第一定律的建立,虽然是以实验为基础,但它不能直接用实验加以验证,它是实验、思维、推理和想象相结合的产物。②对结果的分析同样需要有严密的逻辑思维。③探究的结论需要用科学、准确的语言去表达和交流。④对结果的分析是一个复杂的过程,需要与已有的知识和经验建立联系。⑤未达到预期目的的探究活动能体现科学的试探性。因此,在科学探究过程中,如果离开了对结果的分析,这样的"探究者"不过是事实的搜集者、半途而废者。

7. 多种方式联系社会与生活,展示物理的文化性

①从学生熟悉的事物和现象出发引入科学知识,把物理知识,尤其是科学方法应用在解决学生身边的问题上,让物理与学生的个人文化联系起来。

②介绍技术的进步与物理发展相互促进的事例,以及现代科学技术在社会中的应用事例,体现科学与技术、社会的相互作用。

③适当引入科技两难问题,如核技术利用、能源问题、环境问题等,让学生参与决策,体验科学对社会的双面影响。

④运用世界和我国的物理史实,介绍物理学发生、发展的社会、历史背景,体现物理学与不同社会背景、不同民族文化的密切关系。

总之,传统物理教学没有将理解科学本质作为教学的重要目标,过分重视科学知识的掌握,强调知识是什么以及如何应用,而忽视科学知识的认识过程、科学的文化性等特征。一个重视体现科学本质的现代物理教育,应该向学生描绘一个全面而立体的科学,包括科学知识、科学过程和科学文化三个主要方面。物理教育要从内容的选择、组织、呈现方式和语言的运用等方面体现科学本质。只有这样,才能在物理课程中真正实现科学本质与教育本质的统一。

1.3 物理教育的目标和任务

 案例 1-3-1

《物理教师》2007 年第 9 期上刊登的一篇文章中有这样一段描述：

去年国庆，我的第一届毕业生聚会，因我曾经是他们高中阶段的班主任，同时任教他们的物理课，故被他们邀请到场……他们都大学毕业三年了，有的高中毕业后就未曾谋面。一朝相聚，不免要回忆高中阶段的一些学习片段，一位医科大学毕业的学生顺手拿起桌上的一个苹果向空中抛去，然后用手接住，笑着对我说："老师，加速度多大？"

旁边一大帮同学笑嘻嘻地抢着回答：

你是指抛上去还是落下来的过程？（一个女孩，也是医科大学毕业的）

上升加速度朝上，下降时加速度朝下。（军事指挥院校的毕业生干脆利索地回答）

上升过程中速度都没增加，哪有加速度？下降才有加速度吧？（师范大学毕业的，不是学物理专业）

最高点苹果都停下来了，肯定没有加速度。（竟然是一个重点大学理工科毕业生的回答）

老师，我忘得一干二净了，全还给你了，白学了。（一个女孩，后来学文科了）

……

物理教育作为科学教育的重要组成部分，始终与科学教育的改革与发展息息相关。本节从国际科学教育的视角，阐述科学教育目标的历史演变，科学素养概念的由来、内涵和构成要素，物理核心素养的解读，并对中学物理教育的目标和任务做出初步的理论阐释。

1.3.1 科学教育目标的演变

科学教育的目标是什么？这是一个看似简单却又十分根本的问题，要正确回答并非易事。纵观国际科学教育改革和发展的历程，我们从三个层面上分析科学教育目标的演变。

1. 科学知识教育

现代科学的形成和开始发展之日就是现代科学教育的起步之时。17 世纪初，科学教育就开始在大学层次展开，但真正进入基础教育则是 19 世纪的事情。

19 世纪中叶，由于科学技术给社会带来的巨大变化，英国哲学家和社会学家斯宾塞（Herbert Spencer）在他著名的《什么知识最有价值》中，呼吁重视关于科学的教育，突出了科学知识的功利性价值，第一个系统阐述了科学教育思想，为自然科学引入教育领域作了有力的辩护。他提出了"为人的未来的完满生活做准备"这一评价标准，认为科学知识最有价值。斯宾塞的这一价值取向，从根本上决定了 19 世纪自然科学教育目标和内容以科学知识的传授和学习为主。自然科学是一种"知识体系"的观念又制约着自然科学教育的方法,注重科学知识的灌输和机械记忆。这既体现在课程中,也反映在教育活动中。自然科学教育中如此的课程观和方法观在当时成为一种主流意识。同时,著名科学家赫胥黎(Thomas Henry Huxley)也尖锐地批评传统的古典教育,强调科学知识的教育。自那时起,真正意义上的科学教育开始出现并迅速发展。这一时期,人们对科学教育的理解主要处于科学是"一种知识系统"和"一种生产力因素"的水平。

19世纪自然科学教育以"个人生活实用"的基本价值取向的积极意义在于为自然科学进入教育领域提供了强有力的辩护理由,自然科学在整个教育中从此获得了合法的显赫地位。在教育活动中以知识为重心,重视自然科学知识这种"个人生活实用"价值取向在提升自然科学教育地位的同时,也隐含着因过分强调科学知识教育而导致的问题。概括地讲,表现为三个方面:第一,在价值取向上过分偏向了物质生活;第二,在教育活动中科学知识变成了教条;第三,过多地记诵科学知识阻碍了人的智力发展。

2. 科学过程和方法教育

科学教育目标局限于科学知识的教育状况在20世纪初受到了挑战。人们发现,社会在科学技术的影响下变化加速起来,一个人终身享用在校习得的知识已不再可能。社会变化加速的现实,促使教育家思考在科学方法和科学知识之间谁的价值更深远,结论多倾向于前者。许多科学家、教育家反思科学教育中存在的重知识、轻方法问题。物理学家奥斯特瓦尔德(Friedrich Wilhelm Ostwald)指出:"虽然用现在的教授方法很成功地讲授了在其现今发展状态中的科学知识,但是,杰出的和有远见卓识的人不得不一而再地指出时常出现在当前我们的青年科学教育中的一个缺点,这就是缺乏历史感和缺少关于作为科学大厦基础的一些重大研究的知识。"进步主义教育代表人物杜威对19世纪科学教育提出了一针见血的批评。他认为当时的科学教育"在大体上,科学只作为一套现成的知识和技能来教的。它的教学不能在方法上提供一切有效的明智行动的榜样"。杜威对于科学教育的贡献很多,但很重要的一点就在于主张科学教育不只是让学生学习科学知识,更要重视科学方法和过程,这在一定程度上克服了斯宾塞科学教育思想的缺陷,强化了科学的"方法体系"和"探究过程"内涵。"科学知识最有价值"的科学教育理念让位于"方法比知识更重要",科学教育的目标从以科学知识为重心转向以科学方法为重心。

为体现对科学方法的重视,杜威主张的科学课堂不是从深奥难懂的科学知识开始,而是从日常经验中的事物开始,使学生探索自然界的相互作用,发现各种因果关系。这样,学生的经验便被引向基本科学原理。在杜威看来,研究日常生活中的情境和现象而不是传统课业中的知识内容,既有利于将科学推理过程确定为教学目标,又有利于学生将这种推理应用到日常生活世界。

20世纪50年代,人们开始对进步教育进行反思,著名的《哈佛报告》揭开了科学教育改革的序幕,指出了在科学教育中存在着某些被忽视的领域,如科学史在科学教育中的地位以及科学与社会的关系等,开始全面关注科学内涵。布鲁纳(J. S. Bruner)的科学教育改革重视学科的知识结构,提倡发现法教学,再次突出了科学的"探究过程"内涵。

同一时期的学科结构理论代表人物施瓦布(Joseph J. Schwab)以他关于科学探究的本质以及科学发展的哲学观为基础,规定了一个探究领域的三个要素:一是学科探究的问题类型和范围,二是学科探究的程序和方法,三是对探究所获得的事实的种种解释,并且认为这三个要素之间的相互关系就是学科的结构。在对科学过程的认识上,施瓦布强调:"在作为探究的科学和探究的活动这两个组成成分中,中学科学教学目标中应给予优先关注的是前者。"由此可见,施瓦布给科学探究过程赋予了更深刻的含义,已经开始更多地关注科学的本质,而不是单纯停留在方法层面。

3. 科学素养教育

第二次世界大战以后,科学技术迅猛发展的同时也引发了许多社会问题,如能源、环境、资源问题,而布鲁纳等人领导的教育现代化改革的科学课程是以学科为中心的,主要是理论、概念的学习,过分强调学术性和发现教学,忽视了社会和生活,只适用于小部分准备升学的学生,而且不容易引起学生的学习兴趣,不能很好地培养他们的社会责任感。因此,以培养精英为目的、以学科为中心的科学教育既不适用于大多数的学生,也不适应时代的要求。于是,20 世纪 70 年代兴起了 STS(Science-Technology-Society)教育,强调科学教育中对科学、技术与社会关系的教育。1987 年 8 月,在德国基尔举行的世界科学和技术教育趋势的第四届会议上,提出 STS 教育 4 个目标群,即个人需要、社会问题、学术准备和职业教育意识。STS 教育很快便成为一种国际潮流,深刻地影响了当时对科学教育的定位。人们重新思考,科学究竟是什么? 我们要培养学生学什么? 具体表现在什么方面? 要让学生知道科学能解决什么问题,不能解决什么问题。在这一背景下,科学素养(Science Literacy)被提到一个新的高度来认识。"科学素养"就是"具备并使用科学、数学和技术的知识做出有关个人和社会的重要决策"。这其中包括两重含义:一是知识,二是能依据知识做出决策。光有知识不叫科学素养,还要有做决策的能力。决策不仅是个人的,还有社会的重要决策。随着社会变化和技术发展,科学素养的框架和内涵也发生了新的变化,如工程实践、学科核心概念、跨学科核心概念、学习进阶(Learning Progressions)等问题。

4. 学科核心素养

1996 年,联合国教科文组织国际 21 世纪教育委员会在《教育——财富蕴藏其中》(*Learning：The Treasure Within*)中提出了类似核心素养(Core Competence)的体系:学会认知、学会做事、学会共处、学会做人。国际上对"核心素养"体系的普遍关注,其社会背景是人类社会正由工业时代向知识经济时代转变,由此带来对教育目标的深刻反省,工业时代的产业工人以及专业化的"知识劳动者"将不能适应未来社会的需求。21 世纪培养的学生应该具备哪些知识、能力和态度,才能适应社会需要,推动社会健康发展? 一致的回答是,面对变动的未来,必须以必备品格和核心能力为培养指向,才能以不变应万变。正是因为如此,世界各国或地区纷纷启动以核心素养为基础的教育改革。建构符合本国实际的核心素养模型,以核心素养为基础推动教育和课程改革成为国际趋势。

目前国际上提出的核心素养分为两大类。

（1）跨领域或跨学科的素养，包括个人成长、高阶认知和社会性发展三方面。其中个人成长包括自我认识、自主调控、终身学习；高阶认知包括批判性思维、创造能力、学会学习；社会性发展包括沟通与交流、合作能力、社会参与、跨文化理解等。

（2）特定领域的核心素养，如科学思维能力、科学探究能力等。体现学科本质和学科内在育人价值，又与跨学科素养在内涵上关联的东西，称之为学科核心素养（Core Competence of Subject）。

从科学教育总的发展趋势分析，科学教育目标的内涵越来越丰富，从知识到过程与方法，从注重实体和工具领域到精神与价值领域，从对科学技术的追求与崇拜到对科学技术引发社会问题的反思与批判，从科学教育中科学精神与人文精神的分离到逐渐融合，从强调西方近现代科学文化到多元科学文化观。今天，对科学教育目标内涵的理解已经在国际上基本达成共识，并集中表现在各国科学课程改革的重要文献和"科学素养"概念的提出和发展中，从而把科学教育的目标锁定为培养学生的科学素养，继而发展学生的学科核心素养。至此，科学教育的目标从单一科学知识教育演变为包括科学知识、科学能力、科学方法、科学态度、科学精神、科学价值观、科学史等复合的科学素养教育。值得一提的是，科学教育不再是仅对精英而言，而成为对所有学生的普遍要求。

1.3.2 科学素养

1. 科学素养的由来

"科学素养"一词源自英文 Literacy。这个词有两个含义：一是指有学识、有教养，是对学者、专家而言；二是指能够阅读、书写和计算，有文化，是对普通公民而言。

按科学教育专家拜比（R. W. Bybee）的研究，第一次使用"科学素养"（Science Literacy）一词的是美国学者科南特（James Bryant Conant）。他在 1952 出版的《科学中的普通教育》（*General Education in Science*）一书中指出，被人们称之为"专家"的那些人，其最大的特点是他们具有"科学素养"。这是从科学家的角度论述科学素养。多数人认为，首次使用"科学素养"一词来探讨科学教育问题的是美国的斯坦福大学的学者赫德（P. D. Hurd）。他于 1958 年发表了一篇名为《科学素养——对美国学校的意义》（*Science Literacy：Its Meaning for American Schools*）的论文，把科学素养解释为"理解科学及其在社会中的应用"，并探讨了科学与社会的联系。赫德这里所使用的"科学素养"，是现今意义上的科学素养的含义。自此以后人们开始关注科学素养的问题，西方国家科学教育提出了培养具有科学素养的公民的目标。特别是 1989 年和 1993 年，美国科学促进会分别发表了两个重要报告：一是《2061 计划——面向所有美国人的科学》；二是《科学素养基准》（*Benchmarks for Science Literacy*）。这两个报告确立了面向全体学生的科学课程思想，全面系统地提出了科学素养的具体内容。在此基础上，美国于 1996 年公布了《国家科学教育标准》（*National Science Education Standards*），建立了一个以培养所有学生的科学素养为目标的国家科学教育标准体系。

2. 科学素养的含义

科学素养的解释在不同的时代有所不同，即便是在同一个时代，不同的机构、组织或不同的专家对科学素养的解释也不完全相同,随着时代的发展人们对科学素养的认识也在不断变化。因此,目前尚没有一个严格的、统一的定义。

国内现在多数研究者认可的解释是:科学素养指的是在具备文化和科学技术知识的基础上,对有关个人和社会的各种问题和现象能进行理性思维并做出符合规律的决策的能力,它要求人们对事物和所遇到的问题进行理智的独立分析、判断,并能创造性地解决问题。

另外一些专家和科学教育组织回避直接定义科学素养,而是通过具备科学素养的人的描述来间接地解释这一概念,如具有科学素养的人应该具有良好的科学态度和科学情感,包括探索自然的好奇心和求知欲、科学的价值观念、对科学学习的正确态度;掌握了科学的基本概念和原理;能够提出问题,发现问题和寻找答案;具备说明、解释以致预测自然现象的能力;理解大众传媒中报道的科学文章的能力,以及参与社会讨论的能力。也就是说,能够获取信息并有评价信息质量的能力。

美国在 1996 年公布的《国家科学教育标准》中对有"科学素养"给出了描述性说明:

所谓有科学素养是指了解和深谙进行个人决策,参与公民事务和文化事务,从事经济生产所需要的科学概念和科学过程。有科学素养还包括一些特定门类的能力。

有科学素养就意味着一个人——

①对日常所见所经历的各种事务能够发现、回答,因好奇心而提出来一些问题。(科学的兴趣和探索科学的冲动)

②已有能力描述、解释甚至预言一些自然现象。(对科学原理的理解和应用)

③能读懂通俗报刊刊载的科学文章,能参与就有关结论是否有根据的问题所作的社交谈话。(理解科学的概念和原理)

④能识别国家和地方决定所赖以为基础的科学问题,并且能提出有科学技术根据的见解。(以科学的态度来参与社会事务)

⑤能根据信息源和产生此信息所用的方法来评估科学信息的可靠程度。(科学价值的判断)

⑥有能力提出和评价有论据的论点,并且能恰如其分地运用从这些论点得出的结论。(科学思维的习惯)

不同的人会以不同的方式表现出自己的科学素养,例如能恰如其分地使用技术术语,或者能运用科学概念和科学的过程等。每一个人的这种素养在不同的领域中也会有所不同。例如,对生命科学的概念和术语可能懂得多一点,而对物质科学的概念术语懂得少一点。有科学素养的程度和形式并不是一成不变的,其程度上的由低而高,修养的面由窄到宽是发生在人的一生当中,而不是只发生在就学的年代,但是人在早期确立起的对科学的态度以及价值观念,对其成年时在科学素养方面所能达到的境界则会有决定性的影响。

3. 科学素养的构成要素

对公民科学素养含义的理解和表述,随着社会和经济的发展不断变化而更新,而且有着深厚的时代背景。由于如今对科学素养的研究尚处于完善阶段,还没有形成统一、

广泛认可的表述,以下为几个代表性的表述:

(1) 国际经济合作组织(Organization for Economic Cooperation and Development, OECD)。OECD 认为,科学素养是运用科学知识,确定问题和做出具有证据的结论,以便对自然世界和通过人类活动对自然世界的改变进行理解和做出决定的能力。

(2) 国际学生评估项目(Programme for International Student Assessment,PISA)。PISA 提出,科学素养的测试应该由三方面组成:基本科学观念、科学实践过程、科学场景。在测试范围上由科学知识、科学研究的过程和科学对社会的作用三个方面组成。

(3) 美国学者米勒(G. Miller)。他认为,公众科学素养由相互关联的三部分组成:科学知识、科学方法和科学对社会的作用。具体说就是,具有足够的可以阅读报刊上各种不同科学观点的词汇量和理解科学技术术语的能力,理解科学探究过程的能力,关于科学技术对人类生活和工作所产生的影响的认识能力。

国际科学教育界普遍认为,科学素养应该被看作社会公民和消费者应具备的最基本的对于科学技术的理解。一般说来只要公众同时达到下面三个方面的要求,就可以被认为具备了基本科学素养。

(1) 对科学知识的基本理解。例如,对分子、温室效应、计算机软件三个科学术语是否清楚?超导、DNA 两个概念各属于哪个学科领域?是不是知道地球绕太阳转?地球、太阳系、银河系和宇宙四者中哪一个最大等?

(2) 对科学过程和方法的基本理解。例如对水银温度计、电话和杆秤三种日常用品的科学原理是否了解?对下述问题能不能做出正确的判断:两位科学家想了解一种治疗高血压药的效果。第一位科学家让 1000 位患者服用此药,观察其中有多少人降低了血压;第二位科学家让 500 位患者服用此药,另外 500 位不服药,然后观察两组中各有多少人的血压有所降低。您认为哪种方法更好?

(3) 关于科学技术对社会影响的基本理解。公众对科学技术与社会的关系的认识,即一方面认识到科学技术对生活、公众健康、一般工作条件、世界和平带来有利的一面,同时又警惕科学带来的负面效应,如环境污染、自然资源的过度消耗等。这就是说,必须用一分为二的观点认识科学技术与社会的关系。

在科学技术不断改变着我们生活、改变着我们周围世界的今天,具有科学素养是每个公民必不可少的能力。一个具有科学素养的毕业生不一定要以科学或工程技术相关的工作为职业。然而,当面对日常生活中的科学现象、事件和观点时,他应该能够运用科学的原理和科学的方法去做出判断和决策。在这方面,科学素养可以增加人们观察事物的能力,思考问题的能力,创造性地解决问题的能力,具有批判性思维的能力及在团队中的合作能力等。

1.3.3 物理核心素养

立德树人是教育的根本任务,发展学生核心素养是落实立德树人根本任务的一项重要举措,也是适应世界教育改革发展趋势、提升我国教育国际竞争力的迫切需要。

物理核心素养(Core Competence of Physics)是物理学科育人价值的集中体现,是学生在接受物理教育过程中逐步形成的适应个人终身发展和社会发展需要的正确的价值观念、关键能力和必备品格，是学生通过物理学习内化的带有物理学科特性的品质，是学生科学素养的重要构成。

下面我们从上述物理核心素养界定包含的关键术语中，解读这一概念。

其一，这一界定中强调了物理核心素养是在物理教育中形成的，而不是在物理教学中形成的，这就意味着观念的转变：由物理教学转向物理教育。从教育思考问题与从教学思考问题显然是不一样的。也意味着教师职责由教书（以知识为主）转向育人。

其二，物理核心素养是带有物理学科特性的品质的关键能力、必备品格和价值观念。带有物理学科特性的品质的关键能力、必备品格和价值观念是什么呢？

（1）关键能力。物理课程中应培养的关键能力是什么呢？我们可以从高考对能力的要求和物理教学大纲对能力的要求中探寻到。

物理高考对能力的考查要求中包括五个能力，即理解能力、推理能力、分析综合能力、数学能力、实验能力。这五个能力中前三个能力实际是与科学思维能力相关的，与后面的两个能力结合起来，就构成了物理教育中的三个基本能力。

从大纲看关键能力呢？1996 年教育部颁布的高中物理教学大纲中提出，在高中物理课程中应培养的 5 个能力，这就是观察和实验能力、科学思维能力、运用数学解决问题的能力、运用物理知识解决实际问题的能力、科学语言表达能力。为什么要培养这几个方面的能力？

观察和实验、科学思维和数学方法相结合，这是物理学探索客观世界的基本方法，与此相适应，高中物理应当培养这三个方面的能力。所学知识要用到实际中去，因而要培养运用物理知识解决实际问题的能力。科学语言表达能力是针对学生表达能力欠缺提出的要求。

由此可见，高中物理教学大纲中提出的能力与物理高考中的能力是一致的，高中物理教学大纲中能力的要求比物理高考中的能力要求的范围更广一些。

（2）必备品格。这里要求的必备品格，和我们习惯的理解是一致的，这就是实事求是的科学态度，严肃认真、理性思维的习惯和意识。

（3）价值观念。也就是讲事实，讲证据，追求至善、至美的价值倾向。

至于高中物理课程标准中提出的物理核心素养的 4 个成分与上面讨论的关键能力、必备品格与价值观念也是一致的：物理观念、科学思维、科学探究与关键能力相联系，科学态度与责任与必备品格、价值观念相联系。

我们之所以对物理核心素养的概念进行以上解读，其目的在于：

其一，高中物理课程标准（2017 年）对物理教学的认识和要求与我们以往大纲对物理教学的认识和要求是一致的，并不是对以往物理教学认识的否定，而是继承和发展。

其二，高中物理课程标准提出的以物理核心素养为目标导向的教学与我们以往大纲物理教学目标和要求也是一致的，不是对以往物理教学目标和要求的否定。

其三，我们以往认为优秀的课例，在以物理核心素养为导向课程改革背景下，仍然是值得鼓励、提倡和学习的。

关键是在实施以物理核心素养导向的教学中,要正确认识和理解物理核心素养的四个成分以及对物理教学提出的新要求。

图 1-3-1 中给出了物理核心素养的四个成分及其每个成分包含的各个要素。

物理观念	科学思维	科学探究	科学态度与责任
物质观念	模型建构	问题	科学本质
运动观念	科学推理	证据	科学态度
相互作用观念	科学论证	解释	社会责任
能量观念及应用	质疑创新	交流与合作	

图 1-3-1　物理核心素养的四个成分及其要素

1. 物理核心素养的四个成分的解读

（1）关于物理观念

"物理观念"（Physics Idea）是从物理学视角形成的关于物质、运动与相互作用、能量的基本认识,是物理概念和规律在头脑中的提炼与升华,从物理学视角解释自然现象和解决实际问题的基础。我们在理解物理观念时应注意以下四点:

其一,物理观念是指向长期的目标,与物理知识及其应用相联系。

其二,课堂教学目标的指向应是物理知识的深层理解,要避免指向机械记忆的教学。

其三,要学生对物理知识达到深层理解必须实现和落实物理知识的"四化",即条件化、结构化、情境化和多元化。

其四,在教学策略上,要重视基于真实情境的过程教学。

（2）关于科学思维

科学思维（Scientific Thinking）是人们对客观事物基于证据的分析、推理,从而概括、总结出事物的本质及内在规律的过程及方法,是物理教育中特别关注的一个方面。我们在理解科学思维时应注意以下几点:

其一,科学思维是科学思维方式、科学思维方法、科学思维过程的统称,内容非常丰富。科学思维及其能力离不开知识的获得和应用,离不开物理问题的解决。

其二,在高中物理课程中,要突出模型建构、科学推理、科学论证、质疑创新等科学思维能力的培养。

其三,科学思维能力的培养主要体现在概念的形成过程、规律的建立过程、实验的设计过程、知识的应用过程中。

其四,在教学策略上,要重视基于问题引领,任务驱动的体验和实践的教学。

下面以模型建构教学为例,谈一谈科学思维的培育。

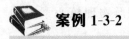 **案例** 1-3-2

模型建构要突出思维的深刻性

思维的深刻性表现为：一是多维，即思维的多视角（基于经验的观察、实验，基于历史视角）；二是思维的递进性（层层递进的设问）；三是凸显思想方法（科学论证、实验、外推、实验设计）；四是强调科学本质（证据，证伪，基于实验的探究过程）。

在粤教版《普通高中教科书物理必修第一册》的自由落体运动一节的教材中，有关自由落体概念的建构过程，突出了概念建构的思维深刻性。

自由落体运动概念的教学体现了模型建构过程的教学。

导入：

教学过程从观察落体运动入手：如

苹果从树上掉落下来；

水滴从屋檐下落下来；

树叶从树上飘落下来；

从这些例子，我们可以看出，落体下落有快有慢。

那么影响物体下落快慢的因素是什么呢？

日常观察中看到，重的物体比轻的物体下落快。

在历史上，亚里士多德也曾认为：重的物体比轻的物体下落快。

进一步设问：重的物体真比轻的物体下落快吗？

设计实验：

实验1：一重一轻物体：重的先落地。

实验2：同重的两个物体：不同时落地。

实验3：一重一轻的物体：轻的下落快。

通过上述实验得出结论：轻重不是影响下落快慢的因素。

从历史的角度，伽利略的论证也表明，轻重不是影响物体下落快慢的因素。

影响物体下落快慢的因素是什么？

教师创设情境：引导学生回忆降落伞下落的情境。

学生会想到，是空气阻力影响了物体下落的快慢，这带有某种猜测因素。

是不是空气阻力影响了物体下落的快慢？

可以通过实验，探究这个问题或者验证上述假设。

这时教师是拿出牛顿管直接探究还是让学生想一想如何设计这个实验？

当然，正确的做法，是先让学生想一想如何设计这个实验，再拿出牛顿管做这个实验。

在实际教学中，对牛顿管实验，许多老师往往实验结果与结论不分，不利用推导过程，就直接得出结论。

经过上述过程后，最后才能归纳概括出自由落体的概念。

（3）关于科学探究

物理课程中的科学探究有多维含义。科学探究是一种精神，是一种思维方式，是一种研究手段，也是物理课程的目标、物理课程的内容、物理课程的要求、物理课程的理念。

科学探究本身体现了科学本质，体现了知识技能、过程方法的统一。

就探究教学而言，探究式教学不是唯一教学方式。探究式教学和接受式教学同等重要。在实际教学中，大多是片段式探究教学，其关键是找准探究点。

例如，在上面的自由落体运动概念的教学中，就有许多值得探究的点：

影响物体下落快慢的因素究竟是什么？

重的物体真比轻的物体下落快吗？

影响物体下落快慢的因素是什么？

是不是空气阻力影响了物体下落的快慢？

真正的探究式教学不在于形式，关键在于体现探究教学的特征：

提出问题：围绕科学性问题展开探究活动。

搜集证据：获取可以解释和评价科学性问题的证据。

形成解释：根据事实证据，对科学性问题作出回答。

评价解释：是否支持？推理是否合理？是否存在偏见。

交流论证：学习者交流和论证他们提出的解释。

不要带着某种预期指导学生探究。例如，学生做实验时有"凑数"的坏毛病，这就是带着预期指导学生做实验的结果。

简单说来，探究就是用自己的方法解决陌生问题的过程。在实际教学中，有很多教学策略就具有探究的特点。

如 POE 策略即预测、观察、解释策略，如案例 1-3-3 所示。

 案例 1-3-3

图 1-3-2 中小灯泡的规格相同，两个电路中的电池也相同。多个并联的小灯泡的亮度明显比单独一个小灯泡的暗。如何解释这一现象呢？

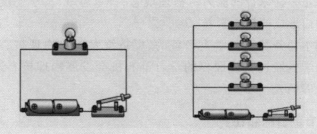

图 1-3-2

问题串策略：见案例 1-3-4 位置、位移的教学。

案例 1-3-4

> 要讨论物体位置随时间的变化,首先要知道如何描述物体的位置?(空间中的点)如果物体沿一条直线运动,如何把物体的位置表示出来?(用坐标轴的坐标来表示)坐标的正负表示什么意义?
>
> 物体位置的描述我们清楚了,那么,物体位置的变化该怎样描述呢?(路程、位移:文字表述和图示)
>
> 如何在数轴上表示位移?
>
> 接着提出:"一个物体从 A 运动到 B,$x_A = 5m$,$x_B = 2m$,物体的位移大小等于多少? 方向如何?"的问题。

(4)关于科学态度与责任

科学态度与责任是物理课程的重要目标,是物理课程落实立德树人根本任务的落脚点。主要包括科学本质、科学态度、社会责任等要素。

其一,科学态度与责任,不仅包括科学精神、科学责任、科学情感,还涉及科学本质的理解和认识。

其二,在物理教学中,科学态度与责任突出表现为严肃认真地做事,实事求是的态度,持之以恒的科学精神上。

其三,在教学策略上,可以通过做事(做作业)的表现和结果,做实验中的表现和结果,物理学史、HPS、STSE、STEM 教育等来体现和落实。

在上述物理核心素养成分讨论中,只涉及物理观念、科学思维、科学探究、科学态度与责任,没有涉及物理知识。是不是物理知识就不重要了? 物理知识与物理核心素养的四个方面之间关系是怎样的?

物理知识虽然没有包含在物理核心素养中,但物理知识是落实核心素养的四个目标的基础和前提。在物理核心素养的四个方面中,科学探究是一个过程,是一种学习方式和科学研究的方式,是一种形成物理观念、发展科学思维、培育科学态度和责任的手段和途径,同时,也是一种综合的能力。物理观念、科学思维、科学态度与责任是通过物理知识习得和应用而形成的核心素养。

物理教育的基本任务是培养学生必备的、可持续发展的物理核心素养。物理教师应该努力让所有的学生经过物理课程的学习都有机会发展物理核心素养,继而成为具有良好物理核心素养的人。

1.3.4 物理教育的目标和任务

物理教育的目标可以分为促进人发展的目标和促进社会发展的目标,前者是物理教育本体功能的体现,后者是物理教育外在职能的体现。物理教育的育人目标集中反映在物理核心素养上。物理教育促进社会发展的目标就是要通过培养科技人才,发展科学技术,推动社会进步。当今物理教育的社会功能目标取向已经突破了"工具理性",更加关注物理教育应该体现的人文关怀和改善社会文化的功能。物理教育与人的发展和社会发展的关系是物理教育的基本问题。作为本体目标和外在目标之间的关系应该是统一的、均衡的。

科学之所以能够在学校的课程中赢得一席之地，在于其对人类知识和实践具一种独特的文化上的贡献。因此，任何关于科学教育的理论基础和实际意义的探讨都必须首先考虑这项文化事业的特殊目的和意图。

关于科学教育的目标，奥格玻恩（J. Ogborn）认为科学教育能够提供五个方面问题的答案：①我们所知道的是什么？（本体论问题）；②我们怎样知道？（认识论问题）；③为什么会发生？（因果问题）；④我们的知识有什么用？（技术问题）；⑤我们怎样交流上述这些问题？（交流问题）。美国学者霍德森（D. Hodson）从另一个角度将科学教育目标分为三个维度——学科学、做科学、思考科学。关于科学教育的目标，米勒则认为科学教育的目的是：学习有关的科学知识、学习这些科学知识产生的过程、学习这些科学知识的社会建构方式。所有这些观点有一个共同之处，即相信对于科学认识论的知识的掌握和理解是科学教育的基础。科学课程如果不重视科学家的知识获取方法，将很可能导致学生不能理解科学家的理性态度。

这种观点必然要求教师应该具有一定的科学认识论知识，即科学本质的知识。尽管确实像波普尔（Karl Popper）、库恩、费耶阿本德（Paul Feyerabend）和拉卡托斯（Imre Lakatos）所指出的那样，已有的关于科学本质的理论并不完美，至今还没有一个绝对的统一的科学方法论，但这并不意味着，没有统一方法的实践就是非理性的实践。科学有多种多样的方法，科学教育重要的是，要提高学习者对科学用以证明知识的可靠性的方法的理解能力。这是因为，如果科学教育是为了培养批判性思考能力，使学习者能够分析、辨别无数的基于科学的或伪科学的陈述，学习者便需要学会一整套的智力工具，其中之一就是理解科学家们是运用怎样的程序以保证其知识的可信度和有效性的。如此而言，诸如实验比较的方法、变量的确定与控制、合理假说的提出、误差来源识别及其测量、一个理论区别于另一个理论的判据、重复实验的可能性，以及求平均值方法等都是用来区分科学与伪科学的工具。一种科学教育，如果未能顾及这些方面，这在智力上相当于给学生榔头，但不给钉子。

为了便于理解和把握物理教育的目标和任务，我们做如下具体的解释和说明。

1. 学习物理学的基础知识，了解这些知识在生活和生产中的应用，关注科学技术的现状及发展趋势

物理学的基础知识包括基本的物理概念、原理和规律。让学生掌握一定的物理知识是物理教育的基本任务之一。学生在中学阶段应获得有关物质运动和相互作用、物质基本结构以及现代科学技术等基本知识，对物理学的整体画面有一个较为全面的了解。物理教育应该给学生提供机会让他们了解现代物理学的进展，了解现代科学技术对人类社会和人们生活的影响，这种影响既包括正面的影响，也包括负面的影响。让学生在探究性学习或实践活动中利用所学的物理知识和方法去解决身边的问题，使学生具有运用知识的能力，也是知识领域中的另一个重要目标。

（1）教师在选择和确定物理基础知识时要注意：

①基础性。即建立学科知识结构所需的基本概念、基本规律、基本观念、基本方法，并对学生的终身学习和发展有用的知识。

②普及性。即贴近现实生活，与未来社会的发展有关的知识。

③时代性。即要以学生可以接受的方式将现代物理知识、与物理学有关的前沿科技知识和对世界产生重大影响的现代物理思想纳入课程内容。

④教育性。即对于培养学生的非智力因素（Non-intellectual Factors）具有较大作用，有利于提高学生的生活质量，有利于学生进行科学探究的内容。

⑤选择性。即让不同兴趣、不同发展倾向的学生学习不同的内容。

（2）教师在处理物理基础知识时应注意：

①要重视知识的形成过程，而不能把知识仅仅看作物理科学的现成结论。

②要让学生经历科学探究的过程。

③要重视物理知识与生活、社会实际的联系。

④要准确理解物理课程标准的要求。

⑤在教学中，要分清主次，突出重点，突破关键，千万不要平均使用力量。

2．理解科学探究，经历科学探究过程，学习科学探究技能，提高科学探究的能力，养成科学思维的习惯

近几十年来，许多科学教育家都认为科学探究也是学生学习科学的有效方式之一。学校的科学探究活动通常是指学生们用以获取知识、领悟科学的思想观念、了解科学家们研究自然界所用的方法而进行的各种活动。学习科学应该是一种积极主动的过程。探究是学习科学的重要途径之一。每个人都应该学习科学探究的技能，掌握了这种技能可以使人终身受用。

如果学生在学校学习期间亲身经历了科学探究活动，那么，当他离开学校时，对物理学所形成的印象可能会更深。在中学物理课程中有一些给定选题的探究实验，这些实验可以帮助学生很好地了解科学探究的性质。但是，只有这些还是不够的，教师还要给他们引入一些与生活实际有关的研究课题，在解决实际问题的过程中，使他们更为接近真正的科学探究。让他们在真正的科学探究活动中，通过自己的思维，提出课题、设计方法、做出计划、动手实验，并最后写出报告，与他人进行交流。在参与探究时，学生也应该掌握科学探究的一般技能，包括提出问题、做出假设、制订计划、收集证据、得出结论、表达和交流。

科学探究更重要的是在于它的过程而不完全是结果。学生进行探究的真正意图，不仅在于掌握物理知识本身，还要让学生学会科学探究的一般方法，让他们亲身体会科学家是如何困惑于问题，如何假设问题的"答案"，考虑从哪些途径去解决问题，并以此渐渐地养成探究的态度、方法和思维的品质。

科学思维的习惯并不神秘，也不是科学家所特有的，是每个人应该掌握的技能。一个人一旦掌握了这些技能，无论他从事何种职业都可以终生享用。其中批判性思维（Critical Thinking）是对自己或别人的观点进行反思，提出质疑，弄清情况和进行独立分

析的过程。在物理教育中培养学生的批判性思维尤其显得重要,有了这种思维品质,他们就能够对生活和学习中的物理问题做出科学性的分析及批评,做出理性的决定。同时,在实践中当自己的意见与绝大多数人不同时,能够勇于发表自己的见解,敢于坚持,而不是人云亦云。

为此教师在开展探究教学时要注意:

(1) 学生进行的科学探究与科学家的探究有相似的一面,也有不同的一面。科学家探究的目的是为了发现人类尚未认识的科学事物及其规律,而学生探究式学习的目的主要是为了提高自身的科学素养;探究的对象常常是人类已知而对学生是未知的事物;学生探究过程中有教师的指导。

(2) 探究活动的设计应当符合学生的心理特点。注意从学生熟悉的事物出发,设计学生喜爱的活动。激发学生的兴趣和动机,调动学生探究的积极性和主动性。提倡用自制教具和"随手取材"进行探究活动,注意将课内与课外、校内与校外的探究活动结合起来,努力开发并鼓励学生参与开发各种层次、以小型为主的探究性活动。

(3) 探究是一种多侧面、多形式的活动,无论何种形式,关键要体现科学探究的思想和基本特征。有些探究活动只包含了探究的部分要素和特征,有些探究活动要求学生参与探究的全过程。

(4) 探究活动的指导和开放程度可以不同。科学探究中每一个要素的目标和整体的目标都是分层次的。如提出问题,按照问题的来源,我们可以把它分为三个由低到高的不同层次:① 学生根据教师、教材或其他途径给出的问题进行探究;② 学生从所提供的问题中得到启发而提出新的问题;③ 学生自己提出问题。层次越低,教师的指导性越强;层次越高,探究开放的程度越大。探究活动的设计应当根据多种因素来把握指导与开放的程度。这些因素包括教学的具体目标、教学内容的性质、学生的特点和资源的情况等。教师应随着学习的进展,逐渐提高开放的程度。

(5) 探究活动应当强调学生的直接体验,但获取证据的方式是多样的。某些问题和证据可以来自教师的演示实验,也可以让学生从各种渠道收集有关资料,进行分析、思考,提出自己的观点和看法,这样做同样可以培养一些重要的科学探究能力。在探究活动中,教师应当关注学生主体地位的确定和合作学习的展开,探究活动设计的计划不一定一成不变,应当根据具体情况,善于抓住机会,发现有价值的事件,做出动态的指导。

(6) 还应当认识探究是一种让学生理解物理知识的重要的学习方式。探究的过程应当体现学生认识上的意义建构,但不是唯一的学习形式。探究需要较多的时间和较大的空间,不可能将所学的知识都用探究的方式来获得。在物理教学中,要求运用各种教学方式和策略,以形成优化的教学模式。

科学探究的思想影响物理学习的目标、内容、学习方式、学习评价和资源开发,这是一个新的课题,需要广大教师和社会各方面的关注,并在教学实践中不断发展对科学探究的认识。

3. 运用物理知识和科学探究的方法解决问题,培养学生的科学能力

培养学生的科学能力是物理教育研究、改革和实践中的核心课题,培养学生的科学

能力也就成为物理教育基本目标和任务。能力是直接影响活动效率和活动顺利完成的个性心理特征。能力总是和人完成一定的活动相联系在一起的。离开了具体活动既不能表现人的能力,也不能发展人的能力。但是,我们不能认为凡是与活动有关的,并在活动中表现出来的所有心理特征都是能力。

学生能力的形成和发展受多种因素的影响,正确认识智力与能力、知识与能力、方法与能力、实践与能力、非智力因素与能力、教师能力与学生能力之间的关系有助于提高能力培养的实效性和针对性。

(1)从能力培养的过程来看,能力至少具有以下几个特征

①实践性。能力只有在相应实践活动中才能得到培养,离开了实践活动,能力的培养就成无源之水,无本之木。

②综合性。任何能力都不是靠单一的知识和方法取得的。任一知识的理解、任务的完成、活动的开展、问题的解决也不是靠一种能力完成的。

③渐进性。能力的培养过程不可能一蹴而就,一次完成,只有通过多次实践和综合训练才能逐步形成和发展。

观察实验、科学思维与数学推理相结合是物理学发展的基本途径,观察实验的方法、科学思维的方法和数学方法是物理学研究的基本方法,因此,具有观察实验的能力、科学思维的能力和运用数学解决物理问题的能力是三个基本的物理科学能力。物理知识和方法还要应用到实际的问题中去,因此应用物理知识和方法解决物理问题的能力也是一个基本能力。科学语言表达能力与科学思维能力密切相关。思维不清楚,语言表达也不可能清晰。科学语言表达能力,除了与科学思维有关以外,还与其他的因素有关。科学表达是物理成果交流和传播的重要手段,因此具有科学语言表达能力是物理核心素养的一个重要方面。同样,学生学习物理也必须从观察、实验出发,对观察、实验的结果进行分析、概括,或运用数学工具建立概念以及有关物理量之间的定量关系,从而得到反映物质运动的基本规律,最后运用它们说明解释现象,分析和解决有关的实际问题。因此,在中学物理教育中,应培养观察实验的能力、科学思维的能力、运用数学解决物理问题的能力和应用物理知识和方法解决物理问题能力。至于科学语言表达能力的培养,虽然不是物理一科所能承担的,但由于科学语言表达能力是物理核心素养的一个重要方面,同时鉴于目前中学生科学语言表达能力薄弱的现实,重视科学语言表达能力的培养也应成为物理教育的一个目标和任务。

(2)在物理教学中应如何培养能力

这既是一个复杂的理论课题,也是一个重要的实践课题。由于不同的能力具有不同的内涵,因此在实践中每种能力培养的途径是不同的。对于日常物理课堂教学而言,注意以下几个方面的措施和建议,对于能力的培养是有益的。

①要引导学生勇于提出问题并善于提出问题。一切思维都是从问题开始的。学习首先要有问题意识。提不出问题,往往是学习缺乏兴趣和没有学懂的典型表现。教学中要鼓励学生提出问题,使学生敢问,也要使学生善问,即提出的问题是经自己独立思考后产生的疑问。

案例 1-3-5

> 学生在初中学过功的公式 $W=Fs$，在高中学过功的公式 $W=Fs\cos\alpha$ 后，有的同学会提出如下问题：
>
> 问题 1：物体沿斜面向下运动时，根据公式 $W=Fs\cos\alpha$ 可知，斜面对物体的支持力不做功，但是，如将支持力分解成水平方向的分力和竖直方向上的分力，则在物体运动过程中，这两个分力做的功都不为零，那么为什么还可以说支持力不做功呢？
>
> 问题 2：如果一个物体从很高的空中，下降到地面上一口很深的井底。假设物体下落的距离是可以确定的，但是这个过程中，重力是一个变力，那又应该怎样计算重力的功呢？
>
> 问题 3：如果将一个水平放置的劲度系数为 k 的弹簧从原长水平拉伸 x 的距离，弹力做的功是多少？
>
> 对上述学生提出的问题的不同处理，会有不同的效果。其实学生对知识的真正理解常常不是在听老师的讲解之后，而是在听了老师的讲解而产生疑问，并经自己的独立思考解决之后。如果对某一个知识，在学习之后，从不同角度提出的问题越多，他对知识的理解就越深刻。

②要重视分析问题和解决问题的思路和方法。重视分析问题和解决问题的思路和方法就是要在教学中重视过程和方法的教育。例如对于概念的学习，就要思考为什么要引入这个物理概念，怎样引入物理概念。对于规律的学习，就要思考这个规律是如何发现的，建立这个规律的事实依据是什么、建立的过程是怎样的，采用了何种方法。对于实验的学习，也不能只重视操作，而不重视思维。特别是一些科学家的重大发现，问题是怎么提出来的，又是如何解决的，在解决的过程中，又有哪些争论和不同观点等等。解答物理习题也是如此。

③要让学生自己建构物理的知识结构。物理学习不是对孤立事实、片段知识、零碎知识的记忆，只有建立相关知识的联系，才能理解知识，灵活应用知识。

● 每一个知识点都是由相关的知识元素（包括过程和方法）构成的，只有将这些知识元素联系起来，才能形成对这个知识的整体的认识。如自由落体就涉及如下知识元素：落体（观察一个事实）、自由落体（如何建立的）、自由落体的运动性质（怎么知道的）、自由落体的加速度（如何测量等）、自由落体的规律（怎么得到的）、自由落体规律的应用（有哪些应用，如何应用），以及本节内容的拓展研究，如历史上，伽利略是如何研究落体运动的、关于落体研究有哪些最新进展、空气对落体的影响研究、收尾速度的实验探究。

● 对于重要的概念和规律，除了注意其相关的知识元素外，还要注意其与相关概念和规律的区别和联系。

● 对一个知识单元的内容，要重新组合扩展，形成新的认识。例如学了力学后，对运动学部分进行总结：

其一，如何描述一个质点的运动？（运动学：位移、速度、加速度。动力学：动能、势能、动量等）。

其二,匀变速运动的特点(运动学:a恒定;动力学:F恒定;轨迹:直线或曲线;公式等)。

其三,如何分析物体做什么运动?(根据力和运动的关系分析。合力为零、合力不为零;合力不为零两种情况:合力恒定(初始条件)和合力变化(两种特殊情况:圆周运动、简谐运动))。

④有效的学习需要学生自我监控学习过程。学生需要学习如何确定自己真正理解了,是否需要更多的信息。他们需要能够对自己提出如下问题并且懂得该在什么时候问:"为了相信那个说法,我需要什么样的证据?我们怎样才能对现象建构自己的理论并且有效地检验该理论?"。善于学习的人能够清楚地阐明自己的观点,比较和对照其他人的观点,举出他们能够接受这一观点而不是别的观点的理由。也就是说,他们能够意识到自己的思维和知识,并且能够调控它。学生学习过程的自我监控能力,强调了学习者自我评价的作用,只有训练学生进行自我评价并给学生机会去实践自我评价,他们才能够了解学习的主要目的,并由此领会到为实现目标所需要完成的任务。

4. 保持学生对科学的好奇心和探索科学的兴趣,培养学生的科学态度和科学世界观

(1) 科学态度

科学态度是指人基于对科学知识的正确理解和对科学发展的认识而形成科学的信念和科学习惯。

① 好奇心。每个学生都是天生的科学家,他们生来就对周围的世界,尤其对自然界中那些色彩斑斓的自然现象充满了好奇心。学生在初中上物理课时对自然界中的形形色色的现象充满了热情,并在探索自然的过程中能够产生充实感和兴奋感。物理教师的任务就是培养学生对科学产生好奇并将这种好奇心保持下来,再将这种好奇心转变成对科学和对学习科学的正确态度。

② 诚实。实事求是对于学生来说是一种非常重要的人格品质。在物理教育中,培养学生诚实的品质要求学生要真实地报告和记录在实验中观察到的东西,而不是学生想象中应该是的东西,也不是学生认为老师想要的东西。

③ 合作。随着科学的不断发展和进步,科学研究的规模和范围变得越来越大,越来越多的研究人员组织起来共同研究和开发一个项目,一个重大科学发明往往需要许多的科研人员共同参与。因此,团体成员之间的合作意识是科学精神的重要组成部分。

④ 创造力。创造力一般分为两种。一种是特殊才能的创造力,主要是指科学家、发明家和艺术家等杰出人物的创造力。另一种是自我实现的创造力,它指的是对人类社会和其他人来讲未必是新的但对自己来说是初次进行的、新的、前所未有的。中学生的创造力主要不是要求每个人都去搞发明创造,而是要求学生进行独立思考的创造性学习。因此,中学生的创造力主要是自我实现的创造力。

(2) 科学的世界观

科学的世界观体现科学家对科学的一些基本的信念和态度,它主要包括:

①科学认为世界是能够被认知的,世间的万事万物都以恒定的模式发生和发展,只要通过认真系统的研究都可以被认知。

②科学知识是不断变化的,科学是一个产生知识的过程,知识的变化是不可避免的。有些新的发现会对已有的理论构成挑战,从而要不断地对这些理论进行检验和修改。

③科学虽然处于不断的变化中,但这种变化只是处于缓慢的修正之中,绝大部分科学知识是非常稳定的,所以,科学知识的主体具有连续性和稳定性。

④科学不能为一切问题提供全部答案。世界上还有很多事物不能用科学的方法来验证,因此,科学还不能解决所有问题。人类面临的很多问题,是由政治、经济、文化和环境共同决定的,科学只是其中的因素之一。

5. 理解科学、技术与社会(STS)的相互影响,提高参与社会民主决策的能力,培养创新意识和实践能力

物理教育对学生进行 STS 的教育,目的在于突出科学、技术、社会之间的关系,即教育、教学内容的出发点不仅限于科学知识本身,也强调三者之间的关系。

科学是知识的一种存在形式,是人类长期努力探索的产物。但是,科学不仅仅局限于具体的科学知识,还包括在历史中逐渐形成的一套行之有效的方法,包括探究、实验、观察、测量和对数据的分析、结果的报告。这些活动需要特殊的技能和思维习惯。技术是对包括不同学科内的不同科学概念和技能方面的知识的应用,同时也是为满足和解决一些特殊的需要和问题而对诸如材料、能量工具(包括计算机在内)的应用。技术同科学一样,也是一种求知的方法和一个探究、实验的过程。科学提供知识,技术提供应用这些知识的方法,而价值观念则指导人们如何去对待这些知识和方法。科学、技术与社会是紧密相连的。解决技术问题需要科学知识,而一项新的技术的产生又使科学家有可能用新的方法来扩展他们的研究。通常技术对社会的影响比科学对社会的影响更为直接。学生在物理学习过程中,通过参与和解决现实世界中具体问题获取科学与技术的知识,形成正确的态度、价值观,增强社会责任感。这样,在日常生活中,他们就知道如何把所学的知识和方法与实践相结合,对科技引起的新的问题进行思考和判断,在他们参与社会时,能够依照自己的价值观对某些问题做出合理的价值判断,并能够采取适当的行动。

在物理教学中,有计划有目的地开展一些课题研究或实践性课题,有利于学生创新意识和实践能力的培养。这类课题大体包括:

(1) 探索性实验

以往的学生实验,除了某些单纯的技能训练性实验外,主要有两大类。一类是验证性实验,即在学过相应的知识之后通过实验进行验证,例如"验证牛顿第二定律""验证机械能守恒定律"……另一类则是知识的应用,例如"用双缝干涉测光的波长""测定电源的电动势和内阻"……这两类实验的前提都是认为学生已经掌握所涉及的知识,因此实验的目的不是探索新的知识。这些实验对于培养学生获取新知识的能力,激发他们的创新精神,没有很大的作用。

探索性实验是为弥补这些不足而设立的。以"研究弹簧振子的周期和小球质量的关系"为例。课程标准并不要求学生学习这个知识点,因此实验的前提是学生不知道振

子的周期和小球质量的定量关系。做这个实验时,学生在测出若干组数据后列表,在坐标纸上描点,做出拟合曲线,用相应的函数表达这条曲线。如果再换其他几个弹簧做这个实验,还可以进一步解释函数式中参数的物理意义……

按照过去对于验证性实验的处理,要先学习这个知识点,实验前学生已经知道相应曲线的形状,实验后假若有的点不在这条曲线上,要分析出现误差的原因。但是,在这个研究课题中,学生事先并不知道它的图像是什么样的,只是在看到这些点的分布和走向之后才意识到它也许能用某个二次函数来近似地表示。在这种想法的鼓舞下,有些学生会尝试做出 T^2-m 的关系曲线,在这之后就会明确地得到周期与小球质量的定量关系。

在验证性实验和探索性实验这两种不同的做法中,实验内容可能相似,但是按照两种不同的思路去设计,学生的心理活动不一样,得到的训练也不一样。中学阶段并不要求学生掌握弹簧振子的周期和小球质量的关系,但是这个实验所用的方法却是科学研究中一个非常典型的方法,学会这个方法将使学生在今后的工作中受益无穷。大纲安排这个实验,目的是进行研究方法的教育,而不是为了多学一个知识点。"研究影响滑动摩擦力的因素""研究材料的保温性能"也是这样的课题。

(2) 开放性问题

实践中的技术问题大多没有唯一正确的答案,只能从不同的角度、不同的需要权衡利弊进行评价。我们过去的科学技术教育却把这样复杂的事情简单化了:要么对,要么错,没有选择。这种教育培养出来的人脱离实际,思想方法绝对化,不能适应社会的需要。物理课程标准和教材中有意识地安排了一些没有唯一正确答案的课题。

例如,"估测压力锅内水的温度"可以通过测量限压阀的质量而知锅内的压强,进而查表得知水的温度;但是也可以把热敏元件贴在锅外,其外再加保温层来直接测得,还可以把热敏元件直接放入水中;还可能有别的办法。在这些方案中,热敏元件的耐高温问题、直接放入水中时锅的密封问题等,都要研究。不同方案测得的水温肯定不会完全相同,这就需要讨论、评价。这些工作在以往的中学科学教育中从未有过。

过去我们认为科学界没有定论的内容不应在中学课程中涉及,其实不能一概而论。让高中生接触一些目前还有不同认识的课题有助于使学生认识科学的过程,激发探索的热情,培养创新精神,避免思维的片面化。例如,在"科普报告:从电冰箱到臭氧层"中可以讨论造成臭氧层破坏的主要原因到底是氟利昂还是喷气式飞机;在"科普报告:温室效应"中可以分析造成气温上升的原因主要是人类的活动还是地球本身的周期性变化这样两种学术观点……

实验性课题中有一些技术问题,学生们的处理方法也肯定不会一致。例如,在"研究弹簧振子的周期和小球质量的关系"中,由于课堂演示所用振子的周期太小,阻尼太大,不能用来进行这个实验。解决这个问题并不难,可以选用较软的弹簧,并去掉滑动轴。但这时如果水平放置就要解决小球的支撑问题,如果竖直放置则应解决弹簧下垂的补偿问题。学生可以想出多种办法,这些办法各有特点,需要讨论和评价。

（3）跨学科的综合性问题

科学技术的发展，在高度分化的同时出现了综合化、整体化的趋势。选择物理学与其他学科相联系的综合性问题作为课题研究的内容，可以培养学生综合运用所学知识解决问题的能力。

如"从电冰箱到臭氧层"这一课题，综合性很强，涉及电冰箱的工作原理，氟利昂的物理性质、化学性质，氟利昂中某些物质对臭氧层的破坏作用，臭氧层与人类的关系，臭氧层空洞，人类应采取的对策，无氟冰箱中制冷剂的化学成分是什么，等等。其涉及的知识有物理学方面的、化学方面的、环境保护方面的。又如"灶具的演变"这一课题，研究不同灶具的加热原理和效率，比较燃料的燃烧值，比较几种灶具的经济性、安全性，研究它们对环境的影响等，需要应用物理学知识、化学知识和生物学知识，还要利用自身的价值观进行判断。

这些综合性课题可培养学生综合运用所学知识的意识，提高学生综合分析和解决问题的能力。

（4）科技前沿问题

选择一些科技前沿性问题作为课题研究的内容，可解决中学物理课程内容的陈旧性问题，缩小中学物理课程与当代新科技的距离，引导学生走近近代物理，开阔他们的视野。

例如，"阿尔法磁谱仪与暗物质"这一课题，学生通过搜集相关资料，了解阿尔法磁谱仪的原理，暗物质及其在人类认识宇宙的进程中的意义。又如"刹车时车轮被抱死的利与弊"这一课题，研究刹车时，如果车轮停转，车轮与地面发生滑动摩擦，如果车轮仍在转动，刹车片与轮盘（轮毂）发生滑动摩擦，两种情况中哪种可以更快地使车停下来。分析车轮停转带来的其他影响（如安全性），了解这方面的最新技术——"刹车防抱死系统"，这是近年来研究出来的一项新技术，它在汽车刹车时自动控制摩擦片与轮盘（轮毂）的压力，使车轮不与地面产生滑动摩擦，这样司机仍然能够控制车的运动方向。在这种情况下大部分机械能消耗在摩擦片与轮盘的摩擦上。

再如"温室效应""航天技术"等等都是科技前沿性问题。学生对这些问题往往有浓厚的探究兴趣，在探究的过程中学到许多书本上没有的知识。

（5）生活和社会实际问题

中学物理教育一直重视理论知识在技术中和解释自然现象中的应用，但是仍然存在一定程度的脱离实际的倾向，表现之一是对于物理规律、物理量的认识的绝对化、理想化。实际上，物理学中的实验定律，在一定程度上都是近似规律。例如，教科书一直说滑动摩擦力的大小跟压力成正比，与接触面积无关，但是通过"研究影响滑动摩擦力的因素"这个课题就会看到，实际情况与这种说法是有较大偏差的。

例如，改变电流表的分流电阻可以改变它的量程，这是欧姆定律的典型应用。但是，学生设计的原始电路往往考虑不到表头的保护措施，实际上是不能用的。"把灵敏电流表改装成多用电表"这个课题可以让学生体会到理论和实际的差距。

例如，臭氧层的保护涉及无氟冰箱的推广，但是无氟冰箱比氟利昂制冷的冰箱成本高,消费者花较多的钱但本人并不直接受益。对这个问题应该采取什么宣传策略？许多报道说臭氧层的破坏使得皮肤癌的发病率上升,其实皮肤癌主要是白色人种生的病,黄种人很少有这种病,黑种人更是与它无缘。当今世界上的医学资料大部分来源于西方国家,国际传播媒体也基本上由他们控制,事情的严重性会不会被夸大了？也许这里面也有某种形式的种族偏见？研究课题为这类问题的深入讨论留出了很大的空间。

（6）社会热点问题

科学技术的飞速发展,对社会的影响越来越大,科学社会化和社会科学化成了当前科学与社会之间关系的真实写照。如"温室效应"这一课题,讨论大气中的二氧化碳的主要来源,各种波长的电磁辐射对二氧化碳的穿透性,太阳辐射使大气升温的物理模型,气温长周期变化对环境和生态的影响,对人类生存的影响,以及人类应采取的对策等,都可帮助学生理解科技发展与社会发展的相互作用,培养其科学的态度和价值观。再如"家用电器的发展带来的安全问题""紫外灾难""噪声污染""电磁污染""交通问题""环境保护""人口问题""能源利用""光污染"等等都属社会热点问题,对这些问题的探索、研究使学生充分了解物理学在社会中所起的特殊作用。

需要指出的是,以上关于物理知识、科学探究技能、科学能力、情感态度与价值观以及对科学、技术和社会的认识等的目标和任务,实际上是一个统一的整体,它们彼此相互作用、相互影响。掌握和理解物理知识是对学生进行物理教育的前提和基础,也是完成后四个任务的出发点。培养科学探究的技能和科学能力是物理教育的关键,只有学生具有了科学探究的技能以及相应的科学能力得到了预期的发展,才能使学生更好地掌握知识和应用知识,更好地理解科学技术和社会之间关系,并促进学生科学情感态度与价值观的形成和发展。而能否使学生形成科学的情感态度与价值观以及对科学、技术和社会之间关系的正确认识,是衡量中学物理教育是否取得成效的主要标志。因此,作为物理教师应当正确认识和理解物理教育的目标和任务,并把物理教育的目标和任务作为自己物理教学工作的指南。

？ 思考与实践

1. 前些日子,偶然的机会,看到一位中学生的日记,他这样写道:"学了多年的物理,但还是不明白我们为什么要学物理？事实上,真正从事与物理有关的工作的人并不多。我们一天到晚学物理,对生活中一些很常见的现象却不能利用物理知识来解释。有人说物理能训练思维,而我以为这是数学学科的职责;有人说学物理是为了体验科学探索精神,可是现实中,我们有多少机会能获得这样的体验？我只知道一天到晚做题目,而且题目越来越古怪,有的类似脑筋急转弯:不是你不聪明,只是你没往出题人的角度去想。所谓的高分,只是将所有的题目都做一遍,并且都记住了而已。谈到物理,我更多地会想到光污染、电磁辐射污染,核辐射、能源危机……唉！物理究竟能为我们带来什么？学物理究竟为了什么？"

你是否与这位同学有相同或类似的物理学习经历？如何看待这位同学学习物理的困惑和疑问？

2. 你对于物理学和物理教育是如何理解的？在你看来,一个优秀的物理教师对于物理学和物理教育需要知道什么？

3. 采访几位物理教师,找出他们最喜欢教什么? 最不喜欢教什么? 并从物理学的多维含义或科学本质的角度,分析和评判他们喜欢的那些方面和不喜欢的那些方面对物理教育目标的实现会产生怎样的影响?

4. 回想一下你作为一个高中理科和大学的物理专业的学生时的学习经历。是否有那么一些老师让你钦佩,或者让你认为是很优秀的物理教师呢? 他们的教学有什么特点呢?

5. 根据以下问题进行一项调查或者进行一项研究,来评估当地物理教师对教学的看法。

(1) 如果有人问在你的物理课上,你最想教给学生什么,你会怎么说?

(2) 在你的教学中,你是怎么协调和处理不同学习风格的学生的?

(3) 在你的教学中是否有一套教学目标来引导你的教学行为? 你是怎样向学生传达这些目标的?

(4) 你认为科学探究教学在物理教学中重要吗? 为什么?

(5) 你认为在你任教的班级中最有效的教学策略是什么?

(6) 你怎样协调和处理有特殊需要的学生(比如那些有学习困难或者行为障碍的学生)以使他们更有效地学习物理?

(7) 你在课堂里处理过与物理相关的争议性问题吗? 如果有,是哪些,是如何处理的?

(8) 如果你正在评估你的同事,你会采用怎样的准则来判断他们的教学?

(9) 在教学中,你是怎样管理课堂的? 你能否给那些初任教师关于课堂管理的一个最重要的建议呢?

(10) 关于如何做一个合格物理教师,你有什么秘籍可以告诉那些初任的老师?

🔍 参考文献

1. 中华人民共和国教育部.普通高中物理课程标准(2017 年版)[M].北京:人民教育出版社,2018.

2. 廖伯琴.普通高中物理课程标准(2017 年版)解读[M].北京:高等教育出版社,2018.

3. 李新乡,张军朋.物理教学论[M].2 版.北京:科学出版社,2009.

4. AAAS. Science for all Americans:A Project 2061 Report on Goals in Science[M]. New York:Oxford University Press,1990.

5. 张红霞.科学究竟是什么[M].北京:教育科学出版社,2003.

6. R. Michael. Matthews. Science Teaching:The Role of History and Philosophy of Science [M]. London:Routledge,1994.

7. 袁维新.科学的本质与科学本质教育[J].课程·教材·教法,2004(7).

8. 陈琴,庞丽娟.论科学的本质与科学教育[J].北京大学教育评论,2005(2).

第2章　中学物理学习的基本理论

学习目标

1. 了解行为学习理论及其在物理教学中的应用。
2. 理解认知学习理论的基本观点和主要流派及其与物理学习的关系。
3. 理解建构主义学习理论的基本观点及其与物理学习的关系。
4. 理解学习研究的发现，掌握物理学习的原则及其对教学的意义和价值。

物理课程与教学不只是与物理学科有关，也与学生如何思考物理和如何学习物理有关。因此，对于教师而言，了解一些有关学生是如何思考物理的和如何学习物理的知识是很有用的。过去 80 多年来关于教育心理学（Educational Psychology）、认知科学（Cognitive Science）、神经科学（Neuroscience）和教育方面的研究已经获得很多关于大脑是怎样工作的知识。业界在对物理课程与教学有用的许多原理上开始达成了广泛的共识。系统地梳理这些知识，可以帮助我们理解学生在物理学习中是如何思考和推理的，并对我们理解物理课程和教学过程、设计有效教学、改进教学提供帮助和指导。

学习理论（Learning Theories）是揭示人类学习活动的本质和规律、解释和说明学习过程的心理机制，以指导人们学习的理论。在对人类学习的长期探索中，已形成了各式各样的学习理论，其中行为学习理论（Behavioral Learning Theory）、认知学习理论（Cognitive Learning Theory）、社会学习理论（Social Learning Theory）和建构主义学习理论（Constructivism Learning Theory）对物理课程、教学与学习产生了深远的影响。本章在介绍这些学习理论的基础上，讨论了有关学生物理学习研究的重要发现和基于研究的指导教学的原则。应当指出，我们不能只依据某单一的理论来解释学生的学习。恰当地讲，这些理论虽然看上去是相互独立的，而实际上是互为补充的，并且作为一个整体为未来的物理教育提供了关于学生怎样学习科学的理念。对学习研究的重点已经发生了转移，从行为主义和格式塔（Gestalt）观点到皮亚杰（Jean Piaget）的概念学习，到当前的认知观点变化。认知学习理论对学习的研究已经开始研究学生学习动机和对待科学的态度，而这些研究原来被认为属于社会学习理论的研究范畴。所有这些都是积极的，因为物理教师面对的是一个具有认知的、技能的和情感的学生的整体。

2.1　行为学习理论

你认为以下情境中,有哪些地方是相同的?

- 一位教师对一名学生说:"我为你感到骄傲。你的物理成绩非常突出。"
- 一位教师提问完一名学生后说道:"答得非常好。"
- 一位教师特别赞扬了一个带来一份关于全球变暖问题剪报的学生。

上面都是应用行为学习理论的例子。行为学习理论强调用显性或看得见的行为判断和决定学习是否已经发生。我们这里主要介绍对物理学习和教学有影响的行为学习理论的主要观点及其在物理教学中的应用。

2.1.1 行为学习理论的基本观点

行为学习理论强调外部环境对人的学习的决定作用,认为学习过程就是有机体在一定条件下形成刺激与反应的联系,从而获得新经验的过程,对学习的解释强调用可观察的行为解释。其基本观点是:

(1)学习的含义。学习是外部可观察到的行为变化,是刺激–反应连接的形成过程。

(2)学习结果。使有机体形成刺激–反应的连接。

(3)学习过程。用不同方式建立刺激–反应的联系。

(4)学习条件。学习发生的原因在于学习的外部条件(外部强化),研究学习就在于研究其外部条件。

行为学习理论应用在学校教育实践上,就是要求教师掌握塑造和矫正学生行为的方法,为学生创设一种环境,尽可能在最大限度上强化学生的合适行为,消除不合适行为。

2.1.2 操作条件反射理论

在所有的行为学习理论中,对物理教学影响较大的是斯金纳(B. F. Skinner)提出的操作条件(Operant Conditioning)反射理论。操作条件反射这一概念,是斯金纳行为学习理论的核心。斯金纳把行为分成两类:一类是应答行为(Responding Behavior),这是由已知的刺激引起的反应;另一类是操作行为(Operant Behavior),是由有机体自身发出的反应,与任何已知刺激物无关。操作行为跟应答行为是不同的。应答行为涉及肌肉和腺体的反应,包括反射反应,如分泌唾液、分泌消化液、打寒战或者心跳和呼吸加速等。而操作行为涉及肌肉系统(肌肉接受意识的控制),产生诸如谈话、走路、进食和解决问题等行为。应答行为受先前的刺激控制,操作行为由刺激事件控制,这些刺激事件会立即产生一个动作。

与这两类行为相应,斯金纳把条件反射也分为两类。与应答行为相应的是应答性反射,称为刺激(S)型;与操作行为相应的是操作性反射(Operant Response),称为反应(R)型。S型条件反射是强化与刺激直接关联,R型条件反射是强化与反应直接关联。

斯金纳认为,人类行为主要是由操作性反射构成的操作行为,操作行为是作用于环境而产生结果的行为。在学习情境中,操作行为更有代表性。斯金纳很重视 R 型条件反射,因为这种反射可以塑造新行为,在学习过程中尤为重要。

在教学方面,斯金纳提出的后果与强化两个概念对物理教学有重要的意义。

(1) 后果(Consequences)

斯金纳发现,令人愉快的结果可加强行为,而令人不快的结果会削弱行为。愉快的结果称为强化物,而不好的结果称为惩罚(Punishment)。比如,一个教师对一个学生说:"张路,你把实验室布置得如此出色,所以你可以在剩下的 10min 玩一个电脑游戏。"这就是利用强化来加强课堂效果的例子。斯金纳认为,如果人们在无意中做出某种行为之后得到了奖赏,人们以后就会多做出这类行为;如果人们无意中做出的某种行为导致了惩罚,则以后会回避这种行为,会尽可能少做这种行为。是行为的后果而不是行为前的刺激决定了行为的保持或消退。

(2) 强化(Reinforcement)

强化物是指"使反应发生概率增加或维持某种反应水平的任何刺激"。斯金纳区别了两种强化类型:正强化和负强化。当在环境中增加某种刺激,有机体的反应概率增加,这种刺激就是正强化物;当某种刺激在有机体环境中消失时,反应概率增加,这种刺激便是负强化物。

除了对正强化物与负强化物作出区分外,斯金纳还区分了强化物的两个来源:一级强化物(Primary Reinforcers)和二级强化物(Secondary Reinforcers)。一级强化物可以使个体内在的生理需求和欲望得到满足,包括所有在没有任何学习发生的情况下起强化作用的刺激,如食物和水等满足生理基本需要的东西。从某种程度上来说,一种结果是否对个体具有一级强化物的效力,是存在个体差异的。二级强化物包括那些在开始时不起强化作用的刺激,如权利、财富等。二级强化对物理教师来说极具价值,又称为条件强化(Conditioned Reinforcers),可分为社会强化和活动强化。

①社会强化。教师用社会强化来强化可以很有效地得到想要的课堂效果和学习效果。社会强化,尤其是表扬,对物理教师来说是个强有力的工具。但表扬并不能非常频繁地被使用,为了使表扬或称赞有效,表扬或称赞应只有当一个真正值得称道的成绩或行为已经发生后才能给予。老师的称赞,应具体地指出关于值得注意的行为或表现的一些细节,以帮助学生了解他的成功。最后,称赞应该是真正的、真诚的和可信的。

社会行为可分为四种:称赞(如好、正确、回答得好等)、面部表情(如笑、眨眼、点头等)、贴近(如与学生一起走路、跟他们坐在一块、与学生一起吃饭、帮学生捡起掉在地上的东西等)和身体接触(拍拍头、握手等),这些行为在物理教学中是常见的。

②活动强化。活动强化也被称为"普雷马克原理"(Premack Principle),是教师在课堂上发现有效的第三种强化。根据心理学家大卫·普雷马克的发现,喜欢的活动可以用来强化不喜欢的活动。根据普雷马克原理,高频活动能够作为低频活动的强化物。因此,教师可以创设一个情境,在该情境中,学生如果完成了他不愿意做的活动就允许他参与一个他喜欢的活动。在物理课堂上利用普雷马克原理的一些例子,如"谁在今天

的课堂测验中评分超过 90 分,今晚就不用做功课",或"如果上课铃响时所有的学生都在自己的座位上,那么在今天的课结束前有 3min 的自由时间"。这些例子,不一定适用于课堂上的每一种情况。物理教师必须明确学生喜欢的活动,然后利用它们来强化他们不喜欢的活动。

2.1.3　行为学习理论在教学上的应用

行为学习理论的基本原则是"强化那些你愿意看到被重复的行为"。教学中使用强化的主要原则是在课堂上增加预期的行为变化。

①教师应确定从学生身上预期出现的行为,并在它们出现时加以强化。

②向学生解释预期的行为,当他们表现出预期的行为,强化这种行为,并且解释为何要强化。

斯金纳的操作性反应的概念,可通过多种途径用于物理课堂,下面三条是最重要的。

1. 课堂提问

教师在课堂上最为常见的教学行为就是提问学生。问题可以面向全班、小组或个人提出。有效的提问涉及这样一个程序:

①教师问一个问题;

②教师停顿至少 3s(给学生思考问题的机会);

③教师叫一个学生回答;

④教师对学生的回答给予回应(表扬或重复强调学生的观点)。

2. 营造课堂气氛

斯金纳的工作可以应用到营造一种积极的课堂气氛:由教师回应学生的成功,而非失败。举例来说,老师不是指出学生什么地方做得不对,而是指出他们在什么地方做对了。当学生部分正确地回答了教师的问题,教师应该肯定答案的正确方面,以强化学生的回答。表 2-1-1 概述了基于斯金纳的操作性条件反射概念而提出的有助于建立积极的学习环境的步骤。

表 2-1-1　建立积极的学习环境的步骤

步骤 1:分析环境	步骤 2:列出积极的强化物清单	步骤 3:选择即将实施的行为的序列	步骤 4:实施计划,保持记录的行为和作出改变
找出要强化的积极的而学生又不愿意做的行为;哪些行为会受到惩罚,惩罚的频率有多高,这些行为是否受到压制	明确学生喜爱的活动(学生可以提供这些信息)。考虑使用处罚的行为,作为强化物	制订积极的强化计划。例如,与其惩罚迟到的学生,不如表扬按时上学的学生	确保课堂规则是明确的;确保学生知道如何获得强化;实施强化计划

3. 程序教学与计算机辅助教学

斯金纳设计了通过一个学习材料控制学生学习进度的教学机器。教学机器通常使用问答或填空的方式,对正确的答案给予强化(确认这些答案后,学生就可以进行下一步的学习)。教学机器是一个设计教学的工具,提供一个使学生可以按自己的进度来学习的环境。早期的教学机器和教材都因只能提供较少的强化类型而受到限制。随着技术的发展,教学机器不仅可以提供不同的强化(一愉快的声音,一种声音),还可以通过编程使软件为各种反应提供反馈。演练与实践、补习和一些游戏等相关程序软件都是在斯金纳的程序教学概念的基础上设计出来的。物理教师可以利用斯金纳的程序教学,为学生提供一个在微机环境中学习的机会。大部分科学内容都可以使用程序教学,可以帮助学生有效地学习科学,而且不需要教师的参与。

总之,根据操作条件反射理论,在教育过程中,教师应多用正强化的手段来塑造学生的良好行为,用不予强化的方法来消除消极行为,而应慎重地对待惩罚手段,因为惩罚只能让学生明白什么不能做,但并不能让学生知道什么能做和应该怎么做。行为学习理论对科学教学有重大贡献,但如同其他任何学习理论一样,有其局限性。由于行为学习理论单纯以时间接近和强化来解释刺激和反应的联结,主要关注个体行为或操作的变化,没有涉及学习的内部心理过程,所以只能解释外显的行为,不能解释学习过程的内在变化。所以在某种程度上,行为学习理论只能解释学习行为中的一部分属于"行"的简单学习,尚不能说明属于"知"的复杂学习,这有待认知学习理论和其他学习理论来回答。

2.2　认知学习理论

阅读下面的一些情境内容,谈一谈和学生的物理学习有什么关系?

1. 你能回答下面的问题吗?

用细线穿过条形磁铁的中心并将之悬挂起来,用如图 2-2-1 所示的带电棒慢慢靠近磁铁。磁铁将向哪个方向偏转?(磁铁不会偏转,因为静电荷和静磁极之间不会产生力的作用。)

2. 一项国际象棋的经典研究

在一项研究中,让一位国际象棋大师,一位 A 级高手(水平很高但不是大师)和一名新手观看一盘中局对弈国际象棋棋盘布局。

在 5s 后,棋盘被盖住,让每一个试验者在另一个棋盘上重构观察的棋局。这一过程重复多次,直到完全正确重现出观察的棋局。在第一次试验中,大师正确地摆放了很多棋子,远高于 A 级高手,而 A 级高手比初学者多很多,他们正确摆放的棋子数分别是 16、8、4。

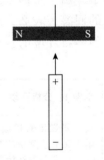

图 2-2-1

然而,这样的结果只有在棋子的摆放呈现出有规律的棋路时才会发生。当棋子随机摆放时,同样观察 5s,大师、A 级高手和初学者的记忆重现情况差不多——他们都只正确地摆放了 2 颗或 3 颗棋子。这种记忆能力的表现差异是由于识别模式的不同造成的。专家记下的是一个有意义的分布样式,而初学者记下的是单个的不相关的棋子的位置。

学习物理的目的在于获得物理知识的深层理解,不幸的是,一些研究表明,大部分学生对所学的知识并没有真正理解,只记住了一些事实和怎样用公式解决习题。在物理教学中如何帮助学生提高有利于生活应用的科学理解能力?认知学习理论向我们提供了一套可用来观察教与学的新式透镜。

认知是指认识的过程以及对认识过程的分析。美国心理学家吉尔伯特(G. A. Gilbert)认为："认知是一个人了解客观世界时所经历的过程的总称。它包括感知、领悟和推理等几个比较独特的过程,这个术语含有意识到的意思。"认知的构造是现代教育心理学家试图理解学生学习心理的核心问题。

根据学习的认知观点,学习者积极地调整他们的心理结构,以弄清他们经历的周围世界的意义,学习者的心理结构通过已有的知识与接收的信息之间的相互作用而不断地得到修正。早期的认知观点涉及如何获得知识,目前的观点强调知识是如何建构的。

2.2.1 认知学习理论的基本观点

我们对大脑的思维过程的研究是通过观察学习者在各种特定的情境下做出的反应进行的,并据此形成对某种反应的心理过程可能发生的推论与解释。因此,对某一特定的反应,就不可避免地会出现一个以上的解释或观点。这些解释或观点有以下共同之处。

1. 学习者在学习中发挥积极作用

认知学习理论认为,学习不是学习者简单地从环境中吸取信息,也不是单纯地对外部刺激作出反应,而是主动参与到学习中,以理解获得经验的意义。他们寻求信息以满足好奇心。他们根据新的信息调整自己的知识,并相应地改变自己的行为。

2. 学习者选择处理信息

我们的感官经常受到来自周围环境的刺激。实际上我们不可能每次处理所有的这些刺激。人类的大脑对来自外部的刺激是有选择性的,只有那些在特定的时间和地点被认为是重要的刺激才能进入我们的大脑,其他刺激可能得到短暂的注意或完全被忽视。关于选择处理的或丢弃的信息的机制的进一步讨论,请参阅信息加工理论的相关内容。

3. 学习者建构知识,而不是记录信息

学习者不只是把环境的信息记录在他们的大脑中,而是将选择的信息与大脑中现有知识的分析比较而建构其意义。为什么在相同的学习情境中不同学习者会有不同的学习结果? 这主要取决于学习者的先验知识和信念。

4. 已有知识和信念影响知识的建构

学习者以自己已有知识理解新信息。已有知识是从过去的经验和有意义的信息解释中获得的。用先前的知识去理解新信息,学习者也许会误解新信息。

5. 学习是学习者心理结构的变化

行为学习理论关注的重点是学习导致行为的改变。认知学习理论认为学习是一个人的心理结构的变化,正是这种变化所形成的能力,显示出不同的行为。心理结构可能是学习者头脑中的图式、信念、目标、期望和其他成分。但是有关这些变化,并不总是立即导致行为的改变。

认知学习理论有多种理论,其中皮亚杰的认知发展理论(Piaget's Theory of Cognitive Development)、维果茨基的认知发展理论(Vygotsky's Theory of Cognitive Development）、布鲁纳的发现学习理论（Discovery Learning Theory）、奥苏贝尔（David P. Ausubel）的有意义学习理论（Meaningful Learning Theory）、认知信息加工理论（Cognitive Information Processing Theory）对物理教学的影响最大。

2.2.2 皮亚杰的认知发展理论

皮亚杰是 20 世纪最具影响的发展心理学家。他从发生学的角度，研究了人类认识的起源问题，创立了关于儿童认知发展的理论——发生认识论（Genetic Epistemology），并从建构的角度加以解释。

1. 认知发展的因素

在皮亚杰的理论中最重要的理念是，心理结构（也称认知结构）是来自有机体与环境的相互作用过程，这个过程称为自我调整（Self-regulation）或平衡。心理结构不是单独来自生物体或环境，而是来自生物体在环境中进行的活动。这个理念，即个体构建心理结构，在所有认知理论中，是一个基本原则。

下面是在课堂上一名教师使用皮亚杰理论自我调整的例子。

教师向一组初中学生介绍大气压这个概念。教师加热一个装了少量的水的金属罐子。几分钟后蒸汽开始上升。教师把罐子从热源处移开并用盖子盖住，然后等待几分钟后，罐子凹陷了下去。教师让学生描述并解释他们观察到的现象。对许多学生来说，这是一个矛盾或差异事件，差异产生了不平衡状态。说明学生目前的心理结构不能解释"被压扁的罐子"的现象，他们的心理结构必须得到改变。通过与环境相互作用（例如，做实验和变化压强以影响实物的活动），学生可以吸收新的信息，建立新的认知结构。这一章的后面，在学生的概念框架部分，我们就会发现，改变目前学生的心理结构或观念并不是一件容易的事。

皮亚杰认为，有 3 个影响认知结构发展的因素：经验、社会环境和成熟。

（1）经验。经验是至关重要的，因为个体与环境的互动可构建新的认知结构。皮亚杰区分两种类型的经验：一类是物理的经验（Physical Experience），是指个体作用于物体，获得物体特性的相关知识；另一类是逻辑-数理的经验（Logico-mathematical Experience），是指个体理解动作与动作之间相互协调的结果。在皮亚杰看来，知识来源于动作（动作起着组织或协调作用），而非来源于物体，因此，与实物的接触对个体思维的发展是必不可少的。

（2）社会环境。社会环境是指社会互动和社会传递，包括社会生活、文化教育、言语交流等。社会环境对认知发展的影响主要是指他人与学生之间的社会交往对教育的影响作用。皮亚杰认为，社会环境只能促进或延缓儿童的认知发展，而不能对儿童的认知发展起决定性的作用。

（3）成熟。成熟是指机体的成长，特别是指神经系统和内分泌系统的成长。成熟是认知发展的一个重要条件，它为形成新的行为模式和思维方式提供了一种可能性。

2. 认知发展的过程

皮亚杰理论体系中的一个核心概念是图式（Schema，在他后期著作中用 Scheme 一词）。图式是指个体对世界的知觉、理解和思考的方式，表征特定概念、事物或事件的认知结构，它影响对相关信息的加工过程。在皮亚杰认知发展理论中，图式是指一个有组织、可重复的行为模式或心理结构，是从心理学角度理解认知的基本结构单元。图式可以说是认知结构的起点和核心，或者说是人类认识事物的基础。因此，图式的形成和变化是认知发展的实质。认知发展是个体与环境相互作用的结果。相互作用的性质是适应，它涉及三个心理过程。

（1）同化（Assimilation）。同化原本是一个生物学的概念，它是指有机体把外部要素整合进自己结构中去的过程。在认知发展理论中，同化是指个体对刺激输入的过滤或改变的过程。也就是说，个体在感受到刺激时，把其纳入头脑中原有的图式之内，使其成为自身的一部分，就像消化系统将营养物吸收一样。所以，在皮亚杰看来，心理同生理一样，也有吸收外界刺激并使之成为自身的一部分的过程。所不同的是涉及的变化不是生理性的，而是机能性的。

（2）顺应（Accommodation）。顺应是指有机体调节自己内部结构以适应特定刺激情境的过程。顺应是与同化伴随而行的。个体当遇到不能用原有图式来同化新的刺激时，便要对原有图式加以修改或重建，以适应环境，这就是顺应过程。

就本质而言，同化和顺应是两个互补的过程。同化主要是指个体对环境的作用，即修改个体对环境的知觉以适应图式；顺应主要是指环境对个体的作用，即改变图式以适应环境。根据皮亚杰的观点，这两个过程通常是并行的，学生不仅能把新事件纳入已有知识背景中（同化），还可以改变原有的知识背景以适应新的事件（顺应）。学习主要是顺应的结果，即修改原有图式或形成新图式。然而，同化几乎总是发生顺应的必要条件，在了解某个新事件之前，新经验一定会与经验相联系。

（3）平衡（Equilibrium）。平衡是指个体能够用现有图式对新事物进行解释和反应的认知状态。但这种平衡不会永远持续下去，当出现用当前知识与技能不足以应对的情况时，认知就产生了失衡（Disequilibrium），这是一种心理上的不舒适状态，它激发个体去探究所观察环境的意义。平衡过程是皮亚杰认知发展理论的核心之一。皮亚杰认为，个体的认知图式是通过同化和顺应而不断发展，以适应新的环境的。就一般而言，个体每当遇到新的刺激，总是试图用原有图式去同化，若获得成功，便得到暂时的平衡。如果用原有图式无法同化环境刺激，个体便会作出顺应，即调节原有图式或重建新图式，直至达到认知上的新的平衡。同化与顺应之间的平衡过程，也就是认知上的适应，也就是人类智慧的实质所在。所以，皮亚杰认为："智慧行为依赖于同化与顺应这两种机能从最初不稳定的平衡过渡到逐渐稳定的平衡。"

平衡状态不是绝对静止的，一种较低水平的平衡状态，通过个体与环境的相互作用，就会过渡到一种较高水平的平衡状态。平衡的这种连续发展，就是整个认知发展的过程。

3. 认知发展的阶段

（1）皮亚杰的认知阶段所具有的特点

皮亚杰的认知阶段具有三个特点：①阶段出现的顺序是固定不变的，既不能跨越，也不能颠倒,因而这些阶段具有普遍性;②每一阶段有其独特的认知图式,这些相对稳定的图式决定了个体行为的一般特征;③认知图式的发展是一个连续不断建构的过程,每一阶段都是前一阶段的延伸。前一阶段的图式是后一阶段图式的先决条件,并被后者所取代。

皮亚杰借用逻辑和数学的概念来分析说明认知发展的过程。他把运算(Operation)水平作为认知发展阶段的依据。他认为,心理运算具有 4 个特征:

其一,运算是一种内化的动作。内化的动作是相对于使用实物的外显动作而言的。例如,达到运算水平的儿童不用做把瓶子里的水倒入杯子这一实际动作,也能在头脑里想象出这一动作的结果。这种心理上的倒水过程,就是一种内化的动作。

其二,运算是一种可逆的内化动作。例如,儿童能够设想:向西走 10 步,再回头向东走 10 步,自己的位置不变。

其三,运算具有守恒性。运算是以某种守恒性或不变性的存在为前提的。事实上,运算的可逆性已表明了这一点,儿童能够想象到在转换过程中并非一切都变了,即知道自己会回到原地。所以,运算的守恒性与可逆性是密不可分的。没有某种内容的守恒,可逆性就失去了依附。同时,守恒性是通过可逆性而获得的。正是由于运算的可逆性,才使人们对运算过程中某些不变的因素有清晰的认识。

其四,运算不是孤立存在的。可逆性与守恒性之间的关系也表明了这一点。皮亚杰认为,任何单独的内化动作都不是运算,各种内化动作必然是相互蕴含,并按一定的规则组成一种整体结构。

(2)皮亚杰提出的认知发展的四个阶段

皮亚杰理论认为认知发展不是一种数量上简单累积的过程,而是认知图式不断重建的过程。所以,我们不能用成人的思维方式来推断儿童的思维。根据认知图式的性质,可以把认知发展划分成四个不同的阶段。

①感知运动阶段(Sensor Motor Stage)

儿童从出生到两岁左右,处于感知运动阶段。处于这一时期的儿童主要是靠感觉和动作(如反射行动、玩、模仿别人等非言语行为)来认识周围世界的,还不能区分自己和外部世界,因而"显示出一种根本的自身中心化"。在本阶段的早期,如果一个物体从儿童的视野中被移走,儿童就会忘记了这个物体(看不到就想不到),其行为主要是自然的和无计划的。不过,在这个阶段的后期,思维开始萌芽,如果把孩子玩的东西隐藏起来,儿童将寻找它。用皮亚杰的话来说,儿童在这个时期还没有达到运算水平,他们所具有的只是一种图形的知识(Figurative Knowledge),即仅仅是对刺激的认识。婴儿看到一个刺激,如一个奶瓶,就开始产生吮吸的反应。图形的知识依赖于对刺激形式的再认,而不是通过推理产生的。

②前运算阶段(Preoperational Stage)

儿童 2～7 岁处于前运算阶段。前运算阶段划分为两个子阶段:符号阶段和直觉阶段。

- 在符号阶段,儿童能够识别有一定含义的符号(例如文字、记号)。在这一阶段,语言在心理表象和对周围世界的理解方面逐渐显示出重要性。儿童开始说话之后,他们就会述说自己的想法,二者反过来又会支持思维,巩固想法。

● 在直觉阶段,儿童的感知主导着他们的思维。此阶段,他们思维仍然以自我为中心,还缺乏可逆性。对他们来说,物体的变化就是数量的变化。例如,当看到一团橡皮泥(下沉)变成船形(上浮)之后,他们就会以为橡皮泥的重量发生了变化。他们还不能同时思考一个物体的多个特征(守恒),无法同时使用多个标准进行分类,也不能在调查中处理变量。还不能形成正确的概念,其判断受直觉思维支配。例如,唯有当两根等长的小木棍两端放齐时才认为它们同样长;若把其中一根朝前移一些,就会认为它长一些。所以,在这个时期,儿童还没有运算的可逆性,因而没有守恒性。

③具体运算阶段(Concrete Operational Stage)

具体运算阶段开始于 7 岁左右,并延伸到 12～14 岁。此阶段,儿童的思维开始变得更加协调,更加理性,更像成人。自我为中心的观念和泛灵论(把自然的事物看成有生命的)都在削弱对儿童的影响。如果儿童能够操纵所思考的物体,就能进行逻辑思考。物理学习具有很强的体验性,显然这个阶段可让儿童能发展、修正或改变自己的想法。

在具体运算阶段,儿童的思维已具有可逆性和守恒性,但这种思维运演还离不开具体事物的支持。

④形式运算阶段(Formal Operational Stage)

在皮亚杰的理论中,处于形式运算阶段(14 岁以后)的学生能够科学地进行思考。他们能进行心智操作,如得出结论、验证假设,扩展了逻辑运算或形式运算。根据皮亚杰的理论,大多数学生在高中应该能够进行理论推理、组合推理、比例推理、控制变量和概率推理等推理模式。然而,研究表明,许多学生并没有发展出相应的推理能力。事实上,发展相应能力可能是科学教育的愿望和目标,而不是此阶段学生的认知功能的恰切描述。

皮亚杰在概括他的认知发展阶段的理论时强调,各阶段出现的一般年龄虽因各人智慧程度或社会环境不同可能会有差异,但各个阶段出现的先后顺序不会变。而且,各个阶段作为一个连续的整体结构,彼此之间不能互换。

4. 皮亚杰的认知发展理论在教学中的应用

(1) 教学设计应以学生原有认知为基础,鼓励并诱导学生用自己的想法处理并解决问题。当学生的想法有错误时,应设法让学生体会原有认知的矛盾,然后再引导其修正或重建已有的知识体系。

例如,学生在日常生活中经常看到铁块沉于水中的现象,于是就在头脑中形成了铁块可以沉没于任何液体中的原有认知。当演示铁块漂浮于水银面上时,许多学生根本不相信,他们会认为这是教师在玩魔术。这就是原有认知对科学概念教学的影响。在这种情况下,教师必须努力促使学生原有认知结构的解体和新认知结构的建立,以实现认知上的顺应。

(2) 与同伴的互动能够促进更高水平的理解。在教学过程中,应提供学生彼此之间相互讨论及交换意见的机会,使学生有机会体验到自己想法的矛盾及参考别人的不同想法。与同伴互动有几个好处:第一,同伴之间的水平相当,所说的话易于理解。第二,学生可能不与老师争辩就接受教师的观点,但他们更愿意反对或挑战同伴的观点。第三,当学生从同伴那里听到与自己不同的观点时,更容易被驱动去调和矛盾。

(3) 困惑问题能够使学生产生不平衡并激发他获得新的理解。促进学生认知发展的关键在于学生是否发生认知冲突的心理状态,亦即是否意识到当前的信息与原有认知的矛盾,而产生修正原有想法的意愿。认知冲突的发生意味着对同一事物前后认知相互矛盾而使其产生的心理不平衡状态,而同化和顺应则是重新协调组合旧有图式以恢复平衡的心智活动。

(4) 课程和教学要适应学生的认知发展。根据皮亚杰的观点,如果个体没有达到某个认知发展阶段而要发展与之相应的能力是不可能的。同样,如果个体缺乏相应的经验,也不能发展其相应的能力。因此,课程与教学必须适应学生的发展水平。如果课程目标是发展学生的抽象思维,而学生的认知还停留在具体运算阶段,这样就会使学生失去兴趣,而在学习上不能取得成功。

(5) 学生通过实践体验会学到更多,课程与教学要为学生提供与客体发生相互作用的机会。根据皮亚杰的观点,学生是在与客体相互作用的过程中认识事物、建构知识的。因此应尽量使学生学习的知识与实际现象的意义相结合。例如,在学习电路的概念时,给学生一根导线、一个灯泡和一节电池,让他们用这些材料使灯泡发亮。有了这些经验,学生就能更好地建构关于电路的认知结构。

(6) 同化、顺应和平衡的循环构成了学习环(Learning Cycle)教学策略的理论基础。罗伯特·卡普拉斯(Robert Karplus)及其同事在科学课程改善研究(Science Curriculum Improvement Study,SCIS)中基于皮亚杰的认知发展理论提出一种科学学习模式。该模式包括“探索”(Exploration)、“概念的介绍”(Concept Introduction)和“概念的运用”(Concept Application)。

①概念的探索阶段。此阶段主要目的是使学生将自己的观念、经验与所学的内容联系起来。在这一阶段,学生通过他们的直接参与来探索,教师用最简洁的指导语将新的材料介绍给学生,其作用在于使学生能够运用所学的知识和概念,产生探索的兴趣,激发并保持他们对材料的好奇心。在这一阶段要以学生的自主探索为中心,教师的指导不要太多,更不要直接告诉他们答案。

②概念的介绍阶段。此阶段是教师在学生前一阶段探索的基础上,让他们说明所操作的物体和事件之间的关系,然后由教师把课程手册或者教材上的概念术语告诉学生。当然,教师可以运用各种教学策略来介绍概念。与上个阶段不同,教师在这一阶段中可以给予较多的指导。

③概念的运用。顾名思义就是要求学生将所学到的概念知识或者技巧应用到新的情境中去。教师鼓励学生寻找用来说明他们所发现的运用概念的例子,允许学生对他们所学的知识进行归纳,以此强化所获得的新知识,从而达到更深入的理解。

简而言之,概念的探索是学生发现新知识的过程;概念的介绍是学生在教师指导下初步获得新知识的过程;概念的应用是学生利用他们发现和获得的知识来建构新的理解的过程。

2.2.3 维果茨基的认知发展理论

维果茨基是著名的心理学家，社会文化历史学派的创始人。他主要研究儿童心理和教育心理，着重探讨思维与言语、教学与发展的关系问题。维果茨基的主要贡献是提出"文化历史发展理论"，强调认知过程中学习者所处社会文化历史背景的作用，并提出了"最近发展区(the Zone of Proximal Development)"的概念。下面我们从两方面介绍维果茨基认知发展理论的主要思想。

1. 关于儿童的日常概念与科学概念

皮亚杰按照不同的语言机能，把儿童的言语分为自我中心言语和社会化言语，并将其分别称为"自发概念"和"非自发概念"，但皮亚杰更多地关注了自发概念，对自发概念如何与非自发概念交互发生作用研究不多。维果茨基则区分了两种概念：自发概念和科学概念。自发概念是儿童对日常经验的概括和总结，是"自下而上的知识"；科学概念是正规教育的产物，是"自上而下的知识"。自下而上的知识只有与自上而下的知识相联系，才能成为自觉的、系统的知识，而自上而下的知识只有与自下而上的知识相联系，才能获得成长的基础。

维果茨基认为，儿童自发概念的发展是从具体到抽象，而科学概念的发展则正好相反。在将一个科学概念运用到具体事例中去时，学生的思维是从抽象到具体。与此相反，自发概念是在一个明确的、具体的环境中形成的，因此，在理解一个具体的现象时，学生的思维则是从已知的具体事例到抽象和概括。

儿童是逐渐将自发概念视作一个关系系统的一部分，同时逐渐明白自己所亲身体验到的物体、现象是如何适合学校里所教的科学概念系统的。韦斯特(L. West)和派因斯(A. Pines)提出了一个关于日常概念与科学概念的隐喻，分别将其隐喻成两根茎：一根自下不断向上长，代表自发概念；一根自上往下长，代表科学概念。在教学的影响下，两根茎不断接近并合并、整合，最终走向同一，而这正是儿童概念理解的发展过程。我们举例来说明这种情况。一个年幼儿童可能在日常生活中形成了一些关于太阳和月亮、白天和黑夜的概念，比如他知道有太阳和月亮，也知道白天和黑夜有规律地来来去去。他也许形成了一些关于太阳和月亮的观念，也许有人会告诉他，地球围绕着太阳转，这正是白天和黑夜交替的原因。但是这些知识大多是无意识的，往往是没有系统性的。当儿童在学校里学习了有关太阳系的知识，了解了地球和月亮的转动，知道地球仅仅是众多行星中的一颗，月亮仅仅是众多卫星中的一颗，太阳实际上是一颗恒星，这样其知识就有了系统性。为了能够理解，科学概念必须被儿童运用到具体的事例之中；儿童必须思考这些科学概念如果用他们的日常经验来解释究竟意味着什么，同时，儿童必须使他们的日常概念适合学校所学的系统。从抽象到具体，从具体到抽象，这两个方向的思维运动都是必要的。儿童的理解呈一个"之"字形向前发展，在将日常概念适合于科学概念系统和将科学概念运用到日常经验之间不断来回与反复。

维果茨基之前的心理学家认为，儿童的科学概念来自成人的思维领域，因而在他们的内部并不存在一个概念发展的历史过程。与这些心理学家不同的是，维果茨基认为科学概念和日常概念都不是一次性获得的,它们的获得在时间上有一个较长的过程。他还指出,学校里教儿童科学概念并不意味着概念发展的结束,而是开始。在日常概念和科学概念之间有着无数次的反复,直至它们成为一个同一的系统。对于儿童来说,将科学概念应用到真实的生活情境和将真实经验合并入科学概念框架是同等困难的任务。除非儿童能将学校所学的概念应用到他在日常生活中就能碰到的现象或情境之中,否则这些概念就可能一直停留在语词、陈述意义上,而没有成为真正的概念。

正如维果茨基指出的:"为了设计把系统知识传授给学生的有效方法,了解科学概念在儿童头脑中的发展是非常必要的。"

2. 儿童是在社会和文化环境中建构自己的知识

维果茨基认为,儿童认知发展是在个人经验和原有知识的基础上与社会相互作用中实现的。认知的发展既依靠生理因素(如生长和成熟),更多的是社会文化因素(像家庭、学校和其他环境)。此认知能力是经由社会传递,受社会制约,获得社会培育,得到社会鼓励。维果茨基的社会建构理论包括以下要点:

①文化背景从两方面影响儿童的发展:一是学习的内容,即通常所说的知识;二是思维的过程或是方法,维果茨基称其为智力的自适应工具。

②儿童认知发展需要一个辩论或讨论的过程(Dialectical Process)。儿童学习过程需要具有解决问题的经验,而且需要在这个过程中和别人分享,例如与父母、教师、兄妹和同伴分享。

③儿童开始学习解决问题的时候,需要成人的引导,逐渐地,这种引导的主动权会转移到儿童自身。

④成人将在一定文化背景下存在的知识转移给儿童,他们之间相互交往的主要形式是语言。

⑤在学习过程中,儿童自己的语言是他们智力适应的主要工具。最后,儿童可以用内部语言(Internal Language)来指导自己的行为。

⑥内化是一种学习过程,因而内化就是增加知识和获得思维工具,这些知识和工具最初存在于儿童的外部,主要通过语言来实现内化。

⑦儿童自己能做什么和儿童在有帮助的情况下能做什么,这两者之间存在差异,维果茨基把这种差异称为最近发展区。

⑧由于儿童学习会受到文化背景的很大影响,而且儿童解决问题需要成人的帮助,所以孤立地考虑儿童自身是不正确的,这样的研究并不能说明儿童获得新能力的过程。

⑨儿童周围的文化环境和他们进行社会交往的对象,如父母和比其更有能力的同伴,对儿童智力的发展具有重要意义。

3. 维果茨基的认知发展理论在教学中的应用

①由于学习主要在学习者与他人的合作、互动中产生,因而合作学习、交互式教学应该得到重视。

②维果茨基提出的最近发展区的概念对于教育具有重要的启示。由于教学应着眼于儿童的潜能发展,教师不应只给儿童提供一些他们能独立解决的作业,而应布置一些

有一定难度,需要在得到他人的适当帮助下才能解决的任务。如此,教学不仅刺激了学生已有的能力,而且推动其不断发展。但要注意,最近发展区的概念容易使家长和教师更关注儿童的未来发展,应避免在儿童尚未具备当前的能力时,就把儿童推向更高一级的发展。同时还要注意儿童的潜能发展在于获得教师或同伴的帮助,教师和同伴对儿童的认知发展提供了一种支架的作用,但要注意提供的帮助要恰如其分,必须适当。过多会使儿童产生依赖心理。

③借助于适当的成人帮助,儿童常常能完成原来他们自己单独无法完成的任务,因而教师应该为儿童提供"脚手架"(Scaffolding)。脚手架是成人根据儿童成绩水平的变化而不断调整的帮助。脚手架不仅能产生直接的效果,还有助于培养儿童逐渐具有独立解决问题的能力。

④评测方法必须考虑儿童的最近发展区。儿童自己能独立做什么,表示了儿童实际发展的水平;而儿童在成人帮助下能够完成什么,代表了他们具有潜力发展的水平。两个孩子也许会具有同样的实际发展水平,但是他们在成人的适当帮助下,一个可能解决的问题比另一个要多,或者要好。在设计评价方法时,应该同时考虑儿童的实际发展水平和他们具有的潜力发展水平。

2.2.4 布鲁纳的发现学习理论

布鲁纳是 20 世纪 60 年代理科课程改革的先锋人物,他的结构课程论和发现学习的思想对理科课程与教学改革产生了深刻的影响。下面从 7 个层面介绍布鲁纳的发现学习理论。

1. 学习的过程

学习的本质不是学生被动地接受知识,而是主动地获取知识,并把新获得的知识和已有的认知结构联系起来,积极地建构其知识体系。布鲁纳研究学生学习活动的具体过程后认为,学习任何一门学科的最终目的是构建学生良好的认知结构,而构建良好的认知结构常常需要经过新知识的获得、知识的转化、评价三个过程。学习活动首先应该是新知识的获得。他强调指出,新知识可能是对以前知识的提炼,也可能与原有知识相违背。例如,在学习牛顿第一定律时,可能与学生已有的知识相违背。但不管新旧知识关系如何,都会使已有的知识得到进一步提高。获得了新知识以后,还要对它进行转化,我们可以超越给定的信息,运用各种方法将它们变成另外的形式,以适合新任务,并获得更多的知识。评价是对知识转化的一种检查,评价可以核对我们处理知识的方法是否适合新的任务,或者运用得是否正确。因此,教师应该明确所要构建的学生的认知结构包含哪些组成要素,并采取有效措施来帮助学生获得、转化和评价知识,使学科的知识结构转化为学生的认知结构,使书本的死的知识变为学生的活的知识。

2. 关于儿童的认知发展

布鲁纳将人类对其环境中的周围事物,经知觉而将外在事物或事件转换为内在心理事件的过程称为认知表征(Cognitive Representation),或称为知识表征(Representation of Knowledge),意指人类经由认知表征的过程获得知识。布鲁纳认为,人类的表征方式即智力的发展是随着年龄而发展。他将儿童智力的发展分为 3 个阶段。

(1) 第一阶段,即动作表征阶段(Enactive Representation Stage),年龄在一至五六岁。这一阶段儿童主要是依靠动作(由做中学)对付外部世界,缺乏逻辑思维能力,行动调节主要依赖于直观感受。

(2) 第二阶段,即形象表征阶段(Iconic Representation Stage),年龄在五六岁至十岁左右。这一阶段儿童开始借助经验的意向解决问题,开始产生逻辑思维,但仍离不开具体事物的形象支持(由观察中学),其心理运算还处于低级阶段。

(3) 第三阶段,即符号表征阶段(Symbolic Representation Stage),年龄在十岁至十四五岁。这个阶段的儿童有能力(由思考中学)对某些具体观念加以形式化或公式化的表达,但其心理运算能力还比较薄弱。特别是知识的贫乏限制了他们思维能力的发展,扩大知识范围,提高知识水平,将十分有利于他们智力的发展。

布鲁纳认为,此表征系统是依序发展而互相平行并存,亦即每一新的认知方式发展出来后,前一阶段认知方式仍继续发生认知作用。

皮亚杰与布鲁纳的观点,最大差异在于:皮亚杰以年龄来区分认知发展阶段,且认为各阶段明确划分,有上下阶层的关系;布鲁纳则认为儿童智力发展未必受年龄的绝对限制,且各阶段是互相平行并存的。

3. 关于发现学习的特征

在布鲁纳看来,学生的认知发展虽然受环境的影响,但主要是独自遵循自己特有的认知程序。教学是要帮助学生获得智慧或认知的成长。他认为,教师的任务是要把知识转换成一种适应正在发展着的学生的形式,而表征系统发展的顺序,可作为教学设计的模式。由此,他提倡发现学习(Discovery Learning)的方法。他认为发现学习有以下特征:

(1) 强调学习过程

布鲁纳认为,在教学过程中,学生是一个积极的探究者。教师的作用是要创设一种学生能够独立探究的情境,而不是提供现成的知识。我们教一门学科,不是要建造一个活着的小型藏书室,而是要让学生自己去思考,参与知识获得的过程。"认知是一个过程,而不是一种产品"。可见,学习的主要目的不是要记住教师和教科书上所讲的内容,而是要学生参与建立该学科的知识体系的过程。所以,布鲁纳强调的是,学生不是被动的、消极的知识的接受者,而是主动的、积极的知识的探究者。

(2) 强调直觉思维

除了注重学习过程之外,布鲁纳的发现法还强调学生直觉思维在学习上的重要性。他认为,直觉思维与分析思维不同,它不是根据仔细规定好了的步骤,而是采取跃进、越级和走捷径的方式来思维的。不论在学科领域还是在日常生活中,不论是科学家还是小学生,都需要也都可以使用直觉思维,所不同的只是程度问题,其性质都是一样的。

布鲁纳认为,大量事实表明,直觉思维对科学发现活动极为重要。直觉思维的形成过程一般不是靠言语信息,尤其不靠教师指示性的语言文字。直觉思维的本质是映象或图像性的。所以,教师在学生的探究活动中要帮助学生形成丰富的想象,防止过早语言化。与其指示学生如何做,不如让学生自己试着做,边做边想。

（3）强调内在动机

"学习的最好动机应是学生对于所学材料本身发生兴趣"，这就需要增加学习材料本身的趣味性，将教师必须说的转变为学生思考的内容。布鲁纳认为，学生具有三种最基本的内在动机，即求知欲（即好奇内驱力）、成功的欲望（即胜任内驱力）和人与人之间和睦相处的需要（即互惠内驱力）。这三种基本的内在动机都具有自我奖励的作用，因而其效应不是短暂的而是持久的。教师如果善于促进并调节学生的探究活动，便可激发他们的这些内在动机，从而有效地达到预定的学习目标。在布鲁纳看来，学生在一般教学条件下，学习动机往往是混杂的。有些学生谋求好成绩，是为了一些外来的动机，如为了得到或避免教师和家长的奖励或惩罚，或为了与同学竞争。而布鲁纳更重视的是形成学生的内部动机，或把外部动机转化成内部动机。发现活动有利于激励学生的好奇心。学生容易受好奇心的驱使，对探究未知的结果表现出兴趣。所以，布鲁纳把好奇心称为"学生内部动机的原型"。

布鲁纳认为，与其让学生把同学之间的竞争作为主要动机，还不如让学生向自己的能力提出挑战。所以，他提出要形成学生的能力动机（Competence Motivation），就是使学生有一种求得才能的内在动机。激励学生提高自己才能的欲求，从而提高学习的效率。

（4）强调信息提取

布鲁纳对记忆过程持比较激进的观点。他认为，人类记忆的首要问题不是贮存，而是提取。尽管这从生物学上来讲未必可能，但现实生活要求学生这样。因为学生在贮存信息的同时，必须能在没有外来帮助的情况下提取信息。提取信息的关键在于如何组织信息，知道信息贮存在哪里和怎样才能提取信息。

4. 知识结构的重要性

布鲁纳认为，学习知识结构就是学习事物是怎样相互关联的。他说："不论我们选教什么学科，务必使学生理解该学科的基本结构。这是在运用知识方面的最低要求，它有助于解决学生在课外所遇到的问题和事件，或者在日后训练中所遇到的问题。"他指出，要帮助学生了解那些看来似乎是无关的新的事实是相互有关的，而且与他已有的知识也是有关的。

所谓"学科的基本结构"是指这门学科中的基本概念、基本原理、基本态度和方法，以及它们之间的相互联系。强调使学生参与知识的建构、结构的学习过程，掌握知识的整体与事物之间的普遍联系，而不是掌握零星的经验或知识的结论。

布鲁纳认为掌握了学科的基本结构，有利于理解，有利于记忆，有利于迁移，有利于缩小"高级"知识和"初级"知识之间的差别。

5. 学习的准备性

布鲁纳认为，我们的学校过去以过分困难为理由，把许多重要学科的教学推迟。这里他提出了这样一个命题：任何学科的基础都可以用某种形式教给任何年龄阶段的任何人。这里的意思就是任何学科的最基本的观念是既简单又强有力的。他主张要向儿童提供挑战性但是合适的机会使其发展步步向前，这可引导其智慧发展。

6. 关于发现法的教学原则

布鲁纳提出了教师运用发现法教学的 4 个原则。

(1) 好奇心(Curiosity)

布鲁纳认为,经验应设计成有助于学生愿意学习并能够学会的形式。他把这叫作对学习的诱因。布鲁纳认为,学习和解决问题的渴望可以由设计问题的活动激活,在这种活动中,学生将探讨问题解决的办法。探索问题解决办法的主要条件是"是否存在一些不确定性的因素",这直接关系到学生对问题解决的不确定性和含糊不清之处的好奇心。根据这一理念,教师应设计一些矛盾事件活动,引起学生兴趣,激发他们的好奇心。例如,教师可以在罐子里装水,然后问学生可以往罐子里投多少枚硬币而不让水溢出来。由于大多数学生认为只可以放进几枚硬币,当老师能够把五十多枚硬币放进去而没有任何水外溢,他们的好奇心就会被激起了。这项活动随后导致学生对表面张力、罐子的大小、罐子装得多满等变量进行探索。在这项活动中,学生受到鼓励用瓶、水和硬币进行自己的实验去探索解决这一问题的办法。

(2) 知识结构(Knowledge Structure)

布鲁纳表示:"一个学科的知识结构必须以指定的方式建构,以便它能够最容易被学习者掌握。"他这样解释:"任何思想、任何问题或任何知识都能够用足够简单的形式来描述,使任何特定的学习者都能用一种可辨认的形式去理解它。"布鲁纳认为,任何领域的知识(物理、化学、生物和地球科学)或该领域内的问题或概念(万有引力定律、原子结构、稳态、地震波)都可以以三种方式或模式呈现:用一套动作来表示(动作式表征),用一组代表概念的图片或图形来表示(形象性表征)和用一套象征性的或逻辑性的陈述来表示(符号性表征)。不同的概念,动作、图像和符号会有所不同,但布鲁纳认为,知识可以用这三种形式来表示。

(3) 顺序(Sequence)

布鲁纳认为,教学应引导学生按一定的顺序去学习内容,以提高学生"掌握、转化和迁移"所学东西的能力。一般顺序应当从动作开始(动手、具体的)、到图像(视觉的)、再到象征性(用文字或数学符号来说明)。不过,这个顺序将依赖于学生的心智发展水平和认知表征方式。

(4) 反馈(Feedback)

为了提高学习效率,学生还必须获得反馈,知道学习的结果如何。在布鲁纳看来,学生学习的效果,取决于教师何时、按何种步调给予学生矫正性反馈,即要适时地让学生知道学习的结果,如果错了,还要让他们知道错在哪里以及如何纠正。让学生有效地知道学习的结果,取决于:①学生在什么时候、什么场合接收矫正性信息,过早,易使学生慌乱,从而阻挠其探究活动的进行;过晚,易使学生失去受帮助的机会,甚至有可能接受不正确的信息。②假定学生接受的矫正性信息的时间、场合都是合适的,那么学生在什么条件下可以使用这些矫正性信息。③学生接受的矫正性信息的形式。例如,学生在发现学习过程中,要经历尝试、检索、检验等阶段。那么,反馈信息应在学生将自己实验结果与目的要求做比较时给予,才是最有效的。如果在此之前给予反馈,学生要么不理解,要么变成学生记忆的额外负担；如果在这之后给予，那么就不能为学生解决下一轮问题提供指导。布鲁纳把这种反馈形式称为"中介反馈"。

布鲁纳还认为，学生利用矫正性信息的能力与他们的内部状态有关。如果学生内驱力太强而处于焦虑状态，那么，提供矫正性信息不会有多大用处。另外，如果学生有一种妨碍学习的心理定式，学习往往会显得异常困难，这时，学习的每一步骤都需要及时给予反馈。布鲁纳称这种反馈为"即时反馈"。

此外，若要使矫正性信息有效用，必须用一种能帮助学生解决问题的方式来表现。如果仅仅告诉学生"对"，这并没有什么用处；如果仅仅告诉学生"不对"，反而有害无益，因为这样做除了伤害学生的心情之外，对学生毫无帮助。

最后，布鲁纳提请人们注意，教学的目的在于使学生能独立学习、独立解决问题。提供矫正性反馈也有可能会产生副作用，即会使学生一直依赖于教师的指正。因此，教师必须采取适当措施，使学生最终能自行地把矫正机制引入学习中去。

7. 发现法在教学中的应用

布鲁纳认为，发现是教育学生的主要手段，学生掌握学科基本结构的最好方法是发现法。所谓发现法，就是教师向学生提出有关问题，引导学生学习、搜集有关资料，通过积极思考，自己体会、"发现"概念和原理。它是一种以培养学生独立思考、发展探究性思维为目标，以基本材料为内容，使学生通过再发现的步骤来进行学习的教学方法。布鲁纳指出，发现不只限于寻求人类尚未知晓的事物的行为，它包括用自己的头脑亲自获得知识的一切形式。学生所获得的知识，尽管都是人类已知晓的事物，但是，如果这些知识是依靠学生自己的力量引发出来的，那么对学生来说仍然是一种"发现"。因此，教学不应当使学生处于被动地接受知识的状态，而应当让学生自己把事物整理就绪，使学生自己成为发现者。在教学中运用发现法，其灵活性和自发性都很大，没有固定的模式，要根据不同学科和不同学生的特点来进行。一般来说，发现法教学大致包括以下几个步骤。

其一，提出和明确使学生感兴趣的问题。

其二，使学生对问题体验到某种程度的不确定性，以激发探究的欲望。

其三，提供解决问题的各种假设。

其四，协助学生搜集和组织可用于做结论的资料。

其五，组织学生审查有关资料，得出应有结论。

其六，引导学生运用分析思维去验证结论，最终使问题得到解决。

总之，在整个过程中，教师要向学生提供材料，让学生亲自发现应得的结论或规律，使学生成为发现者。

由于布鲁纳认为学生是教学过程中的一个积极的探究者，因此，教师的作用就在于帮助学生形成一种能够独立探究的情境，而不是提供现成的知识，在于促进学生自己去思考并参与知识获得的过程。在布鲁纳看来，教师的主要作用在于：鼓励学生有发现的自信心，激发学生的好奇心和求知欲，帮助学生寻找新问题与已有知识的联系，训练学生运用知识解决问题的能力，协助学生进行自我评价，启发学生进行对比。

发现法主要适用于以下三种情况：

（1）第一种情况。是指在概念教学时，教师先呈现概念的例证，但不直接告诉这些例证的共同特征或本质属性，教师要求学生辨别，提出假设，检验假设，直到他们概括出一类事物的共同特征或本质属性。学生在提出和检验假设时，教师可以作出肯定或否定的表示。

（2）第二种情况。是指在教规则或原理时，教师只提供规则或原理的例证，而不呈现规则或原理本身。

（3）第三种情况。是指利用先前学得的知识去解决新的问题，解决新的问题，进一步发现新的规则，并学会解决问题的策略。

由于发现法的有效性取决于学生已有知识经验的丰富性和一定的思维能力，所以，一般来说，学生的年级越高，越适宜使用发现法。结构教学观注重学科知识结构的教学和按照最佳教学顺序进行教学，发现学习法强调学习的主动性，强调学习的认知过程，重视认知结构、知识结构和学生的独立思考在学习中的重要作用，这些思想都是应当充分肯定和提倡的。但是，发现法也有其不利的一面，如教学时间过长，降低了教师的主导作用等。同时，我们还应当注意，所谓学科知识结构的教学，并不是在课堂上仅仅给学生提供抽象的概念和枯燥的原理，而是通过生动的直观教学，采用各种有效的方法，让学生很好地理解和掌握概念和原理，从而形成自己的知识结构。所谓按照最佳顺序进行教学，是要求教师在教学中要考虑学生的智力水平和知识基础，在已有的知识基础上，以适合学生智力水平的方式和方法进行教学，而不是把高、深、难的任何知识，不加选择、不加处理地教给任何智力水平的学生。任何教学方法和学习方法都各有其利弊，教师在教学中只有扬长避短，才能收到良好效果。

2.2.5 奥苏贝尔的有意义学习理论

奥苏贝尔是与布鲁纳同时代的美国认知教育心理学家，与布鲁纳不同的是，奥苏贝尔强调接受学习的重要性，提出了有意义学习理论。

1. 学习分类

为了说明有意义学习，奥苏贝尔从两个维度对学习进行了分类：

（1）根据学习进行的方式，学习分为接受学习（Reception Learning）与发现学习（Discovery Learning）。

（2）根据学习材料与学习者原有知识结构的关系，把学习分为机械学习（Rote Learning）与有意义学习（Meaningful Learning）。

奥苏贝尔认为，发现学习不一定是有意义学习，接受学习也不一定是机械学习。如果教师讲授得法，并不一定导致学生的机械接受学习，发现学习也不一定保证学生的学习是有意义的。如在实验教学中，学生只是按"菜谱式"操作，而不清楚自己正在做什么和为什么这样操作，也属于机械学习。鉴于言语讲授是课堂教学的基本形式，他提出学生的学习是有意义的接受学习。

2. 有意义学习的实质

所谓有意义学习，就是将符号所代表的新知识与学习者认知结构中已有的适当观念建立起非人为的和实质性的联系的过程。相反,如果学习者并未理解符号所代表的知识,只是依据字面上的联系,记住某些事实、结论和公式,则是一种死记硬背式的机械学习。

奥苏贝尔所定义的认知结构是一个人的观念的全部内容与组织或一个人在某个知识领域的观念的内容与组织。认知结构中原有的知识是"观念的支架",或称之为起固定作用的观念。有意义学习的过程就是新观念被认知结构中起固定作用的观念同化、贮存并相互作用,原有的观念同时发生变化,新知识纳入原有的认知结构中,从而获得意义。

所谓非人为的、实质性的联系是指新知识与学习者认知结构中已有的表象,已有意义符号、概念或命题的联系。

建立起非人为的、实质性的联系是有意义学习的两个标准。非人为的联系是指新的观念与原有观念建立了内在的联系,而不是任意的联系;实质性是指用不同语言或其他符号表达的同一认知内容的联系。

机械学习中的新知识与原有认知结构只能建立起人为的、表面的、非实质性的联系。

3. 有意义学习的条件

从客观条件来看,有意义学习的材料本身必须具有逻辑意义,在学习者的心理上是可以理解的,是在其学习能力范围之内的。

从主观条件来看,首先,学习者认知结构中必须具有能够同化新知识的适当的认知结构;其次,学习者必须具有积极主动地将符号所代表的新知识与认知结构中的适当知识加以联系的倾向性;最后,学习者必须积极主动地使这种具有潜在意义的新知识与认知结构中的有关旧知识发生相互作用,使认知结构或旧知识得到改善,使新知识获得实际意义即心理意义。有意义学习的目的,就是使符号代表的新知识获得心理意义。以上条件必须同时具备,才能实现有意义学习。

4. 有意义学习的心理机制

同化这一概念用于学习,最初是由皮亚杰提出来的,它指的是个体把客体纳入已有的图式中去,从而引起图式的量的变化。皮亚杰主要应用同化这一概念来说明儿童认知发展的内部机制,而奥苏贝尔则将其引入学习理论领域,用以探索学生内部的心理机制,从而赋予了同化新的内涵,即学生能否获得新知识,主要取决于学生个体的认知结构中是否已有了相关的概念。奥苏贝尔曾在他最有影响的著作《教育心理学——认知观点》扉页上写道:"假如让我把全部教育心理学仅仅归结为一条原理的话,那么我将以一言蔽之曰:影响学习的唯一重要的因素,就是学习者已经知道了什么,并应据此进行教学。"

奥苏贝尔认为,一个完整的学习过程包括三个阶段,即习得、保持和再现。在习得阶段,学习得来的新观念同认知结构中已有的适当观念发生联系,从而使新观念为旧观念所同化,学习者认知结构中适当可利用的观念愈多,新旧观念的性质愈接近,就愈易于发生同化。他说学生认知结构中有概括和包摄水平高于新知识的原有固定观念时,新观念和新信息的获取和保持才最有成效。因此,同化是由习得转化为保持的机制,有了同化,才能使新知识牢固地保持在记忆中。在保持阶段,新旧观念是否能顺利地保持在记忆中,从而实现有意义的学习,主要取决于三个因素:第一,在认知结构中是否有适当的、起固定作用的观念可以利用；第二，新的学习内容与同化它的固有观念的分化程度；第三，认知结构中原有的、起固定作用的观念的稳定性和清晰度。一般来说，认知结构中有可利用的观念则便于同化新材料，新旧知识之间辨别得越明确，越有助于促进学习与保持；原有观念的稳定性越强，清晰度越高，越有利于新材料的充分掌握。在再现阶段，新的意义从同化它的原有观念分离。这样学习过程就是一个旧观念同化新观念的过程，奥苏贝尔称自己的学习理论为"同化论"。原有观念一般通过三种方式对新观念进行同化，即类属学习、总括学习、并列结合学习。

5. 先行组织者

奥苏贝尔认为：当人们在接触一个陌生的知识领域时，从已知的较一般的整体中分化细节，比从已知的细节中概括整体要容易一些。并认为人们关于某一学科知识在头脑中组成一个有层次的结构，最具有包容性的观念应处于这个层次结构的顶点，其下面是包容范围较小和越来越分化的具体知识。根据人们认识新事物的自然顺序和认知结构的组织顺序，教材的呈现也应遵循由整体到细节的顺序。因此，奥苏贝尔提出了教材的组织和呈现应遵循不断分化（Progressive Differentiation）和综合贯穿（Integrative Reconciliation）的原则。针对这两个原则，他提出了具体的应用策略：先行组织者（Advance Organizer），即是先于学习任务本身呈现的一种引导性的材料，它的抽象、概括和综合水平高于学习任务，并且与认知结构中原有的观念和新的学习任务相关联。

设计先行组织者目的是帮助学生把其已有的观念和新材料或概念连接起来。先行组织者可以是口头词组或是一个图表。不论如何，认知心理学家认为，先行组织者为学生同化新信息提供了一个认知"脚手架"。

6. 有意义学习理论在教学中的应用

（1）有意义学习理论应用要点

奥苏贝尔认为学习是以组织严密的推演的方式进行的。奥苏贝尔的理论在实践中包括三个阶段：呈现先行组织者，呈现学习任务或材料，强化认知组织。奥苏贝尔有意义学习理论在教学中的应用要点如表 2-2-1 所示。

表 2-2-1　奥苏贝尔的学习理论应用要点

阶段一：先行组织者	阶段二：呈现学习任务或材料	阶段三：强化认知组织
澄清课程的目的； 呈现先行组织者； 把先行组织者和学生已有的知识联系起来	使新材料的组织明确； 使学习材料的逻辑顺序明确； 呈现学习材料，让学生进行有意义学习	使新信息和先行组织者联系起来； 促进积极的接受学习

（2）用概念图（Concept Map）进行有意义学习

在奥苏贝尔的有意义学习理论的基础上，诺瓦克（Joseph D. Novak）提出了一个教学理论，即用概念图来表示概念和命题间的意义联系。概念图是一种"可视化的地图"，显示我们连接概念的意义时所通过的路径。诺瓦克认为概念图是分等级的：更普遍、更具包容性的概念放在概念图的顶部，而更具体、包容性较低的则放在底部。

概念图是教师确定学生已有观念的性质的工具。概念图可使学习的关键概念之间的关系更明显,显示了新信息和学生已经知道的信息间的联系。概念图在教学之前呈现,可作为先行组织者;在教学之中呈现,可用于课堂开展有意义的讨论;在教学之后呈现,可用于本节的总结。概念图也可以用于诊断和评价学生对概念的理解程度。

2.2.6 认知信息加工理论

认知信息加工理论研究的是人类如何接受、识别、加工、储存和提取信息的过程。信息加工的一般过程可用如图 2-2-2 的模型表示:

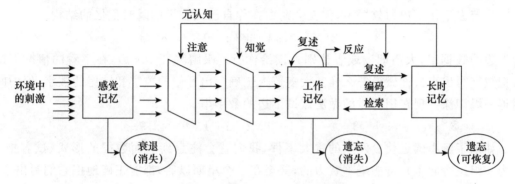

图 2-2-2　信息加工的一般过程模型

该模型中的感觉记忆、工作记忆和长时记忆都是信息贮存库,用于保存信息,但其分工又有不同:外界环境中的各种刺激信息直接进入感觉记忆,被选择和注意的信息进入工作记忆,工作记忆中的信息经进一步加工后,才进入长时记忆。

要理解学习,我们先要理解记忆,即大脑是怎样储存信息的。信息加工理论把认知科学对记忆的研究运用到人类学习方式的理解。认知科学已经有关于记忆怎样工作的复杂、详细、系统的知识。记忆是一种高度复杂和有组织的现象。我们这里主要关注与物理教学密切相关的记忆类型的特征。

1. 感觉记忆

来自外部世界的各种信息作为刺激在进一步加工前都会进入感觉记忆。虽然这些非编码和无组织的信息只能在感觉记忆中保持很短暂的时间(在不足 1s 到大约 3s 之间),不过,重要的是信息达到这一点才能通过注意和知觉进入工作记忆。

注意是有意识地关注刺激的过程。学习者现有的知识和需求决定哪些信息进入工作记忆。那些没有意义的、违反学习者信念的或者学习者认为不重要的信息,不会引起注意,没有获得注意的刺激不会进入记忆系统。获得注意的刺激中,一部分很快就会被忘记,其他则通过知觉阶段进入工作记忆。知觉是使刺激获得意义的过程,意义的生成也与现有的知识有关。

上述感觉记忆的过程和特征,给物理课程与教学的启示是,吸引并保持学生的注意是学生学习过程中的重要一环。教师在教学中只有有效地集中学生的注意力,学生学习到的信息和体验才能进入他们的工作记忆系统。

2. 工作记忆

如果学习者识别出并注意到适当的相关信息(通常在教师的帮助下完成),那么信息就进入了工作记忆中。工作记忆在历史上称为短时记忆,新的信息在这里得以保存和处理。这里是我们进行思考和有意识思维的场所,在这里新的信息与长时记忆中储存的知识联系起来。工作记忆有一些局限性:短暂的,有限的容量。研究人员发现,工作记忆对信息的保持只能持续 15～30s 的时间,在一段时间内信息容量只有 5 至 9 项新的信息。在主动的认知过程中,如选择或组织,信息的容量会进一步减少,这时工作记忆可同时处理 2 个或 3 个项目。

通过下面的一个简单的例子,我们可以看出工作记忆的一些特点。

试着去记住下边的数据串,你就会明白在你自己大脑里的瞬时记忆的结构。

3 5 2 9 7 4 3 1 0 4 8 5

看上边的数据串,大声朗读或者让人读给你听。眼睛移开 10s 后,在不看的情况下试着把数字写出来。你做得怎么样? 大多数人正确写出开始的数字和结尾的数字,但中间错得一塌糊涂。现在用同样的做法试试下边的数字串。

1 8 4 0 1 9 2 1 1 9 4 9

如果了解中国近代史发生的重大事件,我们就会注意到上面数据的形式(试着把 4 个为一组组合起来),可能毫不费力的,甚至在一个星期以后,都能正确地把它们写出来。

第二串数据中的每 4 个数一组就是一个组块,每一个组块跟一个年份联系起来,而不是把数据作为独立的数来看待。有趣的是有些人看了第二串数据后,没有注意到可以把它们跟年份联系起来组成数据组,那么这些人记住第二串数据跟记住第一串一样困难,除非有人提醒他们。这就指出了工作记忆的一些有趣的特点。

①工作记忆的容量虽然有限,但它可以与组块一起工作,组块可以有相当大的结构。

②工作记忆不是独立于长时记忆发挥作用的。工作记忆中项目的解释和理解取决于它们在长期记忆中的存在和联系。

③工作记忆中接收信息的有效组块数取决于个体的知识和心理状况(即知识是否已被激活)。

上述工作记忆的一些特征,给物理课程与教学以下启示:

①因工作记忆的容量有限,如果一味要求学生在短时间内掌握大量信息是不可能的,同样,让学生记住一系列无意义的信息是非常困难的。

②为了克服工作记忆容量的限制,新信息可以以我们熟悉的内容进行组织和联系,即将新信息组合成为一种组块。

③让学生联想到熟悉的内容,可以帮助他们更好地记忆新信息。

④为了防止遗忘新信息,及时复习是必要的。要使当前的信息储存到长时记忆系统,可以使用保持复述的方法,即不断重复工作记忆中的信息。

⑤如果长时记忆的相关信息建立了清晰恰当的联系,就能提高工作记忆的效率。

⑥如果信息不能进入长时记忆,学习就一无所获。经过编码(信息组织和储存的方式和过程)进入长时记忆的信息才有可能学会。

3. 长时记忆

与工作记忆不同的是,长时记忆(Long-Term Memory)的容量几乎是无限的,而且可以在相当长的时间内保持信息。下面是长时记忆的三个特征。

（1）长时记忆是生成式（Productive）的

这里生成式的意思是记忆反应是主动的，是把长时记忆中储存的信息提取到工作记忆中并进行加工的过程。大多数情况下，反应不是简单地找到一个与现有数据的相似之物，而是利用储存的信息，以新的和生成的方式去引起一个反应。在大多数情况下，这种建构是一个积极的、自动的且无意识的过程。儿童学语言就是一个典型的例子，儿童从他们所听到的创建自己的语法。

（2）长时记忆是情境相关（Context Dependent）的

这里情境相关的意思是，刺激的认知反应取决于两点：①外部情况和刺激出现的方式；②当刺激出现时，反应者的心理状况。对于第一点，例如，在物理课上，给学生以不同方式呈现一个抛体运动的问题，学生的反应可能不同。关于第二点，可以考虑下边的例子，要求学生去处理一个既可用力也可以用能量的方法来解决的物理问题，如果问题之前出现用力的方法时，学生偏向于用力的方法来解决问题。

（3）长时记忆是结构化的和相互关联的（Structured and Associative）

即指当一个刺激出现时，激活了长时记忆中知识的各种元素，使之进入工作记忆。特定元素的激活取决于刺激出现的方式及当时心理系统的状态（情境）。而每一个激活又会导致一连串的另一个激活，即扩散激活（Spreading Activation）。

理解学生推理的关键是理解激活知识元素的连接模式（Patterns of Association）。一般而言，有时把知识元素的连接模式称为知识结构。在各种情况下倾向于以高概率一起激活的模式称为图式。

例如，你在一个沙滩聚会上遇见一个陌生人，在跟这个人的谈话过程中，你激活了一系列反应——在头脑中搜索关于此人提出的话题的知识，寻找能证明你对这个话题感兴趣并有继续谈话的意向的身体语言等。如果在聚会的晚些时候，此人摔了一跤且被撞晕了，另一串不同的知识和反应被激活。这人伤得严重吗？需要准备一个紧急房间吗？应该把这人抬到其他地方还是去叫医务人员？你仍然是开始了一大串跟此人有关的反应，但是这时候激活了不同的知识元素。

表 2-2-2 列出了与人类记忆系统的三个组成部分存在的一些差异。

表 2-2-2　感觉记忆、工作记忆与长时记忆的差异

特征	记忆的类型		
	感觉记忆	工作记忆	长时记忆
输入	非编码、无组织	非常快	相对较慢
容量	各种信息	有限	几乎无限
时间	短暂：不足 1s 到大约 3s 之间	很短：5～20s	几乎无限
内容	文字、图像、观念、句子	文字、图像、观念、句子	命题网络，图式，制作，情节或图像
检索	注意、选择性知觉	立即	取决于表征和组织

学习的一个重要目的就是把信息保存在长时记忆中。研究表明,教师无法简单地直接把信息传递到学生的长时记忆。如何才能把信息以组块的形式由工作记忆进入长时记忆,并保持在长时记忆中,以便在理解和运用时便于提取?这里介绍几种在长时记忆中建构知识的方法。

(1) 复述(Rehearsal Strategies)。即一遍又一遍地重复信息的过程。虽然这是发生在工作记忆的过程之一,如果反复强调,也有助于把新信息贮存到长时记忆中去。但是,这种方法不能有效地储存信息,因为反复重复的信息可能是毫无意义的,而且也可能很少将新信息与现有知识建立联系。术语"背诵"通常用来描述这种学习方法,这种方法往往是在学习的早期阶段和先前知识缺乏时使用。

(2) 有意义的编码。即表示长时记忆的新信息与储存在长时记忆的知识之间建立联系的过程。研究发现,这种方法会比背诵产生更好的学习效果。然而,有意义的编码出现是需要条件的,这个条件是学习者有可以连接新信息的现有知识,并且认识到,新的信息是可以连接到现有知识的。

(3) 组织。它是把相关信息进行归类,建立各类别之间的连接,并形成一个有意义结构的过程。组织的实质是建立新旧知识间的联系,使之结合成一个整体,形成一个个知识的"组块",减少独立的信息数量,从而提高了总容量。组块通过组织形成的关系可以在新信息之间或新信息与现有知识之间建立。如果新信息出现在一个结构良好的组织中,如果新信息适合一个已经存在的组织结构,如果项目或类别之间的关系是明确有意义的,那么学习将是更为有效的。

(4) 精细加工。这是通过与现有知识建立联系,拓展或延伸新信息意义的过程。当新信息有了明确的含义,精细加工可以重新激活背景的知识结构,深化对知识的理解和应用。精细加工也可以建立现有结构的新连接,使其更容易理解新信息。可以鼓励学习者进行精细加工,如要求他们用自己的话表达一个新的想法,给出例证,找到一个概念的应用,向同伴解释,或应用一个概念来解决问题。

(5) 视觉图像。这是形成物体或观念的心理图像的过程。研究发现,恰当运用视觉图像能有效地储存信息。例如,视觉形式呈现抽象的观念,如图片、图表和模型,或要求学生创建所学知识的插图或图表。实际上,在教学中视觉图像的创建活动包含着学习者对信息的主动加工,也是进行精细加工的过程。

2.3　建构主义学习理论

阅读下面的一些情境素材,谈一谈和学生的物理学习有什么关系?

1. 鱼的故事

图 2-3-1 来源于儿童故事:鱼就是鱼。

有一条鱼,它很想了解陆地上发生的事,却因为只能在水中呼吸而无法实现。它与小蝌蚪交上了朋友。小蝌蚪长成青蛙之后,便跳上陆地。几星期后青蛙回到池塘,向鱼汇报它所看到的。青蛙描述了陆地上的各种东西:鸟、牛和人。鱼根据青蛙的描述想象每一样东西的形状：每一样东西都带有鱼的形状，只是根据青蛙的描述稍加调整——人被想象为用鱼尾巴走路的鱼，鸟是长着翅膀的鱼，奶牛是长着乳房的鱼。

图 2-3-1　鱼就是鱼

2. 图 2-3-2 是一个学生感到困惑的问题

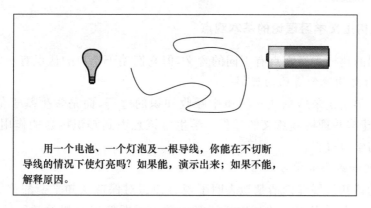

用一个电池、一个灯泡及一根导线，你能在不切断导线的情况下使灯亮吗？如果能，演示出来；如果不能，解释原因。

图 2-3-2　电池-灯泡-电线问题

图 2-3-3 是电池-灯泡-电线问题的正确答案（左边）及学生两种最常见的错误答案（右边）。

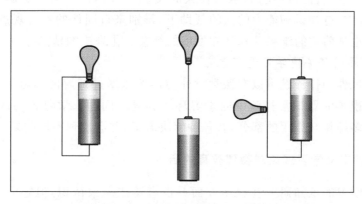

图 2-3-3　电池-灯泡-电线问题的正确答案和错误答案

3. 理解性学习支持新情境中知识的运用

早期的一个著名研究,让两组孩子对水下的目标扔飞镖。给其中的一组孩子解释了光的折射,水下目标所处的位置并不是在看到它的位置上,而没有给另外一组进行解释,仅仅是让他们进行飞镖练习。在实际执行任务的时候(这个目标是位于水下36cm),两组的表现差不多一样出色。而当目标换到水下12cm的情况时,经过理论上的原理学习的那一组比另一组的表现要好很多。因为他们理解他们所做的,学习了光的折射的那一组就会根据新的任务调节他们的行为。

在过去60年中,科学教育工作者以皮亚杰的理论为基础,已发展了许多理论来解释学生的认知学习。一般来说,这些研究者的兴趣在于信息是如何被学生获取的,并对之进行解释、描述及采取相应的行动。这些科学教育工作者同意皮亚杰的观点,知识是构建的,学生是知识的建构者。这些科学教育工作者开发的一些替代模式直接影响了科学教育的改革和发展。

2.3.1 建构主义学习理论的基本观点

尽管不同的建构主义观点有不同的含义,但它们关于学习的认识有一些共同之处。

1. 学习者建构他们自己的理解

学习不是学生记录信息或从环境中吸收知识的过程,而是学生基于他们目前的知识解释信息,建构并理解其意义的过程。学生应该意识到知识构建的作用,以使他们能更积极地参与学习过程。

2. 目前的知识影响学习过程

皮亚杰的认知发展理论清楚地表明了现有知识对保持认知平衡的重要性。对新信息的理解是与现有知识相关的。这就解释了学习者即使在类似的学习情境中,为什么会出现不同的理解。背景知识上的差异受很多因素的影响,例如,家庭、以前的教育经验、能力、动机等。

3. 社会互动促进学习

虽然理解是学生自己创建的,但与他人的交流和合作也影响知识建构的过程。学生可以在比自己更有知识和能力的人的帮助下,辨别来自同伴的不同观点,完成更为困难的任务。这也是前述的维果茨基认知发展的社会文化理论的精髓。

4. 真实世界的任务使学习更有意义

一个真实世界的任务是可以在课堂以外使用的以增进理解的学习活动。这种活动提供了类似于现实世界日常经验中的学习环境和复杂问题。学习者将认识到,现实生活中的问题有多种相互作用的部分,有各种解决方案,并会出现不同结果。

2.3.2 建构主义学习理论对物理教育的启示

虽然目前学习的认知研究在很多方面并没有达成一致认识,但它们都共同包含以下特点。

1. 知识内容的重要性

认知科学家把重点放在他们所谓的"专业知识"上。他们认为,在物理学或地质学中,专家比新手在各自领域中更能就某一主题进行思考。事实上,在学习的认知研究中有一个共同点,即教师在教授学生新概念之前,应试图确认学生对这一概念的了解程度。认知研究提出的另一观点是,学习需要知识,但知识不能直接获得。学生必须生成他们自己的知识。但是,要做到这一点,教师必须提供这样一个学习环境,在这个环境中学生能讨论、质疑、调查新信息,建构新结构。此外,教师需要弄清哪些是学生所知道的,然后设法将这些知识与已有的知识结构建立联系。

2. 能力与内容的融合

因为认知的方法把学生放在学习的中心,思维能力的发展需要融合于知识内容习得之中。学生观察、质疑、检验、猜想能力的发展总是伴随着良好认知结构的形成。事实上,没有观察、质疑、检验和假设活动,学生几乎没有机会发展与科学知识相关的科学方法和思想。

3. 动机的内在本质

通常情况下,动机一直是社会心理学的研究课题。学习的认知研究表明,建立一个学生想学的学习环境是非常重要的,内容和教学在本质属性上可作为学习的一种激励手段,学生的自我概念是影响动机的因素之一,动机和学生的智力观念密切相关。在一项研究中,如果学生知道智力是一种逐渐发展的能力,而不是固定不变的,相信前者的学生当遇到具有挑战性或困难的问题时,将坚持并设法解决问题。而研究显示,相信后者的学生在某些情况下将放弃,说他们缺乏能力解决该问题。有趣的是,较之于行为心理学所主张的正强化,用具有鼓动性、挑战性和刺激性的方式去教学更能激发学生的动机。

4. 学习小组的作用

认知研究表明,社会环境对学生的学习是至关重要的。研究发现,由具有不同能力的学生组成的合作性小组解决问题是很高效的。高能力的学生能用可取的方式解决问题,从而帮助那些缺乏能力或经验的学生。对教师来说,建立开放的、积极交流的课堂,或把学生置于能发生互动的、由不同能力构成的合作性小组中,有助于提高课堂教学的效益。

2.3.3 错误概念和概念改变

建构主义理论强调理解新信息时,学生已有知识的作用。由于已有知识是由学习者建构的,因此极有可能是不"正确"的知识。错误概念(Misconception)就是用来描述学习者已有知识中不同于当前社会所接受的科学知识的一个术语。研究表明,儿童和成人对于他们体验的世界有很多错误概念。对错误概念最广泛的研究来自科学教育领域。

1. 错误概念的来源

错误概念产生的原因即来源有以下多种情况:

(1)日常生活经验的影响。学生在日常生活中,对于看到的东西形成的某些想法或凭直观感觉学习到的东西不一定都是正确的,例如,重的物体比轻的物体下落得快;儿童拿着吃饭用的瓷碗轻轻放入水中会浮在水面上;将小铁球、小石头丢入水中会沉入水中,将玩具轮船放入水中却能在水中漂浮。因此,他们就会产生这样的想法:只要中空的物体,不论是什么物质做成的,均可浮在水面上。这些来自日常的直觉经验和观察形成的观念,基于儿童时期已有的经验并得到发展,直到学习科学时才出现观念上的混淆。

(2) 日常概念的干扰。在日常生活中形成的概念,往往忽略了本质的特征。例如,他们认为铁比木头重;水温只要达到 100℃ 就可沸腾;物体运动是因为有力,没有力就没有运动。有时日常语言表达也可以使学习者对一些概念产生混淆。例如"重量"通常在日常语言中用来表示质量,而它们在物理学中有不同的含义。

(3) 知识的负迁移。产生负迁移的知识,既有本学科的知识,也有其他学科的知识。如学生从小就接受数学教育,在理解密度公式 $\rho = m/V$ 时,相当一部分学生错误地认为"物体的密度跟它的质量成正比,跟它的体积成反比"。又如,类化概念的干扰。类化概念指的是字面相近、含义相似或属性相关的概念,诸如电场力与电场强度、电势与电势能、位移与路程、温度与热量等。

(4) 对语词的曲解或错误理解。概念是用一定的语词来记载和标志的,科学语言抽象、严密、准确明了,学生基于在生活中形成的对语词的理解来理解科学概念,并由此产生对科学概念的曲解或错误理解,导致错误概念,如认为"加速度"就是描述"物体增加的速度",把匀速圆周运动中的"匀速"理解为"速度保持不变"。望文生义是学生错误概念形成的重要方式。

(5) 由类比产生的混淆或进行不当的类比。类比是推理的一种重要方式,往往利用学生熟悉的经验或知识来解释新的、未知的内容。然而,类比的成立通常是有限制的、有条件的,超过限制条件则有误导的可能。例如,将密度大于 1g/cm^3 的物体沉入水中后,其所受的浮力一定。但不可类比为密度愈大浮力愈大的观念。这里混淆的观念是来自课程中学生的错误概念。

(6) 知觉系统的特性可能导致表象产生偏差或失真。知觉系统是一个有限的能量加工系统,带有强烈的感情色彩,而且当知觉的对象与它周围环境之间的关系变化时,形成的表象会是错误的;如把分别用冷热水浸过的左右手再放入同一盆温水中,会感觉到不同的温度。

(7) 晕轮效应(Halo Effect)。晕轮效应是指在知觉过程中,将知觉对象的某些印象不加分析地扩展到其他方面的一种心理现象。如"加在运动物体上的力越大,物体运动得越快",由此认为"物体的运动速度与所受的力成正比"。

(8) 教师、教材的误导。教师和教材在不经意间成了提供学生错误概念的途径。教师或教材过分强调问题的某一侧面时,将会暗示学生忽略对其他方面的思考。教材内容的顺序、概念关系的介绍、术语的选用、课本中的插图等都有可能形成学生的错误理解。教师本人旧有的错误概念和错误信息,都有可能成为学生错误概念的源头。

即使教师、同伴和教材的解释提供了正确的信息,但初学者解释不正确,也可能会导致错误概念。还有一种可能性,即由教师和教材中提供的信息是不正确的,但它会准确地整合到学习者现有知识之中。这两种情况可用皮亚杰的认知发展理论的同化过程来解释:学习者倾向于修改不适合他们现有知识的新信息,虽然新信息与物理学原理完全一致,如果与之相联系的背景知识是错误的,则可能因认为是不正确的而被舍弃。

（9）社会媒体。通过广播、电视、报刊等渠道会获取一些错误的知识。如许多媒体在报道中对重量、重力、质量概念不分,混淆路程和距离。特别是科幻电影、童话故事和电视卡通片中对事件的误导性陈述,这些形式的娱乐经常使用夸张手法取得戏剧性效果,但这种戏剧性效果并不总是与物理学的原理相一致,不正确的科学原理也可能得到加强。

2. 错误概念对物理学习的影响

学生的错误概念是影响物理学习的一个决定性因素。学生错误概念对物理学习的影响主要表现在以下几方面:

（1）错误概念指导或者决定着学生的感知过程。根据格式塔学派心理学的观点,感知在很大程度上受到学生已有概念的影响。也有人用"观察渗透理论"来表述这一特征。这一观点是指在物理学习中,进行自然观察或实验观察很大程度上要受到学生头脑中的科学概念和科学理论的原有认知的影响。在物理教学中,实验扮演着非常重要的角色。从教师的角度看,似乎每个学生都观察实验的相同方面。但研究结果表明,学生所具有的错误概念,或者说学生已有的看问题的方式,直接影响了学生对观察的理解。研究也表明,当要感知的信息比较弱或模糊时,理论对感知从上至下的影响比较强。而当感知的信息比较强而又清晰时,理论对感知的影响并不明显。这些研究的成果与建构主义的结论完全一致,即当所观察的现象是模糊的,错误概念便会对观察产生较强的影响。总之,在物理教学中,必须重视学生错误概念对观察及其理解产生的影响。

（2）错误概念对学生解决问题的行为产生影响。许多研究表明,学生所持有的错误概念极大地影响了他们解决问题的行为。其中的一个研究是,要求两组儿童,4 岁组和 8 岁组,找出许多金属棒的平衡点。所有的金属棒的外表都是相同的,但有些棒在内部的某个地方加了一些重物或者棒的某一端挖了个洞,总之这些金属棒的重心是不同的,也并不都在棒的中央。研究发现,年龄小的孩子通过试误的方法寻找平衡点并不困难,而年龄较大的孩子困难重重,因为在他们的头脑中已经有了一个概念或者"理论":平衡点应该在中间。这一研究结果表明,错误概念可以较强地影响问题解决的行为,甚至也可能完全决定解决问题的方式。

（3）错误概念对学生的学习过程产生影响。许多研究表明,学生的错误概念影响甚至决定了科学概念学习的成效。研究也表明,传统的物理教学在纠正学生的错误概念方面是不成功的。对学习困难学生的研究发现,这些学习困难的学生根本无法理解一些概念,原因是这些概念与他们已有的概念在本质上属于不同的概念框架。在大多数情况下,这些学生都是机械地记住概念术语的名称,而没有真正理解概念。因此,物理学习中最重要的是学生概念的转变,也就是在他们原有概念框架的基础上对这些概念进行重建,使学生的概念发生根本的变化。

3. 错误概念的诊断

诊断学生的错误概念的方法有很多,这里主要介绍临床谈话法、诊断性测验和运用确定性指数区分。

（1）临床谈话法。临床谈话法（Interview）能诊断学生在某些知识点上的"缺陷"，特别是深层访谈可以搜集学生关于科学概念的想法，为编制诊断性测试题打下基础。研究者可先设计好访谈提纲，在访谈中，可以根据被试者的不同反应，加入探测性问题，以便能深入了解被试者的想法。运用访谈法可以搜集到大量学生自己的想法，对于这些想法，研究者还必须进行以下深度加工：

①指出学生严重的知识空白点，或对学生的想法（回答）进行分类，并弄清各类回答的原因模式。

②根据学生的回答，推测学生头脑中对教学具有干扰作用的错误概念。

③根据学生的错误概念编制诊断性测试题。

（2）诊断性测验。诊断性测验（Diagnostic Test）是物理教学中揭示学生的错误概念和进行诊断性评价的最有效形式。近年来，由切尔格斯特（D. F. Treagust）以及奥多姆（A. L. Odom）和巴罗（L. H. Barrow）所发展的二段式诊断性测验（Two-tier Diagnostic Test）受到普遍重视。二段式诊断性测验纠正了传统诊断测验较注重答案而忽略学生真正想法的缺陷。它实际上是二段式的选择题，第一段的选择题为答案部分，学生可选答与自己概念相符的答案，而第二段的选择题为理由部分，目的在于诊断学生回答第一段答案的理由，经由二段式的选答分析，可以得知学生所持有的科学概念类型。诊断性测试题的设计和使用质量如何直接影响对学生的错误概念的揭示，因此，对诊断性测验必须精心设计。

（3）运用确定性指数区分"知识的缺乏"和"错误概念"。已有研究表明，区分"知识的缺乏"和"错误概念"是非常重要的，其中用回答确定性指数（Certainty of Response Index，CRI）来鉴别学生是否拥有错误概念，是一个可以借鉴的方法。学生对某一题（多项选择题）做出选择后，再对自己做出的选择进行确定性的评价，即给出 CRI 值：0 表示是完全猜测的，1 表示几乎是猜测的，2 表示不肯定，3 表示肯定，4 表示几乎确定，5 表示确定。

CRI 值是高还是低，一般以 2.5 作为衡量标准。一个学生对某一题做出了正确的回答，若确定性指数低于 2.5，表示缺乏知识；若高于 2.5，表示具有正确的概念。如果做出了错误的回答，若确定性指数低于 2.5，表示缺乏知识；高于 2.5，表示具有错误概念。表 2-3-1 是对给定问题的抉择矩阵。

表 2-3-1　给定问题的抉择矩阵

	低确定性指数 CRI<2.5	高确定性指数 CRI>2.5
正确的回答	正确的回答和低确定性指数，缺乏知识	正确的回答和高确定性指数，具有正确的概念
错误的回答	错误的回答和低确定性指数，缺乏知识	错误的回答和高确定性指数，具有错误概念

4．建构主义的模型——概念转变

如前所述，学生在教学前对所要学习的材料并非是一张"白纸"，而是具有许多"不正确的"前概念（Preconception）或朴素概念（Naive Conception）。物理教学的目的正是帮助学生转变这些朴素概念或错误概念(Misconception),并代之以科学的概念和原理。

我们以在物理课堂上的抛币问题为例说明错误概念。把一块硬币抛上天空,问学生:"在忽略空气阻力条件下,用箭头表示硬币被抛向空中时,上升和下落阶段各自的受力情况。"学生对该问题的典型回答是:"硬币上升过程中,手的推力把硬币往上推,在上升过程中,这个推力必须大于重力,否则它将落下来。硬币下落过程中,手的推力必须小于重力,否则它不会下落。",如图 2-3-4 所示。

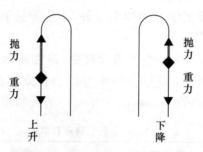

图 2-3-4　对抛物的受力分析示意

上述问题的回答,就是学生头脑中的错误概念"如果物体在运动,就有一个力在运动方向上作用于它,运动的快慢与力的大小成正比"的反应。甚至教学后,学生的错误概念仍普遍存在。因为这些错误概念源自学生自己,而且对其有合理性解释,学生往往坚持这些观点,尽管还有另一种科学的概念。假定知识不能直接灌输给学习者,因此,在教学中,要转变学生的错误概念必须满足四个条件:

(1) 促使学生对现有概念产生不满(Dissatisfaction)。学生往往不愿放弃他们原有的概念,只有当感到自己原有的概念失去作用,不能解释新的事件或不能解决当前遇到的问题时,他才可能改变原有概念。甚至看到原来概念的不足,也会尽可能做很小的调整。当遇到新概念与已有概念发生冲突,导致新概念不能顺利地被学习者接受,就可能会有效地导致对原有概念的不满。

(2) 让学生感受到新概念的可理解性(Intelligibility)。学生必须懂得新概念的真正含义,不仅是需要理解新概念的字面意义,还需要把各部分联系起来,建立整体一致的表征。

(3) 让学生看到新概念的合理性。只有当新概念与学生所接受的其他概念、信念相互一致时,学生才能看到新概念的合理性。学生看到新概念的合理性,就意味着他相信新概念的真实性。

(4) 给学生展示新概念的有效性(Fruitfulness)。学生应该看到新概念对自己的价值,它能解决其他途径所难以解决的问题,并且能向学生展示出新的可能和方向,具有启发意义。有效性意味着学生把它看作是解释某问题的更好的途径。

概念的可理解性、合理性、有效性之间密切相关,其严格程度逐级上升。人对概念有一定的理解是接受概念合理性的前提,而接受概念的合理性又是意识到其有效性的前提。

我们把概念的可理解性、合理性和有效性称为概念的状态(Conceptual Status)。

学习者对于概念所处的状态愈高,其发生概念转变的可能性也就愈高。也就是说,概念转变是发生在学习者能够充分理解与应用新概念时。

不仅新概念的状态,原有概念的状态也会对概念转变产生影响,两者之间存在交互作用。

这里应注意,概念的上述三种状态不一定是实际概念状态,而只是个体所看到、所意识到的可理解性、合理性和有效性,是个体对新旧信息整合过程的元认知监控。

如果满足了上述观念转变学习的四个条件,学生所持有的错误概念就会被科学观念所替代或改变。

建构主义学习理论产生了一个新的教学理论,即弄清学生的已有概念,然后给学生时间比较错误概念和科学概念,最后让学生有机会在众多的学习情境中使用新概念。表 2-3-2 给出了一个概念转变(Conceptual Change)的教学模式。

表 2-3-2　一个概念转变教学模式

教学前	教学中	教学后	最后结果
了解学生的朴素概念。 • 通过多种方式的谈话了解学生的错误概念。 • 让学生回答有关将要教的核心概念的问题	根据学生的错误概念呈现信息。 • 注意把新概念和学生的已有朴素概念进行比较。 • 提供机会让学生通过实验活动、操作演示、视听器材探索新概念,并对熟悉的现象进行讨论。 • 使用提问策略和日常现象帮助学生"检验"他们的新概念	评价学生概念的转变。 • 使用之前评价学生的错误概念的问题,作为转变的基准。 • 设计实验让学生证明他们的观点	形成正确的科学概念

2.4　物理学习的原则

教与学是两个密不可分的活动。了解学生如何学习,能够帮助教师改善教学方法,从而提高学生的学习效果。如果教学的目标是帮助学生形成对科学概念和科学本质的理解,那么教师就需要推动他们主动地致力于自身的学习。研究表明,那些基于教师经验的对学生学习的认识和教学,并不能有效地帮助学生形成对科学概念的理解。本节讨论有关学生如何学习的研究发现,介绍一些最新的物理教育的研究成果,并提供一些有关教与学的实用的观点和方法。

2.4.1 学习研究的发现

下面介绍的几项是具有普遍意义的学习科学研究的发现。

1. 理解科学不仅仅是知道事实

学习科学的研究并不否认事实对于思维和问题解决的重要性。研究表明,专家思考和解决问题的能力主要依赖于有关学科领域的大量知识。但研究也清晰地说明了"有用的知识"不同于仅仅罗列出的无联系的事实。专家的知识是围绕重要概念而联系和组织起来的。对物理学习而言,这意味着学生必须能够用他们所学的知识,理解基本的概念,打好事实性知识的基础,并且懂得如何有效地运用自己所学的知识。然而,学习物理并不是仅仅掌握了科学概念和科学知识就行了。对学习的研究表明,学生要理解科学探究,具有科学探究的能力,还必须学会科学的思维方法,应该能够在试图解决一个问题之前细致地描述这个问题,判断哪些相关的信息可以用来分析这个问题,以及决定描述问题和分析问题的步骤。

2. 学生在他们已有知识和观念的基础上建构新的知识和理解

学生基于经历对自然现象形成了自己的一套观念,这些观念影响着他们对新信息的理解,也影响着他们记忆、推理、解决问题和获取新知识的能力。当这些观念和科学上所认可的观点一致时,这些先前的知识或非正式的知识就是进一步深入理解的坚实基础。然而,很多学习者的前概念与目前公认的科学知识并不一致。这些前概念总的说来在一定范围内还是合理的、恰当的,但学生会不恰当地把它们应用到不起作用的情境中。学生头脑中的前概念通常很顽固,在教学中特别是在使用常规方法教学时往往很难得到改变。例如,即使告诉了夏天热的真正原因之后,很多学生仍然认为夏天热是因为夏天地球离太阳更近。

在一般意义上,现代学习观是人们基于他们已知道的知识去建构和理解新知识。本章第 3 节开始的儿童故事"鱼就是鱼"生动地说明了这一点。

鱼的故事说明,学生是基于自己已有的知识和经验来同化和顺应理解新知识的。教师在教学中需要注意学生原有的不完整的理解、错误观念和对概念的天真解释对所学科目的影响。教师如果忽视学生的初始概念、观点,他们获得的理解与教师的期望会有很大的差别。但我们强调让学生自主建构知识,并不是指教师不应该直接告诉学生任何事情。而是说我们不管如何教一个人,所有的知识都是基于已有的知识建构起来的。"鱼就是鱼"说明了为什么简单的讲授常常不起作用。有许多证据表明,一旦教师注意到学生带到学习任务中的已有知识和观念,并将这些知识当作新教学的起点,在教学过程中监控学生概念的转化,就可以有效促进学生的学习。

3. 学生是通过修改和提炼他们现有的概念并把新的概念纳入已有的概念之中来形成新知识的

关于观念转变的研究表明,当学生对他们的观念不满意时,也就是说,当他们已有的观念不能够充分描述或解释一个事件或一种观察的现象时,他们才会改变观念。特别是当他们发现别的解释显得更加合理和更加有用时,他们才会改变自己的观念。其他研究表明,学习者是否改变观念以及怎样改变观念,取决于他们依据什么去赞同或者反对某种竞争(或不同)的观念。这是和学生对科学以及科学解释的看法有关的。学生通常会把科学看成是应该被记住的一堆事实以及对种种互不相干的事件解释的报告,在这种情况下,学生很少会积极地为不同的解释寻找证据,很少去思考为什么一种证据比其他证据更有力,也很少判断哪一种解释得到的支持更多。他们的这种看待自然现象的观念,不能寄希望于在强化科学推理的基础上得到改变。

4. 学习者与他人互动的社会环境是学习的媒介

强调学习者建构自己的知识并不是意味着学生是在一个人孤立地学习。研究表明,学习者在阐释自己的观点和反驳他人的观点的过程中获益匪浅,而且,在这一过程中他们重建了自己的观点。

5. 有效的学习需要学生自我监控学习过程

学生需要学习如何确定自己真正理解了,是否需要更多的信息。他们需要能够对自己提出如下问题并且懂得该在什么时候问:"为了相信那个说法,我需要什么样的证据? 我们怎样才能对现象建构自己的理论并且有效地检验该理论?"善于学习的人能够清楚地阐明自己的观点,比较和对照其他人的观点,举出他们能够接受这一观点而不是别的观点的理由。也就是说,他们能够意识到自己的思维和知识,并且能够调控它。学生在学习过程中加强自我监控,强调了学习者自我评价的作用。只有训练学生进行自我评价并给学生机会去实践自我评价,他们才能够了解学习的主要目的,并因此而领会为实现目标需要完成的学习任务。

6. 学生在新的情境中运用知识的能力,以及能否进行知识的迁移,要看他们在多大程度上是在进行理解性的学习

为了应用他们所学的知识,学生必须掌握了基础知识,并会在不同的情境中运用这些知识,然后检查自己做得如何。为了能在将来使用他们所学的知识,学生需要花时间去学会捕捉特别的信息,挖掘隐含的意义,然后将它们和所学的知识建立联系。他们需要富有挑战性的但又不至于难到让人灰心丧气的任务,需要有机会去体验所学知识的用处和自己对别人所产生的影响。如果他们学会了从学习的经验中提炼出隐含的要点和原理,他们就更可能把所学知识应用到新的情境中去。

2.4.2 有效的学习环境

一个在实践中很重要的问题,即什么样的学习经历和学习环境能够促进科学的学习?《人是如何学习的》提到,优秀教师设计有效的学习环境包括了四方面的要素:学习者、知识、评价和交流。

1. 以学习者为中心的学习环境

学习者为中心的环境要求教师有这样的意识,即学生一开始就将他们已有的知识、技能、态度和信念带进学习中,在学习过程中他们运用已有的知识建构新知识。优秀的教师通过多种途径了解学生知道些什么、关心什么、能做什么、想要做什么,尊重并理解学生已有的经验和想法,并以它们为基础为学生建构新的理解。

2. 以知识为中心的学习环境

完全以学生为中心的环境并不能帮助学生获得他们所需要的能够在社会上立足的知识与技能,课程标准规定了学生需要获得的知识和能力。专家的思维和解决问题的能力并不是由于他们有一套一般的"思维技巧"或思维策略,而是因为他们有一套组织得很好的知识体系,这些知识支持他们进行计划和有效策略的思维。以知识为中心的

学习环境要求教师帮助学生发展组织良好的知识体系,要求教师把注意力放在能够帮助学生理解一门学科的主要原理,在学习新知识的同时,也学习在哪里应用新知识以及如何应用新知识,同时也要求学生学习如何统整一门学科的知识。如果教学是以学生对所学内容的最初理解作为起点,以知识为中心的学习环境要求关注已有知识和新知识之间的实质性的联系,如果无视学生的先前知识,就很难预测他们对呈现出的新的信息会有什么样的理解。那种不顾学生现有知识和能力的现状,而简单地将学科内容的一些新知识呈现给学生的做法是不恰当的。那种认为学生不能做复杂推理的观点也是不成立的。如果学生有必要的知识来支持其推理活动,他们便能够在复杂水平上思维和推理。但对于复杂的概念,必须以学生可接受的方式呈现出来。学习环境的知识中心还强调课程设计的重要性。课程能够在多大程度上帮助学生理解所学内容,而不是促进学生获得彼此不相关的事实和技能?是一个我们必须认真关注的问题。如果课程过分强调学科的广度,那么学生学到的可能是彼此不相联系的知识,而不是融合的知识。

3. 以评价为中心的学习环境

评价问题也是有效学习环境设计的一个重要视角。评价的关键是评价必须提供反馈和回溯的机会,评价的内容必须与学生的学习目标相一致。但是,课堂教学中却很少提供反馈的机会。大多数考试卷、单元测试、平时的练习、报告卡的等级和分数只代表了终结性评价,而学生还需要形成性评价,因为形成性评价能够为他们提供回顾与改进他们思维和学习的机会。如果教学目标是理解,那么仅评价事实和公式的记忆就不充分。设计恰当的评价能够帮助教师实现反思教学实践的问题。很多物理教师在弄清楚学生不能回答或解答看上去显而易见的问题之后,改变了他们的教学方法。

4. 以交流为中心的学习环境

以交流为中心的学习环境要求学生清晰地表达自己的观点,挑战别人的观点,以及与他人进行深层次的讨论。这种环境鼓励人们相互学习,强调为理解而进行探究的价值,并且承认学习过程中会不可避免地出现错误。对课堂讨论的有效环境进行的研究,强调了课堂讨论的重要性。课堂讨论有利于发展学生在谈论科学观点时所需要的语言技能,有利于学生让教师和班上的其他学生清楚地了解自己的思维,也有助于学生学会建立自己是如何利用所学的知识去解决问题、去解释一些现象或观察结果的一套论据。更进一步讲,这种环境欢迎新的观点和新的思考方式,这是由于讨论的成员既被鼓励也被期盼能够互相提供反馈,并从中得到启示将新的观点整合到自己的思维中。

有效的学习和教学要求,上述的四种学习环境不是孤立的,而是相互协调一致的。如果缺乏一致性,人们就很难判断课程的价值,也很难知道学生在学什么,学得怎么样,是否和课程目标相一致。

2.4.3 物理学习的原则

当今物理课程与教学正在经历深刻的变革:教师中心正逐步向学生中心转变;物理课程与教学和实际生活的联系日益密切;物理课程与教学更加重视理解与科学探究能力的培养,而不再单纯强调记忆、训练。下面所提出的 7 条学习原则彼此相互联系,为我们重新认识学习过程及相关学科知识的发展提供了新的思想,其中有许多都是现今世界各国科学教育改革实践的经验总结,可作为课程、教学设计的指导性原则。

1. 原则 1:原理性概念知识

当新知识和现有知识围绕着学科的主要概念和原理组织起来时,知识的理解就会变得容易,学习活动就更为有效;而一味要求记忆互不相干的事实与方法的课程与教学,则难以取得好的学习效果。

对任何一个学科领域的高度精通不仅需要可理解的知识,还需要可以应用的知识。具有一个学科领域的丰富知识是思考和解决该领域问题的一个必要因素,但是只知道许多毫无联系的事实是不够的。有关研究清晰地表明,专家的知识是围绕该领域的主要原理及核心概念(或者称之为"主要的观念")建构起来的。例如力学中的牛顿运动定律,电学中的欧姆定律等。这些主要的观念为专家广博的知识提供了一致性的基础,帮助他们洞悉问题的深层结构以及在此基础上识别出新遇到的问题与之前遇到的问题的相似性。研究同时表明,专家的思维和解决问题的策略与丰富的、组织良好的学科知识体系有紧密的联系。他们的知识是联系的、有组织的,并被"条件化",以规定它适用的情境。

如果要使学生在物理课程的学习中获得丰富的、综合贯通的理解,那么物理课程和教学应该把学生根据物理学科的最重要的概念、原理和理论建构与整合他们不断增长的知识体系的能力作为培养目标。特别是在问题解决的教学和训练中,培养学生透过问题的表面特征洞察学科的更深层、更基本的原理的能力。

强调知识的宽度和对事实的简单记忆的教学,会妨碍学生有效组织知识的能力的形成和发展。因为他们没有深入而充分地理解学习的内容,因而也就不能围绕学科的主要原理和核心概念去组织自己所学的知识。即使是那些更愿意寻求理解(而不只是记忆)的学生也会经常被迫去死记硬背大量被要求去记忆的信息。

对物理学习而言,这意味着学生能理解并懂得如何有效地运用所学知识而不是生吞活剥地背诵记忆。缺乏理解的记忆很容易遗忘。而深刻理解的知识不但可以长久保持,还可以产生积极的迁移,促进对其他领域的学习。

为了帮助学生更有效地理解所学知识,教师可以尝试以下方法:

①要求学生用自己的语言解释某种现象或某个概念。

②结合具体事例向学生说明一条定律怎样应用,或一条法则如何生效。

③学生必须学会求解学科知识中的疑难问题,在学生获得较强解题能力时,可相应加大学习难度。

④在理解教材时,可以引导学生寻找共同点及差异性,进行分析比较,并由此深入理解,以此类推。

⑤引导学生从具体事例中提炼出具有普遍性的原则,并结合具体事例进行归纳。

2. 原则 2:已有知识

学生的已有知识是学习新知识的基础;学生运用已有知识去建构新的理解。

人总是在已有知识的基础上学习新知识的。其实,这一观点并不新颖。但新近研究表明,能否培养联系新旧知识的能力是有效学习的关键。

　　人不可能理解、记忆和掌握自身根本不熟悉的事物。为了完成新的学习任务,必须以已有知识作为基础。即便有了这样的基础,仍然不足以确保理想的学习结果。因此,人们还须激活他们已经学会的知识,并运用它来理解、学习新知识。研究表明,学生常常并不能辨明新知识与已有知识之间的相互联系。研究还显示,如果教师了解学生的已有知识基础,并善于将此作为教学的起点,学生的学习就更容易获得成效。

　　对于学生而言,在物理课程学习中,他们已经有一定的知识、技能、信念、概念以及错误的理解。这些将会对他们怎样看待这个世界、怎样获得新知,以及以什么样的方式解决不熟悉的问题产生极大的影响。人们总是通过把新的观点、方法与他们已经理解的观点、方法相联系,从而建构对新的观点、方法的理解。先前的知识有可能导致错误,也有可能导向正确的理解。这些知识基础中的一些是某个学科特有的,而另外的一些可能与学科有联系但不是明显在学科范畴内。有关认知的研究表明,成功的学习需要把新的知识与已有的知识联系起来。这种联系可以以不同的形式出现,例如增加、修改或者重新组织已有的知识和技能。对于不同的学科领域以及不同的天赋、兴趣和能力的学生而言,这种联系的方式会有所不同。然而基于理解的学习,不仅是指把新的知识增添到现有的知识中,还包括观念的转变以及创生丰富的、整合的知识结构。

　　如果学生已有知识没有参与到理解中,那么他们经过教学获得的理解就会与教师本来的意图相去甚远。学生更有可能建构与他们自己先前的知识相一致的解释,即使这些解释与老师的观点相违背。因此,要使学生的观念转变,单纯地讲授通常是一种无效的工具。例如,那些相信地球是平坦的学生,在被告知地球是球状时,会把地球想象为一个三维的薄饼。

　　此外,如果学生已有的知识没有参与到理解中,学生可能理解不了新知识,更有甚者,会把学校学得的知识与他们对课堂之外看待世界的信念和观察割裂开来。例如,不同年龄的学生(包括大学毕业生)大部分都坚持这样一个观念:季节是由地球到太阳的距离引起的,而不是地轴相对于绕日轨道的倾斜造成了地球绕日运行时北部和南部地区获得的太阳能量不同引起的,尽管他们老师告诉他们是后者。

　　有效的教学要测试学生关于某一学科的先前知识,然后以此为基础寻找把新知识建构在已有知识上的方法。如果先前知识存在错误的理解,那么就需要重建一个全局性的相关概念框架,而不仅仅是简单地纠正错误的理解和观点。有效的教学需要找出那些错误的理解并纠正它们,有时还需要直接挑战它们。

　　已有知识在获取新的知识和理解的能力中扮演着重要的角色,这在学生物理课程的学习过程中具有重要的意义。要在物理学习中取得成功,学生必须具有充分的物理知识基础,包括事实、概念、规律以及相应的方法。下列因素可能影响学生物理知识基础的建立:①缺乏合适的课程;②缺乏称职的教师以及高质量的教学;③编入课程不太困难和技能要求较低的班级;④资源的缺乏,例如高质量的教学设备、器材以及教科书;⑤缺乏对物理学习的指导和鼓励。

　　根据以上相关阐述,教师应如何进行教学?

（1）充分利用学生的已有知识有效地学习新知识

①在开始教授新课之前，与学生讨论已学知识的内容，以激活他们的已有知识。

②学生的已有知识往往并不完备，甚至可能存在谬误。因此，教师不仅要了解学生关于新课已经获得的相关知识，还应深入调查学生已有知识的具体细节，以便帮助学生对错误的认识和不正确的概念加以纠正。

③在必要时，教师还需要引导学生复习已有的重要概念，或者要求学生独立进行适当的课前预习。

④教师可以通过置疑设问的方法，促使学生认识所学新课与已有知识之间的关系。

⑤优秀教师善于以示范的方式引导学生掌握联系新旧知识的方法，以此提高学生的学习成效。

（2）克服学生的错误观念，有效地学习新知识

①教师应该意识到，学生已有的认识及不全面的知识与学校所讲授的内容之间可能相互矛盾。

②教师应创设条件，使学生有机会自由地表达各自不同的观点与认识。做到这一点十分重要。

③教师应以学生已有知识基础为起点进行教学，引导他们逐步获得更为成熟的认知；而忽视已有知识的教学，则会导致错误概念的形成。

④学生必须获得观察与实验的机会，他们可以借此验证先前的认识正确与否。结合科学史的大量事例进行教学，可以达到这一目的。

⑤科学概念的教学必须准确、明晰。在可能的情况下，还须借助模型加以演示。必须向学生提供足够的时间进行原有概念的重构。为此目的，课程设计宜遵循主题简明，难度适宜的原则，而不是追求广泛涉猎却浮光掠影的课程。

3. 原则 3：元认知

有效的学习需要学生自我监控学习过程，即学会如何计划、监控自身的学习过程，如何确定学习目标以及如何改正错误。

要成为有效的问题解决者和学习者，学生需要确定在给定的情境中他们已经知道什么，还需要知道什么。换句话说，要成为有效的问题解决者，学生必须具备元认知意识。经验表明，具有元认知意识的学生比不具有元认知意识的学生表现要好。

元认知（Metacognition）是学生智力发展的一个很重要的方面，它使学生能够从教学中获益，而且使他们知道当事情不像预料中的那样时应该怎么办。例如，有研究证实，元认知策略发展得比较好的学生会很快放弃不太有效的问题解决策略，用一个更为有效的策略取代之。而元认知策略发展得不太有效的学生会继续沿用同样的问题解决策略，尽管这个问题解决策略早已证明不能得到任何有用的结果。基本的元认知策略包括：①把新信息和先前信息联系起来；②审慎选择思维策略 ；③计划、控制、评估思维过程。

学生学习过程的自我监控强调了学生自我评价的作用，使学生有能力评价自身的学习，验证自己的理解，并在必要时纠正自己的错误。

要做到自我监控就要求学生能够对自身认识和学习策略有正确的反思。这种反思过程可以借助讨论、辩论及写论文等形式进行,鼓励学生表达他们的思想并加以论述。反思的价值还在于促使学生对于现象与本质、错误观念与科学知识等加以正确判断。

教师可以创造各种机会,培养学生的自律能力。具体方法有:

①帮助学生制订计划,用来进行问题解决,设计实验,阅读相关书籍。

②引导学生学会评估他人以及自己提出的观点、论题和问题解决方案。

③帮助学生学会检验自身思路,养成向自己提问的习惯,如"我正在做什么?(你能做精确的描述吗?)""我为什么做?(符合解决的方法吗?)""这个方法如何帮我解决问题?(解决完问题后你如何处理结果?)",并明确"我为什么要这样做?""我做得怎么样?""还有哪些未尽事宜?"

④引导学生对自己的学习状况做出符合实际的判断(如"我的阅读不错,但数学还应该进一步改进")。

⑤促使学生学会确定他们自己的学习目标。

⑥帮助学生认识哪些是可用的、最有效的策略,以及应用这些策略的时机。

4. 原则 4:学习者的差异性

既然每个个体建构了他自己的心理结构,不同学生有不同的心理反应和学习方式。因此,不同的学生具有不同的学习策略、方法、能力表现以及风格,这些是学生遗传因素和先前经验共同作用的结果。当学生的个体差异受到教师关注时,他们就可能取得最佳的学习效果。

研究表明,学生在学习中存在着十分显著的发展差异。学生在其成长过程中,对客观世界不断地进行认知加工,他们认知的过程与策略也在不断变化。此外,学生的学习也具有显著的个体差异特点。例如语言能力、空间思维能力以及使用符号数量来描述自然界的能力。而且不同的学生在情感、文化和动机特征上也存在差别。在很多教育实验中得到的很大的标准差并非实验误差造成的,实际上,教育实验中的标准差就是实验结果的一部分。某一"平均的实验结果"并不适用于参与实验的所有学生,因为学生并不都是以"平均的结果"表现自己。

从这样的事实——学生们有不同的经验,且从这些经验之中得出不同的结论,使用明显不同的方法——我们可以得出以下的结论:不同人有不同的学习风格。

到目前为止,关于人们学习方式的差异研究已有大量的文献。通过测量结果的分布已查明很多不同的学习风格,这包括独裁的/中立的、抽象的/具体的及代数的/几何的等。独裁的/中立的学习风格是指有些学生希望老师告知要学习的内容,而另一些则希望自己弄清楚要学的东西。抽象的/具体的是指有些学生喜欢从抽象到具体进行学习,而另一些学生反之。代数的/几何的是指有些学生喜欢使用代数表达,而另一些学生则喜欢看图表。将计算机引入物理教学的教师已注意到,有些学生希望被一步步地引导,另一些学生则希望自己去探索每件事情。

一旦我们开始观察学生的这些差异,我们必须非常谨慎地使用这些差异。喜欢某一点并不意味着完全缺乏另一些能力。相比抽象的数学语言表达,更喜欢用具体数字的呈现方式的学生可能是对代数不够熟悉,而不是先天的某种能力缺陷。许多学生的某种偏爱是来自多年来从一些活动中得到的奖励(例如记忆力偏强者),或者从另一些活动中受到的惩罚(例如问了老师回答不了的问题)。扩大学生的视野,教他们如何思考,有时需要我们克服多年对学生的消极训练,以及他们自己要开始认识他们自己的喜好和局限性。

当学生进入中学学习时,他们已经形成了关于怎样学和以什么样的步调学习的个人偏好。因此,有些学生会喜欢某种教学方式,而其他的学生可能从另一种教学方式中获益更多。教师应敏锐地觉察到这种差异。只有这样,进行的教学和选择的课程材料才能与学生不断发展的能力以及知识基础、个人偏好、风格等相匹配。

对学生个体差异的正确认识对于设计合适的学生学习评价也有重要的意义。不同学习风格的学生需要各种机会来展示他们的知识和技能。例如,一些学生在压力下学得很好,而另外一些学生在限时的情况下表现严重失常;有些学生擅长记忆信息,而另外一些学生对基于表现的任务更为擅长;有些学生在写作时能很好地表达自己的思想,而其他人却做不到。因此,采用单一的评价模式会对某些学生有利,而对其他学生不利。

物理教学必须充分依据个体差异,为学生发展创造最佳的发展环境。为此目的,提出以下教学建议:

①教师应学会评价学生的知识、学习策略及学习方式的各种方法。

②为学生提供各种学习材料、学习活动及学习任务。

③了解学生的优势所在,注重他们在不同活动中所表现出的兴趣、执着和自信心。

④发扬学生的长处,并借此推进他们学业水平的全面提高。

⑤借助指导和挑战方法,培养学生的思维与学习能力。

⑥鼓励学生大胆质疑,并向他们提供问题解决的体验,促使他们用不同的方法验证自己的假设。

⑦注重结合日常生活提出问题,以使物理的学习与现实社会相联系。

⑧向学生展示如何运用自身能力解决实际问题的方法。

5. 原则5:学习动机

学习者的学习动机和自我效能会影响学到什么、学多少以及学习过程中应付出多少努力。因此,学习者自身的动机对其学习的成效有着至关重要的影响。教师可以通过言传身教,帮助学生成为自我激励的学习者。

人的学习和能力发展是受动机激发的。动机可以是外在的(成绩导向),例如在一次考试中取得好成绩。动机也可以是内在的(学习导向),例如为了满足好奇心而掌握具有挑战性的知识。不管学习者的动机源自何处,学习者的动机水平都极大地影响了他们在困难面前愿意坚持下去的程度。当学习任务被认为是有趣的、对个人有意义的或以恰当的难度呈现时,内在动机就会得到加强。而那些太难的任务会导致挫败感,太容易的任务会导致厌倦感。受内在动机驱使的学习者有一个突出的特点:他们坚信唯有依靠自身不懈努力,才能最终获得成功。

研究表明,学习者对于自己在某一学科领域内能力的自信与他们在该领域学习取得的成效有很强的相关。有些关于学习的信念比较普遍,例如某些学生相信他们学习某一科目或技能的能力是预先决定的,而另一些学生则相信他们学习能力主要是努力的结果。认为能力可以通过努力而发展的理念对于学习者来说是最有益处的,因此教师和其他人应该培养这种信念。

鼓励概念理解的教学策略的运用是提高学生兴趣和增强他们对某一科目的学习信心的一种很有效的办法。让学生认识到,学习物理的能力在很大程度上与努力,而不是与遗传的天赋、能力、智力等有关。培养学生的这一信念还有其他的好处。例如,认识到在物理学习中的成功主要是努力的结果,会鼓励学生在课程学习中的冒险精神,而且还会增强学生在具有挑战性的情境中成功的动机。对于过去在物理课程学习中不太成功的学生来说,相信努力的价值尤为重要。为了使学生保持对于努力在成功的表现中的作用的看法,教师对学生应该持有如下的信念:学生有能力理解物理,尽管可能会在理解的过程中遇到困难,但经过持续不断的努力最终还是能够在物理学习中取得成功。

研究也表明,教师的言论、行为对学生往往具有深刻影响。为此,教师必须善于运用鼓励性言语来客观地评价学生的表现。具体做法有:

①对学生取得的成绩予以及时认可。

②引导学生将自身进步归结为自身努力而不是外部因素的结果(例如"你的想法很好")。

③帮助学生树立自信心(如"正因为你在物理上下了很大功夫,所以成绩提高了许多")。

④对于学生的学习方法做出及时反馈,并指导他们不断做出改进。

⑤帮助学习者确定切实可行的目标。

除此之外,同样重要的还有:

①不要将学生以能力分组,因为能力分组带给学生的信息是:能力比努力更重要。

②促进合作学习而不是相互竞争。研究表明,一味鼓励竞争的教学管理,使得学生更专注于个体努力,以求得更多的成绩和奖励。这种做法无疑会在强化能力的同时,减弱学生内在的学习动机。

③为学生提供新颖的富有情趣的学习任务,以激发他们的求知欲和在难度适宜的层次上进行更高级思维的能力。

6. 原则 6:情境学习

知识是情境化的,知识不能轻易地从它发展的环境隔离开来,想和做是不能分开的,人们建构什么取决于学习的情境,学习时所进行的实践及活动会影响他们所学内容。当课堂所学内容能够在实际生活中得到应用时,学习就会变得更有意义。

对认知情境本质的研究表明,学习受具体的情境特征的影响,人们学习特定领域知识和技能的方式以及学习的情境对整个学习产生重要影响。情境不同,所产生的学习效果也不同。在学校教育中,如果孤立、抽象地教授知识和单纯地进行应试训练会导致学生所学到的知识是呆滞的、惰性的、幼稚的和模式化的。知识只有在它所产生及应用的活动与情境中去解释,才会产生意义。知识的获取与应用是密不可分的。情境学习是建立在这样一个观念的基础上,那就是知识是情境化的,学习不能同它所产生的社会环境分割开来,从本质上受到它所应用的具体情境的活动、背景以及文化的影响。因此,情境学习强调真正的、完整的知识必须是在真实的或似真的学习情境中获得,学习过程中要提供能反映知识在真实世界中的运行方式的真实情境,提供真实活动、支持知识的合作建构,学习应是情境、文化和学习活动的共同功能,学习需要社会交互与合作,脱离个体生活的真实环境来谈学习是毫无意义的。

学生在学习新的概念的过程中参与的实践决定了他们学什么以及怎么学,知识和学习处于多元情境中时,迁移才有可能发生。如果在有限的情境中或者有限的活动中讲授概念,迁移就会变得困难得多。如果只在一种情境下讲授概念,那么学生就看不到与这些概念相关的各种实践与应用。结果,学生看不到这些概念在解决现实生活中、其他课程或学科中所遇到的新问题时的适用性。只有在多种不同的情境下遇到同一个起作用的概念,学生才能对这个概念及其应用有深刻的理解,并发展在一个情境下学到的知识迁移到其他的情境中的能力。

如果教育的目标是让学生将所学的知识应用于真实情境中,那么学习就必须涉及应用,并在真实活动的情境下进行。1989 年,J. S. 布朗(J. S. Brown)和他的同事把真实活动定义为"一种文化的普通实践"—— 类似于真正的实践者在真实的背景下从事的活动。1993 年,A. L. 布朗和他的同事(A. L. Brown et al.)提供了另外一个稍微有些不同的定义:考虑到教育的目标是使学生成为终身学习者,如果活动能培养学生在校外情境下学习所需要的重要思维,则无论这些活动是不是真正反映实践者所从事的活动,我们都认为这些活动是真实的。无论我们采用哪种定义,真实活动中情境学习的重要性是显而易见的。1988 年,柯林斯(Allan Collins)指出情境学习的以下四个益处:①学生学到了知识应用的条件;②当碰到新的情景和场景时,他们更有可能参与到发明和问题解决中来;③他们能体验或领会知识的含义;④他们在构建和组织知识的过程中得到支持,以便将来能应用这些知识。

利用来自现实世界的训练或者真实情境的问题解决的技能和策略的训练,教师可以使学生参与将知识可以运用于不同情境中的重要实践。这样的方式提供了使学生融入学者和终身学习者共同体文化的语言、活动和程序中。基于问题和基于实践的学习能够给学生提供机会参与与专家类似的实践。运用技术也可以把真实世界的背景带进教室。当使用上述方法时,必须注意给学生提供多样的机会,使他们参与到同一概念在其中起作用的活动中来,否则学习会变得过分情境化。

教师可以采用以下方法进行情境创设和帮助学生进行知识迁移。

①提供真实的学习场景和真实的学习活动。给学生提供富有挑战性的但又不至于难到让人灰心丧气的真实任务,从而有机会去体验所学东西的用处和自己对别人所产生的影响。

②提供接近专家及其工作过程的机会,使之可观察与模拟专家思维与建模过程。

③教师在关键时刻提供指导与支持:其一,一个复杂的、开放的学习环境;其二,不提供根本性的支架和直接指导;其三,使更多学生获得支持、支架和指导的协作学习;其

四,建议教师使用那些能够在关键时刻给予学生指导与支架的软件或程序。

④在完成任务中对学习进行真实性评估。

⑤强调学生对学科知识的理解和掌握。因为没有深刻的理解,便难以产生迁移。

⑥帮助学生在不同情境中运用知识,然后检查自己做得如何。

⑦将从某一学科学得的知识与其可能相关的知识领域相联系。

⑧向学生示范如何从具体事例中抽象出带有普遍意义的原则。

⑨帮助学生学习监控自身学习、反馈学习进度的方法。

⑩教学应注重理解,而不是记忆。

7. 原则 7:学习共同体

学习是一种社会性交互活动。对于大多数个体通过合作而发生交互作用的学习是最有效的。

如果学生有机会与其他人接触并且在学习任务中合作,学习将会得到加强。当学生处在鼓励同伴协作的学习环境中,例如大多数科学家工作的环境中,由个体组成的实践共同体,有机会去检验自己的想法,并从观察他人的过程中学到东西。研究表明,学生在课堂情境下拥有向同伴清晰地表达自己的想法以及倾听和讨论别人想法的机会,对于实现概念转变尤其有效。社会互动对于知识的理解、元认知技能的发展以及学习者自我意识的形成也非常重要。

学习的社会性质对于学生分组教学方式所产生的效果有重要的含义。例如,被分在低层次班级的学生通常在教学任务上与别人合作和接触的机会相对较少。研究表明,执教低层次班级的教师在日常事务上花的时间比高层次班级的老师要多,而且相对来说更经常地给学生布置需要独立完成的课堂作业和工作单活动。除此之外,高层次班级的教师经常比低层次班级的教师安排更频繁的和更多样化的机会让学生参与小组问题解决活动。因为低层次班级的教师倾向于把注意力集中在学习活动过程中的行为管理和控制。也许有人会主张,两种类型的班级教师都在对学生的需要做出回应。然而,教师必须在提供适合能力低的学生的学习任务和使这些学生积极参与更深层次的学习之间寻求平衡。

许多研究者认为,社会性交往是学习赖以发生的主要途径。儿童很早就开始社会性交往和参与。儿童通过与家长互动,往往能获得日后成为有效社会成员所需要的行为。心理学家维果茨基发现,儿童的学习是通过内化其成长过程中所交往的社区成员的活动、习惯、语言、思想而进行的。因此,营造富有成效的合作气氛是学校教育的基本要求。研究还表明,社会性交往只要有益于学习,就能提高儿童的学习成就水平。最后,有意义的社会性交往还可以使学生专注于学习活动。当学生一旦知晓他们的学习成果(如作业、研究报告、书画作品等)会被其他同学分享,便会更加努力地学习。

教师可以采用以下方法用来鼓励社会性学习:

①安排学生进行小组学习,教师自己充当小组学习活动的指导者或协调者。

②创建宽松和谐的班级气氛,鼓励小组活动,促进信息的交流。

③示范、辅导等方法,促使学生学会与他人合作。

④创造条件,使学生有机会相互交流,发表自己的意见,评议他人的观点。

⑤建立学校与社会间的联系,借此也可以扩大学生参与社会活动的范围。

有效的学习和教学,要求上述的 7 个学习原则不是孤立的,而是相互协调一致的。如果缺乏一致性,人们就很难判断课程与教学的价值,也很难指导学生在学什么,学得怎么样,是否和课程与教学目标相一致。以上学习原则的重要性在于为物理课程、教学、评价以及教师专业发展提供了方向上的指导和启示。

思考与实践

1. 根据本章的学习理论,回答下列问题。

(1)学生在什么时候学得最好?

(2)什么是学习?

(3)有教物理最好的方法吗?

(4)应如何激励不愿意学习的学生?

(5)在解释学生如何学习方面,某个特定的理论是否比另一理论更有效,例如,行为主义与概念转变理论?

(6)学生认为物理难学的原因是什么?

(7)在课堂上,教师如何适应不同学习风格的学生?

(8)比较斯金纳和皮亚杰在学习观念上的异同。

2. 观摩一个或两个中学物理的课堂教学,详细记录教学情况,看看是否有下列学习理论正在付诸实施的证据:行为理论、认知理论、建构理论,并分别应用相关的理论对你观察到的课堂实践例子进行评论。

3. 选择某一版本的中学物理教科书的一个章节,运用相关的学习理论或学习原则对该章节进行评析。

4. 使用你在本章或以往的课程所学习的和你的经验,设计一个物理学习的模式,你的模式应该显示并反映你对学生物理学习的看法和知识。

5. 组成一个小组,每个小组成员扮演下列人物之一,围绕物理课堂学习的改进进行一次课堂辩论,辩论的基本问题是"提高学生物理成绩和科学态度的最好方式是什么?"扮演的人物包括斯金纳、皮亚杰、维果茨基、布鲁纳、奥苏贝尔等。

6.孔子曾说过:"对于我听过的东西,我会忘记。对于我看过的东西,我会记得。对于我做过的东西,我会理解。"后来一位美国的学者将这段话扩展为:"对于我听过的东西,我会忘记。对于我听过和看过的东西,我会记得一点。对于我听过、看过并问过的问题或与人讨论过的东西,我会开始理解。对于我听过、看过、讨论过和做过的东西,我会从中获得知识和技能。对于我教过另外一个人的东西,我会掌握。"你如何看待以上两席话。

参考文献

1. Andrée Tiberghien, E. Leonard Jossem, Jorge Barojas. Connecting Research in Physics Education with Teacher Education[M]. International Commission on Physics Education,1997.

2. Edward F. Redish. Teaching Physics with the Physics Suite[M]. New Jersey：John Wiley & Sons，Inc. ，2003.

3. Jack Hassard. Art of Teaching Science [M]. New York：Oxford University Press，2008.

4. Jerry P. Gollub ，Phllip C. Curtis. Learning and Understanding：Improving Advanced Study of Mathematics and Science in U. S. High Schools [M]. New York：The National Academies Press，2002.

5. 约翰·D.布兰思福特，等.人是如何学习的 [M].程可拉，等译.上海：华东师范大学出版社，2013.

第3章　中学物理课程的基本理论

学习目标

1. 知道物理课程的含义和基本类型,理解物理课程的多维性质。
2. 知道物理学的学科特征,理解中学物理课程设计。
3. 理解中学物理课程标准,知道义务教育和普通高中物理课程标准的框架和内容。
4. 了解国际物理课程改革的趋势及我国中学物理课程改革与发展。

　　课程规划了人才培养的蓝图,体现着一个国家对学校教育教学的具体要求,影响着学校教育的水平和人才培养的质量,是实现教育目的与培养目标的基础,它涉及学校应该教什么和学什么的问题。课程及其顺序构成了学生达到教育目的与培养目标所应学习的基本内容体系,是教师从事教育活动的基本依据。物理课程是实现物理教育目的和目标的基本手段或工具影响物理教育质量;物理课程的编制和设计是物理课程理论的核心,物理课程改革是物理教育改革中最为关键的部分。物理课程的概念、编制、设计与改革构成了物理课程理论的基本组成部分。本章主要阐述了中学物理课程的基本理论。

3.1　物理课程的概念、类型和性质

　　什么是物理课程? 目前学校教育中包含哪些物理课程? 中学物理课程的性质是什么? 本节主要讨论对这些问题的思考和认识。

3.1.1　什么是物理课程

　　要认识什么是物理课程,首先要了解和认识课程的概念。

1. 课程的概念

　　"课程"(Curriculum)是一个不断发展的概念,伴随着近现代学校教育的发展,以及课程研究的兴起和课程改革的深入,课程的内涵和外延也在不断地发生着变化。人们出于不同的教育思想和价值观念,以及对课程的不同理解,对课程的定义也就有所不同。课程可以从不同角度和不同层面加以理解,因而形成了有关课程概念的不同认识。

　　在学校教育中,课程原意是指"课业及进程"。但这种定义在现代课程文献中受到了广泛的批评。到目前为止,还没有一个被广泛接受的课程概念,可以说,课程是教育领域中含义最复杂、歧义最多的概念之一。这里只介绍有影响的三种。

　　①课程即教学科目,把课程等同于所教的科目。

②课程是学校为学生进行教育而设计和组织的一切活动的总称。

③课程是学习者在学校环境中所获得的全部经验。

课程的后两个定义突破了只把学习科目当作课程的狭隘的课程观,大大扩展了课程的观念。对课程的认识还可以从课程发展的不同层面上理解。按照课程论专家古德莱德(J. I. Goodlad)的观点,课程可以分为五个不同的层面。

(1) 理想课程(Ideal Curriculum)。即由一些研究机构、学术团体和课程专家按照课程理论和当时社会发展及学生发展的需要,所确定的有关课程应该如何设计,应该达到什么样的水平和标准的想法。这是理论层面上的课程,是对课程发展的理想设计,也可以认为是课程开发应当追求的目标。例如,现在有人提议在中学应开设 STS 教育课程,并从理论和实践的角度论证其必要性,就属于理想课程。这种课程的影响取决于课程设计是否被官方所采纳。

(2) 正式课程(Formal Curriculum)。即在一定的理论指导下,按照教育发展的需要,以及现实的社会环境和学生发展的可能,由课程研究者制定的一套文件,包括课程计划、课程标准和相应的教科书等。也就是列入学校教学过程中的课程。许多人理解的课程就是这类课程。

(3) 领悟课程(Perceived Curriculum)。即指任课教师对正式课程中所反映的理念、目标和具体内容方法的理解。由于不同教师对正式课程会有各种理解和解释方式,因此对课程实际上是什么或应该是什么的领会,与正式课程之间会有一定的距离,从而减弱正式课程的某些预期的影响。

(4) 运作课程(Operational Curriculum)。即指在课堂上实际实施的课程。观察和研究表明,教师在课堂中做了什么,学生学了什么,这往往也和正式课程有一定的差别,与领悟课程虽有密切联系,领悟课程与实际实施的课程之间也会有一定的差距。

(5) 经验课程(Experience Curriculum)。即指学生实际体验到的东西。因为每个学生对事物都有特定的理解,两个学生听同一门课,会产生不同的体验或学习经验。

综上所述,我们可以从不同角度和不同层面来理解课程,因而形成对课程概念的不同认识。实质上,这不只是课程定义或概念的问题,而是课程观的问题,教育思想问题。不同的课程定义或课程概念,反映了不同的课程观,不同的教育思想。或者说,课程概念的发展,也反映了课程观的发展,反映了教育思想的发展。

2. 物理课程

物理课程(Physics Curriculum)是物理教育或物理学教育的基础,物理课程应体现和反映物理学作为自然科学的本质特征。

(1) 观察与实验。细致的观察和严格的实验是物理学作为自然科学区别于其他学科的一个重要特征。在一个科学实验中,研究人员有一个要解决的真正问题,并力图通过实验找出事物之间的关系,寻求问题的解决方法和答案。实验是人们从事的具有创造性的活动。因此,严格说来,学生到实验室,操作了一些仪器,动手做了,不一定具有实验的性质。

(2) 定量化。定量化是物理学的基本特征之一。科学依赖于定量化的工作,依赖于精确的测量。在自然科学的许多领域中,科学家给予可定量化研究的问题最高的优先权。科学家常常要考虑:这些现象能否被测量?它的变化速率是多少?

科学工作可定量化的特点将物理学与数学紧密结合在一起。我们对研究对象进行测量之后,会得到一些数据。对数据的分析和处理需要运用数学的方法,运用数学的方法,可以将事物之间的联系以简明、准确、显而易见的形式表示出来。当一种自然规律以数学公式表示时,要比用文字描述更准确、含义更深刻。定量化、精确的测量,以及充分使用数学的方法是自然科学的特征之一。

(3)可重复性。科学理论经得起别人按照科学的研究设计和步骤,进行重复实验。这里强调的不仅是科学方法的规则性,还有操作步骤和所获结果表述的准确性和清晰性。

一项科学研究很容易被自己或同行所检验,因为过程的每个步骤都是一个系统。如果对结论有怀疑,可以回溯检查,要么是观察错误,要么是推理错误,别人可以重复你的工作(可以实际的、也可以用头脑思维的方法去审查证据的充分性),指出超出证据所能支持范围之外的结论,也可以提出另外的解释。

(4)可积累性。是不是科学研究,不在于研究所用的理论有多高深,而在于研究者获得的观察资料有多真实。理论是对观察现象的解释,如果观察是真,即使解释有差错也还有一定的意义。因为后人可以在此研究的基础上,通过积累更多的资料,重新解释。而如果反过来,观察是假,理论很高深,便没有任何价值。

(5)系统性。科学是一种系统化的理论知识,是反映事物的全体、本质、内部联系及其规律性的整体知识系统。

科学理论构成严密的逻辑结构。科学理论中有许多定理、定律和法则,但它们的地位是不平等的,而是有层次的。有些是经验性的,适用于特定的条件和范围,属于较低层次的规律,如力学中的胡克定律;而有些是统整一个领域中的基本规律,属较高层次的规律,如统帅经典力学的牛顿运动定律;还有些则是跨越各个领域的普遍法则,属更高层次的规律,如物理学中的对称性原理和与之相应的守恒定律。超过了弹性限度,胡克定律失效,但牛顿定律仍有效。

(6)相对性。科学知识或理论不是绝对真理,而是相对真理,是随着人的认识的深入而不断改变的。因此,科学理论是会变化的。例如,万有引力定律的发现是一首三部曲,出场的主角依次为第谷、开普勒、牛顿。第谷侧重于用天文手段和天文观测,以积累感性资料。开普勒侧重于资料处理和分析,以建立经验模型(或数学模型)。而牛顿侧重于物理模型的建立,以求对经验模型进行物理解释。所以,科学具有一种动态的品质,科学一个永恒不变的性质就是变化。科学不能提供绝对真理或肯定无疑的真理。任何科学理论都是相对真理,都有一定的适用范围和条件。科学公开承认自己有所不知、有所不能。但绝大部分知识具有持久性,即确定性。

(7)多维度、多因素和多学科的相关性。科学教育的目标在于提高学生的科学素养,科学素养是一个多维度、多层次、多因素和多学科的相关性的概念,物理教育是科学教育的重要组成部分,因此,物理课程的另一特征是多维度、多因素和多学科的相关性。

①多维度。多维度是指物理课程要体现科学是一个知识体系,体现科学是一系列

思维方式,体现科学是一套探究的方法,体现科学与技术和社会的相互作用。物理课程只有在上述维度上保持适当的平衡,才能有效地实现物理课程的目标和任务。

②多因素。多因素是指物理课程受社会、学科、学生等多种因素的影响和制约。物理课程的设计和改革应当力求实现社会需求、学科体系和学生发展的最佳结合和适当平衡,否则,物理课程价值的重心就会发生偏移。

③多学科相关性。多学科相关性是指物理课程涉及物理学、物理学史、科学哲学、物理教学论、认知科学、物理学习科学、信息技术、科学社会学以及语言学等多种学科。这些学科构成了研究、理解和认识物理课程的知识基础。

总之,物理课程是指为实现物理教育目标而规定的教育内容、目的、范围和进程的总和。中学物理课程是以观察和实验为基础,以物理知识、过程和方法为载体,以科学探究为主线,以提高全体学生物理核心素养为基本目标的基础性科学课程,是中学科学学习领域的重要组成部分。

3.1.2 物理课程的基本类型

课程类型是指课程设计的不同种类或方式,是在不同的课程设计思想的指导下产生的。目前,课程类型名目繁多,人们划分课程类别的标准也不尽相同,在此结合我国的实际,先介绍几种有代表性的课程分类方式,然后再介绍物理课程类型。

(一)课程的基本类型

1. 显在课程(Manifest Curriculum)和潜在课程(Latent Curriculum)

根据课程的表现形式或影响学生的方式,可以将课程分为显在课程与潜在课程。

(1)显在课程(正式课程、官方课程)。是指为实现一定的教育目标而正式列入学校课程计划的各门学科,设计是有目的、有计划、有组织的学习活动。其主要特征之一是计划性——这是区分显在课程与潜在课程的主要标志。它们是学校教育的课程结构的主体,是培养人才的主要依据。

(2)潜在课程(隐蔽课程、非正式课程)。是指学校情境中以间接的、内隐的方式呈现的课程,是广义的学校课程的组成部分,主要特点是潜在性和非预期性。它不在课程计划中反映,不通过正式的教学进行,通常体现在学校和班级的情境之中,包括物质情境(如学校建筑、设备)、文化情境(如教室布置、校园文化、各种仪式活动)和人际情境(如师生关系、同学关系、校风、班风、教师态度等)。这些情境对学生的知识、情感、信念、意志、行为和价值观等方面起潜移默化的作用,促进或干扰教育目标的实现。

2. 学科课程(Subject Curriculum)和经验课程(Experience Curriculum)

根据课程内容所固有的属性或课程内容的组织方式,可以将课程分为学科课程与经验课程。

(1)学科课程。又称科目课程或分科课程,它是以学科为基础设计的课程,强调学科的逻辑体系,教学以学科知识为中心进行。

学科课程易于使各级学校的相同或相近学科领域的知识连接起来,使它们成为一个体系,如初中的物理、高中的物理直至大学的物理,实际上是一个逐步递进的连续系列。学科课程易于保证所授知识与技能的完整性、连续性和严密性。同时,学科课程也给教师的教学带来方便,教师具备学科专业知识和借助课本往往就不难完成教学任务。因此,学科课程在物理教育发展中一直居于显要地位。

(2) 经验课程。又称为活动课程(Activity Curriculum),与学科课程相对,它是打破学科逻辑组织的界限,以学生的兴趣、需要和能力为基础,通过组织的一系列活动而实施的课程。

经验课程具有过程的实践性、活动的自主性、内容的开放性、形式的多样性等特点,它更重视学生在教学过程中的兴趣、需要与创造性,把教学的重心由教师转向了学生。这是学科课程所无法替代的。

在我国现行中学课程计划中,经验课程即综合实践活动课程(研究性学习、社区服务、社会实践等)是课程体系的重要组成部分,是学科课程的重要补充。物理课程中的研究性学习活动主要通过经验课程来完成。

学科课程与经验课程是学校教育中两种基本的物理课程类型,两者是一种相互补充而非相互替代的关系。

3. 必修课程(Regular Curriculum)和选修课程(Elective Curriculum)

根据学校课程管理制度和课程实施要求,可以将课程分为必修课程和选修课程。

(1) 必修课程。是指由国家或学校规定、学生必须学习的课程。必修课程体现了国家对学生共同的基本要求,是学生进一步学习和能力发展不可缺少的基础。

(2) 选修课程。是指为了适应学生的兴趣、爱好、需要和发展倾向,可供学生在一定程度上自由选择的课程。人是共性与个性的统一体,差异性是个体身心发展的基本规律,每个人都是一个独立的个体,具有独特的个性和需要。为了适应这种差异性,满足个性发展的需要,选修课应运而生。这类课程根据性质可分为限制性选修课(选择性必修课程)和任意选修课。

从目前世界课程改革的趋势看,充实或完善选修制度是各国课程政策的重要方向。发展选修制度必须在观念上有新的认识:首先,选修课程是致力于"个性发展"的课程,所以选修课程的设立应突出基础性、新颖性、实用性和独创性的结合。其次,选修课程与必修课程具有等价性,不存在主次的关系,选修课程不是必修课程的附庸或陪衬。最后,选修课程也有标准的要求。选修课程提供的不是可以随意地、散漫地、浅尝辄止地进行学习的内容,而是有共同标准评估保证的学习内容。

4. 分科课程(Subject-separate Curriculum)和综合课程(Integrated Curriculum)

根据课程所涉及的课程内容的综合程度,即是单门学科还是多门学科,可以将课程分为分科课程与综合课程。

(1) 分科课程。又称为单科课程,是以学科体系、结构和内容为中心组织的课程。

分科课程重视每门学科知识体系的科学安排,有助于教学科目的设计与管理,也易于教师的教学,同时更有利于学生简捷有效地获取系统的知识,形成一定的知识体系。正因为如此,分科课程在古今中外的教育发展中一直居显要位置。

分科课程有其自身的不足:其一,过于重视学科自身完整的内容体系,使得各学科之间界限分明,这就割裂了知识之间的有机联系,限制了学生的视野,束缚了学生的思维广度。其二,以知识的逻辑体系安排课程,忽视学生的兴趣和需要。其三,重视书本知识的传授,课程与生活实际和社会实践分离,不利于学生的全面发展。

针对分科课程的这些缺点,人们一直在对其进行不断的加工和改造,增添了许多新的形式,综合课程就是其中之一。

(2) 综合课程。又称统整课程,是指把若干相邻学科内容加以筛选、充实后按照统一的概念、思想和方法和新的体系建立的一种课程形态。综合课程是针对分科课程过度精细的学科化倾向,力求打破传统学科的界限,以满足科学技术发展日益综合化的需要。综合课程体现了这样一种课程取向:它有意识地运用两种或两种以上学科的知识观和方法论去考察和探究一个中心主题或问题。

根据各学科知识综合程度的不同,可以把综合课程划分为相关课程(Correlated Curriculum)、融合课程(Fused Curriculum)、广域课程(Broad Curriculum)三种形态。

①相关课程。也称"联络课程",是指两种或两种以上学科在一些主题或观点上相互联系起来,但又维持各学科原来的独立状态。例如物理与化学,数学与物理、化学,可以建立起关联。相关课程可以弥补分科课程彼此分立而且封闭的状态,寻求各学科间的内在联系,使学生的学习更有意义,也有助于优化学生的认知结构。此外,由于教师了解所联络的科目,因而可以避免不必要的重复。

②融合课程。也称"合科课程",是指将有关的学科合并成一个新的学科。合并后原来的科目不再单独存在,这与相关课程不同。例如,物理、化学、生物融合为综合理科(或科学),历史、地理、道德与法制融合为综合社会科,植物学、动物学、生理学融合为生物学等。真正的融合课程并非原有几门传统学科的拼盘或简单合并,而是有机地整合各门科目的内容,形成一个新的课程体系。

③广域课程。指的是能够涵盖整个知识领域的课程整体。广域课程和融合课程是很容易令人混淆的概念。两者有相似之处:都是将分支学科组织成为一个新的课程体系,而且被整合的各门学科都不再存在。当然,两者也有区别:广域课程在范围上要比融合课程大一些。融合课程仍限于与原有学科知识相关的领域,而广域课程不仅包括与学科有关的领域,人类的所有知识与认知领域都可以整合起来。要开发广域课程,各分科课程的标记必须消失,取自不同来源的内容必须整合起来。广域课程不仅可以把不同科目的内容整合起来,也可以解决学校课程拥挤的现象,使学生对于整个认知领域有统合的观点。

5. 国家课程(National Curriculum)、地方课程(Local Curriculum)和学校课程(School-based Curriculum)

根据课程设计、开发的主体和管理的权限,可以将课程分为国家课程、地方课程和学校课程。

①国家课程。是指体现国家的教育意志和要求的课程。
②地方课程。是指体现和满足地方社会发展的现实需要而设计的课程。
③学校课程。是指展示学校的办学宗旨和特色而设计的课程。

（二）物理课程的类型

1. 物理学科课程

这是对物理课程的一种常规理解，包括理论课、实验课和活动课。

2. STS 课程

STS 是科学（Science）、技术（Technology）、社会（Society）的英文简称。STS 课程是综合课程的一种具体表现形式。STS 课程设计思想强调科学、技术、社会三方面之间的相互联系，强调更多地考虑未来的普通公民切身的实际需要（而不是指向学科专家的素质要求），如懂得周围的科技环境，适应日益技术化的社会日常生活，能够应付本职工作中不断进步的技术要求，有能力对与科学技术相关的社会问题和日常生活问题发表意见等。

根据 STS 课程跟学科内容相融合的程度和方式，以及社会问题跟学科知识内容之间的比例关系，可以对 STS 课程做出一些大致的分类。

（1）以科学概念和原理等基本知识为主导的 STS 课程。在这种类型中，STS 课程内容的组织主要根据传统科学课程对知识的选择和安排的组织方式来进行，只不过增加了看待科学和技术问题的社会视角。学生在学习过程中主要学习学科知识，并要求他们联系社会生活去思考问题。这样做的基本出发点在于提高学生学习学科知识的兴趣，其核心问题还是科学知识的掌握。如美国的"哈佛物理方案"（Harvard Project Physics）和"科学和社会问题"（Science and Social Issues）都属于这类课程。

（2）科学知识和社会问题交融的 STS 课程。在这类 STS 课程中，各门科学知识和概念原理被放置在 STS 框架内进行阐述，STS 内容成为科学知识的"组织者"。科学知识以主题的形式，结合技术应用和社会问题被呈现出来，这使得 STS 内容跟科学知识交融在一起，二者的比例相差不大。在选择主题的时候，可能是某一门学科的知识，也可能是多门学科的知识，但不是系统地严格根据学科逻辑进行安排。在这类 STS 课程中，传统科学课程的逻辑体系和概念框架被彻底打破，技术应用和社会问题得以彰显。对 STS 课程内容的这种安排已经不再为了单纯提高学生学习的兴趣，而是让学生在更广阔的社会背景上理解科学和技术问题，而且强调科学知识的技术运用。如英国的"社会中的科学和技术"（Science and Technology in Society）和"探索科学本质"（Exploring the Nature of Science）都属于这类课程。

（3）以社会问题为主导的 STS 课程。在这类 STS 课程中，有关 STS 的内容占据主导地位，在数量上超过科学知识的比重，强调科学知识和技术发展与社会生活的联系，更加突出社会问题。科学知识不再被系统讲授，而是服务于解决社会问题和技术应用问题。组织课程内容的主线是当代社会生活中与科学技术发展有关的重大问题，一些社会科学研究的内容也被纳入其中，当然仍然涉及基本的科学知识和科学原理。如英国的"科学与社会"（Science and Society）、加拿大的"当今问题"（Issues for Today）等都属于这一类课程。

我国还没有独立的 STS 课程，主要强调在学科课程中渗透 STS 教育的思想。通常以下列三种方式渗透在课程教材与教学中。

其一，在讲述科学事实、概念和原理时，渗透有关的技术、成果及其相关的社会知识，使科学的学习渗透与之相关的技术应用和社会影响的内容,使学生在学习各种理论知识时,了解这些知识在实际生活的什么地方得到应用(科学与技术、社会)。

其二,在讲述技术内容时,阐述这一技术中所蕴涵或应用到的科学原理,这一技术主要的应用领域,并指出科技发展史上这一技术的出现对科学进步所产生的推动作用,以及对社会发展所产生的正负影响(技术与科学、社会)。

其三,讲述社会发展和社会问题时,指出社会实际生活的各个方面分别用到哪些学科知识和技术,社会生活中哪些实际问题可以转化为哪些理论问题或技术问题,如何转化(如把某些实际问题转化为数学问题,或转化为科学问题)等。同时,指出在科技发展史上,社会发展和社会问题的出现对科学技术的需求是什么,又是如何成为根本动力推动了科技的发展(社会与科学、技术)等。

3. 基础性、拓展性和研究性课程

(1)基础性课程。是指培养学生终生发展和适应未来社会所需的共同基础的课程。

(2)拓展性课程。是指着眼于培养、激发和发展学生的兴趣爱好,开发学生潜能,促进其个性发展和学校办学特色的形成,是一种体现不同基础要求、具有一定开放性的课程。

(3)研究性课程。是指学生运用研究性学习方式,发现和提出问题、探究和解决问题,培养学生自主与创新精神、研究与实践能力、合作与发展意识的课程,是全体学生限定选修的课程。

3.1.3 中学物理课程的性质

对中学物理课程性质的认识反映了教师对自身工作、任务特点的理解,这种理解会直接影响教师工作的努力方向和教学行为的调整,是对物理教师专业素养的基本要求。

物理课程是什么性质的课程? 我们认为,物理课程是具有多维性质的课程。

1. 物理课程是具有学科性质的课程

物理课程的学科性质突出表现在物理的知识性上。首先任何物理知识都涉及三个基本因素——这个知识是从哪里来的:实验;这个知识是如何来的:科学思维;这个知识是如何表征的:数学。即使定性的知识,也可以从定量的角度去理解它。如机械运动,我们把物体位置随时间的变化称为机械运动。但机械运动也可用运动方程表达出来:$x=f(t)$。沸腾是在液体内部和表面同时发生剧烈汽化的现象。不同液体的沸点不同。即使同一液体,其沸点也要随外界的大气压强的改变而改变。所以,我们可用沸点表征液体沸腾的突出特点。

这样,不论对物理学的研究还是对物理学的学习都**涉及三个基本方法**:观察实验的方法、科学思维的方法、数学的方法。

不论对物理学的研究还是对物理学的学习也就需要**三个基本能力**:观察实验能力、科学思维能力、数学能力。

我们也知道,物理学是成熟的、系统的、严密的理论科学。物理学中任何知识只有放在结构中去学习,才能深刻理解它和认识它。所以**结构性**是物理知识的一个突出特点。

一方面,物理知识在社会生产生活和技术中有广泛的应用,另一方面学习物理的重要目的就是学以致用。**应用性**也是物理知识的一个突出特点。

综上所述,物理的知识性突出表现为**实验性**、**思维性**、**定量性**、**结构性和应用性**。

2. 物理课程是科学课程

物理课程是自然科学领域的一门基础课程,具有科学课程的性质。物理课程既然具有科学课程的性质,那么物理课应该具有科学味道。科学的味道突出表现为证据和理性思维上。

证据,即为事实、数据和已有知识。特别是作为证据的事实、数据必须是可靠的和有效的。而事实、数据来源于实验。因此,保证来自实验的事实和数据的可靠性和有效性就是对实验设计和实验操作的基本要求,也是物理学习和研究应具有的基本素养。

获得事实证据是物理学习的基本出发点,在此基础上,经过一个思维加工过程,形成概念,建立规律。这个思维加工过程就是基于证据的科学推理和论证的过程,这个过程也就是理性思维的过程。具有证据意识和理性思维的习惯是现代公民的基本素养。

3. 物理课程是具有技术性质的课程,或者说物理课程是与技术密切相关的课程

技术是推动人类文明的强大动力,增强了人们改变世界的能力。从物理学的发展过程来看,物理学与技术之间关系表现为以下三种模式:

①热机的发明和使用,提供了第一种模式:技术—物理—技术。

②电气化的进程,提供了第二种模式:物理—技术—物理。

③当今物理学和科学技术的关系是两种模式并存,相互交叉,相互促进,提供了第三种模式:物理←→技术。

"没有昨日的基础科学就没有今日的技术革命"。科学和技术有着密切的关系,它是一个硬币的两个侧面。一个具有科学素养的人,应该对物理技术的特征有一些基本认识。这些包括物理科学与技术的关系、物理技术与社会的关系和一些技术的基本物理原理。从物理学与技术之间关系来看,在物理课程中,进行技术教育具有得天独厚的条件。

4. 物理课程是科学文化课程

物理教师应是物理学家在物理课堂上的代表。物理学家对自己研究领域或研究课题能够向咨询者以可理解可接受的方式娓娓道来。类似地,我们也希望,物理教师在物理课堂上也能像物理学家那样,对自己要讲的课题的来龙去脉向学生娓娓道来,把物理课上成科学文化课。

5. 物理课程是培育人文精神的课程

这是科学的人文教育功能在物理课程中的体现。长期以来,人们把自然科学课程与人文科学课程看成是两种截然不同的课程,自然科学是以"物"为研究对象,人文课程以"人"为研究对象,因此就有自然科学不会因人而异,这是中性的科学的认识。科学家作为活生生的人,在活生生的社会中进行创造,探究过程充满艰辛、曲折、创造性,以及与社会的密切关系,科学既创造了科学理论成果,又创造了人文精神的成果。

物理学研究是科学家从事的科学探究活动,科学家团体在科学探究活动中所表现出的特质就是科学中的人文精神。科学中的人文精神表现是多方面的,这里只介绍 4 种

典型的科学的人文精神。

（1）好奇心。好奇心是最基本的科学中的人文精神。好奇心人皆有之。科学的最初发展起源于人们对自然的敬畏和自身生存的需要。科学的持续发展出于科学家对自己的研究领域的好奇心。保护学生的好奇心,激发学生对科学的好奇心应该成为物理课程的重要目标和任务。

（2）求真精神。尊重事实,尊重证据,实事求是,不迷信权威是求真精神的具体表现。物理课程具有培育求真精神得天独厚的条件。

（3）求美精神。科学是美的。科学美表现为两个层次:一个层次是科学的自然美,例如我们亲眼所见的各种光怪陆离的自然现象;另一个层次是科学的理性美,如简单、对称、破缺、多样化、和谐统一等。有科学家说,只有当学生认识到科学美的时候,他才真正跨入科学殿堂的大门。由此可见,在物理课程中,加强物理学的美育教育也是非常重要的。

（4）求善精神。科学是善的。科学家在发表自己的研究成果时,应清楚地知道,他的成果在得到应用时会给社会产生什么样的影响。对自己的成果的传播和利用,科学家要承担起历史的责任。在物理课程中,应当使学生认识到科学技术对人类社会的两面性。

综上所述,物理课程是具有学科性质的课程、科学课程、技术相关课程、科学文化课程、培育人文精神的课程。物理课程的多维性质给我们提供了物理课程功能和价值的多维画面,也给我们描绘了物理课堂的多维场景,更给我们认识物理课程和透视当今的物理课堂提供了多维的视角,同时也为我们改革物理课程和物理课堂指明了方向和目标。理解了这一点,才会从本源上放弃过去狭隘的课程观念,把眼光从紧盯着的物理习题转向学生核心素养的全面培养,把焦点从部分优秀学生转向全体学生,由此才有利于我们的下一代更健全地成长和发展。

3.2　中学物理课程设计

课程既像一个过滤器,起着对课程内容过滤的作用,即允许一些内容纳入课程之中而排除其他一些内容;又像一个排序机,起着对课程内容进行排序的作用。也就是说,课程不仅涉及内容的选择,也涉及内容主题的先后顺序的确定。当然,课程内容的选择和顺序的确定都与课程目标是相联系的。

3.2.1　物理课程目标

课程目标是课程的一个关键要素,是对学生经过课程学习后应达到的学习结果的概括性陈述,反映了学科、社会、学生三方面的要求和期望。课程目标这一课程要素主要体现在各国制定和颁布的物理课程（或科学课程）文件中,如课程标准、课程大纲、课程指南等。在许多国家的物理课程文件中,物理课程目标一般从三个层次上阐述和表达:总目标、具体目标和内容要求。

就总目标而言,物理课程的宗旨是为学生提供与物理学相关的学习经历,培养学生的物理核心素养,以便学生积极投身于迅速变化的知识型社会之中,使他们在与物理学相关的领域中进一步学习或为就业做好准备,并成为科学与科技的终身学习者。

物理课程的宗旨是让学生:

①对物理世界产生兴趣,保持对物理世界的好奇心和求知欲;

②建构及应用物理学的知识,认识物理学与其他学科之间的关系;

③体验物理学相关的情境,了解和认识科学的本质;

④掌握进行科学探究的技能;

⑤培养科学性、批判性和创造性的思考能力,以及在单独或在与他人协作的情况下,解决与物理学有关问题的能力;

⑥理解有关物理学议题的科学语言,并能与他人交流观点;

⑦在与物理学有关的议题上,做出明智的判断和决定;

⑧关注物理学对社会、道德、经济、环境和科技的影响以及养成负责任的态度。

总之,物理课程的总目标反映了个人需要、社会议题、职业选择、未来准备等四方面的国际科学教育目标的特征和趋势。

3.2.2 物理学的特征

物理学具有多侧面、多层次、多因素的特征。对物理学特征的正确认识和恰当处理是物理课程设计时必须考虑的关键要素。物理学特征主要表现为以下四方面的特征。

1. 物理学的学科特征

物理学是研究物质结构、相互作用和运动基本规律的学科,物理学的学科特征可以概括为以下五方面:

(1)物理学是一门以实验为基础的科学。这主要表现在人类的物理知识主要来源于对自然的观察,特别是来源于物理实验。物理学中的重大发现及其理论的建立都离不开实验这一基石,通过物理实验人们可以提出课题,借助于实验人们能及时发现事实、建立假说。同时,实验也是检验物理知识真理性的标准,也就是说,人们总是利用实验来验证建立在理性推理基础上的假说是否正确。物理学的发展充分表明,实验不仅仅是一种研究物理问题的科学方法或手段,更重要的是,当把实验升华成一种观点,作为一种科学的思想,它就为人们从更深层次上把握物理思维的方式、揭示客观世界的规律奠定了基础。

(2)物理学是一门严密的理论科学。它以物理概念为基石,以物理学定律为主干,建立了经典物理学与现代物理学及其各分支的严密的逻辑体系。基本概念、基本规律和基本方法及其相互联系构成了物理学科的基本结构,其中基本概念是基石,基本规律是中心,基本方法是纽带。

(3)物理学是一门精密的定量科学。自从伽利略开创了把观察实验、抽象思维同数学方法相结合的研究方法以后,物理学就迅速发展为一门精密的定量的科学,物理学中的概念既有它质的规定性,又最终表现为可以计量的物理量;物理学中的基本定律和公式都是运用数学的语言予以精确表达的,物理学中基本概念和规律的定性描述与精确的定量表达相结合是物理学区别于其他学科的显著特点,此外,数学方法还是物理学研究的重要推理论证的工具和手段,物理学与数学有密切的关系,物理学的发展离不开数学。

(4)物理学是一门应用十分广泛的基础科学。它的研究成果和研究方法在自然科学的各个领域都起着重要作用,并且形成了许多交叉学科,物理学是自然科学的基础学科,拥有广泛的应用领域。物理学也是现代科学技术的重要基础,许多高新技术都与物理学密切相关,历史上许多与物理学直接有关的重要的技术发明,对人类社会的发展起到了重大作用。

(5)物理学是一门带有方法论性质的科学。物理学在长期的发展过程中,形成了一整套研究问题和解决问题的科学方法,这些方法不仅对物理学的发展起了很重要的作用,还对其他学科的发展产生了一定的影响,它是辩证唯物主义哲学的重要基础,深刻影响着人们的思想、观点和思维方式。

物理学与其他自然科学不同之处在于不是只具备以上一个或几个特征,而是同时具备以上五个特征,或者说,以上五个特征不是孤立地而是有机地存在于物理学之中,这正是物理学作为一门成熟的、精确的基础自然科学的标志。换句话说,物理学的学科结构中要有实验基础、逻辑体系、数学表述、思想方法、应用价值等五种基本成分。

2. 物理学的认知特征

物理学,与其他自然科学学科一样,在三个认知(思维)层次上描述物理世界的运作方式,即宏观的、微观的与符号的。宏观是指不借助于仪器直接通过感觉器官就能感知的现象和事实,这通常是具体的。微观指的是只能借助于仪器才能感知的现象和事实或从物理学的探究中通过推理而抽象出来的结论,这通常是抽象的。符号是指模型、公式、方程和图像等,这些是物理知识通常的表征形式。微观与符号通常是对宏观的解释。在学习中这三者之间的有效互动和影响,有理解参与的熟练操作才能发生。如果初学物理的学生同时在这三个层次上学习,那是非常困难的,原因是信息的认知负荷过量。

因此,在物理课程中,如果过早地在三个层次上同时描述知识,将会带来有效信息的超载,学生也不可能达到对知识真正理解,他们也就不得不求助于死记硬背通过考试。有明显的证据表明,这样做的结果往往会使学生对物理课程的学习,特别对物理学的态度产生负面影响,因此,在物理课程的设计中,先让学生经历物理知识的宏观体验,然后再进入知识的微观解释和符号表征是非常重要的。

3. 物理学的语言特征

物理学的语言属于科学语言的范畴。科学语言主要是由科学家的观点来诠释自然世界,并以精简的文字对自然现象做精确的描述,是对科学思想、理论、知识等进行表述、加工、交流、记录时所使用的手段、工具和载体。

(1)在科学语言中,最重要的方面就是科学术语。它包括:

①自然语言。即通过自然语言转义形成的术语,是人类在历史发展中自然形成的。

②专门符号语言。即出于表述、命名和交流的需要,科学家为特定目的所创造出的专业术语。

③形式化语言。即人工语言,在特定的逻辑或数学规则的基础上,用一系列无直观意义的符号、代码来表述思想。

这三种形式的科学术语共同构成了科学语言表达体系。除了科学术语之外,对语言进行运作的逻辑、数学规则,以及科学文本的表达风格,都是科学语言所涉及的论题,其核心目标就是要更方便、更顺畅地表述和交流科学知识。

(2)科学语言具有不同于日常语言的基本特征,这些特征主要包括:

①准确。物理学中的术语和词汇所代表的意义具有稳定性和不变性。这种意义的相对不变性,要求语词的单义性。除非特殊情况,术语应当只表达一个概念,概念应当具有单一的指称和对象。

②精确。物理学的语言是精确的和理性的,不是模糊的、想象的、不完整的和冗余的。每一个术语都应当传达一种严格限制的意义。

③客观。物理学的语言不包含任何感情色彩,也不是随意的个性化的表达方式,而是一个理性的表达系统,清晰地反映了科学知识的属性及各个概念之间逻辑上的关联性。

(3)根据科学语言在物理课程中的使用方式,可将科学语言扮演的角色分为两大类:

①解释系统。解释系统的语言使用形态表现为以各种不同的方式去解释同一个概念,这时语言的作用就是用以解释概念。在学习上是偏重让学生能够以自己的方式去解释一个概念,词汇本身的意义并不固定,而是因人而异,并且随着情境有所不同。

②符号系统。符号系统的用户是将语言视为描述、传播科学概念的工具,当科学家有了新发现后,便会选择一些词汇去描述新发现的事实或现象。因此,在某一特定情境下,词汇具有其固定意义。在物理课程中,这类语言的使用则是将这些概念性术语清楚地以学生可接受的方式表达或呈现出来。

4. 物理学的文化特征

物理学在文化上的意义表现为科学文化,科学文化是人类文化之一,具有人类文化的共性。科学文化又不同于人类的其他文化,诸如宗教文化、艺术文化等,具有其自己独有的个性,且具有与其他文化相比较显得特别突出的性质。

一般而言,科学文化的主体是认知文化和理性文化,它与作为信仰文化的宗教,与作为感性文化的艺术有较大的差异。科学主要是对世界的认知探索和对真理的理性揭示,而非价值判断和感性欣赏——当然也不能完全排除科学中的价值和审美因素。于是,科学文化自然而然地拥有一些其他文化不具备的独特的性质。

3.2.3 物理课程设计的目标模式

如何设计课程,或者说,按照怎样的程序或步骤来设计、组织课程,是课程研究中的一个重要问题。

泰勒(Ralph W. Tyler)的《课程与教学的基本原理》提出了课程研制的四个基本问题,并给予了理论化的回答:①学校应该追求哪些教育目标? ②提供哪些教育经验才能实现这些目标? ③怎样才能有效地组织这些教育经验? ④我们怎样才能确定这些目标正在得到实现?

从而形成了著名的泰勒原理,建立起了经典的课程研制活动的四个基本环节:①确定课程目标;②选择学习经验;③组织学习经验;④评价学习结果。其中确定目标最为关键,因为其他步骤都是围绕目标展开的。所以泰勒原理又被称为"目标模式"。

　　泰勒原理诞生后,在课程研究领域产生了广泛的影响,它所概括出的课程编制的四个基本步骤为广大课程工作者所接受。直到今天,课程编制的基本模式还没有完全超出泰勒确立的框架。尽管有些学者的研究又进一步细化了这四个步骤,例如美国课程学者塔巴(Hilda Taba)在这一模式基础上将课程编制的程序细化为七个步骤,但基本精神是完全一致的。因此,就目前情况来看,泰勒提出的课程编制的基本程序仍是基本适用的。

　　泰勒提供的编制程序严格说来是一种课程编制的研究程序,对我国中学物理课程编制工作而言,除遵循着这样的研究程序外,还有一套整体的课程编制的工作程序:第一步,明确课程编制的任务;第二步,确定课程设置,形成课程计划;第三步,依据学习领域,研制课程标准;第四步,依据课程标准,研制教科书或其他教材;第五步,进行课程实验,检验教材质量;第六步,开展检测评价,进行最后修订。在完成了这一系列程序后,最后编制完成并经审定的课程才能进入正式实施阶段。

3.2.4 物理课程实施

　　课程实施是课程研究的一个重要组成部分。实施课程并不是简单地执行课程计划,实施本身是对课程的一个再创造,没有创造性的实施,课程设计可能只会停留在书面上。充分考虑多种因素对课程实施的影响,采取适当策略和有效措施实施课程,是实现课程预期目标,达到理想的课程效果的重要环节。

　　1. 关注物理课程改革,指导学生正确认识与选择课程

　　①明确高中物理课程的结构,正确认识必修课程、选择性必修课程、选修课程之间关系,厘清物理模块的基本内容与要求。

　　②开好必修课程,引导学生认识自己的兴趣和特长以及发展方向。

　　③指导学生正确选择适应于自己的课程。

　　2. 关注学生物理核心素养的发展,重视提高教师的课程能力

　　物理教学必须重在培养学生的物理核心素养,因此,物理教师应具备培养学生物理核心素养的课程建设、实施与评价能力。培养教师课程建设、实施与评价能力是物理课程改革的重要任务,是改革成功的关键。

　　①教师要自觉地研读课程标准,深刻领会课程标准的精神。

　　②自觉参加各种形式的课程研讨、教材研讨、教学研讨和评价研讨活动,逐渐提高对课程的认知能力。

　　③教师培训要根据当地实际,针对教师教学的薄弱环节,设计培训的重点。培训重点解决以下问题:如何理解物理核心素养? 如何改革课堂,有效培养学生的物理核心素养? 什么样的物理选修课程能有效培养学生的物理核心素养? 如何开发有效的学校课程以培养学生的物理核心素养? 如何创新评价方式以促进学生物理核心素养的发展? 要促使教师从以知识学习为目标的教学体系逐步转变到以物理核心素养培养为目标的教学体系上来。

　　④课程能力是教师适应新的课程体系的关键所在。要针对教师的实际,实施教师课程建设能力的专题培训,包括课程理解、课程体系的架构方法、课程开发、课程实施和课程评价等。

3. 开展课程研究,强化课程管理

重视物理课程的开发与建设,完善物理学科的课程体系。

(1) 物理学科的课程包括基础性的必修课程、选择性必修课程和拓展性选修课程

学校要根据自己的实际,有计划地开展与必修课程和选择性必修课程有关的课程实施研究,促进国家课程建设更适合于学校,更贴近学生的实际。对选修课程,学校可根据国家课程标准和学生的实际情况,研究开发适合的选修课程,满足学生学习需要。

(2) 重视课程实施方式的改革,开展课堂教学与评价改革的研究

①加强物理课程职业导向的研究,分析学生自身实际,设计适合学生自身的课程计划,选择适合自己的课程。

②学校要设计多种层级水平的课程,采用不同的实施计划与方式,使不同水平的学生能选择适合自己的课程,以有效提升物理学科核心素养。

③要加强旨在培养物理学科核心素养的物理学科评价方法的研究与创新,加强过程性评价,以评价促进学生学习方式的改变,促进学生兴趣与特长的发展。

(3) 以整合性学习方式促进教与学的改革

开展物理课程学习中基于项目的学习研究,探讨基于项目的学习实施办法。促进学生基于真实情境下学科和跨学科问题解决能力的发展。

4. 重视课程资源的开发、整合与利用

(1) 加强课程资源的开发,提供优质教育资源

①学校要重视优质教育资源的建设,为教师提供课前准备、课堂教学、课后作业与考试评价等服务。

②各种科技图书、杂志和报纸是物理课程学习的重要资源。学校要向学生开放图书馆,分类推荐各种重要的科技文献。

③教师应指导学生有效阅读相关的科技文献,拓展学生的知识面,激发学生的学习热情,培养学生主动探索科学问题的意识与能力,培养学生自主学习和探究的能力。

④教师可指导学生对某一科学问题进行相关的文献搜索、阅读与综述,使学生初步学会利用文献探索问题的研究性学习方法。

(2) 有计划地利用社会资源为课程服务

要积极探索利用与开发来自电视与电影、科技馆、博物馆、公共图书馆、高等院校、科研院所、工厂、农村等的物理资源,以拓宽学生的科技视野,培养学生主动发现问题、研究问题的意识与能力,逐步建立将校外资源转化为课程资源的有效机制。

①组织学生参观科技馆、博物馆,并积极与博物馆和科技馆合作,让学生带着问题与任务参观,既拓展知识,又探索问题。

②主动与高等院校、科研院所联系,让学生参观实验室,了解一些科学研究项目,并与高校教师和科学家们讨论问题,激励学生学科学、爱科学。

③充分挖掘科技影视片的教育功能,利用科技影视片拓宽学生的科技视野,了解科普常识与科技前沿问题,培养学生的科技素养。

④利用工厂、社区和农村的科技资源,通过参观与体验活动,丰富学生的科技应用知识,增加学生对科学、技术、社会、环境之间关系的理解。

5. 积极探索信息技术与物理教学的深度融合

积极开发与利用数字媒体课程资源。信息技术正在改变学校的教育文化,改变教师的教学方式。数字媒体已成为物理学习的重要课程资源。物理教学要积极利用已有数字媒体,主动开发适合教学、提高教学质量的信息产品,拓宽物理学习的途径,促进物理教学方式改革。

①学校要重视搜集数字图书资源,搜集并整理相关的电子书籍、数据库、数字期刊和网络视频等材料,将获得的资源融入有序管理的数据管理系统,为教学提供服务。

②物理教师要充分利用数字图书材料,为课堂教学和学生课后学习服务。要从教学实际出发,积极利用和开发各种适合学生课堂学习与课后学习的音频与视频材料,例如航空航天、核电站、纳米技术、工业信息化等,加深学生对相关课程内容的感性认识,拓宽学生视野。

③探索基于网络的教与学的方式,利用具有网络互动功能的平台为课堂教学与学生课后学习服务。教师结合实际,有效地利用具有互动学习功能的网络学习资源,提高物理课程学习的效果。针对学生物理学习中存在的疑难问题,利用网络、云课堂等形式服务于学生学习。

6. 加强实验室建设,促进学生实验能力发展

(1) 重视实验室的硬件配置与建设。实验是物理学习的重要环节,是培养学生物理学科核心素养的重要途径和方式。物理实验室是学生探索物理规律、提高实验能力的重要场所。学校要根据学生人数按国家标准开设足够的专用实验教室,配齐配足实验器材。要根据国家有关规定,按标准配齐物理教学所需设施设备,在条件允许的情况下改进和提高物理实验器材的配备标准。

(2) 充分利用实验器材,强化学生实验和演示实验。物理实验是增加学生物理学习体验性的重要手段。学生实验是实践体验性最强的物理学习方式,它可通过实验设计与动手操作、观察现象与记录数据、分析归纳得出结论等环节,全方位地培养学生的科学探究能力。学生实验是其他任何方式都无法替代的物理学习方式,教师要根据课程标准,最大限度地安排学生实验。演示实验是师生共同探究物理问题的学习方式,也是体验性较强的学习方式,教师要积极利用各种器材,积极创新实验方式,尽可能多地开发出可视性强、证据性强、能引起学生浓厚兴趣的演示实验。

(3) 积极创造条件,建立实验室开放制度。鼓励学生利用课余时间,以独立或小组合作方式,设计问题探究的实验方案,开展课外实验研究。

(4) 利用日常用品改进实验或开发新实验。实验课程资源不仅限于实验室的现有仪器和设备,日常用品、废旧材料也是重要的实验室资源。可利用日常用品和材料来替代实验材料,使实验现象更明显、直观,或者利用这些材料创新物理实验,开发出低成本、高质量的物理实验,使学生有更多动手做实验的机会,更多亲历实验演示的机会,更好地培养和发展学生的实验技能、创新实践能力。

(5) 重视数字实验,创新实验方式。数字实验室系统是利用传感器、数据采集器等收集实验数据,用计算机软件分析实验数据、得出实验结果的现代化实验系统。数字实验系统是教育信息化发展的需要,更是学生创新能力培养的重要方法和手段。利用数字实验系统可使很多难以测量或难以控制的实验得以顺利进行,也使很多实验的测量精度大大提升。建议有条件的地区为学校专门创建数字化实验室,或引进教师演示用

的数字实验系统。学校要重视引导教师研究数字实验系统对传统实验的改进方法,研究数字实验系统的教学方式,促进教学手段与方式的现代化。

7. 转变课程管理模式,倡导建立物理学科专用教室

(1)课程结构的改变促使学校课程管理模式的转变,学校将从原来的行政班管理模式逐步向行政班与教学班并行管理模式转变。管理模式的转变会改变学校的教学模式,同时也会改变学校教学设施和配置。

(2)适应选择走班教学需要,逐步加强学科专用教室建设。有条件的学校结合实验室建设,逐步建设学科专用教室。物理学科专用教室可创设良好的物理学习环境和氛围,具备必要的常用实验设备与仪器,使学生真正走进物理世界进行物理学习,也使教师在物理天地里实施更有"物理味"的课堂教学。

3.3　中学物理课程标准

在我国,课程是通过课程计划、课程标准和教科书等形式逐次体现的,课程计划、课程标准和教科书是课程设计的结果,其中,课程计划反映的是学校整体课程体系的结构,而课程标准和教科书则是它的进一步具体化。教育部分别于 2001 年、2003 年、2011 年和 2017 年颁布和修订了义务教育和普通高中物理课程相关标准。本节内容将重点研讨义务教育和普通高中物理课程标准的作用、性质、内容和修订。

3.3.1　物理课程标准的含义和作用

国家课程标准是由教育部颁布的带有指令性的、重要的国家课程文件,是国家对基础教育课程的基本规范和要求,体现了国家对不同阶段的学生在知识与技能、过程与方法、情感态度与价值观等方面的基本要求,规定了各门课程的性质、目标、内容框架,提出课程实施的建议。物理课程标准则是具体规定了中学物理课程的性质、目标和内容标准,并提出了课程教学、课程资源开发、课程评价和教材编写等方面的建议。它是我国基础教育阶段物理课程的基本规范和质量要求,是物理教材编写、物理教师教学以及物理教学评估和考试命题的依据和准绳,是国家管理和评价课程的基础。因此,每个物理教师要理解它的严肃性和规范性。

3.3.2　物理课程标准的性质

课程标准作为教材编写、教学、评估和考试命题的主要依据,物理课程标准的性质主要体现在以下几方面。

①课程标准主要是对学生经过某一学段之后的学习结果的行为描述,而不是对教学内容特别是知识点和单项技能的具体规定(如教学大纲或内容要领等)。它的范围涉及三个领域:认知、情感与动作技能,而不仅仅是知识与技能方面的要求。

②课程标准主要规定某一学段或年级所有学生在教师的帮助下或在自己的努力下都能达到的要求,它是面向全体学生的共同的、统一的基本要求,而不是最高要求。

③课程标准主要服务于评价,是对国家或地方的课程质量、学校教育质量、教师教学质量、学生学习质量进行评价的依据,因此,描述学习结果的行为动词应该是可理解

的、可达到的、可评估的，而不是模糊不清的、可望而不可即的。

④课程标准隐含着教师不是教科书的执行者，而是教学方案（课程）的开发者，它为教师与学生等课程实施者作为独立主体参与教育过程，使课程具有生成性、适应性成为可能。

⑤课程标准是国家基础教育课程质量的主要标志，它统领课程的管理、评价、督导与指导，具有一定的严肃性与正统性。

3.3.3 义务教育物理课程标准

（一）新世纪我国义务教育物理课程标准的沿革

21 世纪是一个充满挑战的世纪。进入新世纪以来，我国加快了基础教育物理课程改革的步伐。

2001 年教育部颁布了《全日制义务教育物理课程标准（实验稿）》，该标准实现了由"教学大纲"向课程标准的过渡；首次提出以发展学生的科学素养为宗旨，确立了知识与技能、过程与方法、情感态度价值观三维目标；基于学习主题组织课程内容，将"科学探究""物质""运动与相互作用""能量"作为义务教育物理课程标准的一级学习主题；提出"从生活走向物理，从物理走向社会""基于科学探究教与学"和"多样化评价方式"等重要的课程、教学和评价理念。

经过十年新课程的实践探索及修订，2011 年教育部正式颁布《义务教育物理课程标准（2011 年版）》。2011 年版课标在继承、保持 2001 年实验版课标的基础上，反映了时代和教育发展的新趋势，基于实践中存在的突出问题，明确规定了学生必做实验的要求，完善了教学内容，修订了教学建议和评价建议，提高了对教学实践指导的针对性。

义务教育物理课程标准制定并实施二十年，引领我国基础教育物理课程改革，实现了从"双基"到"三维目标"和科学素养发展的转变，从"知识为本"到"从生活走向物理，从物理走向社会"的转变，从"听讲、记笔记、做题"到"自主、合作、探究"的多样化教学的转变，从验证性演示实验到探究式学生实验的转变，从知识考查到能力立意的中考命题导向的转变，新课程理念已经深入人心，形成了基于课程标准的教学新常态，进而促进了物理课程、教材、教学和评价的研究，促进了教师的职前培养和职后培训及区域和校本教研的转型。

当前，我国义务教育已实现全面普及，正处于从基本均衡到优质均衡的转型阶段，随着时代的发展、国际国内形势的变化，我国义务教育物理课程面临着新时代的新要求和新挑战。

2019 年，教育部面向新时代基础教育高质量发展的要求，进行顶层设计和整体规划，启动了新一轮义务教育课程方案和课程标准的修订工作，于 2022 年 4 月颁布了修订的《义务教育物理课程标准（2022 年版）》。

《义务教育物理课程标准（2022 年版）》的颁布，标志着我国的基础教育物理课程正式进入核心素养时代。为了更好地实施初中物理课程，我们需要透过"2022 年版义务教育物理课程标准"的文本，明确本次物理课标修订的主要变化和特征，厘清本次物理课程改革的关键要素与关键指向，深度思考物理课程教学中的关键问题，明确把握物理课程教学的基本方向,从而深化我国的初中物理课程与教学改革,促进我国的初中物理课程与教学的高质量发展。

(二) 义务教育物理课程标准(2022 年版)框架与说明

我们以义务教育物理课程标准(2022 年版)框图(见图 3-3-1),说明义务教育物理课程标准的基本内容。

义务教育物理课程性质
▲物理学的内涵　▲义务教育物理课程的定位

⬇

义务教育物理课程基本理念
▲面向全体学生,培养学生核心素养
▲从生活走向物理,从物理走向社会
▲以主题为线索,构建课程结构
▲注重科学探究,提倡教学方式多样化
▲发挥评价的育人功能,促进学生核心素养发展

⬇

义务教育物理课程目标
▲物理核心素养内涵和结构　▲义务教育物理课程目标(目标要求)

⬇

义务教育物理课程内容框架
(含样例、活动建议、学业要求和教学提示)

一级主题	二级主题
1.物质	1.1物质的形态与变化 1.2物质的属性 1.3物质的结构与物质世界的尺度
2.运动与相互作用	2.1多种多样的运动形式 2.2机械运动和力 2.3声和光 2.4电和磁
3.能量	3.1能量、能量的转化与转移 3.2机械能 3.3内能 3.4电磁能 3.5能量守恒 3.6能源和可持续发展
4.实验探究	4.1测量类学生必做实验 4.2探究类学生必做实验
5.跨学科实践	5.1物理学与日常生活 5.2物理学与工程实践 5.3物理学与社会发展

⬇

义务教育物理课程学业质量
▲学业质量内涵　▲学业质量描述

⬇

实施建议
▲教学建议　▲评价建议　▲教材编写建议
▲课程资源开发与利用　▲教师培训与教学研究

图 3-3-1　义务教育物理课程标准(2022 年版)框图

义务教育阶段物理课程标准(2022 年版)(以下简称《标准》)将义务教育阶段的物理课程性质表述为:"义务教育物理课程是一门以实验为基础的自然科学课程,与小学科学和高中物理课程相衔接,与化学、生物学等课程相关联,具有基础性、实践性等特点"。由此,提出了义务教育阶段物理课程的基本理念和课程目标。课程内容以主题为引领,围绕物理学科的核心内容确定课程内容结构,研制了物理学业质量标准。在课程实施建议部分,分别为教师、教材编写者、教育研究和管理人员提供了教学建议、评价建议、教

科书编写建议、课程资源开发和利用建议以及教师培训和教学研究建议。附录给出了跨学科实践教学的案例。

(三) 义务教育物理课程标准(2022 年版)相对于 2011 年版课程标准的变化

将义务教育物理课程标准(2022 年版)与义务教育物理课程标准(2011 年)作一比较,不难看出课程标准的变化。

1. 课程目标的变化,由三维目标转变为物理核心素养

物理课程目标由三维目标转变为物理核心素养,这意味着物理核心素养是已成为物理课程与教学的基本追求,这标志着物理课程从"双基目标"、"三维目标"已经发展到"核心素养目标"时代。课程目标的素养导向,强化了物理课程的育人导向,凸显了物理课程的育人价值,有利于转变那种将知识、技能的获得等同于学生发展的目标取向,引领教学实践及教学评价从核心素养视角来促进和观察学生的全面发展。同时,将核心素养的内涵及相关要素,贯穿于课程目标、课程内容、学业质量、课程实施等部分,旨在引导教师将核心素养的培育落到实处,引导学生学会学习、学会合作、学会生活。

2. 课程结构的优化,以核心素养为引领,构建物理课程的内容主题

核心素养导向的课程,注重与学生经验、社会生活的关联,加强课程内容的内在联系,突出课程内容结构化,探索主题、项目、任务等内容组织方式。义务教育物理课程内容由"物质""运动和相互作用""能量""实验探究""跨学科实践"五个一级主题构成。这些主题不仅包含物理概念与规律,而且包含物理探索过程、研究方法以及科学态度与价值观。这样的主题式设计继承了 2011 年版课标的内容结构优势,同时通过"实验探究"和"跨学科实践"主题,凸显了物理实验的育人功能以及物理学与日常生活、工程实践、社会发展等的跨学科联系,体现了"知行合一、学以致用"的思想,强调了物理课程的基础性、实践性与综合性。

3. 加强实验探究,突出物理课程的学科实践育人

2011 年版课标仅在附录中列出了学生必做的实验,没有明确的要求及引导。《义务教育物理课程标准(2022 年版)》将"实验探究"调整为一级主题,将学生必做实验分为测量类实验和探究类实验,对探究内容进行了规范性说明,新增针对实验探究的活动建议、学业要求和教学提示。

学生必做实验的数量由 20 个调整为 21 个;新增"探究液体压强与哪些因素有关"实验;替换了两个实验,将"连接简单的串联电路和并联电路"更换为"探究串联电路和并联电路中电流、电压的特点",将"测量小灯泡的电功率"更换为"用电流表和电压表测量电阻";一个实验由测量改为探究,将"测量水平运动物体所受的滑动摩擦力"改为"探究滑动摩擦力大小与哪些因素有关"。这 21 个学生必做实验是:

- 测量类实验

(1)用刻度尺测量长度、用表测量时间

(2)用常见温度计测量温度

(3)用托盘天平测量物体的质量

(4)测量固体和液体的密度

(5)测量物体运动的速度

(6)用弹簧测力计测量力

(7)用电流表测量电流

(8)用电压表测量电压

(9)用电流表、电压表测量电阻

● 探究类实验

(10)探究水沸腾前后温度变化的特点

(11)探究滑动摩擦力大小与哪些因素有关

(12)探究液体压强与哪些因素有关

(13)探究浮力大小与哪些因素有关

(14)探究杠杆的平衡条件

(15)探究光的反射规律

(16)探究平面镜成像的特点

(17)探究凸透镜成像的规律

(18)探究串联、并联电路中电流、电压的关系

(19)探究电流与电压、电阻的关系

(20)探究通电螺线管外部磁场的方向

(21)探究产生感应电流的条件

4. 增加了跨学科实践主题,有利于培养学生的综合实践能力

依据 2022 年版义务教育课程方案,2022 年版课标新增"跨学科实践"一级主题。并提炼出"物理学与日常生活""物理学与工程实践""物理学与社会发展"三个二级主题,从低碳生活、健康生活、动手实践及社会热点等方面提出跨学科实践的内容要求,同时给出教学提示和学业要求。这些设计皆凸显了物理课程的跨学科性和实践性,加强了物理学与能源、环境、材料、工程、信息技术等的联系,能更好地培养学生跨学科应用知识的能力、分析和解决问题的能力、动手操作的实践能力,以及积极认真的学习态度和乐于实践、敢于创新的精神。

5. 新增了学业质量标准

根据核心素养发展水平,结合物理课程内容,整体刻画不同学段学生学业成就的具体表现,明确"学到什么程度",引导和帮助教师把握教学深度与广度,为教材编写、教学实施、考试评价等提供依据。内容包含了"学业质量内涵"和"学业质量描述"。"学业质量描述"的内容是以物理核心素养为指导,确定各个主题的要求。

6. 课程实施的变化,增强了指导性

(1)强调围绕学生核心素养的发展和灵活运用多种教学方式。如情境化教学、突出问题教学等,注重"做中学""用中学",确保物理课程实践活动的教学质量。

(2)课程标准针对"内容要求"提出"学业要求""教学提示(教学策略、情境素材)",细化了评价与考试命题建议,注重实现教、学、评(考)的一致性,增加了教学、评价案例,不仅明确了"为什么教""教什么""教到什么程度"。而且强化了"怎么教"的具体指导。

(3)新增"教师培训与教学研究"。物理教学重在培养学生核心素养。做好教师培训,可以促进教师深入理解课程改革理念,提升教学水平;有针对性的教学研究,可为持续改进物理教学、提高教学质量服务。

总之,2022 年版课标进一步明确了义务教育物理课程旨在帮助学生从物理学视角认识自然、解决相关实际问题,初步形成物理自然观;引导学生经历科学探究过程,学习科学研究方法,养成科学思维习惯,进而学会学习;引领学生认识科学、技术、社会、环境之间的关系,形成科学态度和正确价值观,增强社会责任感、民族自豪感,为成为有理想、有本领、有担当的时代新人奠定基础。

3.3.4 普通高中物理课程标准

(一)《普通高中物理课程标准(2017 年版 2020 年修订)》框架与说明

1.《普通高中物理课程标准(2017 年版)》框架

我们以《普通高中物理课程标准(2017 年版)》框架图(见图 3-3-2),说明高中物理课程标准的基本内容。

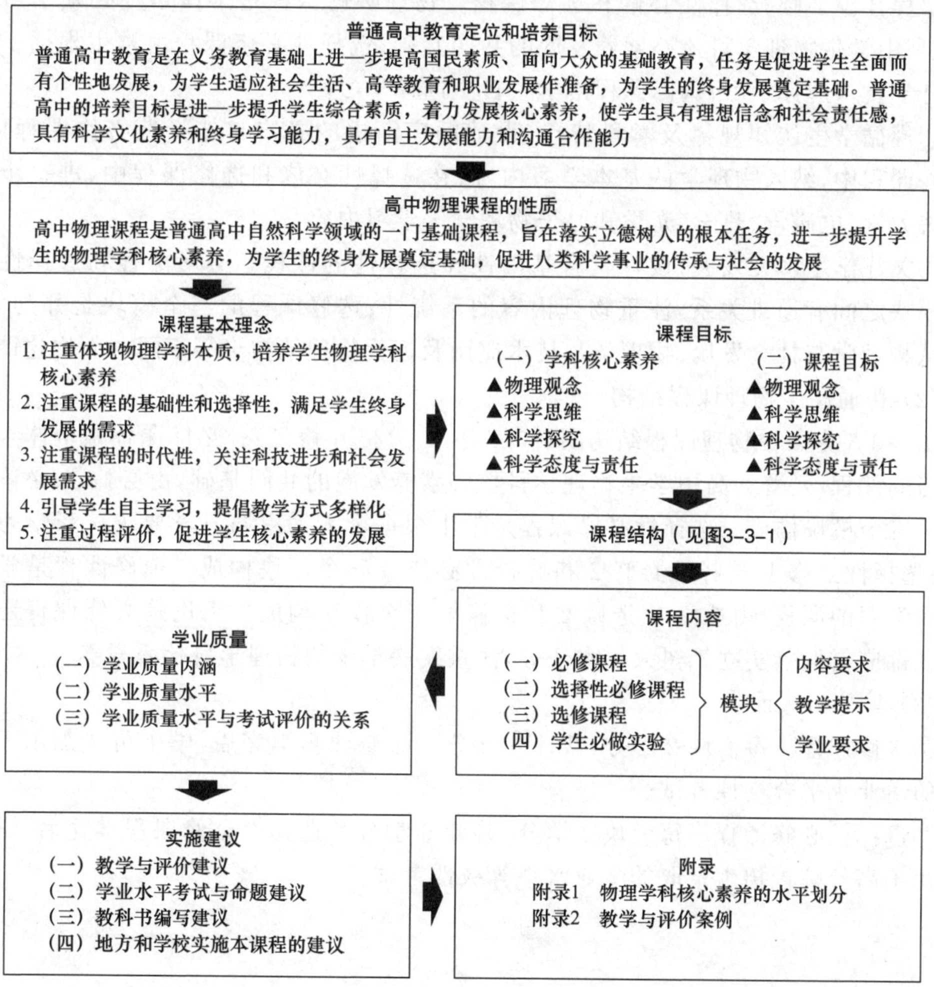

普通高中教育定位和培养目标
普通高中教育是在义务教育基础上进一步提高国民素质、面向大众的基础教育,任务是促进学生全面而有个性地发展,为学生适应社会生活、高等教育和职业发展作准备,为学生的终身发展奠定基础。普通高中的培养目标是进一步提升学生综合素质,着力发展核心素养,使学生具有理想信念和社会责任感,具有科学文化素养和终身学习能力,具有自主发展能力和沟通合作能力

高中物理课程的性质
高中物理课程是普通高中自然科学领域的一门基础课程,旨在落实立德树人的根本任务,进一步提升学生的物理学科核心素养,为学生的终身发展奠定基础,促进人类科学事业的传承与社会的发展

课程基本理念
1. 注重体现物理学科本质,培养学生物理学科核心素养
2. 注重课程的基础性和选择性,满足学生终身发展的需求
3. 注重课程的时代性,关注科技进步和社会发展需求
4. 引导学生自主学习,提倡教学方式多样化
5. 注重过程评价,促进学生核心素养的发展

课程目标
(一)学科核心素养　　(二)课程目标
▲物理观念　　　　　　▲物理观念
▲科学思维　　　　　　▲科学思维
▲科学探究　　　　　　▲科学探究
▲科学态度与责任　　　▲科学态度与责任

课程结构(见图3-3-1)

学业质量
(一)学业质量内涵
(二)学业质量水平
(三)学业质量水平与考试评价的关系

课程内容
(一)必修课程
(二)选择性必修课程
(三)选修课程
(四)学生必做实验
模块 { 内容要求　教学提示　学业要求

实施建议
(一)教学与评价建议
(二)学业水平考试与命题建议
(三)教科书编写建议
(四)地方和学校实施本课程的建议

附录
附录1　物理学科核心素养的水平划分
附录2　教学与评价案例

图 3-3-2　《普通高中物理课程标准(2017 年版 2020 年修订)》框架图

《普通高中物理课程标准(2017年版2020年修订)》(以下简称《2017年版课标》)在明确了普通高中教育定位和培养目标的基础上,高中物理课程培养目标定位为:旨在落实立德树人根本任务,进一步提升学生的物理学科核心素养,为学生的终身发展奠定基础,促进人类科学事业的传承与社会的发展。由此,提出了高中物理课程的课程性质和基本理念,确立了提升学生物理核心素养的课程目标,分层次、分类型的课程结构和相应的课程内容,研制了物理学业质量标准。就课程实施分别对教学与评价、学业水平考试与命题、教科书编写、地方和学校实施本课程等方面提出了建议。

2. 普通高中物理课程设计的几点说明

(1) 普通高中物理课程设计依据

①落实立德树人根本任务要求,体现物理课程的育人功能。基于学生物理学科核心素养发展水平,分层设计高中物理课程中各模块的教学目标及学业要求,切实将物理学科核心素养的培养贯穿在物理课程的设计和实施中。

②依据普通高中课程方案,合理设置高中物理课程结构。普通高中课程方案规定物理课程开设必修、选择性必修和选修课程。物理必修课程是全体学生必须学习的课程,是高中学生物理学科核心素养发展的共同基础;选择性必修课程由学生根据个人需求与升学要求选择学习;选修课程由学生自主选择学习。

③遵循学生认知规律及学科特点,设计循序渐进的必修与选择性必修课程内容。在必修课程中,纳入物理学的基本学习内容;在选择性必修和选修课程中,进一步深化和拓展力学、电磁学、热学、光学和原子物理学等学习内容。

④关注学生多元发展,设计具有基础性和选择性的课程。必修课程和选择性必修课程模块之间有递进关系,注重物理内容的系统性;选修课程的三个模块是并列关系,分别从物理学与社会发展、物理学与技术应用及近代物理学初步等不同方面构建课程。

(2) 普通高中物理课程结构

图3-3-3为高中物理课程结构图(2017年版2020年修订)。必修课程是全体学生必须学习的课程,是普通高中学生物理学科核心素养发展的共同基础,由必修1、必修2和必修3三个模块构成。选择性必修课程是学生根据个人需求与升学要求选择学习的课程,由选择性必修1、选择性必修2和选择性必修3三个模块构成。选修课程是学生自主选择学习的课程,由选修1、选修2和选修3三个模块构成。无论是必修课程还是选修课程都应贯彻落实立德树人根本任务,注重发展学生的物理学科核心素养。

(3) 学分与选课

①必修课程。每模块2学分,共计6学分。必修课程学完后,学生可参加用于高中毕业的学业水平合格性考试。

②选择性必修课程。每模块2学分,共计6学分。选择性必修课程学完后,学生可参加用于高等院校招生录取的学业水平等级性考试。

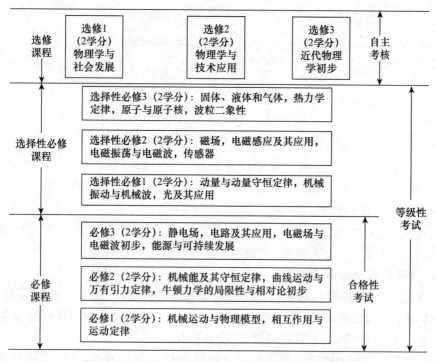

图 3-3-3　高中物理课程结构(2017 年版 2020 年修订)

③选修课程。每模块 2 学分,共计 6 学分。学生可根据兴趣爱好、学业发展、职业倾向等自主选择学习。学校可根据实际情况开设选修课程,自主考核。

学生学完必修课程后,可先选学选择性必修课程,再选学选修课程,也可直接选学选修课程的部分模块。对于选择性必修课程,建议按模块顺序学习,确保所学内容之间的前后衔接。

(二) 高中物理课程标准的修订

下面将《普通高中物理课程标准(2017 年版 2020 年修订)》与《普通高中物理课程标准(实验稿)》的内容做一比较,从中看出课程标准的变化。了解这些变化,有利于我们把握物理课程改革的方向。

1. 课程目标的变化:课程目标由三维目标变为物理核心素养

物理核心素养是物理课程育人功能的集中体现。我国物理课程的育人目标经历了由双基目标到三维目标再到核心素养的变迁。本次课程改革,将物理课程目标定位于物理核心素养,意味着物理课程育人目标的提升。

核心素养目标的确立并不是对三维目标的否定,而是对"三维目标"的整合、提炼和升华。物理核心素养与三维目标之间的关系,可以用图 3-3-4 表示。

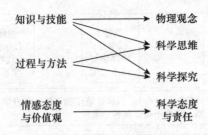

图 3-3-4　物理核心素养与三维目标之间的关系

由图 3-3-4 可以看出,三维目标中的知识与技能与物理核心素养中的物理观念、科学思维、科学探究相联系;过程与方法与科学思维和科学探究相联系;情感态度与价值观与科学态度与责任相联系。

由此可见,基于物理核心素养的课程改革,更加注重学生能力和素养培养的综合性,更加注重物理课程的育人价值,从而更有利于课程目标的落实。

2. 物理课程结构的调整优化

2017 年版高中物理课程标准提出了三种课程:必修课程、选择性必修课程、任意选修课程,体现了课程的基础性、系统性与选择性。2017 年版高中物理课程结构是对 2003 年高中物理课程结构(图 3-3-5)的调整、整合和优化。

其中 2017 年版高中物理必修课程＋选择性必修课程是对 2003 年高中物理共同必修系列课程和选修 3 系列课程的调整、整合。必修课程与选择性必修课程之间的关系是分层递进关系。

2017 年版高中物理选修 1 是对 2003 年高中物理选修系列 1 课程的继承和发展,突出了物理学与人文的结合,强调了物理学对人类社会发展的作用。

2017 年版高中物理选修 2 是对 2003 年高中物理选修系列 2 课程的继承和发展,突出了物理学与技术的结合,强调了物理学的实践性和应用性。

2017 年版高中物理选修 3 是对 2003 年高中物理课程标准附录中任意选修专题的调整和发展,突出了物理学的新成果、新技术,强调了物理学的发展性、实验性和应用性。

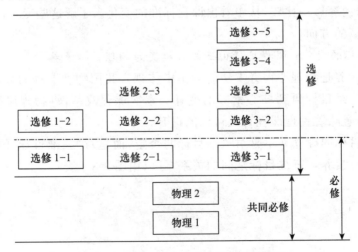

图 3-3-5　2003 年高中物理课程结构框图

2017 年版高中物理选修系列 1、选修 2、选修 3 是分类课程。选修课程之间具有相对的独立性。

2017 年版高中物理课程结构的一个突出特点就是建立了课程与考试评价之间的联系。

必修课程与合格性考试相联系，必修课程＋选择性必修课程与等级性或选择性考试相联系，选修课程与自主考核相联系。

3. 强化了物理实验

课程标准列出了在必修课程和选择性必修课程中学生必做的 21 个实验。这些实验，既考虑了在不同内容板块的分布，也考虑了必修与选择性必修的布局；既考虑了常规的验证实验和测量实验，还考虑了具有一定开放程度的探究实验和制作实验。其中必修课程共 12 个必做实验，选择性必修课程共 9 个必做实验。

（1）必修 1：4 个实验

①测量做直线运动物体的瞬时速度

②探究弹簧弹力与形变量的关系

③探究两个互成角度的力的合成规律

④探究加速度与物体受力、物体质量的关系

（2）必修 2：3 个实验

①验证机械能守恒定律

②研究平抛运动的特点

③探究向心力大小与半径、角速度、质量的关系

（3）必修 3：5 个实验

①观察电容器的充、放电现象

②长度的测量及其测量工具的选用

③测量金属丝的电阻率

④用多用电表测量电学中的物理量

⑤测定电源的电动势和内阻

以上这 12 个必做实验中，其中 5 个测量实验，1 个验证实验，5 个探究实验，1 个观察实验。

（1）选择性必修 1：4 个实验

①验证动量守恒定律

②用单摆测量重力加速度的大小

③测量玻璃的折射率

④用双缝干涉实验测量光的波长

（2）选择性必修 2：3 个实验

①研究影响感应电流方向的因素

②探究变压器原、副线圈电压与匝数的关系

③利用传感器制作简单的自动控制装置

（3）选择性必修 3：2 个实验

①用油膜法估测油酸分子的大小

②探究等温情况下一定质量气体压强与体积的关系

选择性必修课中这 9 个必做实验中，4 个测量实验，1 个验证实验，3 个探究实验，1 个制作实验。

课程标准单独列出必做实验，有利于突出课程的实践性，发挥物理实验的教育功能。

4．增加了学业质量水平，加强了物理核心素养的可评价性

之所以说，加强了物理核心素养的可评价性，是因为高中物理学业质量水平分 5 级，每一级都是依据物理核心素养的四个方面及其水平来确定的。学业质量水平与物理核心素养水平是一个东西，不是两个东西。其中，学业质量水平 2 是高中毕业生应达到的合格要求，是学业水平合格性考试的命题依据；学业质量水平 4 是用于高等院校招生的学业水平等级性考试的命题依据。

学业质量水平的划分，有利于教师学业质量观的改变，有利于落实物理课程的育人功能。

虽然教育改革的核心是课程改革，但教育改革绝不仅仅是制订一套完善的课程计划、课程标准，编写相应的教科书。任何一种设计再完美的课程教材，其课程目标必须通过教师在教学过程中实施，其教学效果必须通过评价来检验。如果没有物理教育研究的支持，没有广大教师对课程改革理念的领会，对新课程、新教材缺乏必要的思想准备和足够的培训，又没有体现改革目标的相应评价制度加以保证，就很难实施真正意义上有规模的课程和教材改革。因此，物理教育研究、师资培训、评价改革、教师教学思想的转变是顺利推行新课程，实施新教材的关键。国外中学物理课程改革的实践表明，中学物理课程改革是一个逐步演进的过程，具有长期性和艰巨性，需要自上而下与自下而上的改革理念共同推进。

3.3.5 基于课标的物理教学

我们应该看到，我国中学物理课程改革在取得巨大成绩的同时，也存在着一些不容忽视的问题，如教学仍大多停留在以具体知识讲解为本，学生实验技能和实验能力训练不足，探究活动流于表面和形式，情感态度价值观教育标签化和口号化，实际课堂重视解决习题而不是解决实际问题，重视知识结论而不是认知和能力发展，做实验探究题而不是做探究性实验，用视频实验代替现场实验等等。要解决上述问题，物理教师要突破传统物理教学的桎梏，以开放的视野认识当今的物理教育。

1．基于课标的物理教学，需要处理好五对关系

（1）处理好知识与素养的关系，不要把知识与素养对立起来；

（2）处理好记忆与创新的关系，不要把记忆与创新对立起来；

（3）处理好物理教学与跨学科实践教学的关系，不要把物理教学与跨学科实践教学对立起来；

（4）处理好传统教法与新式教法的关系，不要把新旧教法完全对立起来；

（5）处理好教与学的关系，不要把教师的教与学生的学对立起来。

2．正确理解教-学-评一致性是深化物理课程教学改革的关键

教-学-评一致性具有课程、课堂意义上的双重意蕴。

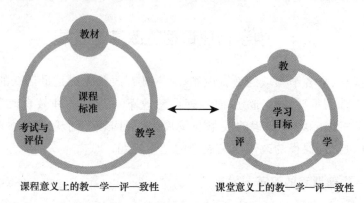

课程意义上的教—学—评一致性　　　　课堂意义上的教—学—评一致性

图 3-3-6　教-学-评一致性的双重意蕴

课程意义上的教-学-评一致性强调以课程标准为指引，系统推进基于课程标准的教材编写、教学与考试评估，落实课程标准所承载的核心素养目标，由此在课程改革的路径建构上形成教材-教学-考试与评估的一致性"大闭环"。在上述"大闭环"中，教材、教学与考试评估三要素之间不是各自独立的，而是以课程标准为指引串联而起来的。新课标建构了由"课程目标-内容/学业要求-学业质量标准"构成的核心素养导向的教学目标系列，成为教材编写、教学推进与考试评价的基本遵循和直接依据，是课程意义上教-学-评一致性的核心引领。这就要求教学必须从课程标准和教材出发，最终通过考试评价回到课程标准，由此形成课程改革路径的大闭环。

课堂意义上的教-学-评一致性强调以从课程标准中转化而来的学习目标为指引，系统推进课堂教学变革层面的教学、学习与评价的一致性，由此形成"小闭环"，实现所教即所学，所教即所评，所学即所评，强调以评促教、以评促学，确保学习目标的有效落实。

上述教-学-评一致性的双重意蕴，从价值意义上，在目标的引领下，有利于发挥其在课程实施、有效教学、教师发展中的作用。在实践意义上，要求教师在具体教学中要重视核心素养导向的教学/学习目标的系统建构。

3．基于课标的物理教学建议

（1）物理教学要开阔学生对物理世界的视野；

（2）物理教学要使学生体验到学习的成功和乐趣；

（3）物理教学要让学生经历探究的过程；

（4）物理教学要使学生感受物理技术对生活的影响；

（5）物理教学要坚持生活—物理—社会的理念；

（6）物理教学要培养学生独立思考的能力、实践意识和能力；

（7）要依标据本，以发展学生核心素养作为核心理念来指导和引领物理教学；

（8）要以教学目标的达成作为检验教学成效的标准。

实施基于课标的物理教学，使物理核心素养在物理课堂上落地，是当前物理教师面

临的紧迫任务。因此,要深化物理课程与教学改革,促进中学物理课程与教学的高质量发展,除了要关注当前物理教学中存在问题之外,还要从理性上深度思考基于课标的物理课程教学的关键问题,从而把握物理课程教学的基本方向。

3.4　中学物理课程的改革与发展

纵观 20 世纪以来各个领域的教育改革,科学教育改革无疑是最活跃的领域之一,物理教育是科学教育的重要组成部分,而物理课程改革一直是物理教育改革的核心。本节首先回顾与分析国际物理课程的改革与发展,然后回顾和讨论我国物理课程的改革与发展,最后探讨物理课程的改革与发展中的基本问题。

3.4.1 国际物理课程的改革与发展

从国际看,现代基础科学教育改革起始于 20 世纪 50 年代末。从科学教育发展的历史上来看,科学教育改革一直围绕着三个科学课程目标,即促进个人和社会的发展,掌握科学事实和原理性知识,体验科学过程和理解科学的应用,这三个目标在国际科学教育改革中不断变化并重复,影响着科学课程和教学实践。从引发科学教育改革的因素来看,科学教育改革是科学发展、教育发展的必然产物,政治因素是加速改革的催化剂。尽管人类对科学教育的认识是逐步发展的渐变过程,但根据科学教育改革的活动特点,大致可以将从 20 世纪 50 年代末至今的改革历程划分为 5 个阶段。

1. 学科中心的课程改革阶段

20 世纪 50 年代末 60 年代初期的以学科为中心的改革起始于美国和英国。改革的驱动力有两个:

(1) 为培养更多的物理专家,以增强国家的竞争力。特别是 1957 年,苏联成功发射第一颗人造地球卫星,更促使以美国为首的西方发达国家认识到改进科学教育对培养英才、发展尖端技术、增强军事经济国际竞争力的重要性,从而加快了这次课程改革的进程。

(2) 使物理课程跟上时代的发展。在此之前很长一段时期内,中学物理的内容和教学手段没有明显的改变,这种状况同现代科学技术的发展不相适应。正如美国物理学家、物理课程改革的倡导者艾伯特·贝兹博士所说的欧美各国 20 世纪 40 到 50 年代的情况那样:许多科学家深入中学,"因发现他们孩子们的科学教科书,自 20 世纪以来没有明显的改变而感到震惊,教科书不再代表科学界的观点了","在科学上所特有的激动人心的发现,在教材中是看不到的";"教师们还大大依赖于使用粉笔和黑板进行讲课的教学方式,而很少利用新的视听辅助教学工具"。因此,在这种背景下,课程和教材改革的目标是培养科学家。课程和教材改革的焦点是学科知识的现代化和结构化。课程和教材改革的理论基础和指导思想是布鲁纳的学科结构理论和"发现学习"的教学观。在这种理论和思想指导下,大多数教材的设计是由科学家指导进行的。改革取得的最主要的成果是美国物理研究委员会(the Physical Science Study Committee, PSSC)出版了

著名的《PSSC 物理》教材,英国出版了著名的《Nuffield 物理》教材。《PSSC 物理》教材的主要特点是:

①现代化;

②结构化;

③理论化;

④深广化;

⑤强调发现学习。

《Nuffield 物理》教材内容分为两种水平:一是供 11～16 岁中学生使用的普通级 O 级物理教程;二是供 17～18 岁大学预科学生使用的高级(A 级)物理教程。A 级物理教程的目的也是培养物理学家,除了注重物理学的基本结构和内容的现代化之外,其特色是注重科学过程,让学生亲身参加科学实践活动,从中获得科学实践的体验。O 级教程是面向大多数学生,是为了帮助他们理解今后生活中必需的基础物理知识而编写的。其特色是主张让学生在教材和教师的指导下,通过实验和观察,进行探索式学习,从而达到真正理解物理知识和培养能力的目的。这次课程教材改革对世界各国的科学教育产生了广泛而深刻的影响,但是,实践证明,这次课程教材改革也暴露出不少问题:

①过于强调特定学科本身的知识体系,在阐述方式上仅囿于学科本身的知识形态,割裂了多学科之间的关联和综合性,这就难以适应现代科学技术发展的一个基本特征,即多学科的综合、交叉和相互渗透的趋势。

②过于强调本学科知识的近代化和理论知识体系,这就不可避免地导致课程内容偏难、偏深,要求偏高。这种课程教材只适合少数思维能力强、准备继续主修物理的学生,而大多数学生势必感到难学,既不能引起他们的学习兴趣,又不能满足其生活、就业的需要。

③为了体现本学科最基本的概念、原理和它们之间的相互关系或因果关系,课程教材把重点放在该学科的抽象知识上,并要求学习者按科学家的思维和工作方式进行学习。在阐述知识时基于学科本身体系严密化的考虑,往往忽视了使知识适用于学习者的生活情景和广泛社会情景的需要,使课程教材严重脱离社会现实和生活的需要,这势必造成学生对科学的冷漠感和不信任感。

④课程内容没有涉及科学与社会,以及科学伦理上的教育意义的问题。

⑤课程实施上,在很大程度上,只是将从前的传授知识的讲授模式转化为传授结构的发现模式,而未顾及怎样将科学探究和过程与特定年龄和能力的学生的教学实践相联系的问题。

⑥没有针对新课程及时、有效地进行教师培训。除了极少数特别优秀的教师外,大多数教师对新课程的态度就是照本宣科。

2. 课程的反思和人文本位课程改革阶段

20 世纪 60 年代改革的经验和教训揭示出课程、教材与课程实施之间的偏差,而造成这个偏差的主要因素有两个:一是对学生的学习特点和学习过程研究不够;二是教师的科学素养不够。

20 世纪 70 年代的课程教材改革建立在对上一次改革的经验和失败教训的基础上，以及科学技术、社会和学生的发展对物理教育提出的新要求上。课程教材改革的理论基础和指导思想是人文本位课程论。人文本位课程将课程教材的中心从学科转向学习者个人，把教育视为发展个性的愉悦过程，强调学生个人的成长、发展、自我发现和个性发展，强调课程教材的目的就是要创设一种学生熟悉的课程和生活情景，主张让学生在解决问题的过程中获得亲身的经验感受。这一时期编写的教材开始多样化。初中阶段开始大量出现综合科学课程，高中阶段仍以分科为主。改革取得的主要成果是美国出版了《哈佛物理教程》（*Harvard Physics Project*，HPP）即 HPP 物理，英国出版了《Nuffield 物理》教材的修订版。人文本位课程教材的特点可以概括如下：实用性——强调学以致用；综合性——强调学科之间的相互渗透，注意知识与各种各样社会问题的联系；实践性——强调做中学，教、学、做合一；课题性——强调围绕一定的生活和社会主题设计课程；适应性——强调按学生的生活经验、兴趣、需要组织学习内容。

然而这种注重按人文本位课程观设计的课程教材也存在以下问题：

①由于这种课程教材完全从学习者本身的经验、兴趣和需要出发选择、组织课程教材内容，因此难以使课程达到某种标准，也必然造成学生学科知识的零乱而无序。

②这种课程教材设计强调以学习者的外在行为结果作为实际教学的标准，但又缺少对这种过程中的学生内部思维的研究，因此容易导致缺乏对学习者进行严格的智力训练。

这次课程改革由于没有避免上一次课程改革惯性的影响，实际编写的教科书仍然基于传递知识和技能的观点，教学过程也没有发生实质性的改变，课程改革没有达到预期的目的。

在这一阶段，结合对新课程进行的评估和反思，开展了许多科学教育心理学上的探索，提出了影响深远的建构主义学习理论。其中重要的工作有杰亚夫（R. Drive）的发现：学生科学学习的成绩与其先前经验的相关性，要大于与其通常意义上的认知水平的相关性，而这个特点是与学生科学概念的形成与转变的机制紧密相关的。因而紧随其后，深入研究学生科学概念、学习机制的研究报告数量呈指数式上升，其中影响最大的是庞瑟（G. J. Posner）等人的"概念转变理论"。他们要回答的是两个更加微观的问题，即原有的概念及其结构的什么特征，控制了对新概念的选择；一个核心概念在什么样的条件下会被另一个概念所取代。建构主义学习理论为传统的"探究"和"过程"的概念找到了心理学上的意义，学生在"探究"过程中构建新概念或修正旧概念，这为科学教育改革的深入发展提供了坚实的理论根据。

与此同时，对科学教师的科学素养的调查评估研究受到重视，而且在此基础上，开发出一批有针对性的教师培训材料。许多研究者使用不同的调查手段和测量工具，得出的共同结论是，教师的科学素养水平之欠缺令人吃惊。而且，科学教师的科学素养与其大学教育时期的学习成绩和教龄没有显著的相关性。因此，普遍的结论是，在科学新课程开发过程中，教师培训必不可少，而且，与科学方法、科学史和科学哲学有关的内容，应该成为教师职前教育和职后培训的重要内容。从教育史上看，20 世纪 70 年代前后，也是美国和英国等发达国家的教师教育体制,从封闭式的师范模式向开放式的以综合性大学为主体的模式转变基本完成的时期。这为培养较高科学素养的教师做好了体制上的准备。此外,20 世纪 70 年代也是发达国家全面普及基础教育的时代,丰富的教育资源已有能力不仅考虑尖子学生,还可以关注较低学习能力的学生。这种普及科学教育的思想反过来又为建构主义的发展提供了用武之地。

3. 以建构主义为主导的多元阶段

在总结了 20 世纪 60 年代的经验教训,并运用建构主义的理论进一步丰富了"探究"和"过程"的教学意义的基础上,20 世纪 80 年代到 90 年代中期西方国家的科学教育改革进入以建构主义为主导的多元阶段。

与此同时,进入 20 世纪 80 年代以来,随着科学教育普及化和因科技发展所带来的社会问题的日益凸显,科学教育在基础教育中的重要性和地位也越来越为各国所重视。科学为大众的理念已日益成为各国科学课程改革与实践中的共识,这就是科学教育目标包括物理教育目标不应该放在进一步学习科学而成为科学家或工程师的少数精英学生身上,而应该放在大多数未来公民的兴趣和需要上。因此,科学课程改革的根本目的在于塑造未来公民的整体科学素养。改革的理论基础:一是人们对科学本质的认识和科学教育观的转变;二是建构主义学习理论;三是对学生学习过程的研究,特别对学生错误概念、概念转变的研究。其重要标志是美国 1985 年启动的"2061 计划"。该计划及其有关文献的内容,如《面向全体美国人的科学》《科学素养基准》《科学教育改革蓝本》《国家科学教育标准》集中体现了近半个世纪以来科学教育研究和实践的主要成果。这些文献所反映的思想概括起来至少包括如下几方面:

①科学教育不仅要超越"知识"领域,还要超越"过程"领域,即"价值和态度"领域也应成为科学教育的目标。

②科学教学必须与学生的生活经验相联系,要将学生的已有经验和认识作为教学的起点。

③提出培养终身学科学的能力。

④重视教师培训,建议不仅要为学生制定标准,还要为教师教育制定标准。

4. 基于标准的科学教育改革阶段

经过 20 世纪 60 年代的初步尝试和失败、70 年代的反思、80 年代的多元探索和对科学教育质量的重新审视,90 年代的科学教育改革进入了新的阶段。其中最显著的标志是发达国家为了控制科学教育质量而有史以来第一次推出全国统一的科学课程标准。英国 20 世纪 90 年代开始大范围推行《国家科学课程(英格兰和威尔士地区)》,对 5~16 岁孩子的科学教育明确提出了 17 个方面(分 10 个层次)的"学习目标"(Attainment Targets)。美国于 1996 年颁布了《国家科学教育标准》,把"科学探究"作为科学教育的基本理念和方法。20 世纪 90 年代中期以后美国一系列科学教育文献中所反映的思想,概括起来至少包括以下几个方面:

①进一步明确科学素养成为科学教育的目标。

②"探究""过程"等几十年前发展起来的经典概念被确定为科学教育的途径和手段,

但特别强调以大多数科学家的观念为基础的"科学的探究"和"科学的过程"。如《国家科学教育标准》将"科学的探究"定义为"是科学家们用以研究自然界并基于此种研究获得的证据而提出种种解释的多种不同途径。科学探究也指的是学生用以获取知识、领悟科学的思想观念,领悟科学家们研究自然界所用的方法而进行的各种活动",而不是 80年代一度盛行的孩子们自己建构的过程。

③科学史、科学哲学对科学教育的意义得到了广泛重视。从已有文献来看,其意义主要有:第一,有助于加深学生对科学概念、科学过程和社会背景的理解;第二,科学史是将科学教育人性化,是沟通科学与人文的一个途径。

④就课程开发而言,国家课程文献只提出标准,不规定内容和程序。在统一"标准"或"学习目标"下,教师有权而且应该开发适合于自己学生情况的课程内容以及相应的活动。课程标准须同时明确课程评价的标准与方法。无论是对学生的评价,还是对教学的评估,都应注重过程性评价。

⑤科学教育和课程开发须全社会共同参与。课程开发是长期性的、不断更新的动态过程。

⑥科学新课程建设必须与科学教师教育同步进行。科学教育标准应该同时规定教师培训的标准,并且明确培训的内容与方式。强调"把出发点放在教师当前的科学认识、科学能力和科学观念上",而不是单纯的科学知识上的继续教育。科学教师的参与式培训被认为是有效的手段,提出教师教育也要像他们的学生那样,通过探究的活动,扩大对科学的认识。培训内容还要将教学技巧、科学本质和科学过程融为一体,其目标是使"科学教师成为科学界在课堂上的代表"。

5. 基于整合的科学教育改革阶段

课程整合是一种组织课程内容的方法,也是一种课程设计的理论,是现代课程改革面对的问题之一。基于核心概念,整合学科知识,促进学生参与科学工程实践,实现对重要原理的深入探索,发展学生对科学知识的深层理解,并提升学生的科学素养,已成为21 世纪国际科学课程改革的方向。

进入 21 世纪,为了应对科技人才减少和科技竞争力下降带来的危机,美国 2011 年颁布了《K-12 科学教育的框架:实践,跨学科概念与核心概念》,2013 年颁布了《新一代科学标准》。针对以往美国科学课程中存在的"知识琐碎、逻辑不连贯、课程广而不深"、忽视学生参与科学工程实践的需求等问题,用整合的理念,提出了科学学习的三个维度:科学实践、跨学科概念、学科核心概念,并以核心概念组织课程内容,以学生的表现期望为核心,用"表现期望+基础盒子+链接盒子"将学科核心概念、科学与工程实践与跨学科概念有机连接起来,实现了课程内容的整合。

当前的 STEM(Science,Technology,Engineering,Mathematics)教育是一种典型课程整合方式。它从真实情境出发,选择学习主题,提出探究问题和学习任务,以问题解决、任务完成过程作为课程内容的组织中心,采用多学科知识和方法,学习者作为研究者直接参与学习活动,通过问题的解决和任务的完成来进行课程学习。

STEM 教育具有如下基本特征:①课程内容包含多学科知识和方法的整合。②课程内容与学生经验相整合。③课程内容与社会生活相整合。④课程内容中包含多种学习方式的整合。⑤课程内容包含多种学习资源的整合。

目前我国 STEM 教育方兴未艾,需要进一步做好贯通不同学段的系统性、整体性的课程构建,并建立相应的标准和评估机制。STEM 教育目前在学校实施中面临的最大瓶颈是教师问题,培训教师是当务之急。但对于教师的专业成长来说,需要提供系统化的专业发展指南,这样培训才有依据。另外,目前我国 STEM 教育开展还需要设计一些由国家层面倡导的示范项目,而且这些示范项目不应局限在竞赛活动上,还应包括课程开发、教师培训等方面,从而更加系统和多元。

总之,从国际科学教育改革的历程上看,20 世纪的科学教育走过了不少弯路。其中主要的经验和教训有三条:其一,必须以科学家们所定义的科学为科学教育内容的标准。其二,必须以学生的认识背景和认知特点作为科学教育的起点,才能引导学生走向共同的标准。其三,科学教师的同步培训,尤其是对科学本质的真正理解,是科学教育取得成功的必要保证。

3.4.2 我国物理课程的改革与发展

我国将物理课程作为一门法定的中学课程始于 1902 年,经过 100 多年的发展,我国的物理课程已经形成了具有自己特色、相对完备的中学物理课程体系。纵观我国中学物理课程的演变,可以分为中华人民共和国成立前和成立后两个演变时期。下面对每个时期的物理课程分别从课程目的、课程内容和教材以及教学方法等三个方面加以考察,以期对不同时期的物理课程有一个宏观的认识。

1. 中华人民共和国成立前中学物理课程的演变

由于社会变革是影响课程的一个重要因素,按照中华人民共和国成立前的社会变革状况,我们把物理课程分成两个阶段:晚清时期和民国时期。

(1) 晚清时期的物理课程

清光绪二十八年(1902 年),壬寅学制的学堂章程规定,中学堂为四年制,第一、二学年开设物理课程,每星期 2 学时。翌年颁布并实施癸卯学制规定,中学堂为五年制,物理课程在第四学年开设,每星期 4 学时,这是我国中学开设物理课程的开端。

中学物理课程开设之初,对课程的要求比较笼统且极不完善,常常把物理和化学两门课程的要求合在一起论述,例如,1904 年清政府颁布的《奏定中学堂章程》,在阐述中学堂各学科分科的目的时,规定物理与化学两门课程的目的:"讲理化之义,在使知物质自然之形象并其运用变化之法则,及与人生之关系,以备他日讲求农、工、商实业及理财之源"。可见,当时开设物理课程的目的是为学习实用性的课程和生活做准备,这与当时盛行的"中体西用"的思潮是一致的。

在课程内容上,《奏定中学堂章程》规定了物理课程的基本内容和教学顺序。"其物理当先讲物理总纲,次及力学、音(声)学、热学、光学、电磁(气)学。"由于对物理课程内容的规定比较粗略,所以当时的物理教科书的编写和使用有较大的自由度。这一时期的物理教科书大多数直接翻译或编译日本、美国的教科书。也有的学校则直接使用英文原版课本。教科书的移植和多样化是这一时期物理课程的突出特点。课程内容只涉及宏观的物理现象和规律，内容比较浅显，相当于现在初中物理的水平。

在教学方法上，《奏定中学堂章程》规定："凡教理化者，在本诸实验，得真确之知识，使适于日用生计及实业之用。"但在实际教学中，由于受我国传统教育的影响，加之实验条件的限制，大多数教师是照本宣科，学生机械记忆。

（2）民国时期的物理课程

1911 年辛亥革命爆发，推翻了封建帝制，建立了中华民国。1912 年 12 月国民政府颁布了《中学校令施行规则》，其中规定："物理化学要旨在习得自然现象之知识，领悟其中法则及对于人生之关系。物理化学宜授以重要现象及规律，并器械之构造作用，元素与化合物之性质；兼课实验。"

为了规范和完善中学物理课程，1913 年 3 月 19 日颁布了《中学校课程标准》，其中规定中学在第三学年开设物理课程，每星期 4 课时，讲授内容为：力学、物性、热学、音学、光学、磁学和电学等。

1923 年颁布的《初级中学自然课程纲要》《高级中学公共必修的科学概论课程纲要》和《高级中学第二组必修的物理学课程纲要》，对物理课程的要求更加具体明确，其中包括物理课程之目的，物理课程的内容和方法，毕业时最低限度的标准，尤其是《高级中学第二组必修的物理学课程纲要》，对授课时间及学分做了明确规定，列出了详细的授课内容纲目以及对材料之整理、教授之注意、实验之要件等做了明确说明。

1929 年颁布了《初级中学自然科暂行课程标准（混合的）》《初级中学理化暂行课程标准（分科的）》和《高级中学普通科物理暂行课程标准》，这次颁布的标准较 1923 年的标准又进了一步，对物理课程的要求更加完善和具体，标准分为六个部分论述，即第一目标，第二作业要领，第三时间和学分支配，第四教材大纲，第五教法要点，第六毕业最低限度。其中《高级中学普通科物理暂行课程标准》，列出物理讲授内容 41 项，物理实验内容 39 项，教法要点 5 条，毕业最低限度 5 条。

1932 年，国民政府正式颁布《初级中学物理课程标准》和《高级中学物理课程标准》，取消了学分，标准的内容包括四部分，第一，目标（初中 3 条，高中 3 条）；第二，时间分配（初中 2 条，高中 3 条）；第三，教材大纲（初中内容 36 项，高中内容 80 项）；第四，实施方法概要等，实施方法概要包括教学要点（初中 5 条，高中 9 条），实验教材（初中 31 项，高中 41 项），实验室中应注意各点（初中 5 条，高中 6 条）。1932 年标准的重大变化是增加了实验室中应注意各点的内容。

1936 年，国民政府对物理课程标准进行了修订，并颁布了《初级中学物理课程标准》和《高级中学物理课程标准》，这次的标准对原标准的授课内容作了调整，标准的框架及格式基本没有变化。

1940 年，国民政府修订的中学课程，允许自然科学与物理并存，由学校自行决定，高中分文理科。1941 年，颁布了《修正初级中学物理课程标准》和《修正高级中学物理课程标准》，同时将高中物理学生实验分为甲组和乙组，规定甲组学生实验每星期一次，每次 2h；乙组学生实验每两星期实验一次，每次 2h。

1941 年 9 月，教育部根据第三次全国教育会议"设六年制中学，不分初高中"的精神，颁布了《六年制中学物理课程标准草案》，同时指定在部分国立中学及川渝等 11 个省市的部分私立学校试验。该标准中的教材大纲规定，物理课程讲授内容 87 项，实验教材 36 项，同时规定每人至少做 30 个实验。

1948 年，国民政府颁布了《修订初级中学理化课程标准》和《修订高级中学物理课程标准》，这次的标准要求初中理化合科，高中阶段物理和化学分科开设。

下面以 1932 年国民政府正式颁布的《初级中学物理课程标准》和《高级中学物理课程标准》阐述物理课程的目标、内容和教学方法。其后的课程标准只是在课程内容方面做了调整，其他方面基本没有发生变化。

从课程目标上，初中物理课程要求达到：①使学生了解常见的简单物理现象；②养成学生观察自然界事物的习惯并引起其对于自然现象加以思索的兴趣；③使学生练习运用官能及手技，以增强其日常生活中利用自然的技能。高中物理课程要求达到：①使学生明了物理学中之简单原理，并能用于解决日常问题及说明常见现象；②训练学生运用官能及手技，以培养其观察与实验的才能；③使学生略知物理学与其他自然学科及应用科学之关系。

上述课程目标与晚清时期的物理课程的目标有了明显的区别，提出了养成学生观察自然和思考问题的习惯和兴趣，培养学生的能力等现代物理教育的目标，同时也注意到了物理学与其他学科的联系。

在课程内容上，初中物理涉及 36 个专题，包括力、声、振动和波、热、光、电磁等内容，并注重物理知识在实际中的应用。高中物理涉及 80 个专题，除了在初中物理的基础上加深以外，还增加了近代物理的知识。

在课程设置上，普通中学的初高中分段使中学阶段的物理课程形成了两次循环的模式，这种模式一直沿用至今。只是早期为"同心圆放大"，初中讲过的内容高中还要讲。后来改为"螺旋式上升"，部分初中学过的内容高中不再学习。

在教学方法上，当时的初中物理教学注重观察实验和归纳法，高中物理教学仍然以讲授为主，注重记忆和考试，虽然课程标准对演示实验和学生实验有明确的要求，但由于受我国轻视实践的教学传统的影响和当时实验条件的限制，多数教师仍然采用传统的"注入式"的方法，只停留在讲述书本知识而不做实验。虽然这个时期，不断有学者将国外的教学方法介绍到国内来，但对实际的教学影响很小。

2. 中华人民共和国成立后物理课程的演变

中华人民共和国成立后，我国的中学物理课程经历了多次修订和变革，既有成功的经验，也有不足之处。为了阐述方便，这里重点放在高中物理课程的演变上。纵观我国中学物理课程的改革历程，大致经历了过渡时期、学习苏联时期、探索徘徊时期、"文化大革命"时期、恢复时期、调整时期、素质教育倡导时期、变革时期。反映了我国不同时期的政治、经济、教育的发展和需要，也表明了我国物理教育发展与教学改革的探索历程。

（1）过渡时期（1949—1952）

中华人民共和国成立初期，百废待兴，物理教育领域亦是如此。1949 年 11 月中央人民政府教育部成立，1950年8月教育部颁发了《中学暂行教学计划（草案）》，这是中华人民共和国第一份教学计划，设置了包括物理在内的门类齐全的学科课程。针对当时教材编排不合理、学生负担过重问题，本着精简内容、讲求实效的原则，1950年7月中华人民共和国教育部颁布了《物理精简纲要（草案）》。为了规范中学的教学内容，1950年9月成立了人民教育出版社，教育部决定中小学教材由人民教育出版社组织统一供应。这个精简纲要只是一个过渡性的课程文件，1950年10月，教育部开始组织拟订中学物理科课程标准草案，经过多次讨论修订，1952年3月颁布了中华人民共和国第一个《中学物理科课程标准（草案）》，并在全国征求意见。该草案规定，初中阶段物理课在第二学年和第三学年开设，每星期授课2h，实际总授课144h；高中阶段，第一学年和第二学年物理课程每星期授课2h，第三学年物理课程每星期授课3h，第二学年和第三学年每星期实验1h。

这一时期的物理课程主要受当时的社会条件和政治的影响，学习和吸收了当时苏联中学的经验。这对于我国建立和恢复正常的物理教学秩序，使中学物理课程与教学步入正轨，起了积极的作用。

在物理课程的目标上，从知识、技能、能力、兴趣和观点等方面提出了要求，比原来的课程目标有了明显的扩展和提高，并体现了中华人民共和国对学生思想教育的要求。

在物理课程设置和内容上，均吸收和借鉴了苏联的经验。例如课程设置采用了初高中"螺旋式上升"的循环模式，物理课程的内容和课时也明显增多。当时的教材由于来不及新编，各地选用的教材要么是老解放区的课本、要么是当时比较通用的课本，或者苏联课本的编译本。

（2）学习苏联时期（1953—1957）

1952年3月颁布的《中学物理科课程标准（草案）》，由于没有完全体现全面学习苏联的方针，因此新教材的编写尚未完成便被终止。1952年12月，中央人民政府教育部以当时苏联物理教学大纲为蓝本，编订了我国第一份《中学物理教学大纲（草案）》。由于中学教学计划的修订，这个大纲没有在中学实施。1953年10月，这个大纲再版时对它进行了适当的调整并在教学实践中执行。由于大纲规定的课程内容较多，为了减轻学生的负担，教育部于1954年和1955年先后两次颁发了《精简中学物理教学大纲（草案）和课本的指示》，对课程内容进行了精简。大纲和新教材在实施过程中，仍然存在要求高、分量重、内容深的问题，1957年教育部又颁布了中学物理教科书的精简办法。

1956年6月，教育部颁布《中学物理教学大纲（修订草案）》，该大纲是在1952年《中学物理教学大纲（草案）》的基础上，以苏联1954年颁布的贯彻综合技术教育的新物理教学大纲为蓝本，结合我国实际而制定的。《中学物理教学大纲（修订草案）》对《中学物理教学大纲（草案）》的内容和课时作了适当的调整，增加了基本生产技术教育和劳动教育方面的要求和内容。由于各种原因的影响，这份大纲未能在全国顺利实施。

这一时期的物理课程受政治的影响较大，课程教材教法基本上全面照搬苏联的经验。物理课程目标和任务政治色彩较浓，较少体现学科和学生的需要。当时的教材主要以编译苏联的教材和参考苏联的最新课本改编为主。即使是改编也基本上对苏联教材的整个思想体系和基本内容不做大的变动，只是对教材中不适合中国情况的材料加以适当的更改和补充。在这一时期,教育部根据实际教学中出现的内容多、学生负担重的问题先后三次发布文件精简大纲和教材,这实际上是一个逐渐使引入的苏联物理课程本土化的过程。但由于我们几乎全盘接受了苏联当时的做法,所以,在教学中出现了某些偏差,如教学环节强求规范,过分强调知识的传授,夸大教师的作用。

应当指出的是,学习苏联既给我国物理教育带来了积极的影响,如物理课程、教材和教学的科学性和规范性明显提高,加强了近代物理内容。同时也产生了消极的影响,如课程基本上以课堂、教师、课本为中心,过于强调接受学习和技能的训练,不能很好地发挥学生学习物理的主动性等。

(3)探索徘徊时期(1958—1965)

这一时期是中国开始摆脱苏联的影响,进入"独立自主、自力更生"的阶段。1958 年"大跃进"在全国范围内引发了"教育大革命",如缩短学制、精简课程,增加劳动,注重思想教育,超英赶美。就物理课程而言,针对当时舆论提出的教材"三脱离"——脱离政治、脱离生产、脱离中国实际,以及"少、慢、差、费"的问题,开始进行教材改革。许多省市提出"砍、换、补"的方案,即砍掉初高中教材重复的内容,用生产实际替代理论知识,补充现代物理知识或深难内容。中央也鼓励各地根据实际修订和自编教材。在这种背景下,各地学制、课程设置和教材一度出现了多样化的局面。各地教材的编写,虽然摆脱了苏联的模式,但由于对物理教育的规律缺乏认识,编写的教材存在着程度偏高、内容偏深,在结合实际和政治方面有片面性,在改变学科体系方面也有缺点,许多教材并没有在实际中使用,同时在使用上混乱,教育质量下降。针对上述状况,教育部组织力量研究和总结了中华人民共和国成立以来物理课程教材和教学改革的经验和教训,并广泛借鉴了其他国家的物理教材,于 1963 年 5 月,印发了《全日制中学物理教学大纲(草案)》,该大纲草案包括教学目的和要求、教学内容、教学内容的安排、演示和学生实验及教学中应该注意的几点 5 个部分。它规定初中二年级物理上课 105 课时,初中三年级 99 课时,高中一年级 140 课时,高中二年级 175 课时,高中三年级 165 课时。从课时看,该大纲取消了规定的课外作业的课时,增加了平时复习和机动的课时。自此,我国的物理教育开始走上正轨,物理教学研究也逐渐开展起来。

(4)"文化大革命"时期(1966—1976)

"文化大革命"时期,虽然各地物理课程处于无序状态,但也是我国物理课程地方化、多样化探索尝试时期。根据当时的需要,一方面各地陆续成立了中小学教材编写组,组织课程,自定、自编物理教材;另一方面多地将物理课改为工业基础知识课,并按照"典型产品带教学""以生产为主线安排教学内容"的原则,将物理内容纳入"工业基础知识"之中,因此,编写的教材大多是工业基础知识加上零碎的物理知识。其中具有代表性是以"三机一泵"为主体的物理教材。这个时期的物理课程是社会中心课程的代表。直到"文化大革命"结束,高校恢复招生,各级各类物理教学研究机构陆续成立,才使我国物理教育步入一个崭新的天地。

(5)恢复时期(1977—1982)

"文化大革命"结束后,包括教育界在内的各行各业都在拨乱反正,教育界也在恢复正常的教育秩序。我国的中学物理教育经历了一个曲折发展的过程后，于1977年重新走上健康发展的轨道。1977年，教育部确定中小学十年学制，1978年1月教育部颁布了《全日制十年制学校中学物理教学大纲（试行草案）》，依据这个大纲人民教育出版社编写的十年制高中物理教材（试用本），从1979年秋季开始陆续供应全国使用。这套高中物理教材吸收了一些国外新教材的内容，如当时在国际上比较有影响的美国物理研究委员会《PSSC物理》和《哈佛物理教程》等物理教材的改革思想，基本上反映了大纲的要求和特点，因此，这套教材是中华人民共和国成立以来质量比较高的一套高中物理教材。需要指出的是，制定大纲和编写相配套的教材对学生比较系统地掌握进一步学习现代科学技术所必需的物理基础知识考虑得比较多，急于缩短我国与发达国家之间在物理教学上的差距，而对我国当时中小学的客观条件估计过高，对国外中学物理教材的改革和使用情况的调查研究也不够。教材使用后，大多数普通中学的教师和学生反映要求偏高，程度偏深、分量偏重，特别是理论要求过于严谨，学制2年又偏短，以至于大多数学生感到难学，许多教师感到难教。尽管如此，这个时期的大纲和教材奠定了我国中学物理教育的基础，形成了我国物理教育的传统，体现了我国物理教育的特色。

（6）调整时期（1983—1990）

教育部从两方面采取措施，一方面是修改学制和教学计划，另一方面是实行两种教学要求。1981年，教育部颁发了《全日制六年制重点中学教学计划（试行草案）》和《全日制五年制中学教学计划试行草案的修订意见》。为了适应不同学校的情况，使不同的学生都能学有所得，1983年教育部决定高中物理（包括数学、化学、生物、外语）实行两种教学要求：一种是基本要求，比试用本的内容减少、标准要求降低，使多数学生经过努力能够学得了；一种是较高要求，仍基本保持试用本的水平。这两种教学要求反映在教育部1983年10月颁发的《高中物理教学纲要（草案）》中。与纲要相对应，人民教育出版社出版了适应基本要求的新编物理课本（乙种本）和适应较高要求的物理课本（甲种本）。这是中华人民共和国成立后我国对中学物理课程提出两个不同要求的初步尝试。

1986年，鉴于学制、课时、教学内容都已不同于1978年颁发的十年制学校教学计划和教学大纲，国家教委决定以当时的教学实际为根据，本着"适当降低难度，减轻学生过重的负担，教学要求明确、具体"的原则，修订1978年的大纲，使学校教学有所遵循。修订后的《全日制中学物理教学大纲》于1986年底付梓印刷，1987年1月印刷发行，从1987年秋开始施行。在教学内容和教学要求方面，1987年大纲的高中部分与1983年教育部颁发的《高中物理教学纲要（草案）》的基本要求大致相同；而教学纲要（草案）中的较高要求部分，在1987年大纲里作为附录。为了便于教学，人民教育出版社参照这份大纲，对1984年秋开始供应的乙种本做了修改。修改后的课本不再有乙种本字样，从1988年秋开始供应。甲种本则未修改，继续供应。这个大纲是中华人民共和国成立后第一个不冠有"草案""修订草案"等的物理教学大纲，与以往的大纲相比，它的最大变化是完全取消了各个课题的教学时数，这就给教师的教学留下了发挥自主权的更大空间。

1985年，教育部印发了《调整初中物理教学的意见》，在教学内容，习题的深度、广度上加以控制，进一步明确教学要求，以利于减轻学生的负担。1986年，中华人民共和国颁布并实施《中华人民共和国义务教育法》，继 1986 年的中学物理教学大纲取消各个课题的课时后，1988 年，国家教委做出"一个大纲，多本教材"的决定，公布了《九年制义务教育全日制初级中学物理教学大纲（初审稿）》，将义务教育阶段的物理教育与高中阶段的物理教育分开，以体现不同阶段在教学目的和要求上的差异。初审稿首次对初中物理课程结束时应达到的目标分为知道、理解和掌握三个层次，对技能的要求用"会"表示，同时对"知道、理解、掌握、会"作了具体说明和界定。在一纲多本的政策支持下，义务教育阶段除了人民教育出版社的教材，还出现了适应华东地区的物理教材，适应沿海地区的物理教材等多个版本。

从以上可以看出，中华人民共和国成立后至 1986 年，物理课程经历了多次改革，且在改革中不断发展和完善。从本质上看，物理课程始终未能跳出"一纲一本"的模式，其主要特征表现为统一要求，即一个教学大纲和一套教材，统一教学内容，统一教学时数和进度。不过，在实践中国家对物理课程也在不断探索，不断进行改革，也进行了逐渐取消课时限制，一个教学大纲两种教学要求以及一个大纲多个版本的教材的初步尝试。但在课程实施过程中，也出现了一些偏向，如 1983 年，高中物理课程实行两种教学要求（基本要求和较高要求）后，由于当时多数学校以高考为目的进行教学。虽然教育主管部门要求，高考按基本要求即乙种本教材命题，但实际上，大多数学校生怕吃亏，仍然按较高要求即甲种本去教，师生负担过重的问题没有得到解决，应试教育倾向愈演愈烈。而且出现了更严重的问题，过早实行文理分科。有些学校，学生一入学就进行文理分科，导致一些学生在高中阶段，一点物理知识都没有学到，学生知识结构不全，科学素质培养的问题凸显出来。

（7）素质教育倡导时期（1991—2001）

为了解决上述高中物理课程问题，1990 年国家教委提出两项改革要求：①在课程上，实行必修和选修：高一、高二必修，高三选修，史称"二、一分段课程"；②在评价上，实行会考制度。这次高中物理课程"二、一分段"的做法打破了所有高中生在 3 年中全部学习物理课程的状况，是我国物理课程改革的一次突破。这次高中物理课程教材改革的主要问题，也主要体现在"二、一分段"课程上。"二、一分段课程"即高一、高二面向全体学生开设 2 年的必修课程，高三面向理工科倾向的学生开设 1 年的选修课程。

由于必修和选修课程内容的人为划分和研究不够，出现了课程衔接问题：必修分量重，选修要求高，教材的结构体系被打破。也就导致了能力衔接问题：必修课程，好学生不够吃，差学生吃不消；选修课程，能力要求高，课程难度大，学生负担重。

1992 年，国家教委颁布了《九年义务教育全日制初级中学物理教学大纲（试用）》，该大纲是在 1988 年《九年制义务教育全日制初级中学物理教学大纲（初审稿）》基础上，征求各方意见经修改形成的，它首次为乡土教材教学、平时的机动复习安排了 40 课时，这是物理课程适应地方特色的初步尝试，是突破中华人民共和国成立后物理课程中央集中管理的初步尝试。

1996 年，国家教委制定了《全日制普通高级中学物理教学大纲（供试验用）》，1997 年秋季在两省一市（山西省、江西省、天津市）进行试验，在试验的基础上进行修订后，2000

年教育部印发了《全日制普通高级中学物理教学大纲(试验修订版)》,同年秋季在10个省市试验,次年扩大到25省市继续试验。2002年4月,在试验的基础上修订后,教育部颁布了《全日制普通高级中学物理教学大纲》,该大纲同时在全国施行。这个大纲是中华人民共和国成立后至今我国颁布的最后一个物理教学大纲,之后物理课程就实现了由教学大纲向课程标准的转变。这次课程改革提出了两类物理课的教学内容和要求。其中Ⅰ类物理课即必修物理课,是面向全体学生的课程;Ⅱ类物理课即必修和限选物理课,把必修和限选打通,为理工科倾向的学生开设的课程。在教学要求方面有两类物理课:较低要求的层次(A层次)和较高要求的层次(B层次)。这次课程改革,在调整课程结构的同时,要求物理课程要加强情感态度的教育,实施课题研究。

(8) 新世纪的物理课程改革(2001—2018)

进入新世纪,为了适应国际和国内人才培养需要,1999年教育部组建了国家基础教育课程专家委员会。2001年颁布了《基础教育课程改革纲要》,启动了义务教育课程改革,颁布了义务教育物理课程标准,编写了相应的教材。2003年启动了高中物理课程改革,颁布了高中物理课程标准,编写了相应的教材。这次课程改革,在"一标多本"的思想指导下,编写了5套高中物理教材,实现了高中物理教材的多样化。这次高中物理课程改革的突出特点可以用几个关键词来表示:模块化课程、科学素养、三维目标、科学探究、学分制。

这次课程改革有没有问题?下面我们就以下问题做些讨论:

①学生的学习负担是否过重的问题?负担过重的问题是不是教材造成的?

学习是一种负担,但不等于负担过重。当前学生的学习负担确实存在过重的问题。但问题是否由教材造成的?有关物理教科书的国际比较研究表明:我国的中学物理教科书难度是中等的。学生的学习负担过重不是由教科书造成的,那是由什么原因造成的?是不是由"一步到位"的教学、"题海战术"的训练造成的?还是有深刻的社会原因造成的?这个问题留给读者课下思考。

②应试教育愈演愈烈之势?

我们不能不加分析地反对应试教育。存在某种考试,就存在针对这种考试的应试。我们也不能否认高考对人才的选拔作用和效果,否则,我们就无法解释改革开放以来我国在经济社会和科技等领域取得的巨大成就。这些成就的取得没有足够的人才支撑是不可能的。我们所反对的是用"教考"代替"教学";高中三年的课程两年上完,一年用于复习备考;反复操练海量习题;靠条件反射式做题,提高分数的做法。如果应试教育愈演愈烈之势指的是上述情况,我们应该理直气壮地对应试教育说"不"。

③高中生的物理知识结构残缺不全的问题。

现行高中物理课程结构和修习要求,不论对于文科倾向的学生还是理科倾向的学生,都会造成物理知识结构残缺不全。例如,对于理科发展倾向的学生,如果不选考选修3—4,那么他们高中毕业时的力学、电学、光学的知识结构都是不健全的。

④学生共性与个性的问题。

既重视学生的共同基础,又重视学生的个性和特长,应是物理课程改革的趋势和必然要求。但在我国目前的考试制度下，凡是要考试的课程，不管是必考还是选考，都变成了必修课程；凡是不考试的课程，可以不教，可以不学。如何开设适应现代社会发展需要的学生的共同基础物理课程和满足学生的个性特长需要的物理课程是高中物理课程改革面临的挑战。

⑤教师素质的问题。

当前我国教师教育改革与发展的方向和目标，是紧紧围绕高水平教师的培养来规划。要求教师要努力提升自身的教学素养，在实施"素养为本"课堂教学的关键能力上取得重大突破。国际教师教育研究发现，存在"'三高'因应链"，即"高水平教师""高质量教学"和"高素养学生"之间存在因果关系，高素养创新型人才的培养，呼唤高水平教师；当前要实现由"基于知识点的教学与评价"，向"基于学科核心素养发展的教学与评价"转变急需高水平教师。教师素质的问题是制约我国教育发展水平和人才培养层次的瓶颈问题。

由此可见，我国中学物理课程改革的特点：高起点，顶层设计；实践性，实践中探索；经验性，在经验中总结；继承性，在继承中改革和发展。

总之，多年来，我国中学物理课程统一性有余，灵活性不足，课程改革在一定程度上存在着"回摆"现象。事实上，课程改革的成功与否取决于改革是否全方位进行。因此，我国需要一个基于基础研究、课程标准、教材教法，以及教师培训、评价体系为一体的全方位的基础教育课程改革。

综上所述，我国物理课程的改革和发展，是由国内政治、经济形势决定的，为巩固和建设国家而培养人才。从物理课程的演变可以看出，物理课程逐渐向强调知识应用、能力培养、非智力因素，注重学生发展和提高科学素养等方向转变。我国物理课程的类型主要还是内容知识导向，综合课程和过程导向的课程在实践中遇到很大的困难和阻碍，物理课程改革任重而道远。

3.4.3 中学物理课程改革与发展的基本问题

任何形态的物理课程都是在一定的社会环境中产生、发展的，因此不可避免地受到社会政治、经济和文化诸因素的影响。上述国内外中学物理课程改革和发展的历史，既有对我国物理教育传统的继承，如强调物理基础知识和基本技能，重视德育的渗透；又在智力发展、思维训练与能力培养方面，呈现从知识识记为主转向独立思考、以创造性思维为主的趋势，也折射出物理课程改革和发展的基本问题。

1. 物理课程取向问题

物理课程取向指的是为何人提供何种物理教育。长期以来，我国物理课程的主要目的是培养科技人才，促进经济发展，在课程内容上强调学科的基本概念和原理，为学生进一步学习高一级的课程内容做准备。在过去的几十年间，国际科学课程经历了从20 世纪 60 年代的精英教育向 80 年代及以后的大众教育的课程取向的转化过程。我国的物理课程改革与发展也逐渐适应了这种趋势，但在我国的物理教育实践中，由于升学考试的压力，计划课程、实施课程和习得课程之间始终存在着较大落差。物理课程取向问题，虽然从理论上得以确立，如物理课程标准从不同的角度阐述了培养学生科学素养的必要性，强调物理教育要面向全体学生，同时，在课程目的上明确提出以提高全体学生的科学素养为最终目的；在课程内容上，突出基础性和时代性，突出物理、技术与社会的结合，强调物理的社会意义；在教学方法上，强调科学探究在物理教学中的作用。但在实践中物理课程取向问题仍是一个没有得到很好解决的问题，唯知识、唯能力和唯技术的功利主义物理课程的价值取向依然存在。

2. 物理能力培养问题

能力培养是一个中国本土化的问题，从历史的角度来看，主要是针对过于重视"双基"（基础知识和基本技能）的现象而提出的，也由此形成了"知识和能力是相辅相成、相互依赖的""一定的知识基础是发展能力的前提，能力是进一步学习基础知识的条件"等基本观点。这与西方的"科学探究"的课程理念有极为相似的一面，因为西方的科学课程发展中也有所谓"内容"与"过程"之争。但是，能力培养在我国的物理课程中基本上属于目的或目标范畴，而科学探究在西方则更多地属于教学方法的范畴。这一区别导致多年来能力培养在我国仅停留在理念或口号的意义上，没有或很少落实到课程内容上。例如，在我国历年的教学大纲中，能力培养只在"教学目的"或"教学要求"里表述，在后面的"教学内容"和"注意事项"（教学法）中基本不再提及；即使提到，也无切实可行的建议。能力培养和科学探究的另一区别还在于其要素上。我国物理课程的能力培养主要局限于若干个要素，而科学探究的要素则要广泛得多（包括整个科学研究过程，即所谓"科学过程"）。正是认识到能力培养和科学探究的这些区别，在新的课程改革中，物理课程在物理核心素养教育的主旨目标下把科学探究作为课程目的、课程内容和教学策略来处理，从科学研究的整个过程来看待学生的能力培养问题，而不再局限于具体的能力要素上。

3. 理论联系实际问题

长期以来，理论联系实际是物理课程与教学的一个基本原则。但是，对于理论如何联系实际，联系到何种程度，并没有准确的衡量尺度。实际上，1949 年以后的课程与教学往往在"理论"与"实际"中摇摆。"文化大革命"期间的物理课程因为过于偏重"实际"而受到了激烈的批评。在这种情况下，1978 年以后的物理教学大纲中特别强调正确处理理论和实际的关系，提出要注意防止理论脱离实际和只强调实际而忽视理论这两种偏向，联系实际的内容主要包括科学知识在工农业生产、科学技术和日常生活中的应用，在涉及物理知识的技术应用时应着重讲授基本原理，一般不涉及生产中的技术细节问题。

与此同时，西方国家的科学课程也非常重视"理论联系实际"，但理论联系实际的内容、方式和方法是通过"科学、技术与社会"（STS）教育运动体现出来。尽管西方的 STS 教育的基本精神在我国受到普遍的认可，很多学者在理论和实践方面做出了积极的探索，但是在 20 世纪 80—90 年代的物理课程中，STS 教育在很大程度上还是从理论联系实际的角度展开，多是结合学科内容联系生产生活实际和社会应用，以扩大学生的知识视野为目的，基本没有触及 STS 教育所涉及的一些深层次的问题，如科学的本质、科学与社会的关系、科学与技术的关系等。

在新的课程改革中，"理论联系实际"作为课程内容的选择和组织原则几乎不再使用,而与此相关的科学、技术、社会与环境(Science、Technology、Society、Environment, STSE)教育理念则反映到新的物理课程的目标和内容中。在科学素养这一主旨目标的统领下,物理课程在 STSE 方面有所突破。例如,在课程标准中,"科学、技术、社会与环境"的教育理念已明确列入课程目标,甚至作为课程内容出现,在内容上也不限于联系生产生活实际,更要涉及科学的本质、技术的本质、科学与社会的发展等。STSE 甚至对课程设置也有影响。例如,在初中阶段增设综合科学课程,以加强科学与社会的联系以及各自然科学间的沟通。高中物理课程的选修模块分别从科学(物理学)、技术应用、物理学与社会人文的融合三个角度来设置。

4. 探究过程与知识性内容的关系问题

这个问题的处理实际上涉及教师对物理课程性质的认识。传统上,对这个问题的回答有两种截然不同的观点:"过程中心"观点和"概念中心"观点。

(1)"过程中心"观点。此观点认为探究过程应放在最重要的位置,着重发展学生的思维技巧和科学态度。思维技巧往往包括观察、假说、推理、分类、类比、控制变量、解释数据、预测、交流,以及综合运用各种技能而制订科学实验和调查计划;科学态度则包括好奇心、质疑精神、尊重事实、独立思考、对新理论和新观点的接纳倾向、对新发现的成就感等。相应的"活动"设计虽然离不开具体的内容的选择,但主要围绕着发展学生的这些思维技能和态度上,而不是把构建连贯的知识放在首位,目的是帮助学生学会怎样学习。在这种模式下,最极端的情况是课与课之间内容的编排往往有目的地使之零星化、不连贯。

(2)"概念中心"观点。此观点注重课程内容的选择,而其选择的标准是有利于学生构建对目前理解周围环境和今后从事科学研究有基础性意义的科学概念。这些概念往往包括物质的性质与状态、物质的结构、物质的相互作用与运动、能量的形式与转换等。尽管这些概念的建立是在学生参与活动中完成的,也会涉及一些"过程"的技巧,但重点放在对概念的理解上,而不是概念产生过程的理解上。因此,这种模式的优点往往是使学生的学习速度加快,基础知识系统、扎实;但缺点是将实际上复杂的自然过程简单化。

"过程中心"与"概念中心"这两种观点各自都不完善,应该相互补充。从宏观科学史的角度上看,科学概念的发展过程往往与科学的发展过程相一致,正确掌握概念,有利于科学思维的发展。这种过程与概念综合模式的原理是,通过实际观察以及解释所观察的现象,学生首先形成对某种事物的行为、运动或变化的初步印象或概念;这种初步的概念在学生进行下一个类似现象的观察中,常常被运用,并可能被证实、修正或发展。这样,过程与概念的关系是,过程是概念构建过程中的重要载体,概念通过过程而逐步发展、完善;概念可以使过程更加精细化,以使更复杂的现象得到观察和理解,而过程可以使概念生动活泼起来。因此,在具体的教学设计中,要将活动的内容或主题,选在学生的周边环境中,并围绕着发展学生的"过程"技能进行实施。

5. 物理课程内容的选择问题

随着科技的飞速发展,物理学的新成果、新技术、新方法、新应用不断涌现,物理课程的内容日益膨胀,学生不堪重负,已经成为世界性物理教育问题。让什么内容纳入物理课程之中,就成为物理课程改革中不可回避的问题。在解决这一问题时,听一听站在科学前沿的科学家的意见,会给我们耳目一新、柳暗花明的感觉。

遗传学家杰弗瑞(C. H. Jeffrey)从生命科学发展的角度,对中学生物课程教材的改革,提出了自己的见解:删去仅在生物学史上有意义的概念,保留那些对生物科学发展有价值的概念。他在审阅高中生物学教材之后说,教材要求学生掌握 160 多个概念,但是,用于理解当代生命科学和涉及这门科学未来的基本概念不过十几个。如果他的这个意见得到真正实现,那么,中学生物课程教材就有可能只剩下原来的 1/10 左右,绝不仅是只砍掉一半。《2061 计划——面向所有美国人的科学》将杰弗瑞的意见上升为一个原则:"这就是说,要选择对现在和数十年以后仍然应当知道的知识,以及影响重大的内容。另一方面,就是不再讲授那些过时的技术或局限于一定科学领域的知识,尤其是要选择那些为人生建造知识大厦的永久基础的概念。"

那么,什么是过时的、受到局限的知识,什么是建造知识大厦永久基础的概念呢?一些科学家或在自己学科的范围或在跨学科的广泛领域,做了具体的探索。美国物理学家安瑟尼·齐(Anthony. Q)将中学物理教材中的定律划分为两种:唯象学定律和基本定律。他用比喻说明二者的关系:二者的关系很像法律学中的地方法规与宪法原则的关系,前者具有暂时性和局限性,后者具有长期性和基础性。他举例说明二者的关系:"例如胡克定律,它表明拉长一个金属弹簧所需要的力,正比于弹簧被拉长的量。这是一个唯象学定律的例子,是观察到的经验规律的一个简单陈述。然而,20 世纪 30 年代,金属理论问世了,胡克定律就可以用金属中原子之间的电磁相互作用来解释。胡克定律只针对一个特定的现象,而支配电磁学的基本定律则可以使我们能够解释各种迷惑人的现象。"

安瑟尼·齐认为物理教材之所以日益庞杂,就是因为教材的编写者们未能区分唯象学定律和基本定律。他们试图找到尽可能多的定律,去解释物理世界中所观察到的每一现象,以至许多学生都被高中或大学的物理课程难住了。因为他们所见到的只是与自然的内在要素没有多少关系的唯象学定律。事实上,当代基础物理学家正在朝向使定律尽可能少的方向努力。这些基础物理学家的雄心是,用单个基本定律去取代大量的唯象学定律,以达到对自然的统一描述。安瑟尼·齐还说:"当代物理学在着手向进一步的简化进发。我们对自然探究得越深,它就越显得简单。"许多人被一种盲目的观念所束缚,认为高科技等于高不可攀。事实可能正好相反。因为,当代科学是对自然更深刻的认识,提供了人类认识自然更加锐利的思想工具。而且,一些成人理解困难的东西,不等于儿童掌握也困难。因为,儿童对高科技没有畏惧感,却蛮有新奇感。多少儿童成为电脑能手,就是一个证明。儿童虽然缺乏基础知识,但是,他们也因此不保守。成人对高科技的保守态度是阻碍教育及时汲取当代科学思想的原因之一。我们不应该忘记在金属理论诞生以后的 60 多年后,即 20 世纪 90 年代,中学物理教材中还在介绍胡克定律。基础科学教材改革的滞后,给学生学习带来大量毫无意义的沉重负担,这个状态不能再继续下去了。高科技的产生无疑依靠基础理论,但是,反过来它有可能有助于筛选基础知识,变换理解角度,使过去难以理解的变成易于掌握的。对此,安瑟尼·齐说:"从实质上讲,高等物理比初等物理更简单——这是一个很少向外行人透露的小秘密。"

当代科学的最新研究成果是站在前沿的科学家对自然更深入、更透彻的理解,而正是这个理解,才有可能使基础科学课程变得简洁而易懂。只有理解了当代科学思想的人,才能够成为 21 世纪的建设者。没有站在科学研究前沿的科学家参与,就没有基础科学课程与教材的现代化。这是被教育史上的课程与教材改革证明了的规律。

6. 物理课程的数学化问题

定量化是物理学的基本特征之一,物理学与数学相结合推动了物理学的发展。物理学的这种特征表现在物理课程上,数学是物理知识的一种表征方式,是物理推理论证的工具、方法和手段,是物理问题解决的重要途径和方法。但数学不是物理,物理是简单而微妙的,如果对于要认识的事物,我们不能以一个简单的方式说明它,那就是没有理解它。如果在中学特别是高中阶段,让学生过早地学习很数学化的物理课程,那么他们对诸如全球变暖、科学方法或能源等社会相关性科学知识,对相对论的知识、量子物理的概念等近代物理的内容就会知之甚少,对于经典物理学和现代物理学的概念以及物理学与学生的生活关联缺乏定性理解。如果物理课程把强调的重点放在定量解题而不是基本概念上,那么学生中学毕业时对物理中基本概念的理解会非常少。他们能解决基于公式的定量问题,但只要问他们"一辆卡车撞上一辆大众轿车时它们相互之间的作用力如何?"这么简单的一个问题,就会马上发现他们并没有理解牛顿第三定律。一个对物理缺乏概念性理解的学生解起物理问题来,就如同一个聋人在作曲或一个盲人在作画。太多的理科学生正在他们没有一点感觉的物理问题的分析上兜圈子,正是对现在学生学习物理境况的生动写照。在中学阶段,大多数学生需要学习的物理课程应该是一门广泛的、概念性的,并且和社会背景相联系的课程,而不是基于数学的物理课程。

7. 物理课程目标细化的问题

20 世纪 70—80 年代,在建构主义思潮中,课程研究对 50 年代兴盛的泰勒的目标模型进行了批判。一种激进的少数派认为,学生的探究结果不可预测,因此,教师不应该以事先设计好的结果去指导学生的探究活动。而且,这种学派还进一步认为,一些重要的科学概念和技能的学习可能因为细化的目标与一定的活动相固定而受阻。其原理被解释为学生的活动体验具有第一位的重要性,而且这种体验对每个学生都具有独特的意义。实际上这个问题与人们对科学本质和科学教育本质的认识水平有关,随着认识水平的提高,目标的细化问题才有意义和可能。另外,如果一个教师充分理解和掌握课程内容和活动,那么目标的细化对他而言将是自然而然的事。因此,对不同的教师,目标细化到什么程度是有着不同答案的。

英国的国家课程不仅包括教学目标的细化,还包括次一级的"学习程序"的一定程度的细化,即以简要的轮廓给出了每个学习目标在学生 4 个关键发展阶段的内容、过程和态度三大教学目标领域的建构元件,要求教师根据这些元件去构造自己的教案。当然,在英国,关于课程文献中"学习程序"的细化问题也有完全不同的两种观点,实际上这个问题与上面讨论的教学目标的细化问题一样,主要不是理论上的问题,而是实践问题。细化的程度取决于两点,即教师的变通能力和所涉及的内容是否对所有的学生都适用。当然,正如前面所提到的,困难主要在第一点。如果师资条件不够,就必须细化。但这同时意味着教师被架空,他不需要自己去构建教学中的活动,甚至不需要理解教学活动,这样带来的结果当然是学生学会的是模仿,而不是探究。因此,只有灵活的学习目标和教师自己成功地组织的课程才能真正实现从学生的兴趣出发的教育思想。

8. 物理学业评价改革的问题

学业评价是物理教育的重要环节,是物理教育活动沿着制定的目标前进的保证。物理课程改革的顺利开展离不开学业评价的变革,二者相辅相成。物理课程需要多元的评价方式,例如,科学探究就需要表现性评价的发展,而只有学业评价的改革进一步发展和突破,才能更好地促进我国物理教育改革的推进。

思考与实践

1. 目前物理教师对物理课程认识是怎样的?在当前课程改革的背景下,物理教师应该持有怎样的物理课程观念?

2. 请分别对在职初中、高中物理教师和你的同学中进行调查,请他们对以下列出的物理课程目标,按重要程度进行排序,看一看能得出什么结果?

(1) 对科学产生兴趣。

(2) 学习基本的物理知识。

(3) 为进一步学习物理做准备。

(4) 训练科学探究技能。

(5) 会做习题。

(6) 学习在科学中有效交流的方法。

(7) 认识物理学在日常生活中的重要性。

(8) 了解物理学在技术中的应用。

(9) 了解物理学相关的职业。

(10) 了解物理学史。

(11) 提高在实验室中对安全问题的认识。

(12) 培养实验室技能技巧。

3. 初中物理课程的目标和高中物理课程的目标之间是否有差异?差异在哪里?

4. 搜寻或设计符合以下目标的科学活动的例子:满足个人需要,为解决社会问题,为高一级的学习和职业教育做准备。

参考文献

1. 中华人民共和国教育部.普通高中物理课程标准(2017年版)[M].北京:人民教育出版社,2018.

2. 中华人民共和国教育部.普通高中物理课程标准(实验稿)[M].北京:人民教育出版社,2003.

3. 廖伯琴.普通高中物理课程标准(2017年版)解读[M].北京:高等教育出版社,2018.

4. 李新乡,张军朋.物理教学论[M].北京:科学出版社,2009.

5. 中华人民共和国教育部.义务教育物理课程标准(2022年版)[M].北京:人民教育出版社,2022.

第4章　中学物理教材

学习目标

1. 知道教材的概念,理解教材的属性,认识教材的功能。
2. 认识教材分析的意义,理解教材分析的步骤和方法。
3. 认识教材的作用,会正确使用教材。
4. 认识中学物理教材改革的特点和趋势。

教材是课程理念、目标和要求的具体体现,是教师组织教学活动的基本依据,是学生物理学习的最主要资源。重新认识物理教材的含义与功能、创造性地选择和使用教材是物理课程改革对教师提出的新要求,而要达到这一要求的基础和前提,就是要掌握物理教材的基本知识,会正确分析研究教材。同时,分析与处理物理教材是设计物理课堂教学,制订合理有效的教学方案的前提和基础,实现物理教学目标的关键步骤。因此,物理教师必须掌握分析和处理物理教材的方法和技能。

4.1　物理教材概述

在许多教师的认识中,教材往往被看作是具有特定体系的学科知识的概括和总结,对教师的教与学生的学起着绝对的规范和控制作用。这种传统的教材观,过于注重教材在传递知识方面的功能以及教材的权威性,导致许多教师只知道"教教材",不会,也不敢创造性地开发和使用教材。在物理课程改革的背景下,教师必须树立正确的教材观,重新认识教材的含义和功能,只有这样,才能在教学实践中创造性地开发、选择和使用教材。

4.1.1 物理教材的含义

"教材"(Teaching Materials)是一个具有多种含义的术语。广义地讲,教材是指教学过程中有计划地应用的一切教学材料,它既包括教学大纲、课程标准、教科书(即课本)、参考书、讲义、参考书刊、辅导材料、练习册、习题集、图表等文字资料,也包括网络、在线课程资源、教学影片、录音带、录像带和光盘等音像资料;狭义地讲,教材就是指教科书,我们这里所讲的教材主要指教科书。教师和学生对教科书再熟悉不过了。但是,什么是教科书?教科书在教学中处于什么地位?有何功能?这些问题涉及对教科书的概念和属性的认识。如果不弄明白,就会影响到对教科书在教学中的地位、作用和功能的认识,从而影响到教学水平和质量。

什么是教科书？习惯上人们把教科书称为"课本"（Textbook），表示它是学校功课的根本，即学校用以进行教学和考核学生学习的根本。英文把教科书称为 Textbook，是"对科学或学术的任何分支的阐述文稿"和"被确认为权威的著作"。从这样的理解出发，教科书应该是汇集了人类知识精华的著作，具备学术性、权威性和本源性，是相应学科的学术论著、权威的教学资源。教科书在教学中的地位当然是至高无上的，是教学的出发点和内容，是教师必须信守的教学依据。习惯上我们把老师称为"教书先生"，把学生的学习称为"读书""念书"，就反映了这样一种思想。直到 20 世纪 80 年代，我们还在大力提倡课堂教学应"以本为本"，即教师备课首要应"吃透教材"，学生学习应"围绕教材"，学校考试应"紧扣教材"，试题答案应和教科书"保持一致"等，就是这种认识在教学实践中的反映。

对教科书的这种认识是以知识传授的教学观念为依托的。传统的教学观念以知识传授为中心，认为学生的学习就是接受外在的知识，教学就是由教师将外在的知识传授给学生的单向传输过程，教学的效果表现为知识的获取和积累。教科书就是教师向学生传授知识的载体，教师只要把教科书中的知识准确、透彻地讲解给学生，学生只要弄懂、记住教科书的内容，教学就算完成了。

在现代教育教学理念下，对什么是教科书的回答应该包括以下三方面：

①教科书是一种媒介。学生通过教科书认识人类文化遗产和知识财富，认识课程的内容和要求，展开与同学及教师之间的课堂互动。

②教科书是一种工具。学生利用教科书的内容安排，体验学习过程，积累学习经验，获取必要知识，构建自己的知识框架，学会探究并形成对自然和社会的正确观念，促进智能和个性的发展。教师利用教科书创设学习情境，组织教学活动，进行教学评价。

③教科书是一种资源。教科书通过陈述性的课文具体展示课程所规定的教学内容，通过各种栏目向学生介绍人类的知识和经验，通过活动向学生介绍程序性知识，是学生学习的重要资源之一。

物理教材是以物理课程标准为依据，根据教学目的和学生的认识规律，有计划地选取物理学的内容，并加以改造而编制的、系统地反映学科内容、具有一定深度和广度的教学用书。物理教材在教学中具有十分重要的作用。一方面，物理教材是教师进行物理教学的基本依据。教材通过自身的体系指出了教学的整体顺序，通过自身的内容限定了教学的基本程序和要求，具有指导教学的作用。教师备课、上课、布置作业和考试、考查都不能脱离教材的范围；另一方面，物理教材是学生学习物理的基本材料。物理教材在学生学习中起着知识载体和学习指导的作用，它是学生获取物理知识的主要来源。

4.1.2 物理教材的属性

中学物理教材作为教学的基本资源，应该具有基础性、知识性、时代性、灵活性、导向性、工具性等基本属性。

1. 基础性

中学教育是基础教育，是为培养合格的公民和各行各业的建设者打基础的教育，因此,教材内容的选取应当为学生打好两个基础:一是作为当代社会合格公民的基础,二是个人全面发展和终身发展的基础。这两个"基础"都包括三方面的内涵,即核心知识、关键能力、价值观念。因此教科书内容的选择不能只考虑学科的需要和学科的逻辑和结构,还要考虑作为未来社会的合格公民的需要,考虑学生发展的需要。

2. 知识性

虽然我们反对把教材只作为知识的汇编,但是我们并不否认教材应起到把学生引入科学殿堂的作用。要实现这一点,学生首先必须具备最基础的知识、技能和方法,才能进一步从基础出发去体会科学的方法并获取新的知识。因此,教材应该是学生学习知识的最基本来源,应尽量使学生对物理知识有适度深入和全面的了解,知道物理知识与生活和社会的联系,了解物理知识随时代的进步与发展。

3. 时代性

教材应当反映物理学科的新进展和发展趋势,反映物理学对社会进步和科技发展的重要作用,反映物理技术应用对生产生活带来的影响,反映物理学知识具有相对稳定性、应用性、局限性及发展性等特点。教材内容应增强与当今社会生活的联系,注意时效性,应包含最新、最能反映时代特点、精神和进步的内容。这样说并不等于教科书不要旧的、传统的东西。一些反映人类文化遗产的优秀的东西是历久而常新的,如伽利略和牛顿对力和运动的认识等,永远不会"过时",而且会随着时间的进程和反复的研读,不断激励出对旧内容的新认识。所谓时代性,就是要不断地把这些新的认识纳入教科书的视野中。时代性也不是赶时髦,有些新的知识的学习难度很大,不适合作为中学物理教科书的内容,也不应该勉强地硬塞进去,应该考虑学生的接受水平,只做简单的介绍。

4. 灵活性

由于学生的发展是有个性而且多样化的,对教科书的需求也是多样化的。有的希望教科书的内容难一些,有的希望容易一些;有的希望介绍知识多一些,有的希望自主探索多一些。这就要求教科书在内容的深度、广度以及教学设计上要有一定的灵活性,以满足不同学生的需求。

5. 导向性

教材必须具备一定的导向性。从观念上说,要注重教材的育人功能,落实物理课程在物理核心素养方面的要求。从内容上说,既要注重物理内容的基础性,也要注意物理内容的分层与分类,关注不同学生的学习需求。从呈现方式说,它不仅要体现现代教育思想和教学理念,还要引导学生和教师认识新的教育思想和理念,并逐步适应新的教学要求。

6. 工具性

教材必须有利于教师组织教学活动,有利于学生构建新的知识。教材应向学生展示一些有助于学生理解物理学科领域的关键知识、方法、过程以及物理学科与其他学科之间的关系、与社会和生活的关系的重要范例,从而成为帮助学生进行学习并学会学习的工具,是引导学生理解认识人类已有经验和知识的媒介。

4.1.3 物理教材的功能

教材作为构成教学系统的最基本的要素,是教师教和学生学不可缺少的重要媒介。在课程改革的背景下,教材不再是单纯的"知识"载体,也不再是教学内容的全部和唯一依据,只是为了实现课程目标而使用的教学资源之一。

1. 教材只是为教师教、为学生学提供必要的素材

叶圣陶先生说过:"教材无非是个例子,通过例子来使学生达到举一反三的本领。"为教学提供信息资源是教材最基本的功能。把教材定位在为教师的教学服务,为教师提供精心打造的、可供利用的课程资源,表明它不再是课堂教学的全部内容,而只是为开展教学活动,以促进师生互动产生知识而提供的一种范例和素材。

在课堂上,学生获得的知识主要来自三方面:A 型,教材及其他途径提供的知识;B型,教师个人的知识;C 型,师生互动产生的知识。B、C 型知识是以 A 型知识为基础发展、转化而来的。

以往的教学把教材看作教学的唯一对象和依据,过分强调学生对教材的记忆和理解,在这种情况下,A 型知识规范和控制着整个课堂,很少有 B、C 型知识。即使有个人的知识,其作用也仅仅是用来理解教材,传递教材的知识。也就是说,教师个人知识服从于教材的知识,不可能以独立的形态出现在课堂中。

现代教学论认为,教学过程应该是师生之间利用各种手段积极互动、相互交流、共同发展的过程。在这种情况下,教师个人的知识和师生互动产生的知识在整个课堂中会占很大的比例。这样,教材将不是教学的全部内容,而只是为开展教学活动以使师生互动产生知识而提供素材和话题。

 案例 4-1-1

> 粤教版 2003 年版物理必修 2"遨游太空"。教材通过丰富的具有时代性的图片向学生展示了人类对太空探索的历程和我国在航天技术中所获得的伟大成就。其目的并不是让学生记住人类对太空探索的一些历史事件,而是以这些典型事件为素材使学生意识和感受到人类为了实现飞天梦想所做的不懈的努力和航天技术给人类文明进步和社会发展所带来的影响,以激发学生献身于航天事业的热情和向往。本课的内容是学生感兴趣和非常关注的。有关航天技术,也有着丰富的可利用的课程资源,如图书、音像视频、网络资源等。因此,本节课的教学,教师完全不必局限于教材的内容,可以将课内和课外内容结合起来,以开阔学生的视野,特别是充分利用一些视频音像,对于激发学生的兴趣,了解人类对太空探索所做的努力,以及激发学生进一步探索的兴趣是非常重要的。

2. 转变学生的学习方式

教材不再以定论的方式呈现内容,其目的是为发挥教材在转变学生学习方式上的作用,并产生积极影响。物理课程改革的目标之一就是改变学生的学习方式。教材作为学生主要的学习资源和直接作用的对象,为学习方式的形成提供了"物质"载体,发挥着重要的作用。

学习方式是指学生在完成学习任务的过程中的基本行为和认知取向。学生的学习方式主要有两种：①以接受、记忆现成知识结论为特征的接受式学习方式；②以学生主动参与、探究发现、合作交流为特征的探究式学习方式。在以传授知识为中心的学校教育中，教材作为课程目标的具体化产物，其内容是以定论的形式直接呈现出来，学习就是记忆和理解这些定论，学生的学习活动方式主要就是听讲、记忆、做习题，很少有积极的情感投入和实践参与。加上教师的一言堂式的教学方式，长此以往，学生就形成了被动接受、死记硬背的学习方式。

课程改革以促进学生发展为根本目的，以转变学生的学习方式为突破口，提倡自主、探究与合作的学习方式，充分发挥学生的主体意识，培养学生搜集和处理信息的能力、获取新知识的能力、分析和解决问题的能力以及交流与合作的能力。这就要求教材要能够为学生提供主动参与、乐于探究、积极实践的机会，为学生学习方式的转变提供有效条件。因此，教材在内容的呈现上，不应拘泥于对具体事实和概念的陈述。注重过程和方法，以真实情境中的问题引发学生的认知冲突，让学生通过各种各样的探究性活动学会搜集、加工和处理信息的科学方法。

 案例 4-1-2

粤教版 2003 年版物理 2 第一章抛体运动第一节"探究曲线运动的条件"，教材并没有直接将结论告诉学生，而是先让学生观察从不同角度抛出的物体的运动轨迹（图 4-1-1），然后提出一系列问题引导学生思考，并与其他同学讨论与交流，得出抛体做直线或曲线运动的条件。在此基础上，提出在一般情况下物体做曲线运动的条件，并做出猜想。最后通过一个实验探究活动，学生通过实验探究物体做曲线运动和直线运动的条件，并利用已学过的知识从理论上分析物体做曲线运动和直线运动的条件。

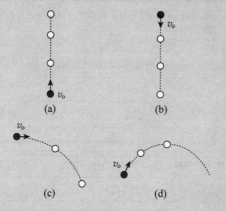

图 4-1-1　从不同角度抛出的物体的运动轨迹

这样的教材设计促使学生在积极主动地观察、思考、讨论和探究中获得结论，而不是死记硬背具体知识，有利于学生形成主动探究的学习方式。

3. 促进学生物理核心素养的全面提升

物理观念、科学思维、科学探究、科学态度与责任是物理核心素养的四方面。为了落实和提升学生的物理核心素养,教材就要落实物理观念、科学思维、科学探究、科学态度与责任等方面的要求,但由于物理观念、科学思维、科学探究、科学态度与责任是以物理知识为载体,体现在概念的形成过程、模型的建立过程、规律的发现过程和知识的应用过程中,所以我们不可能撇开具体的知识和情境,空谈"科学思维、科学探究"。同样科学态度与责任的形成也是在知识的习得过程和亲身实践体验的过程中逐步建立的。有鉴于此,教材的设计是以知识为线索展开的,在这种情况下,教师在教学中很容易把注意力集中在知识上。教材以知识为线索,并不等于说,科学思维、科学探究、科学态度与责任是次要的。而实际上,尽管教材内容呈现的线索是知识,但科学思维、科学探究、科学态度与责任是融合在知识之中的,在教材任一内容中,科学思维、科学探究、科学态度与责任的内容是有机交织在一起的,不存在哪个为主哪个为辅的问题。其实,物理学不仅是具有实验性、理论性、精密定量并应用广泛的一门基础科学,还是一门带有方法论性质的科学。物理学的发展过程贯穿着科学方法论与物理思想的发展,并且任何物理学的内容,无不具有实验基础、物理学的思维方法和数学表述这三个基本因素,同时物理学的任何内容都渗透着科学家对自然界的好奇、探究精神和对科学的真、善、美的追求。只有从物理观念、科学思维、科学探究、科学态度与责任四个维度分析理解教科书的内容,才能在教学中实现科学教育和人文教育的统一,有效促进学生物理核心素养的养成。

 案例 4-1-3

人教版 2019 年"实验探究小车速度随时间变化的规律"教材内容的设计。如果只考虑对知识的掌握,那么。从加速度的定义式 $a = (v - v_0)/t$ 出发,经过代数式的变形,立即就可得到 $v = v_0 + at$,于是就能用来解题了,然而,教材赋予了这段内容更多的教育意义,其设计思路如图 4-1-2 所示。

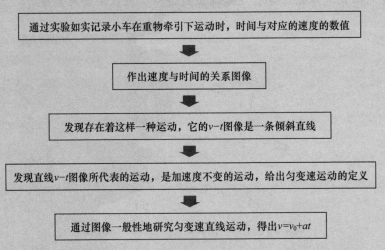

图 4-1-2

教材中这段内容虽然与人类对此问题的认识过程不尽一致,但学生却经历了一次科学规律的发现过程,体验了一次从实验到规律得出的典型的科学过程,特别是用图像分析问题的通用的科学方法,逻辑思维的线索清晰。因此它在价值观及科学过程、科学方法上的教育价值得到充分体现。

4．不以教材作为指导和检查教学的标准

在以往的教育理念和实践中,教材是教学的中心,教师的作用只是讲解教材,以使学生掌握教材,从而形成了这样一种关系,教学时教材通过教师展现在学生面前,考试时教材经过教师过滤变为考题去检查学生。这样,学生并不一定需要直接与教材建立联系,以至于有相当一批学生不读教材,只看"笔记",只做"习题"。

教师在使用教材时,这种观念要发生改变。教材中有大量的供学生自由阅读的材料,大多短小精悍,生动浅显,应指导学生有选择地阅读,少数内容也可根据需要在课堂上有选择地涉及,不必每处都讲。不是书上的所有内容都要由教师在课堂上讲授,也不是只有教师讲过的内容才算学过。也不是教材上所有的字句都要求学生学懂、学会,现实生活中所接触的文本,并非都是读者能够理解的,也常常出现多处读不懂的地方,因此才对人的自学能力提出了要求。教材中有的阅读材料有意安排了这样的内容并不加以解释。其目的,一是引导学生接受这样的现实:现实生活中,不知道的,甚至永远不可能弄懂的东西太多了;二是引导学生学会从许多不懂的材料中找到能够理解的那部分信息并加以利用;三是引导学生对部分不懂的并又感兴趣的内容自己想办法来弄懂它。

教材是根据国家课程标准编写的,国家课程标准是我国大多数学生都必须达到的基本要求。但为了适应不同地区、不同学校、不同学生的情况,教材在编写时,除了满足国家课程标准的基本要求之外,都适当增加或补充了一些内容,教师可以根据自己所教班级的情况来决定取舍。

教学资源有多种,教材只是其中的一种,教材也已多样化。教师应该适应这样的形势。一方面,教学活动的设计应该按照"普通高中物理课程标准"的要求来进行;不以某一种教材的表述为判断正误及要求高低的标准;另一方面,今后也不是只是手拿一本教材和配套教参就能胜任教学的。要参考多种教材,从不同教材的处理中进一步理解"普通高中物理课程标准"的精神,同时也要参考多种介绍物理学及其应用的参考书,扩大自己的知识面。

4.2　物理教材分析

分析教材是教师的基本功和基本素养,是备好课、上好课的关键,是进行教学设计的第一步。特别是新教师,必须明确教材分析的基本要求,掌握教材分析的基本方法,恰到好处地进行教学设计。同时,教材分析的过程,也是增长专业知识、提升教学素养的过程。

4.2.1　物理教材分析的意义

从思想上,重视教材的分析和研究,把握教材的方向,首先要认识教材分析的意义,明确进行教材分析的依据。

1．教材分析是实现知识信息转化的需要

从信息论(Information Theory)的观点看,教材分析是完成知识信息由教材经教师向学生转化的基础,教学过程是一个可控制的信息传递过程。在这个传递过程的开始,教育信息源(教科书)中的知识信息是处于以文字、符号、图形等形式表示的贮存状态,课堂教学过程就是经过教师的讲授、演示等工作,把这种贮存状态的知识信息首先转化为传输状态的知识信息,然后通过学生的学习再把传输状态的知识信息转化为学生头脑中的贮存状态的知识信息。

由于受多种形式的制约,教材是很难把这两种知识信息形式的转化过程与方法呈现出来。因此,不经过对教材的分析与研究,就难以把握和完成知识形式的这两次转化。也就是说教材分析的目的是为把静态的知识变换成动态的信息,以便于向学生传递,转化为学生的知识。

2. 教材分析是从整体上把握教材的需要

从系统论的观点看,教材分析是掌握概念、规律的本质及它们之间的联系,抓住教材重点的过程。根据系统理论,一个系统的整体功能并不等于组成系统的各个部分的功能之和。然而教材内容是一节一节安排的,课堂教学是一堂一堂进行的,不从整体上进行教材分析,往往容易把着眼点放在对局部的具体问题的分析上,这样就难以看到知识的背景和变化,难以看到各部分知识间的联系。

某一知识点只有放在知识整体中,进行全方位、多角度的分析研究,才能真正掌握它的内容,认识它在教材整体结构中的地位,认识它与其他知识之间的联系,从而使教学系统整体达到最优化。而这一点对提高教学质量是十分重要的。有些年轻教师,讲课照本宣科,对教材缺乏系统的分析,因而把握不住概念、规律的本质及它们之间的联系,抓不住教材的重点,这是造成教学效果不好的重要原因。

3. 教材分析是挖掘教材隐含的各种价值的需要

教学过程不仅是知识的传递过程,也是能力的培养过程和思想、意志、情感等教育发展过程。物理知识具有理论价值、应用价值、能力价值和思想教育价值,其中知识的理论价值和应用价值是显性的,能力价值和思想教育价值则隐含于知识之中,具有隐蔽性,表现为"不思则无,深思则远,远思则宽"。教师只有深入分析教材,才可能挖掘出教材的能力培养价值和思想教育价值,以便在教学过程中促进学生发展,培养学生能力。

4. 教材分析是提高教师基本功的需要

作为一名物理教师,上好每节课是最基本的要求,上好课的基础是备好课,备好课的关键是熟悉和掌握教材,而熟悉和掌握教材的途径就是进行教材分析。

从教师的教学经验看,只有对教材进行了正确的分析,才能掌握好教学内容的深度和广度,把握教学的重点。这是因为教材中的知识形成一定的结构,并按照一定的体系来安排。只有分析教材,才能认识某一部分知识在整个课程和教材结构中的地位和作用,以及它与其他部分的联系。这样,才便于把握和确定教材的重点,便于设计这一部分知识的教学过程。

同时也只有正确分析教材,才能明确教学的难点和关键,选择恰当的教学方法。因为教材是为学生的学习而编写的,教学过程离不开知识的传递。在没有进行教学过程之前,教科书上或教师头脑中的教学内容,都处于知识的储存状态,要使它们获得可传递的性质,就不仅要分析教材内容、结构和重点,还要按照学生的认识规律,明确教学的难点和关键,选择恰当的教学方法,以期收到好的教学效果。

5. 教材分析是选择教材的需要

目前我国依据课程标准,在统一要求、统一审定的前提下逐步实现了教材的多样化,已经编写和审定不同层次、不同特点、不同风格的教材,供不同地区、各类学校选用。这样,就要首先解决选择教材的问题。教师应根据教学对象、培养目标、教学要求、教学条件以及教师本人特点等因素来选用最合适的教材。

选定了某一种教材(或按规定使用某种教材)后,在教学中也可以同时参考其他教材,以开阔视野,相互借鉴,取长补短,丰富教学内容和教学手段。为此,就要对各种教材进行全面分析、研究和对比,弄清它们各自的编写目的、使用对象、程度分量、结构体系和特色,以便于选择和使用。

随着我国各方面对外开放的进程,国际交流活动日渐频繁,我们的视野也要逐步扩大到对国外教材的分析、研究中去,以便于借鉴和选择,提高我们的教学水平。

总之,对教材的分析,是选择教材和备课的需要,是教师驾驭教学内容和教学过程的能力基础。进行教材分析是教师的一项基本功。即使有经验的教师也需要不断提高分析教材的能力,重视教材的变化与更新,以便为提高教学质量和加强教材建设做出贡献。

4.2.2 物理教材分析的依据

物理教材不同于一般的物理著述:它是按照一定的教学目的要求编写的;它的内容是从物理学知识总体系中挑选出来的;它是为学生学习而编写的,它的结构体系、内容的组织方式和呈现方式必须与学生的认知结构和认知发展规律相适应。因此,教材分析的基本依据是物理教育的目标和要求、物理学的学科体系和学生的认知结构特点。

1. 物理教育的目标和要求

物理教育的目标和要求是落实立德树人根本任务,提升学生的物理核心素养。物理教材作为直接的课程资源,应在实现物理教育的目标,更好地落实物理课程的育人功能,提升学生的物理核心素养的要求上发挥重要作用。抓住了物理教育的目标和要求就是从总体上把握和判断物理教材的方向。进行教材分析时,应首先从这里着眼,分析教材在内容选择、程度要求及编写上是否符合这一目标和要求,是如何体现这一目标和要求的,这是一个基本的出发点。

2. 物理学的学科体系

人类经过长期的科学研究和实践,对自然界本质的认识不断加深,逐渐形成科学体系。作为人类文化重要组成部分的物理学,是自然科学的最基础学科,在它长期发展过程中形成了包括经典物理和现代物理两大部分的知识内容和逻辑体系,其中充满着丰富的物理思想和方法论,对其他学科的发展和人们的思想、观点、方法都有着重要影响。中学物理教材内容,是整个物理学知识最基础的一部分。只有认识物理学科总体的结构,并在这一背景下分析中学物理教材,才能明确各部分教材内容在物理学知识体系中的地位和作用;才便于居高临下地深刻理解教材中各部分知识内容,以利于融会贯通,在教学中做到深入浅出;也便于从发展的观点掌握知识,以避免教学中的绝对化、片面性。

 案例 4-2-1

> 力学是整个物理学的基础,它所涉及的一些基本概念如力、质量、功、能等,以及基本规律如牛顿运动定律、动量守恒定律等都是物理学中最重要的基础知识,其中用到的一些研究问题的基本方法和某些基本测量也为物理学的其他部分打下了必要的基础。虽然经典力学是一门古老的学科,但它在现代化生产和科学技术各领域中仍然具有旺盛的生命力,它也是将来进一步学习相对论力学、量子力学,以致整个近代物理和其他现代科学技术所不可缺少的基础知识。因此,在高中物理教材中,把经典力学作为重点内容,分量较重,讨论得也比较系统和完整,对学生的要求相应也比较高。

3. 学生的认知结构特点

教学过程从本质上来说是一种有组织的认识过程,学生则是认识的主体。在教学过程中,知识信息作用于学生原有的认知结构,如果找到联系,则发生同化或顺应过程,这时,学生将知识信息纳入自己原有的认知结构中,使原有的认知结构发生量的或质的变化。

依据学生的认知结构特点和认知规律分析教材,才能判断教材的知识结构是否与学生的认知结构相适应,是如何适应的;才便于在更深的层次上理解和把握教材的结构体系和具体安排,做出恰当的处理;才能从教育和发展的角度进一步把握教材,挖掘教材中所包含的能力要求、方法;也才能在教学中合理掌握对学生的要求,使教学过程更好地符合学生的认知规律,收到更好的教学效果。例如,初中、高中物理教材内容的螺旋式上升的安排,教材对于一些重要的核心概念和方法循序渐进、逐步深入的安排等都与初、高中学生不同的年龄特征、认知结构特点与思维规律有关。

需要指出的是,课程标准是国家课程的基本纲领性文件,是国家对基础教育的基本规范和质量要求,是教材编写的依据、教学的依据、评估的依据、考试命题的依据,是国家管理和评价课程的基础,体现了国家对不同阶段的学生在核心素养方面的基本要求,规定各门课程的性质、目标、内容框架,提出教学和评价建议。由此可见,物理课程标准正是依据物理教育的目标与要求、物理学科体系和学生的认知发展规律而制定的,是这三个因素有机结合的体现。因而,教材分析的直接依据是课程标准。

教师必须认真学习和研究课程标准,按课程标准的规定进行教学。在分析教材和进行教学时不能只是就事论事,只看到教学中的具体问题,或基于个人的经验,不能从总体上把握教材,注意了枝节,抓不住大问题。因此,认真钻研课程标准,吃透课程标准的精神,对于从根本上改进教学、提高教学质量,就是首要的和极为重要的。

4.2.3 物理教材分析的基本策略

在明确了教材分析的基本依据之后,还应掌握教材分析的基本策略,才能从宏观上把握分析教材的要领和方法,找到分析教材的切入点。

1. 从教材的编写意图和特点入手,贯彻始终

教材的编写意图是指教材的编写者根据课程标准的要求,编写教材时的具体指导思想。即教材是编给什么人读的,教学目的要求是什么,程度和分量怎样,按什么体系组织教学内容,企图体现什么理念、风格和特色等。它决定教材的总方向,并决定教材的内容选择、组织方式和呈现方式。

抓住了教材的编写意图,就抓住了根本,由此出发分析教材,才能从总体上把握教材,对教材的分析才能全面、深入,对教材的选择才能切合需要,对教材的处理才能准确得当。

教材的编写意图和特点,不只是在教材的整体分析时要注意作为根本,而且在分析局部和各个章节时,也时时不可忘记,无论整体或部分,都要受到编写意图的指导。

有的教师只重视教材中个别讲法如何,对教材编写意图和特点注意不够,这样会造成只见树木,不见森林。由于思路不开阔,教学中容易照本宣科,使教材的优点得不到充分发挥,缺点不易弥补,影响到教学质量的提高。

 案例 4-2-2

粤教版《普通高中教科书物理必修第二册》在匀速圆周运动一节,在引入描述匀速圆周运动的物理量之前,创设自行车车轮(如图 4-2-1 所示)转动的情境,安排了一个"观察与思考"栏目,其编写的目的:一是使学生认识到前面所学习的描述直线运动的物理量也可以用于描述匀速圆周运动;二是使学生认识到匀速圆周运动是比直线运动更为复杂的曲线运动,有不同于直线运动的一些新的特点,需要引入一些新的物理量;三是为学生进入下一个主题的学习做好铺垫,有利于克服学生对角速度理解上的难点;四是使学生受到过程和方法的教育和思维的训练。

图 4-2-1

为了达到上述目的,在"观察与思考"栏目下,在学生观察的基础上设置了三个问题引导学生思考。问题1,自行车车轮转动时车轮上某一点,经一段时间 t 后,在圆周轨道上的位置如何确定? 学生可能想到的方法有:①这一点经时间 t 运动的轨迹即路程;②由起始位置指向末位置的有向线段即位移;③连接该点的半径在时间 t 内转过的角度 φ。鉴于学生的可接受性,这里不要引入角位移的概念,更不要说明它的矢量性。问题2,该点在圆周轨道上运动快慢如何判断? 这里只要求学生做出定性的判断,如可用单位时间内通过的圆弧的长度来判断;也可以用连接该点的半径在单位时间内转过的角度来判断;也可数一下一定时间内转动的圈数;也可以用转动一周所用的时间来判断等。问题3,引导学生认识匀速圆周运动区别于直线运动最显著的特征是什么?

2. 整体分析与局部分析相结合

(1) 要从整体上把握教材, 做到胸中有全局

① 从教材本身来说, 应认识教材的结构和体系, 搞明白教材内部各部分之间的逻辑关系; 搞清楚教材的主干和枝叶、核心和扩展, 明确教材的重点、关键和教材的编排。

② 从教材外部来说, 要注意教材的纵向连接; 还要注意教材的横向联系(生活、社会、技术、其他学科等)。

在这个基础上, 才能从总体上把握教材的要求、结构、深度和广度, 在教学中真正做到难易适度, 负担合理。

(2) 以整体为背景, 分析各部分教材的要求和特点, 明确各部分在整体结构中的地位及其和其他各部分之间的联系

为此, 教师要达到从整体和局部分析了解教材, 大致要经过通读和精读两步。

通读教材是基础。通读的目的是从整体上了解教材的体系与结构。也就是教材章节的安排顺序, 各章节重点知识(概念、规律)的选择与阐述方式, 以及物理学的方法等。

精读是关键。教师在精读教材中应反复推敲、深入考虑以下问题, 以便做到透彻理解, 融会贯通, 灵活运用。

① 教科书各章节中涉及的基本概念、定律、定理及其来龙去脉、推导过程, 适用范围是否清楚? 还有哪些不理解或疑难之处?

② 为了启发学生的思维, 教师应该准备向学生提出哪些问题? 估计学生会提出哪些问题, 学生学习的障碍是什么?

③ 教科书对科学探究是如何安排和设计的? 有没有不妥之处和需要改进的地方? 学生在探究过程中可能会遇到什么困难?

④ 教学中教师需要做哪些演示实验? 何时做实验? 要求学生观察什么? 如何观察? 如何启发学生分析总结等?

⑤ 教科书中的插图、图表的物理意义及作用是什么? 如何发挥教科书中设置的每个栏目的功能?

⑥ 如何处理例题、习题和实践性作业?

⑦ 如何掌握前后有关知识的内在联系, 做到相互对照, 前呼后应?

⑧ 教科书中有哪些联系生活、技术、社会和其他学科的内容?

除此之外, 教师还要认真准备每一个实验, 演算每一道习题, 广泛阅读一些参考资料或其他一些教材, 了解一些动态。

陶行知先生说过: "要想学生好学, 必须先生好学, 唯有学而不厌的先生, 才能教出学而不厌的学生。"

3. 把对教材的物理观念、科学思维、科学探究和科学态度与责任等物理核心素养四方面的分析结合起来

在物理核心素养的四方面中, 物理观念、科学思维、科学探究和科学态度与责任是物理教育的不同方面, 它们既相区别, 又相互联系, 都是以物理知识为基础发展和形成的。把这四方面结合起来分析, 就是通过对物理知识、方法、能力的分析, 将物理知识的

实验性、结构性、思维性、理论性、精密定量性和应用性连接起来,这是由物理学的学科特点决定的。

4. 与分析学生的状况相结合

这里与分析学生的状况相结合有两层意思:

①根据学生的状况分析教材中是否体现了学生的特点,教材的内容、编排处理是否符合学生的特点,以此作为选择教材和处理教材的依据。

②在总体层次、程度等方面都适合的情况下,针对不同的教学对象,在教学时,应做哪些处理?

学生的状况主要包括:其一,要了解和分析学生的年龄、生理和心理发展状况;其二,要了解和分析学生的知识基础;其三,要了解和分析学生已有的能力基础和认知状况,特别是认知困难;其四,要了解学生的学习态度、学习动机、兴趣爱好、学习习惯以及可能影响学生发展的各方面的因素,如班级情况、家庭情况等。

4.2.4 物理教材分析的步骤

一般说来,教材分析应从明确课程标准的基本要求和应如何落实这些要求入手,分析教材的地位和作用,分析教材的内容和结构,明确教学目的、重点和难点,挖掘教材的科学方法、能力培养和思想教育因素,分析教材中的学习心理问题,设计适当的教学方式或提出合理的教学建议。其基本步骤可概括为"四读"。

1. 泛读与教材有关的资料,为深入研读教材明确方向

所谓泛读,指在进行教材分析时,阅读物理课程标准、各个版本甚至不同时期不同学段的教科书、教学参考书,有关的书籍、期刊等。要通过这些资料的阅读,明确中学物理课程在整个中学教育中的地位和任务,明确物理课程标准的基本要求,明确物理知识在各个学段"螺旋式"上升的情况,明确物理课与其他教学科目之间的联系,从而为深入研读教材明确方向,做好准备。

2. 通读整个教材,进行整体分析

所谓通读,是指教师阅读所教学段的全部物理教材。它不要求对教材的细节进行研究,而是通过对全部教材的阅读,了解整个教材的基本内容、知识体系、结构特点以及各部分知识之间的内在联系和逻辑关系,搞清楚教材内容是怎样循序渐进地加以组织的,并结合课程标准的精神,分析教材的编写意图、内容选取、程度要求、体系安排、风格特点等。

3. 细读每一部分教材,进行单元分析

所谓细读,是在通读的基础上,对物理教材中的某一单元进行深入研究,从整体上对该单元教材进行分析。

通过分析要搞清楚以下几方面的问题:

①该单元教材在整体中的地位、作用、目的、要求;

②该单元教材中知识(能力、方法)的逻辑结构;

③该单元教材中的重点和难点;

④该单元教材知识和方法在生活、生产、科学技术、社会中有哪些重要的实际应用；

⑤该单元教材中包含了哪些科学方法和能力培养的因素；

⑥该单元教材渗透了哪些思想教育的因素；

⑦该单元教材有哪些可用习题和实验的资源。

4. 精读每一节教材，进行具体分析

所谓精读，是在细读的基础上，对物理教材中的某一节进行深入钻研，分析每一段，研究每一句，斟酌每一词与每一字，细致、具体地分析教材。

具体要做到以下几点：

①透彻理解该节教材中的全部知识，深入了解该节教材所述内容的背景材料，要站在大学物理的高度理解教材知识，要能解答该节教材中的疑难问题；

②弄清本节教材在整篇教材或整个物理教材中的地位，课程标准对其相关内容的具体标准是什么；

③找出本节教材中所蕴含的学习心理特点，学生学习时易犯的错误及其原因，难点的成因及突破方法；

④分析本节教材的教学特点和讲清知识的关键，选择合适的教学策略、方法，设计教学过程，考虑如何通过知识教学培养能力和进行思想教育等。

4.2.5 物理教材的知识分析法

教材分析的方法有多种，知识分析法是教材分析的基本方法。本书着重介绍知识分析法。

1. 知识分析法的含义

所谓知识分析法，就是在全面阅读教材的基础上，以新的教育思想为指导，从不同层次上对教材涉及的知识进行多角度、多方位的分析。

通过知识分析，明确教材的编写意图，教材所选内容的特点、作用与地位；教材的体系及逻辑结构，进而明确教材的重点、难点，同时挖掘科学方法与能力培养的因素，以及情感态度与价值观教育等因素。

具体分析时，可以由整体到局部依次进行，也就是先分析教材整体（全书），再分析教材的一个部分（模块），最后再分析各章节。

2. 知识分析法的作用

（1）知识分析是进行教材分析的首要工作。因为教材是为了实现一定的教学目的的、有利于学生学习而编写的，而教学目的和任务又首先是通过选择适当的知识内容来体现的。内容一旦选定，它就成了教学活动中学生获取知识的主要来源，是教学的主要依据，它对教学过程的安排起着制约作用。所以，只有对教材中的知识进行深入的分析，才能明确编者的意图，有意识地与教学目的挂钩，充分发挥教材的作用。

（2）知识分析法是教材分析的一种最基本方法。因为教学的最基本功能是传授知识。因此，首先应该研究教材内容，搞清知识的重点和难点。只有在进行了知识分析的基础上，才有利于进行结构分析、方法论分析及心理分析。

（3）分析教材是选择教材的首要依据。我国中学物理教材，不论初中还是高中都有多个版本，这样就提出了一个选择教材的问题。选择教材，首先就要看它是否符合课程标准要求，所选的知识内容能否达到教学目的，教材体系、内容结构是否合理，编写特点是否适应学生的年龄心理特征，学校的实际条件能否完成教材所安排的各种实验等。

3．知识分析法的具体运用

（1）按照课程标准的精神，分析教材的编写意图和特点

一般可从以下几方面分析教材的编写意图和特点。

①编写的指导思想。即分析教材能否贯彻与体现育人为本、课标要求、核心素养导向的思想。

②内容的选取。即内容的选取与安排是否符合课程标准规定的中学物理教学的目的要求；选取的内容和资料有无新意；所选实验、习题、例题、小制作、小实验、阅读资料及学史故事等是否恰当；内容的选取是否有利于激发学习兴趣、提高学生学习的积极性、主动性，有助于培养良好的学习习惯。

③编写结构与形式。即模块、章、节的安排次序有何特点；文字叙述上有何特色。例如，传统的教材多用平铺陈述式，现在不少教材采用指导语引导式，即以各种形式的指导语，把教材内容分成有机联系的几个部分；另外，还要考虑图文配合及其作用的发挥等。

了解教材的编写意图和特点，有助于我们从整体上把握教材，更好地发挥教材的优点，克服教材的不足，便于以整体为背景来处理和分析各部分教材。

（2）分析教材体系

所谓教材体系，是指教材的章节安排次序所体现出来的知识体系的主干或整体。具体分析的方法步骤为：

①阅读各章节标题，概括地了解所讲述的基本内容。

②按一定标准，例如按所述知识的内容范畴聚类，找出知识聚类的特点。

③分析知识聚类后的安排顺序，从而确定该教材体系的特点。

（3）分析教材结构

我们把全书或各章节重点知识（概念、原理……）和方法之间的主要内在联系方式称为教材结构，这里主要是指教材的知识逻辑结构。

下面说明分析教材知识结构的方法步骤：

①阅读教材，找出所讲述的主要知识点，如概念、规律、重要的实验等。

②将所有的知识点编号，然后按它们在教材中出现的先后顺序依次排列，每个知识点可用一个方框表示，作用相近（或重要程度相近）的知识点可并列排列。

③在有内在逻辑联系的知识点之间画箭头，方向从前概念（背景知识）指向后续概念（扩展知识）。

④整理成能体现内在联系的知识结构图。

从知识结构图可以很自然地显示出各主要知识点在教材中的地位与作用，箭头越集中的知识点，其地位越重要。而且，可以明显地看出哪些是背景知识，核心知识和扩

展、应用知识。另外,箭头除显示出知识的内在联系外,还可显示出方法论因素,因为凡是知识联结处,一定存在方法论因素。

(4) 分析教材的重点、难点

有关分析教材的重点、难点问题注意以下两点:

①教材重点的确定主要是依据教材本身的性质和功能。由于中学物理教学的最基本任务是要学生系统地掌握物理学基础知识及基本的研究方法,因此,一般来说,教材的重点都是基本物理概念、基本物理规律和物理学的基本研究方法(包括基本实验原理与方法)。

特别要强调的是教材的能力因素的分析,应该成为确定重点的一个依据。

②教材的难点则是根据教材的特点以及学生学习物理的认知状况决定的。确定教学难点一定要从学生实际出发,重视对学生学习心理的分析,重视思维障碍的表现和成因的研究。重点不一定都是难点,从知识的重要性角度看,难点也不一定是重点,确定二者的依据不同,因此,处理方法也不相同。

(5) 分析知识的应用

所谓应用,就是指应用知识去解决科学技术、生产建设和日常生活中的一系列实际问题,知识的运用体现了知识的应用价值。在应用知识的过程中,一方面要用知识来分析和解决问题;另一方面应用也使知识得到深化和强化。重视知识的应用,就是重视理论联系实际。

(6) 分析教材中的情感态度与价值观教育因素

物理学是一门思想性很强的科学,因此,物理教学不但可以而且应该结合情感态度与价值观教育来进行。

物理教学中的情感态度与价值观教育主要包括三方面:爱国主义教育,辩证唯物主义思想教育和科学方法、科学态度与良好品德的教育。根据当前教学要求与学生的实际,分析教材是否提供了有关资料或潜在线索,为实施德育计划做准备。

①爱国主义教育。它在学校教育中具有重要地位,是德育的基础。爱国主义教育深刻影响人们的道德观念和行为习惯,并对其他德育内容起到升华的作用。

②辩证唯物主义教育。物理学自身包含有丰富的辩证唯物主义教育的内容。但鉴于初中学生的年龄和知识的限制,要求不能过高,内容不能过广,讲法力求自然贴切。应该向学生进行一些最基本、最初步的唯物辩证法的观点教育。结合物理教学是向学生进行辩证唯物主义教育的有利时机。

③科学态度、科学方法与良好品德的教育。科学态度、科学方法与良好品德的教育要注意抓住时机,在恰当的时间展开。

4.3　物理教材的使用建议

教材作为构成教学系统的最基本的要素,是教师教和学生学不可缺少的重要媒体。

在新课程的背景下,教材不再是单纯的"知识"的载体,也不再是教学内容的全部和唯一依据,只是为了实现课程目标而使用的教学资源之一。因此如何使用教材就成为一线教师迫切要解决的现实问题。本节结合对教科书的分析,就如何在教学过程中使用新教材提供参考性建议。

4.3.1 要正确认识物理教材的作用

物理教材的作用主要有以下几方面。

(1)教材应当成为学生学习物理的指导。这种指导的作用不应只是呈现和传授知识,而应帮助学生自主建构物理知识。

(2)教材应当成为发展学生能力的工具。教材应当为学生提供探究的机会,促进学生能动地进行科学探究,以增进学生对科学探究的理解和提高学生探究所需要的能力。

(3)教材应当成为开阔学生视野的窗口。通过这个窗口,学生可以自主地更多地了解物理发展中新的思想和新的事物,以实现基础性与时代性的统一。

(4)教材应当成为学生联系生活和社会的桥梁。通过这个桥梁,学生可以了解更多的物理与技术、社会的背景,更好地理解科学、技术、社会的关系。

(5)教材应是教师教学和学生学习的一种基本资源,但不是唯一资源。它应当引导教师和学生去利用各种物理教与学的资源,通过科学所倡导的过程达到物理课程的目标。

上述物理教材的作用,告诉教师和学生一定要重视教材,用好教材。教师把教材上的内容教好教懂教会,这是教好物理的最基础的一步,而不是一开始就撇开教材,按教辅书的内容去教去练。同时教师也要指导学生会阅读教材,指导学生阅读教材的策略、技能和方法。会读教材,读懂教材,学好教材,这是学生顺利进入物理殿堂的第一步。

要彻底避免教师上课不用教材,只知道按教辅书上的内容,短平快地教,在学生对学的知识理解不深、不透时,就囫囵吞枣地进行大题量训练。

4.3.2 物理教材使用和教学建议

1. 教材使用建议

①教材是学生学习的最佳、最直接、最简洁的媒介,引导学生会读教材。

②教材是教师教和学生学最基本的资源,一定要用好教材。

③理解课程标准,明确教学目标,要恰当地分析教材。

④理解教材的编写意图,正确处理教材。

⑤各个版本的教材各具特色,要树立整合教材的理念。

⑥注意新教材的新变化,要注意研究教材。如力的合成与分解的问题,运动的合成与分解问题,特别是在编写思路上的变化。

⑦教材的文本是静态的、线性的、固化的,教学是开放的、动态的、个性化的,教师需要对教材二次加工。

2. 教学建议

(1)认真领会课程标准对每个模块或主题的内容要求、教学和学习建议

（2）认真领会课程标准提出的教学建议

①基于物理学科核心素养确定教学的目标和内容。

②在教学设计和教学实施过程中重视情境的创设。

③重视科学探究能力的培养和信息技术的应用。

④通过问题解决促进物理学科核心素养的养成。

（3）要正确处理高中物理与初中物理的衔接（教材、教学、学习等）问题

（4）教学要注意循序渐进

（5）教学要注意高一学习的难点，如数学问题、图像问题

（6）要整体理解教材和教材的编写意图

4.3.3 物理教材中的问题研讨

1. 关于教材中的开放性问题

我国传统教学注意问题的唯一性，没有唯一答案的问题不上课本，没有固定答案的问题教师不讲。这样久而久之不利于培养学生思维的灵活性，而实际中的问题往往是开放性的，没有唯一正确的答案。所以新教材在编写中特别注意了这方面的问题。

教材中的开放性问题主要有三类：第一类问题需要学生自己寻找所需的资料、数据。

 案例 4-3-1

　　北京到上海的距离约为 1000km。假设声音在空气中能够传得那么远，那么从北京传到上海需要多长时间？火车从北京到上海需要多长时间？大型喷气式客机呢？自己查找所需的资料，进行估算。

　　从上面这道题目可以看到，学生要完成该题，必须自己通过书刊或网络查找到火车的平均速度，大型喷气式客机的速度，才能够计算。该题的重点并非在于速度公式的运用，而更多地注重信息的查找与利用。

教材中第二类开放性问题没有唯一正确的答案。

 案例 4-3-2

　　设计一种方法，估测发生雷电的位置离你有多远。

　　该题没有唯一正确的方法，学生可以充分发挥其想象力，利用生活中的物品，例如闹钟，以及自己的眼睛等。估测的时间和地点也没有统一要求，给予了学生充分的发挥空间。另外，由于该题所涉及的现象是学生生活中常见的，也无形中告诉了学生"留心处处皆学问"的道理，鼓励学生将所学的物理知识运用到生活中去。

教材中第三类开放性问题不要求学生在学习阶段学会这个问题的答案。

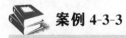 **案例 4-3-3**

关于望远镜物镜与目镜焦距的关系。

取两个焦距不同的放大镜,一只手握住一个,通过两个透镜看前面的物体。调整两个放大镜间的距离,直到看得最清楚为止,物体是变大了还是变小了?把两个放大镜的位置前后对调,你又有什么新的发现?为什么要用两个焦距不同的放大镜?

对于这一类题,由于涉及的内容超出学习阶段的知识范围,学生难以一下就明白,教师没有必要提供答案。但是不知道原因并不要紧,重在引导学生的思考与探究,也可以跟学生说,问题中的原因等你们到了高中就明白了,由此也激发了学生对新知识的向往,对物理奇妙世界的探索之情。

2. 关于教材中的 STS 问题

科学技术问题都是直接或间接与社会相联系的。强调科学技术的社会意义是当前科学教育的一个重点。有的教材特意安排了 STS 栏目,介绍、探讨科学技术与社会之间相互关联的问题。这种科学、技术、社会相联系的问题既可以使学生了解到科学、技术对社会的积极作用,又可以使学生了解科学对社会的不利影响,同时也可以了解科学、技术、社会是如何相互促进和发展的,有利于培养学生用联系、发展的观点看待问题。另外,这种科学、技术、社会的问题大多是学生日常生活中遇到的问题,这些问题使学生觉得物理是有用的,是活生生的。

 案例 4-3-4

教材中的"STS"内容有两类。

一类与资源、环境有关,谈的是在利用自然资源改善人类物质生活时,不要忘记可持续发展的问题。如"地球的温室效应""气候与热污染""石油危机和能源科学""核电站和核废料处理"等。过去在讲科学技术时,谈它为人类创造福利的方面比较多,现在则不能忽视它所带来的问题,这是当前社会讨论的热点。

另一类是科学技术的发展是社会需求的结果,科学技术促进了人类生产方式和生活方式的变革。如"从火车到火箭"和"能源革命"。对于"科学、技术、社会"问题,要求学生在涉及科学技术问题时,能有意识地从它对社会的正反两方面的影响去考虑,能积极地发表自己的看法,不要求学生能重复课文中所说的事实和观点。

3. 关于教材联系实际问题

理论联系实际是真正学好物理、培养学生实践能力最有效的途径。只有善于把学到的物理知识应用到实际中去,才能真正把物理知识学好。新教材在编写中注意了概念和规律的实际应用,注意引导学生运用物理知识解释生活中的物理现象,分析和解决各种实际问题。理论联系实际不仅可以使学生深刻地理解物理知识,同时也可以激发学生的学习兴趣,扩大学生的知识面。

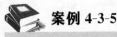

案例 4-3-5

在学"平均速度"时,教师的注意力往往是它的概念,即用总的路程除以总的时间。甚至有人出过这样的题目:"一辆汽车以 40 km/h 的速度行驶了 20 km,又以 60 km/h 的速度行驶了 80 km,这辆车的平均速度是多少?"与过分强调概念准确性的做法不同,新教材更重视与平均速度相关的实际问题解决能力的提高。如:①我们在媒体上常常可以看到"两地车程 1h"之类的说法,请你说一说"车程"一词的含义。②有些公路旁每隔 1 km 就立着一个里程碑,如何利用里程碑估测自行车的速度?③超声波测距是怎么回事?④有一个量程为 1 m 的卷尺,请你设计一个简单的方法,估测你家到学校的路程,写出具体的步骤。

4. 关于教材中学习活动的设计

物理学习应重视学生在课堂学习中的实验活动,有计划地安排学生从实验中获得体验,从而更好地理解所学内容。因此,应利用好教材中学习活动栏目设计的内容。

案例 4-3-6

在制作一个温度计的实验中,学习活动是按如下步骤展开的:

(1) 把实验器材在小组内分为两份,想一想怎么用它来制作一个温度计呢?与同伴交流,把你的设计方案记录在学生答题纸上,记住现在仍然不要动手制作温度计。

(2) 由老师来组织你们进行头脑风暴学习,讨论你的设计方案。

(3) 按照你的构想去制作温度计。

(4) 在温度计上标一个记号,记住这是参考点。为了使你的温度计标准化,按如下要求去做:

A. 把试管(即特制温度计)放入冷水中浸 5min;

B. 试管保持不动,在试管内水的上表面标个记号;

C. 用水中的温度计记录水的温度,并写到答题纸上;

D. 将温度计放入热水中浸 5min;

E. 用同样的方法标个记号;

F. 计算两次不同的温度,写到答题纸上;

G. 看看试管中两个记号的距离间隔为多少 mm,把结果写在答题纸上;

H. 规定试管中水的单位距离为 1°;

I. 据此推出你的温度计的 0° 和 100° 的位置;

J. 给温度计标上刻度,每 5° 一格,每 10° 标明一个数字。

(5) 用你自己制作的温度计测量一下教室的温度。要注意,这需要足够的时间使你的温度计与教室的温度达到一致,记录你的读数。

(6) 用实验室中的温度计测量一下房间的温度,记录读数。

(7) 在答题纸上回答,与实验室的温度计比较,你的温度计精确吗?当温度变化时,你的温度计变化快吗?与实验室的温度计相比,变化快还是慢?还是一样?当温度升高时,你的温度计中水的体积如何变化,它的质量变吗?如果减小温度计下部小球的尺寸,你的温度计的灵敏度和精确度要受到怎样的影响?你怎样改进而使它更灵敏、更精确?

这样开展的实验活动,不仅有利于学生掌握正确分析事物的科学方法,使其逐步树立科学的信念和主张,还有助于学生科学思维能力的发展。

4.4　中学物理课程教材改革的特点

尽管各国和地区中学物理课程设置的模式不同,教材也不尽相同,但通过对国际国内典型的中学物理课程教材的比较分析,不难发现当前国内外中学物理课程教材改革表现出的一些共同特点和发展趋势。

4.4.1　内容的选取突出基础性和时代性

在浩如烟海的物理学知识中,应该如何选取内容作为中学物理课程内容呢？在内容的选取上,一般采取的做法有如下几种。

(1) 更新课程结构,改变传统课程按力、热、电、光、原等呈现知识体系方式。例如,我国义务教育物理课程以物质、运动与相互作用和能量为主题安排课程内容;高中物理课程以领域—模块—主题为主线安排课程内容;美国 PSSC 物理以物理学处于核心地位的守恒定律和波粒二象性为主线,将物理学的基本概念、定律、理论的逻辑关系组织为一个整体的系统;HPP 物理以物理科学中的发现、推理及概念形成为主线组织教材内容,把物理学作为人类文化发展的一部分来阐述物理知识。

(2) 删减和精选经典物理知识。

(3) 增加近代物理的基础知识。教材在对这部分内容的处理上,一般具有如下特点：定性多,定量少;重思想性;从实验现象引入。

(4) 体现物理学发展的最新成果。在教材中主要是通过阅读材料、旁批及教材资源等体现出来。

(5) 重视物理知识与其他学科和生活的联系。

(6) 渗透 STSE 教育。在发达国家除了开设专门的 STSE 课程外,在物理课程中也广泛渗透 STSE 教育。在教材中一般采用以下几种渗透方式：①在教材中安排专门的STSE 栏目。例如人教版《普通高中教科书物理必修第一册》"交通工具与社会发展""从伽利略的一生看科学与社会"。②在课文中插入实例。例如,在粤教版《普通高中教科书物理必修第一册》"匀变速直线运动的规律"一节中高速路上行驶的车辆保持一定的前后车距对行驶安全的影响问题。③在讨论栏目中安排相关话题,让学生在讨论、辩论、角色扮演等活动中认识和探讨科学、技术、社会、环境间相互关联的一些问题。例如,粤教版《普通高中教科书物理必修第一册》在"匀变速直线运动与汽车安全行驶"一节,要求学生用实例讨论影响汽车行驶安全的因素问题等。④主题贯穿。以与物理知识、技术和社会紧密相关的主题贯穿在课文中。例如,在英国柯林斯出版社出版的《物理》(AS)教材中的第八章"功、能和牛顿运动定律"中,汽车安全问题是该章的主线。

4.4.2　突出"探究活动",强调"做科学"

强调科学探究,把科学探究和科学内容放到同等重要的地位,是物理课程改革的突出特点。与此相应,新编教材与以往的相比,活动内容明显增多,其中一些活动强调动手过程,即提出问题→动手实验→观察记录→解释讨论→得出结论→表达交流。有些教材在每一课活动设计与安排中都设置了"挑战""探究""拓展"三个栏目,其中"挑战"为课题引入,"拓展"为探究活动的归纳和延伸,而在调查(探究)活动中设计 2~6 项活动,内容包括角色扮演、搜集信息、小实验、小制作辩论会、参观考察等。

粤教版高中物理教材在编写思路上以学生日常生活中观察的现象和具体问题出发,在观察实验、思考、探究中学习物理概念规律,在实践和应用中将所学的知识与社会、生活联系起来,从而达到掌握知识、培养能力、提高兴趣、培养高尚品格的目的。这种编写思路既体现了物理学的特点,又遵循了学生的认知规律,同时也为教师的教学设计提供了思路,从而使教师很容易转化为以探究式教学思想为指导的课堂教学操作模式。

粤教版高中物理教材不仅在编写思路上体现科学探究的思想,在栏目的设计上也突显了科学探究的思想,如设计了观察与思考、实验与探究、讨论与交流、实践与拓展、习题中的实验等栏目。

4.4.3 重视学生的认知发展特点和个性的培养

实践证明,在课程内容的选取和安排上,片面强调本学科的知识体系和现代化,忽视物理知识的广泛应用和联系,忽视大部分学生的实际认知水平,势必使大多数学生感到物理难学,势必使学生对科学产生冷漠感和不信任感,既不能引起他们的学习兴趣,又不能满足生活、就业的需要。因此,课程教材内容的选取和安排要在社会需求、学生认知发展水平以及物理学科体系三个因素之间寻求平衡。课程教材内容的确定不能过分强调某个因素而忽视其他因素,否则重心就会发生偏移。

高中物理教育与初中物理教育的不同之一在于,不仅要重视学生的共同发展,还应该让具有不同兴趣、不同能力和发展倾向的学生得到不同的发展,满足学生的不同需求,因此高中物理教育应有所区别,尽量做到因人而异,因材施教。目前国际上较为通行的做法是采用不同层次、不同侧重点的教材,再就是增加教材的弹性。

我国高中物理教材必修和选择性必修内容的设计,为满足学生的不同学习需求和发展倾向,促进学生自主、富有个性的学习创造了条件和机会。同时教材在弹性内容的设计方面也做了一定的努力。例如,粤教版的高中物理教材在"实践与拓展"栏目中的内容不是对全体学生的要求,教师根据实际情况,在条件许可和不增加学生负担的情况下选择使用。"资料活页"提供的学习材料,是供有兴趣和学有余力的学生课外阅读、钻研的,也不是对全体学生的要求。对有些在高中阶段无法讲清或不能证明,但实际中又需明确的问题,如物理必修第二册中"向心力和向心加速度公式和适用条件""动能定理不但适用于恒力而且适用于变力",以及"机械能守恒定律的适用条件"等,则直接告诉学生结论,并说明它可以证明,但高中阶段无法证明,学生是否知道这一点是大不一样的。知道这一点,学生运用时心中有数,也给善于钻研的学生留有余地。

人教版高中物理教材,无论在必修模块还是选择性必修模块中,都有一些弹性教学内容。例如,"做一做""拓展学习""科学漫步"等栏目,它们不是每个学生一定要做、必须掌握的,教师可以根据学生的学习情况安排。每册书的后面都介绍了若干课外读物,学生可以根据自己的学习情况,以及所能找到图书的数量,选择阅读。每册书都设有"课题研究"内容,不同学校、不同学生也可以按照自己的情况灵活安排。

4.4.4 重视对学生的学习评价

粤教版高中物理教材鼓励学生提出问题,反思自己的学习过程,在每章后的"本章小结"栏目中设置了"回顾与评价",如图 4-4-1 所示。

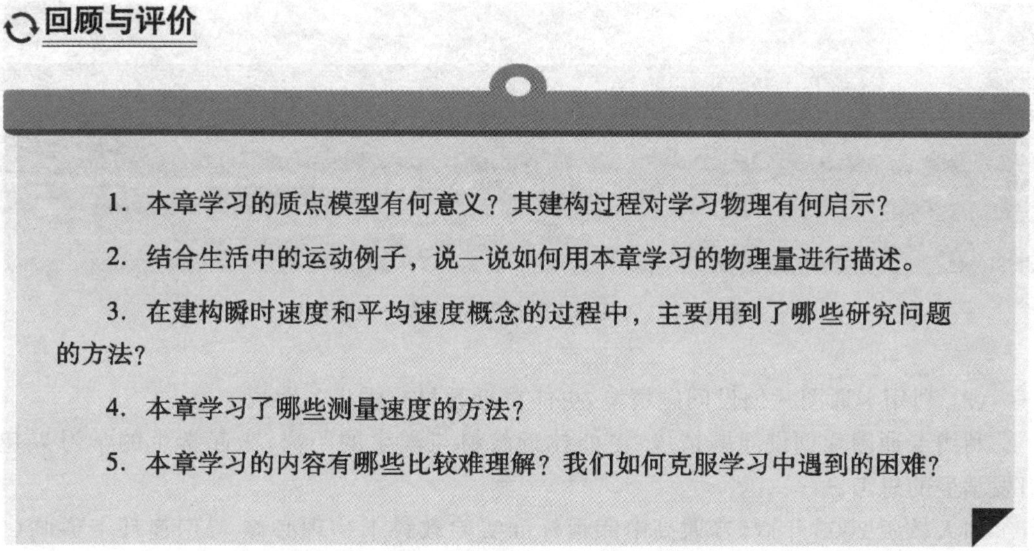

回顾与评价

> 1. 本章学习的质点模型有何意义? 其建构过程对学习物理有何启示?
>
> 2. 结合生活中的运动例子, 说一说如何用本章学习的物理量进行描述。
>
> 3. 在建构瞬时速度和平均速度概念的过程中, 主要用到了哪些研究问题的方法?
>
> 4. 本章学习了哪些测量速度的方法?
>
> 5. 本章学习的内容有哪些比较难理解? 我们如何克服学习中遇到的困难?

图 4-4-1　粤教版《普通高中教科书物理必修第一册》第一章"本章小结"栏目中的回顾与评价

提不出问题,往往是学习缺乏兴趣和没有学懂的典型表现。要求学生回答和思考"回顾与评价"中的问题,不仅可以帮助学生了解自己的学习情况,还为教师了解学生的情况提供了反馈信息。

4.4.5 重视课程资源的开发与利用,课程资源丰富多样

国外物理课程改革的实践表明,教材不再是唯一的课程资源,也不仅仅是知识的载体,它应起到将多种资源联结起来的指导书的作用,从而发挥对教师的教学行为、教学资源开发指导和学生学习活动指导、学习资源利用指南的作用。课程资源是教材配套不可或缺的重要组成部分。目前,许多国家出版的教材已形成以教材为核心的多种配套体系,学生的学习材料不再只限于课本,而是"学习包"(Learning Kit or Teaching Kit),包括学习材料、学生活动手册、评价手册,有的还包括教师指导手册、多媒体光盘及线上指导材料。

4.4.6 提供物理学习情境和学习资料,扩大学生的科学视野

1. 以日常生活中的现象和事例作为创设学习情境的材料

我国高中物理教材用图片创设不同的学习情境,将学生引入学习过程。

（1）创设生活情境，拉近教材与生活的距离

如粤教版《普通高中教科书物理必修第一册》中利用网络平台购买机票时的某一航班时间信息图作为学生区分时间与时刻的情境材料；把《驾驶员守则》中的安全距离图作为匀变速直线运动规律的应用中引入有关汽车安全问题的情境材料。

人教版《普通高中教科书物理必修第一册》把飞机起飞时每隔 4s 曝光一次所得照片作为引入加速度的情境材料（见图 4-4-2）。

图 4-4-2　飞机起飞时每隔 4s 曝光一次的照片

（2）利用卡通图片创设问题情境，更能拉近教材与学生的距离

利用卡通图片创设问题情境，更能拉近教材与学生的距离，激起学生的学习兴趣，引发学生的思考。

如人教版 2003 年版《普通高中课程标准实验教科书物理必修 1》用连环卡通画（见图 4-4-3）作为学生思考与讨论"有没有摩擦力"的情境素材。

图 4-4-3　人教版《普通高中课程标准实验教科书物理必修 1》的一组连环卡通画

2. 教材为学生提供喜闻乐见的丰富多彩的材料，扩大学生的科学视野

这些材料放在教材中的不同位置，如每一节的开始、中间、末尾、习题、课后阅读，反映的要求也有所不同。这些材料既有文字形式，也有图片形式。

（1）介绍身边的物理现象

例如，粤教版 2003 年版《普通高中课程标准实验教科书物理必修 1》在"失重和超重现象"一节的导入，先引入生活中偶然碰到的一个有趣现象：多人同乘一台电梯向上运动时，当电梯静止时，超重报警装置并没有响，可是当电梯刚向上启动时，报警装置却响了起来。电梯运行一段时间后，报警装置又不响了。难道人的体重会随着电梯的运行而发生变化吗？这样的引入不仅使学生感到亲切，还容易激发起学生的好奇心。

（2）提供生动的物理趣事

例如，人教 2003 年版《普通高中课程标准实验教科书物理必修 1》引用了著名物理学家费曼讲过的一则笑话（如图 4-4-4 所示）。

➡ 说一说

著名物理学家、诺贝尔奖获得者费曼（R.P.Feynman,1918—1988）曾讲过这样一则笑话。

一位女士由于驾车超速而被警察拦住。警察走过来对她说："太太，您刚才的车速是 60 英里每小时！"（1 英里 =1.609 千米）。这位女士反驳说："不可能的！我才开了 7 分钟，还不到一个小时，怎么可能走了 60 英里呢？""太太，我的意思是：如果您继续像刚才那样开车，在下一个小时里您将驶过 60 英里。""这也是不可能的。我只要再行驶 10 英里就到家了，根本不需要再开过 60 英里的路程。"

从物理学的观点看，这位女士没有认清哪个科学概念？

她没有认清哪个科学概念？

图 4-4-4　费曼讲过的一则笑话

（3）体现物理知识在实际生活中的应用

例如，人教版 2019 年版《普通高中教科书物理必修第一册》"自由落体运动"一节在"做一做"栏目中设置了这样一个问题：

从某砖墙前的高处使一个石子自由落下，拍摄石子在空中的照片如图 4-4-5 所示。由于石子的运动，它在照片上留下了一条模糊的径迹。已知每块砖的平均厚度为 6 cm，拍摄到的石子位置 A 距石子起落点的竖直距离约 2 m。怎样估算这个照相机的曝光时间？石子从 A 到 B 的运动能否按匀速运动处理？

（4）介绍物理技术在社会中的应用

例如，粤教版 2019 年版《普通高中教科书物理必修第一册》在"阅读材料"中，人教版 2019 年版在"科学漫步"栏目中都介绍了"全球卫星定位系统（GPS）（如图 4-4-6）"在社会生活中的应用。

图 4-4-6 为手持式 GPS 定位器，这个 GPS 定位器此刻处于我国哪个城市的什么部位？从显示屏中你还能获得哪些信息？

（5）介绍物理学家、物理发现等物理学史知识

例如，人教版物理教材的"科学足迹"栏目，粤教版物理教材

图 4-4-5　石子在空中自由落下的照片

的"阅读材料"。

（6）物理学及其技术给社会带来的影响

例如，粤教版物理教材的"讨论与交流""资料活页""实践与拓展"等栏目，人教版的"STS"栏目等。

图 4-4-6　GPS 在生活中的应用

4.4.7 加强对学生的学习指导,培养独立思考能力

转变学生的学习方式,促进学生积极主动地学习,是中学物理课程改革的重点目标。自主合作学习、独立思考的能力是现代社会对人的素质的基本要求。就学习过程而言,只有自主学习和独立思考才能真正理解知识,有效地培养思维能力。

粤教版 2019 年版高中物理教材对这一问题从以下几方面做了尝试。

①教材中设有"讨论与交流"栏目,其中提出的问题或是学生基于已有的知识能够分析思考得出结论的问题,或是针对新知识中的疑点、难点的问题,或是基于生活经验易产生错误的问题,或是促使学生对科学、技术、社会之间相互关系的理解的问题等。对这些问题,教师可根据学生的实际,对他们提出恰当的要求,鼓励学生独立思考,在讨论交流中,增进对知识的理解,培养他们分析问题、讨论问题、与他人合作交流的能力和科学语言表达能力。

教材的"观察与思考"栏目,大部分都在实验演示前或实验中提出了问题,这些问题也最好经学生思考后,再演示或总结。

②能让学生自己概括、推理、证明的,应该尽量鼓励学生自己去做。在这一方面物理必修第二册教材在很多地方做了努力,如物体做直线或曲线运动的条件的理论分析和论证,竖直方向上的抛体运动公式的推导过程,平抛运动和斜抛运动规律的公式,线速度、角速度和周期之间的关系的推导过程,天体质量的计算,动能的表达式和动能定理的推导过程等在教材中都没有呈现,要求学生运用已有的知识自己分析、推理、论证。根据学生的实际情况,教师经常要求学生这样做,相信可以大大提高学生的思维能力。

③适时总结,可以使学生对学过的知识和方法系统化,而且总结本身也是一种方法的训练和能力的培养。物理必修第二册教材中,在一些重要之处,如处理圆周运动问题的一般步骤、动能定理和机械能守恒定律处理问题的思路和方法等都要求适时总结,并鼓励学生自己总结,章后的"本章小结"栏目中的"知识结构"(见图 4-4-7)只是为学生提示了本章的知识线索,不是对本章知识和方法的系统总结和归纳,教师可在此基础上指导学生自己总结本章学到了什么。

知识结构

参考下面的知识结构，请进一步梳理本章的知识。

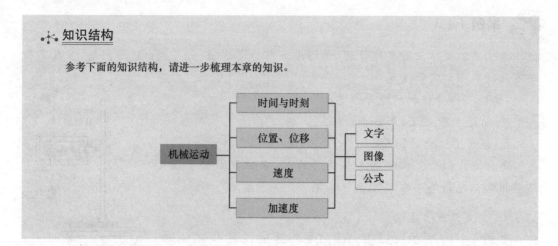

图 4-4-7 粤教版《普通高中教科书物理必修第二册》第一章"本章小结"栏目中的知识结构

人教版高中物理教材在倡导独立思考、同伴交流、师生互动方面也做了有益的尝试。

如教材中所有的"思考与讨论""说一说""实验""演示"栏目的内容都不给结论，鼓励思考、讨论及师生之间的互动。

 案例 4-4-1

"思考与讨论"：地球可以看作是一个巨大的拱形桥，桥面的半径就是地球的半径（见图4-4-8）。会不会出现这样的情况：速度大到一定程度时，地面对车的支持力是零？这时驾驶员与座椅之间的压力是多少？……

图 4-4-8 地球可以看作是一个巨大的拱形桥

 案例 4-4-2

"说一说"：质子带正电，但质子（与中子一起）却能聚在一起构成原子核。根据你的推测，其原因可能是什么？

案例 4-4-3

学生实验虽然没有具体步骤,但给出恰当的提示、指出可能出现的问题,多数实验还有几种不同方案供选用。

"实验——验证机械能守恒定律"

1. 简述实验方法,见图 4-4-9。

2. 提示要注意的问题。

怎样减少阻力? 以哪两个位置作为始、末位置最为合适? 实验报告应包括哪些内容等。

3. 速度测量的建议

如图 4-4-10 所示可以用 AC 的平均速度代表 B 的瞬时速度。

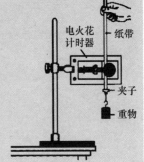

图 4-4-9 验证机械能守恒定律

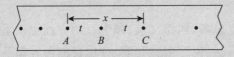

图 4-4-10 速度测量

4.4.8 将实验和理论融为一体,突出实验在物理教学中的基础地位

物理学是以实验为基础的科学。实验在物理学研究中的作用在于形成、发展和检验物理理论,并使物理理论在实践中得到应用。在物理教学中,实验的作用在于为学生创造适于探究的物理情境,学生在自主探究过程中,获取物理知识,训练技能,提高能力,体验科学方法,培养科学的态度和价值观。正因为实验在物理教学中的独特作用,世界各国在教材中都把实验放在比较突出的位置上予以强调。其中一个明显的变化,实验已从教学的辅助手段转变为贯穿在整个教学过程中创造物理情境、探索物理规律的主要手段,实验由在教材中独立设置,转变为有机地嵌入教材中,将实验与物理知识融为一体,实验的过程即为学习的过程。

例如,粤教版《普通高中教科书物理必修第二册》中的实验的特色。本教材从以下几方面加强了实验。

①演示实验的数量较之前的教材有较大幅度的增加。对于演示实验,在教材中,由"观察与思考"栏目下呈现,教师可在教学中按照要求进行演示,有的演示可以采取边讲边实验的方式进行,有些演示实验可创造条件变为学生的随堂探究实验。

②实验与理论融为一体,不再单独成文,统一呈现于"实验与探究"的栏目中。实验的要求除了体现出探究的要求外,也注意分出层次,增加灵活性和开放性。有的实验提供了可供参考的实验方案,如探究曲线运动的条件,其目的是为学生进行实验探究提供一种示范,在实验中学生可按提供实验方案操作,也可以参考实验方案自行设计实验进行探究;有的实验只给出部分的实验步骤和过程,其余的步骤和过程由学生自己去完

成,如对平抛运动规律的探究;有的实验提出探究的问题、实验器材、实验要求和问题,要求学生自己设计实验方案,并进行实验,如探究外力做功和物体的动能变化的关系;有的则只提出实验的要求,实验方法和实验过程不再给出,完全由学生自己设计,如验证机械能守恒定律。

为了增加学生动手机会,教材中的"实践与拓展"栏目和习题中,也包含了一些要求学生独立完成的实验性课题。

4.4.9 体现物理和人文的融合、多学科的渗透

物理课程改革的多种思潮从彼此对立走向彼此协调,是国际物理课程改革的基本趋向。在教材的设计上主要体现在以下几方面:

①以人类社会生活中的课题为背景,以基本的物理概念、原理为核心,以这些概念、原理的形成过程为线索,按照大多数人的认知发展规律来展开、组织和呈现教材内容。

②重视物理科学思想和科学方法的教育,在向学生展现物理成果对物质世界存在和运动方式的思考、探索和描述过程的同时,强调探究式学习、体验式学习和合作学习。

③注意物理知识与其他学科知识的相互渗透,注意物理知识与社会问题的联系、与学生现实生活的联系、与技术应用的联系,强调从人类科学文明整体的角度阐述物理学概念和规律的形成和发展,注意引导学生逐步形成科学的价值观和方法论。

4.4.10 重视物理学史料的教育功能,关注知识产生与发展过程

将物理学史料引入物理课程具有多方面的作用:

①可以提供重要的物理事实、概念、原理及方法的历史背景、现实来源和应用,从而既有利于启发学生的思维,加深学生对所学知识的理解,又给学生提供典型的科学探究的案例教育。

②可以显示科学理论的形成是一个不断探究、深化和修改的过程,让学生更好地理解科学的本质。

③可以体现科学态度、情感与价值观教育的载体。

④可以展示科学知识形成中的曲折与艰辛,以及科学家不屈不挠的探索精神。

其实,在每一个知识的背后,都有一个非常精彩的"故事"。每一个"故事"都有它发生的时间(什么时候发现或提出的)、背景(在什么背景下发现或提出的)、人物(是由谁发现或提出的)、过程(发现或提出的过程是怎样的,有没有不同的认识和解释)、结果(是如何为人们所接受和表述的,有何影响和不同的评价)。在物理教学中,把这些故事呈现在学生面前,不仅能吸引学生的注意力,让学生体验到知识产生和发展的过程,更能启迪其智慧,从而更有利于学生科学世界观的形成。

❓ 思考与实践

1. 现在有这样一种现象:有些教师将物理新教材和老教材一起使用,在新教材的使用中遇到问题了,就到老教材中找解决办法,你如何看待这种现象?

2. 有些教师认为新教材的训练习题量比较少,而且题目之间的梯度比较大,有一定的跳跃性,学生在完成这些题目时觉得有一定难度。而且学生对理论结合实际的题目,特别是一些需要用书面的、完整的语言表述的说理题相当害怕。你如何看待这个问题?

3. 新课程强调与信息技术整合,在新教材中也安排了一定量的数字化信息系统(Digtal Information System,DIS)实验,在高中物理新教材中,学生必做的实验相对来说少了,而现在的 DIS 实验所要求的分组实验的条件还不能达到,以演示实验居多,学生动手的机会也相对减少了。这样会不会不利于学生进行自主的探究性学习呢?

4. 教师都十分注重培养学生的探究能力,但考试的形式仍是一张试卷,很多新教材的内容和理念可能还是无法得到体现。你是如何看待这个问题的?

5. 新教材在每一章节都设计了"讨论与交流"栏目,刚刚走上讲台的曹老师在课堂上使用该栏目,让学生前后四人一组进行讨论,可是实施中发现,部分学生并没有进行讨论,而是在说闲话,并且这种现象并不鲜见,曹老师一时不知道如何引导。你有何妙计帮助曹老师?你在课堂中让学生进行讨论时,又是如何实施的?

6. 新教材引入了很多实验,例如在高中物理必修第一册中"探究影响加速度的因素"这部分内容,教材中就有两节课的内容是关于这方面的,第二节是"用气垫导轨进行实验",第三节是"用数据采集器进行实验",很多老师感到不解,为什么新教材反复用两套方案来做这个实验,而得出的结果却是几乎个个都知道的 $F=ma$ 这个公式?实际教学中,访谈发现,很多老师都删减了其中的一个实验。你是如何看待这个问题的?在具体的教学中,你又是如何进行操作的?

7. 试分别对初中物理和高中物理必修系列以及选择性必修系列模块教材做一整体分析。

8. 试对初中和高中物理教材的某一章进行分析。

🔍 **参考文献**

1. 中华人民共和国教育部. 普通高中物理课程标准(2017 年版)[M]. 北京:人民教育出版社,2018

2. 张军朋. 物理教学与学业评价[M]. 广州:广东教育出版社,2005.

3. 李新乡,张军朋. 物理教学论[M]. 北京:科学出版社,2009.

4. 阎金铎,田世昆. 中学物理教学概论[M]. 北京:高等教育出版社,1999.

5. 张军朋. 高中物理校本培训指导手册[M]. 广州:广东高等教育出版社,2009.

6. 张军朋. 初中物理校本培训指导手册[M]. 广州:广东高等教育出版社,2008.

第 5 章　物理教学过程、原则、方法与策略

1. 理解物理教学过程的本质、因素和特点。
2. 理解物理教学原则。
3. 掌握基本的物理教学方法，在物理教学中能够灵活选择和运用教学方法。
4. 理解教学策略的基本概念，认识中学物理教学策略的特点，掌握国内外常用和流行的物理教学策略，能够把教学策略运用于物理教学过程中。

物理教学理论与实践对物理教学过程、物理教学的特点和教学原则已经形成哪些基本的认识？物理教学活动一般包括哪些基本要素？从事物理教学应该掌握哪些基本的教学方法？目前有哪些基于研究和实践的物理教学策略？这些问题的系统回答和了解，对于有效进行物理教学工作，不断提高物理教学质量，具有非常重要的意义。本章内容主要是围绕上述问题展开的。

5.1　物理教学过程

教学过程（Instructional Process）是学生在教师指导下，通过个体的学习活动来掌握科学知识、发展能力和提高素养，逐步认识客观世界的过程。教学是以教学过程为其外在的表现形式，研究教学过程应是探讨教学问题的逻辑起点。因此，关于教学过程的理论、规律和特点，历来是教学论研究的重要领域。只有正确认识和理解教学过程的相关理论，才能揭示和掌握教学过程的基本规律，制定出符合教学规律的教学原则，为确定选择教学方法提供理论依据。对于教学过程的一般论述，教育学中已经学习过，这里不再重复。

5.1.1 物理教学过程的本质

关于教学过程，从不同的角度和观点来看，可以有不同的认识和理解。对教学过程本质的完整认识应包括以下两方面：

1. 教学过程首先是一种认识过程

教学过程作为一种认识过程，它与人类的认识过程有一定的一致性。这种一致性主要表现在学生认识活动的认识基础、认识目的、认识过程等方面。从这个意义上来讲，教学过程应受人类一般认识过程规律的制约。例如，人类对客观世界的认识，一般是由感性认识发展到理性认识，实现认识的第一次飞跃，然后再由理性认识回到实践去，实现认识上的第二次飞跃，这两次飞跃都是人脑对客观世界能动的反映。教学过程与人

177

类对客观世界的认识过程基本一致,也需要经过从感性认识到理性认识,又从理性认识回到实践中,完成认识上的两次飞跃。

相对于人类的一般认识过程,教学过程的认识活动又有其特殊性。这种特殊性主要表现在:

①间接性。即教学过程是运用间接的方式学习和掌握间接的经验。

②引导性。即教学过程的认识活动是在教师的指导下,有目的、有计划进行的,而不是学生独立完成的。

③简捷性。即教学过程不是简单地重复前人创立这种知识的全部过程,而走的是一条认识的捷径,是一种经过专门设计的、简化的、缩短的认识过程。

④序列性。即人类的认识过程往往具有一定的跳跃性和曲折性,而教学过程中的教学体系是以学科的逻辑性和学生年龄特征有机结合而成的,具有较强的序列性。显然,认识教学过程的特殊性,有助于我们更好地遵循教学过程的规律性来组织教学。

2. 教学过程同时也是一个促进学生发展的过程

现代教学理论认为,教学过程中掌握知识和发展能力是辩证统一的,即掌握知识是发展能力的前提条件,发展能力则是掌握知识的先导和加速剂。所谓知识即能力、教学即发展实际上是一种形而上学的观点,也就是说,在教学过程中,学生掌握了知识并不等于说他们一定接受了知识中的能力因素,即使是学生在掌握知识的同时接受了知识中的能力因素,也存在着接受多少的问题。因为对于相同的知识,可以有不同的组织和传授方式,因而导致其能力价值的再现程度不尽相同。这是由于教学过程不仅是一个复杂的脑力劳动过程,同时也是学生积极参与活动的过程。也就是说,只有当学生整个身心投入教学过程中时,才能收到良好的教学效果。而我们所说的发展,正是心理和生理因素参与教学活动的一种本质反映,因而现代教学理论不仅仅把教学过程看作是一种特殊的认识过程,同时也把促进学生的全面发展看作是教学过程的一个重要特征。中学物理教学过程作为一般教学过程的重要组成部分,与一般教学过程相比既具有共性,也具有个性。在教学实践中,充分把握好这种共性和个性的关系,对于探索和揭示物理教学过程的基本规律,提高物理教学质量具有十分重要的意义。因此,运用教学过程的一般规律,结合物理学科的特点,去认识物理教学过程的特殊性,是建立最优化物理教学过程的前提。

依据上述观点来研究物理教学,我们认为,物理教学过程是以学生为主体的师生相互交往的形式进行的,以物理课程内容为主要认识对象,实现教学、发展和教育功能的和谐统一的特殊认识和实践活动过程。在这个活动过程中,学生掌握一定的物理知识、方法和技能,发展科学思维能力和科学探究能力,形成良好的科学情感态度与价值观,同时使思想道德品质和良好个性得到健康的发展。

这里教学功能表现为物理观念的形成和发展,发展功能表现为物理关键能力的形成和发展,教育功能表现为必备品格和正确的价值观念的形成和发展。由此可见,物理教学过程中教学、发展和教育三大功能的和谐统一,也就是物理核心素养各个要素的和谐统一。

5.1.2 物理教学过程的因素

按照系统论的观点,教学过程本身就是一个系统,是由多种因素构成的,这些因素之间有着密切的联系,构成一个整体,形成一个结构,这个结构就可以发挥教学过程的功能。从静态分析,教学过程是由学生、教师、教学目标、课程(教学内容)、教学方法、环境、反馈等因素构成的有机整体。从动态分析,教学过程诸因素之间总是处于相互配合、不断变化的过程之中。教学过程的功能是通过动态的变化来实现的。一般说来,物理教学过程存在着四个最主要、最基本的因素,称为要素,即学生、教学内容、教师、教学方法。这四个基本因素中,学生是认识的主体,教学内容是要认识的客体,教师在引导学生完成对客体的认识过程中起主导作用,教学方法是将三个因素相互联系起来的媒体。整个教学过程就是通过这四个基本因素间的相互作用实现的。若对这四个因素进行排列组合,可以形成下列六对矛盾关系:即教师与学生的关系、教师与教学内容的关系、教师与教学方法的关系、学生与教学内容的关系、学生与教学方法的关系、教学内容与教学方法的关系,如图 5-1-1 所示,只有这六种关系处于和谐状态,才能实现物理教学过程的功能,才能提高物理教学的效率。

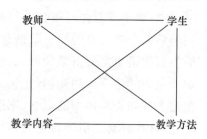

图 5-1-1　教学要素之间的关系

1. 教师与教学内容的关系

这一矛盾关系表现为两个方面:一方面教师现有的物理知识水平未必能完全适应现代物理课程的教学对教师的要求,这就形成了教师与教学内容的矛盾,教师只有不断学习,才能跟上课程与教学内容更新的步伐。另一方面,教师自己对教学内容的掌握并不意味着他一定能够教会学生学会知识和学会思考,因此教师还面临着如何使教学内容转变成学生可接受知识的问题。

教师与教学内容这一矛盾关系的两个方面可以表述为教什么和怎样教,即学科知识与学科教学知识(Pedagogical Content Knowledge ,简称 PCK)的关系问题。PCK 是关于教师如何针对特定的学科主题及学生的不同兴趣与能力,将学科知识组织、调整与呈现,以进行有效教学的知识。研究表明:PCK 是教师专业知识中最核心的知识,它最能区分学科专家与教学专家、高效教师与低效教师的不同。发展学科教学知识是教师专业发展的关键。

2. 学生与教学内容的关系

一方面,学生已有的认识能力和知识水平有限;另一方面,教学内容对学生个体来说一般属于未知领域,教学内容规定了学生必须掌握的知识和技能,因此,一般来说,学生与教学内容的矛盾关系主要表现在教学内容的客观要求与学生已有知识经验之间的矛盾。这一矛盾的解决涉及教学内容如何安排以使学生便于接受,教师的教与学生的学如何调动学生主体的积极性。在物理教学中,教师应当想方设法创造一种以学生为主体的物理环境,让学生在物理环境中经历再生产科学的活动来学习物理,即让学生重演物理知识的发生过程,从而受到全面的物理基本训练。在学生与物理环境的相互作用中,学生应当完全处于主动地位,成为教学的焦点。没有学生的主动性,即使学习的环境再好,也不能收到好的学习效果。在教学过程中,我们一定要承认和体现学生的主体地位。

3. 教师与学生的关系

教师与学生是教学过程中两个最主要的因素,正是由于教师的教和学生的学才构成了教学过程。在教学过程中,学生处于主体作用,教师发挥主导作用。教师之所以发挥主导作用,主要是由于教师闻道在先,受过教育教学的专业训练。教学中,教学目标的制定、教学内容的选择、教学方法的确定、教学进程的安排等都是由教师来决定;学生在学习中,离不开教师对事物的剖析、示范,离不开教师用一定的手段和方法,把学科的知识与学生个体已有的知识联系起来,离不开教师对学生认识活动的启发和引导,教学的结果和质量也主要由教师来决定。物理教学就其价值而言,就是把人类社会积累的知识转化为学生个体的知识,把前人从事智力活动的思想、方法转化为学生的认识能力,把蕴含在知识载体中的观念、态度转化为学生的行为准则。施教之功,贵在引导,要在转化,妙在开窍。引导转化的作用,就是教师的主导作用。

在教学过程中,教师和学生的相互作用不仅表现在认知活动方面,也表现在意向活动方面。在教学活动中,教师与学生之间有着情感的交流,结成一种人际关系。一方面,双方关系的疏密远近,主要取决于教师;另一方面,学生学习兴趣的培养,学习动机和学习热情的激发,教师也起着主导作用。同时,学生也要尊重和信赖教师。良好的师生关系与和谐愉快的课堂教学气氛是学生积极参与课堂的先决条件。学生只有在不感到压力的情况下,在喜爱任课教师的前提下,才会乐于学习。

4. 教师与教学方法的关系

常言道,教学有法,教无定法,贵在得法。教学有法是指,任何教学都必须遵循教学的规律和原则,都必须按一定的教学模式或程序来教。教无定法是指,即使同一个教师,在传授不同的内容时,也不可能按一个模式用同一种方法来教。贵在得法是指,教师要根据教学内容和学生的特点,在课堂上灵活地变换自己的教学方法。

要做到以上三点,要求教师要有深厚的教育学、心理学基础,要熟悉教学的规律和教学原则,要灵活运用教学方法,并采取恰当的教学策略。

5. 学生与教学方法的关系

在教学过程中,学生与教学方法的关系表现在多方面:①教师在选择教学方法时,必须了解学生的学习习惯、知识基础、已有认识、接受能力、参与的主动性等,这就是所谓的学情;②任何教学方法,都必须取得学生的积极配合,不然,只有教师的一厢情愿,往往会事与愿违;③任何教学方法都是教法与学法的结合。

6. 教学内容与教学方法的关系

教学内容不同,选用的教学方法不同。即使同一教学内容,教学目标要求不同,教学对象不同,选用的教学方法也不同。因此,教师要根据不同的教学情况,采取灵活多变的教学方法。

以上是教学过程系统各要素之间的关系,正确地认识和处理它们之间的关系,对于教师开展具体的教学工作有着重要的指导意义。它们相互之间只有配合恰当,形成一种动态的平衡,才能保证教学过程功能的实现,取得理想的教学效果。

5.1.3 物理教学过程的特点

物理教育以发展学生的物理核心素养为主要目的,因此在教育目标上比传统物理教学更具综合性,更体现物理课程的育人价值。为揭示中学物理教学过程的特点,除应以教学过程的一般理论为指导外,还必须结合本学科的特点来加以认识和阐述。

中学物理教学过程的特点主要体现在以下 6 方面。

1. 以实验为基础

实验是物理教与学最适宜的环境。离开了实验的物理教学就失去了根基,很多功能都得不到实现,很多目标都得不到落实。但在现实的物理教学中,实验还没有得到应有的重视,不仅学生的实验能力不强,很多教师的实验和实验教学技能也存在着弱化的现象。

在深化物理课程与教学改革的今天,要转变对物理实验的传统认识,不能仅仅把实验作为获得感性认识的来源,也不能仅仅把实验用于验证知识,也不能仅仅把实验作为动手技能训练的手段,要把实验作为物理教与学的平台。

2. 以思维为中心

解读课文的教学不是物理教学,事无巨细地告诉式教学不是物理教学,要求学生按部就班完成操作任务的教学不是物理教学,要求学生照搬解题类型超量做题的训练不是物理教学。物理有效学习的过程,既是科学思维参与的过程,也是科学思维培育的过程。科学思维能力不提高,学不好物理。物理教学应以思维为中心。以思维为中心的物理教学是以问题引领、任务驱动、围绕科学方法展开的教学。

3. 以过程为主线

物理教学要体现物理知识的逻辑,也要体现学生认知的逻辑。物理教学逻辑应是物理知识的逻辑和学生认知的逻辑的统一。物理知识的逻辑主要体现在概念的形成过程、规律的建立过程、实验的设计过程、知识的应用过程中学科相关知识和方法的内在联系。学生认知的逻辑主要体现在认知过程和可接受能力上。没有体现物理知识逻辑的教学,其教学过程是混乱的;没有考虑学生认知逻辑的教学过程,其教学效果是低效的。以过程为主线的物理教学是建立在物理教学逻辑的基础上。

4. 以知识为前提

知识、能力、素养是紧密联系一起的。物理知识是物理教学的基点,离开物理知识,物理教学的育人功能就不可能实现。在物理教学中有三类物理知识,即陈述性知识、程序性知识、策略性知识,要把这三类知识作为一个整体来考虑。在处理知识时努力实现:①知识的条件化,让学生知道这一知识从何而来,让知识变得有趣;②知识的情境化,让学生知道这一知识到哪里去,能解决真实情境中的问题,让知识变得有用;③知识的结构化,以帮助学生理解、记忆和迁移,让知识变得有意义;④知识的多元化,让学生知道该知识的多元表征及相互转换方式,以帮助学生达到对知识的深层理解,让知识变得更有价值。

5. 以能力为目标

培养能力是物理教学的重要任务,物理教学过程应该指向能力培养。从能力培养的过程来看,能力具有实践性、综合性和渐进性。在实践中,有多种因素影响能力培养的成效。所以,要培养能力,就要正确认识智力与能力、知识与能力、方法与能力、实践与能力、非智力因素与能力、教师能力与学生能力之间的关系。

6. 以情感为落脚点

学生想不想学习物理,愿意不愿意学习物理,喜欢不喜欢学习物理,会不会学习物理,是物理教学是否取得成效的标志。过去我们说有了兴趣可以更好地学习知识,培养兴趣的目的是落实在知识目标上。现在认为,兴趣是情感态度与价值观的重要内容,是课程目标的一部分,是学习物理的基础。要使学生保持对物理的兴趣,关键是要使学生在学习过程中有成功感、求知欲和自主性。但最需要下功夫的是怎样让学生比较容易地学会。提高兴趣可以有一些技巧,但不是主要的,主要的是物理教师用自己对物理的兴趣和热情来影响学生。

5.2　物理教学原则

教学原则是根据教育教学目的,反映教学规律性而制定的指导教学的基本要求。根据物理教学过程的特点和物理教学的规律性认识,我们认为在中学物理教学中应特别强调以下 5 个教学原则:科学性与教育性相结合的原则;重视科学探究,突出实验的原则;重视过程与方法,启发思考的原则;突出学生主体地位,发挥教师主导作用的原则;密切联系实际,重视 STSE 教育的原则。

5.2.1 科学性与教育性相结合的原则

科学性与教育性相结合是指导物理教学的一条根本原则。物理教学如果保证不了科学性与教育性,就失去了教学的意义。在物理教学中首先要注重教学的科学性。如果教师对物理知识一知半解,开口就错,那么教学方法愈灵活,其危害就愈严重。

教学的科学性包含三方面的含义:

(1) 教学内容的科学性

①教师对讲授的物理内容必须做到正确无误。无论是对物理现象、物理概念或物理规律的描述与表达,还是对实验或习题的内容、数据等的讲解,都应当是正确无误的。但这并不是说一次就把某个问题讲深、讲透、讲全,而是要求不论在内容上和方法上都不能有科学性的错误。例如,研究放在斜面上的物体所受的重力 G 的分解时,重力 G 有时可以分解为平行于斜面向下的力 F_1、垂直于斜面向下的力 F_2,F_1 与 F_2 是用来等效 G 的两个分力,它们仍然是地球对物体的作用。如果说成把重力 G 分解为压力 F_2 和下滑力 F_1,则显然是错误的。避免教学中的科学性错误,要求物理教师要有高一级的物理知识水平。

②要求教学用语应是科学的、规范的。例如,讲比热时,应当说物质的比热,而不能

说物体的比热;讲电场时,应当说带电体周围的空间存在电场,而不能说带电体周围的空间叫电场。当然,强调术语的科学性、规范性,并不是要求教师上课满口都是科学名词,也不是不分对象、不分学习阶段,单纯地追求严格性。其实,严格性是相对的。对某一概念或规律,从初中的定性说明,到高中的定量表述,内容的深度和严格的程度,显然是不同的,但必须都是正确的。课讲得通俗易懂与科学性并不矛盾。

（2）运用的教学方法要科学

①在物理教学中,得出的任何结论和判断要有充分的事实依据。事实依据包括观察到的现象、实验数据、已有的知识结论。在物理教学中,有许多物理现象是日常生活中常见的,学生是可以体验到的。让学生列举或直接体验这些现象,然后基于这些现象的分析判断得出结论,这样的教学过程就是有充分的事实依据。还有很多物理现象是学生以前没有感性认识,也没有亲自观察过的,在教学中就必须用演示实验让学生观察,否则教学是缺乏科学性的,也就是说结论和判断是缺乏证据支持的。实际上,基于证据的教学,是培养学生实事求是的科学态度的重要途径。

②在物理教学中,无论是概念的引入、规律的总结,还是问题的解答、实验的操作都应当按照物理学的方法和逻辑来进行。例如,不能只根据一个实验现象就简单地总结出物理规律,这是片面的且有失科学性。

（3）教师对待教学的态度要科学

知之为知之,不知为不知,绝不可信口开河,传播谬误的知识,一旦发现谬误,则必须实事求是地认真更正。学生指出教学中的失误,应该受到鼓励,绝不可压制。切忌弄虚作假,尤其是在实验教学中,不可用仪器不行来搪塞学生,更不可编造数据。

教学永远具有教育性。教学的教育性是指物理教学对学生的科学态度与责任等方面的积极影响。在物理教学中,应该充分重视教学的教育性,恰当而深入地挖掘隐性的思想教育因素,把教育性渗透在教学内容和各种教学活动之中。

在物理教学中,教育性是根本,是最起码的要求,教育性渗透在科学性的教学之中,中学物理教学要遵循科学性与教育性相结合的原则。

5.2.2 重视科学探究,突出实验的原则

科学探究是物理学研究的主要方法,是获取物理知识的源泉。科学探究又是物理核心素养的构成成分,培养学生的科学探究能力是物理教学的重要目标。在物理教学中重视科学探究,可以使学生在学习物理知识的同时,既受到科学思维和科学方法的训练,又培养了科学精神和科学态度。物理学是一门以实验为基础的学科,物理实验既是物理学内容的重要构成,也是物理学研究的重要方法和手段,同时物理实验亦是根据教学要求创设的用于探究物理问题的最适宜的物理环境。认识物理现象和物理事实是学习物理知识的基础和出发点。在物理教学中的观察和实验可以使学生对要认识的事物和现象获得具体的、生动的和明晰的印象,可以为学生提供思维加工的感性材料,发掘有待研究的问题,可以为进一步的思维活动提供思考的线索和方向。

在物理学习中,无论是认识物理现象、形成物理概念、掌握物理规律,还是解决实际

的物理问题,都离不开观察、实验和探究。因为只有在观察实验的基础上,经历科学探究过程,经过分析、综合、抽象、概括等科学思维过程,才能逐步形成概念,认识规律。

重视科学探究,教师在物理教学中要重点思考通过探究要发展学生的哪些探究技能,如何创设情境激发学生的探究欲望,如何通过探究促进学生对概念规律的深层次理解,如何利用探究方法解决真实的物理问题。

突出物理实验的作用,应该做到:①确保实验内容自身体系的完整,按课程标准要求开足开好每一个实验;②将实验教学贯穿到整个教学过程中,巧妙地把实验运用到物理教学的各个环节中去;③教师要千方百计地为学生动脑动手学物理创造条件和机会。

5.2.3 重视过程与方法,启发思考的原则

在物理教学中,只有让学生经历过程,才能对知识理解深刻;只有掌握方法,才能灵活应用;只有启发思考,才能真正理解知识,有效培养科学思维能力。在物理教学中,重视过程和方法、启发思考,是指学生在教师引导下,亲自进行观察、实验,进行各种思维活动,分析问题、解决问题。一句话,使学生通过自己动手、动脑来完成认识上的两个飞跃。这就给中学物理教学提出了两点要求:①物理概念和规律要建立在对物理事实、物理过程、物理现象分析基础上;②重视物理科学方法教育。为此,物理教学中要注意以下两方面:

(1) 要按照物理学研究问题的方法组织教学活动,完成认识上的第一次飞跃

要让学生经历提出问题、搜集证据、推理论证、科学解释、得出结论(评估、交流与合作)的过程来习得概念和规律。

(2) 要重视运用知识分析处理问题的思路和方法,完成认识上的第二次飞跃

在教学实践中我们常常发现,有不少中学生对一些物理知识的学习并不感到很困难,但是在运用这些物理知识解释现象或解答问题时,往往不知从何下手。常常听到学生讲,物理课一听就懂,一丢就忘,一用就错。分析其原因,一方面可能是没有真正理解基本知识;另一方面,更主要的原因往往是缺乏分析问题和处理问题的思路和方法。

对于中学生来说,学会分析、处理问题的思路和方法,不是一件容易的事情,是需要教师的精心启发和引导的,引导不能只靠教师讲,更主要的是要启发学生思考,学生只有自己思考和练习,才能逐步掌握分析、处理问题的思路和方法,并在这一过程中使智力和能力得到发展。

5.2.4 突出学生主体地位,发挥教师主导作用的原则

教学过程是教师与学生共同参与的活动过程。在这个过程中,教师是教授活动的实践主体,学生是学习活动的认识主体,而学生的认识是在教师的指导下进行的。突出学生主体地位,发挥教师主导作用的原则是教与学辩证关系的反映。贯彻这一原则,要求做到:

(1) 重视教师活动与学生活动之间的协调和交互作用

由于教学过程既是教师的施教过程,又是学生的学习过程。在教学中必须重视教师活动和学生活动之间的协调和交互作用。贯彻这条教学要求,正是体现了以学生为

主体、以教师为主导的教学指导思想。

（2）教师要善于激发学生的求知欲和学习兴趣，引导学生形成正确的学习动机

学生的学习是一种能动的活动，它是在各种动机的影响下进行的，经常受学生的认识、愿望、情感等心理活动的支配。教师的主导作用就表现在能激发学生的求知欲和学习兴趣，培养学生在学习上的责任感。培养学生的学习兴趣，形成他们学习的内部诱因，是学生积极主动学习的重要条件，也是取得教学效果的一个重要前提。教师在教学中以丰富的而有趣的，逻辑性、系统性很强的内容和生动的教学方法来吸引学生的学习，对激发学生的学习兴趣有很大的作用。学习动机与学习目的有密切的联系。实践证明，学生对即将进行的教学活动的意义和学习目的认识得愈明确，学习兴趣就愈高，注意力就愈集中，学习效果也愈好。培养学生对学习的责任感、形成正确的学习动机，是激发学生积极主动学习的重要条件。教师应善于运用物理学本身的魅力去激发学生的兴趣和情感。而教师本身的情感具有很强的感染作用。如果教师有强烈的求知欲，热爱物理学，以饱满的情绪带领学生探索物理世界的奥秘，就会对学生的学习兴趣和情绪产生积极的影响。

（3）要培养学生独立探究的能力

学生的学习是一个循序渐进的过程。学生在学习过程中，要学会合理规划学习活动，学会独立探究。学生学习的自觉性、积极性不仅表现在对学习必要性的认识和具有强烈的学习兴趣上，还表现在能开展独立思考，具有独立学习的能力上。在教学中，教师应利用提示、疏导、释疑、解惑等方法来启发学生把握方向、认真钻研、自获结论，逐步减少教师对学生学习的控制，这样才能逐步发展他们学习的主动性、独立性和创造性。

（4）注意创设问题情境，启发学生积极思考

学生的积极思维常常是由遇到的问题引起的，教师应给学生创造独立思考的条件，把教学过程组织成为不断提出问题、分析问题、解决问题的过程。为此，教师要善于把教材内容化难为易，化繁为简；坚持由近及远，由已知到未知，深入浅出地讲授，使学生顺利学习；教师要根据学生实际，不断提出难易适度、环环相扣的问题，引导学生积极思考。

5.2.5　密切联系实际，重视 STSE 教育的原则

注重科学、技术、社会与环境的关系，正确理解科学、技术、社会与环境之间的相互影响，是国际科学教育改革和发展的方向。

密切联系实际，重视 STSE 教育，这一方面是由物理学本身的性质、特点、作用和任务，以及物理教学的目的所决定的。另一方面，在物理教学中联系实际、重视 STSE 教育的作用也是多方面的：可以激发学生的学习兴趣，加深学生对物理知识的理解，增进学生对物理、技术、社会和环境之间的相互关系的理解，更为重要的是，它是培养学生科学情感态度与价值观，促进学生能力发展的重要途径。教学中贯彻和运用这一原则的要求是：

（1）加强物理基本知识和技能的教学

物理教学的基本目的之一，是使学生掌握物理基本知识和基本技能。教学中理论联系实际的目的，主要是使学生更好地掌握这些基本知识和基本技能。在运用这一原

则时,必须保证理论知识的主导作用,切实抓好理论知识的教学。不能颠倒主次,片面强调联系实际而削弱了物理理论知识的教学。

(2)根据物理学科和学生的特点,恰当地联系实际

物理教学中理论联系实际的内容是十分广泛的,既包括生产技术实际,也包括日常生活中常见的物理现象,还包括与物理有关的社会经济问题,特别是科学、技术与社会的实际问题等。但教师不能面面俱到,而要根据教材内容以及学生学习的实际水平,正确恰当地联系实际。在联系实际时不能强求一律,更不能牵强附会。同时,还要注意学生的年龄特点和经验水平。一般要求运用学生熟悉的生产、生活中的事例,帮助他们理解抽象的知识,培养他们获取新知识的能力,激发他们的创新精神。

(3)采取多种有效的方式,培养学生运用知识的能力

在教学中,教师联系实际的方式是很多的,但常用的方式主要有三种:

①教师讲解过程中的举例和演示。它要求教师所举事例要典型、鲜明,对理论具有较强的说服力,演示也要及时准确。

②教师通过组织学生进行练习、实验、参观等,以增强感性认识,并给学生提供运用知识解决实际问题的机会。

③在课外、校外活动和其他社会实践中,教师的引导和学生的自学使学生了解这些活动所依据的书本知识,并学会用从这些活动中观察到的事实验证书本上的知识,鼓励和帮助学生用自己掌握的理论知识去分析和解决实际中的问题,使学生充分了解物理学在科学技术社会中所起的特殊作用。

上述几条教学原则不是孤立的,而是相互联系的,我们在教学过程中,要综合地加以贯彻。在中学物理教学中,也应认真贯彻教育学中其他通用原则,如可接受性原则、循序渐进原则、巩固性原则、因材施教的原则等。

教学原则是教学规律性的反映,是教学经验的总结,是教学应满足的要求。物理教学除了遵循以上原则外,在日常教学中,突出阎金铎先生提出的三项简约原则,对于当前核心素养导向的物理课堂教学仍具有重要的指导意义。

①从科学处理物理教学内容的角度来看,贯彻一少、二精、三活的原则。宁愿讲得少一点,也要重点突出一些,讲得精致一些,透彻一些,讲得灵活一些,教的方式多样化一些。这和国外在选择内容上少即多的原则是一致的。这是在教学设计时,对教师教学内容的选择和处理提出的要求。

②从学习物理的角度来看,贯彻一观察实验、二思维、三运用的原则。这既是对学生课堂学习过程的揭示,也是教学设计应考虑的三个环节,也是我们提出的物理教学情境模式:情境探究应用的依据。这一原则反映了物理学科的本质特点,体现了从生活到物理,从物理到社会的理念。这是在教学设计时,对教师的教学过程提出的要求。

③从发挥非智力因素作用的角度来看,贯彻一兴趣、二情感、三意志的原则。学习物理没有兴趣不行,但仅凭兴趣学不好物理,还必须使学生喜欢物理,产生对物理的亲近感。同时也要使学生认识到,学习物理并不是一帆风顺的,在学习的征途中必然会遇到各种艰难险阻,因此还必须有克服困难的意志力。这是在教学设计时,对教师的教学过

程提出的心理学的要求。

5.3 物理教学方法

教学方法(Method of Instruction)是教学过程中一个十分活跃的基本因素,对于完成教学任务、实现教学目的起着决定性的作用。在物理教学过程中只有正确地选择、恰当地运用教学方法,才能取得好的教学效果。

5.3.1 什么是教学方法

教学方法是教师和学生在教学过程中为完成教学任务、实现教学目标而采用的教与学相互作用的一系列活动方式的组合,它包括教师的各种工作方式和学生的各种学习活动方式。

从这个定义来看,教学方法具有以下三个主要特点。

①教学方法体现了教师的教学活动和学生的认识活动的相互关系。

②教学方法是为达到教学目的而进行的一种有组织的活动程序,是一种有秩序的活动方式体系。

③教学方法不是一成不变的。教学方法随着社会经济和科学技术的发展、教学手段的改进而发展变化,随着不同的教学思想和教学内容的变革而发展变化,也随着对学生的学习规律和身心特点的不断认识而发展变化。

教学方法和教学方式是两个不同的概念。教学方式是教学方法的细节,教学方法是由许多教学方式所组成的。例如,讲授是一种教学方法。当教师讲授时,可以做演示实验,令学生进行观察;可以叙述或描绘某个事件,解释某个现象,论证某个原理,其中演示、观察、叙述、描绘、解释、论证等,都是讲授方法的一些教学方式。

教学方法是多种多样的,其分类和命名也是一件复杂的事情。根据不同的角度、不同的特征,采取不同的分类方法,同种方法可以给予不同的名称。因此,教学方法不胜枚举,如以语言传递为主的讲授法、讨论法和谈话法,以直观感知为主的演示法和参观法,以实际训练为主的练习法、实验法、实习作业法等。

5.3.2 基本的物理教学方法

考虑物理学科教学的特点,下面介绍中学物理教学中常用的教学方法:讲授法、谈话法、讨论法、实验法和情境探究法。

1. 讲授法

讲授法是教师运用语言,辅以演示,向学生传授知识、启迪思维、引导探究、发展能力的方法。它是物理教学中最基本、最常用的方法,既可以描述物理现象,叙述物理事实,解释物理概念,又可以论证物理原理,阐明物理规律。

(1) 讲授法的基本特点。主要是指通过教师的语言,适当辅以其他手段(利用实物、挂图、演示实验、教学视频、多媒体等),使学生掌握知识,启发思维,发展能力。教师是教学的主要活动者,在教学过程中居于主导地位;学生是知识信息的接受者,以听讲的方式学习教材内容;教师主要以口头语言传授知识,即口头语言是教师传递知识的基本工具;以摆事实、讲道理的方式,促进学生对教材内容的理解和掌握;面向全体学生,根据班级学生的一般特点和水平进行教学。讲授法的最大特点是信息量大、教学效率高,适用范围广。物理教学的各种形式及各种方法,都必须辅以讲授法,使其相互配合。

(2)讲授法的优点。是指能使学生在较短的时间内经济地获得大量、系统的科学知识;教师合乎逻辑的论证、设疑置疑以及生动形象的语言等,有助于发展学生的科学思维,也有助于对学生进行思想教育;教师主导教学过程,易于控制教学过程;对教学设备没有特殊要求,教学成本较低,便于广泛运用。

(3)讲授法的局限性。是指教学内容往往由教师以系统讲解的方式传授给学生,不易发挥学生学习的主动性。面向全体学生讲授,不易照顾学生的个别差异,因材施教原则不易得到全面贯彻。

当然,讲授与启发并非对立,讲授不一定就是注入式的。只要教师深入理解教材,抓住重点,突破关键,不是平铺直叙,照本宣科,而是不断地提出问题和解决问题,就能促使学生积极思维。

讲授也可以是启发式的。讲述的内容越系统,理论性越强,采用讲授法的机会越多。应当指出,即使在科学技术发展突飞猛进、教学改革逐步深入的今天,在物理教学中,讲授法仍不失为一种主要的教学方法。要知道,在物理教学中正确的讲授法,并不是教师只用一支粉笔和一张嘴在课堂上照本宣科,学生只是做做记录。这种看法和做法,实际上是对讲授法的一种片面理解。

在物理教学中,讲授法要符合以下基本要求:

①科学性。讲授的内容,一方面要合乎科学原理,用词要正确,表达要确切;另一方面要符合学生的实际水平和认知规律。

②逻辑性。讲授要条理清晰、顺序合理、层次分明,内容的安排要合乎逻辑。

③启发性。教师的语言要生动,要考虑学生的学习情绪和知识基础,要使学生经常注意,为什么要研究这个内容,是怎样着手解决问题的。

④突出重点。每堂课的全部教学内容应当紧紧围绕着一两个重点内容,从不同的方面阐述它,从与它的不同联系中来分析研究它,使学生在听了一堂课后对这堂课主要解决了什么问题能有明确深刻的印象。突出重点当然不应限于口头的叙述,还要灵活运用实验、演示、习题等教学方法来配合。

⑤简明生动。教师的语言应力求简练明达、形象生动和通俗易懂。

⑥讲授要适当。讲授时要和其他各种基本教学方法与手段有机配合。

2. 谈话法

谈话法又称问答法,是教师按照一定的教学要求向学生提出问题,要求学生回答,并用问答的形式来引导学生获取或巩固知识的方法。这种方法的基本特点是通过师生间的问题性对话活动传递和交流信息;它能较好地集中学生的注意力,调动学生学习的积极性,对培养学生的语言表达能力和思维能力有一定的作用。

使用谈话法,要准备好问题和谈话计划,要善于提问,善于启发诱导学生,要做好归纳小结。

一般说来,谈话法只适合从已知到未知的教学过程,而不适用于从未知到已知。因此,并不是所有的教学活动都可以运用谈话法。

运用谈话法教学时需注意以下要求:

①所提问题必须题意清楚,要求明确。

②谈话的问题应从教材内容和学生实际出发。

③问题要分层次,要有连贯性。

④要充分估计学生可能回答的各种答案。对于不确切甚至错误的答案,要准备好解决的办法。

⑤在谈话过程中要调动学生的积极性,并鼓励后进的学生参与谈话。

⑥问题要向全班提出。让全体学生思考后,再指定学生回答;一个学生回答时,应要求全班学生注意倾听,并准备补充意见。如果答不出或完全答错,要加以引导;若仍然答不出,可请其他学生回答。一般说来,教师不要急于下断语,要发挥学生的积极性,让他们自己解决自己的问题。

⑦谈话的问题一定要有思考价值。那种没有思考价值的问题,如对、不对、要、不要、是、不是等问题是不宜作为谈话法提问的。

3. 讨论法

讨论法是学生在教师的组织和指导下,为解决某个问题,通过学生之间或师生之间进行探讨、辨明是非真伪而获取知识的方法。

(1) 讨论法的特点。主要是教师根据具体教学要求,事先提出问题,学生通过各种途径,除阅读课本外,一般还应阅读其他参考资料或其他版本的教材,必要时进行各种观察、实验或调查,搜集资料,做好讨论的充分准备。这里应当指出,在中学物理教学中,只是在课堂上提出问题,当时就叫学生打开课本进行阅读,接着就进行讨论,最后全体学生一致同意课本上所叙述的黑体字结论,这是一种形式上的讨论,不能叫作讨论法。

讨论法,必须让学生在讨论前做好充分准备。学生的准备过程,就是独立地或半独立地自己学习的过程。通过讨论,可以相互交流、相互启发、集思广益、取长补短,从而从不同的角度来认识事物、现象,深入全面地理解所学的知识。这样学得的知识能够保持较深的记忆,讨论中还能增长新知识,开阔思路,活跃思想,增强兴趣。通过对教师布置问题的讨论,可以分清是非、纠正错误,有利于培养学生的表达能力、分析与综合的能力。讨论法有利于调动学生学习的积极性,使学生成为学习的主人,体现主体的地位。

(2) 要最大限度地发挥讨论法的作用。在物理教学中选择和应用讨论法,应当注意:

①教师必须在熟练地把握教材内容、教学要求,学生学习容易遇到的困难和障碍的情况下,提出恰到好处的讨论题目。同时,要充分估计在讨论过程中会出现的各种情况,以及准备如何正确地引导和完善地解决问题的措施。

②教师要创设条件,并引导学生事先阅读课本和其他有关的资料,引导学生做一些实验,或进行对有关自然现象的观察,最好要求学生写好发言提纲,要有观点,有材料,有

分析,有结论。防止讨论脱离主题,流于形式。

③讨论过程中,要善于启发学生独立思考,充分发表自己的见解,并能对不同的意见展开讨论。最后,教师要对讨论的问题做出明确的结论。

讨论法适用于学生接受起来不是最困难,但在理解、应用上常常容易发生错误的一些内容的学习上。以初中物理"能源"的教学为例,教师可以先请学生自学能源的有关内容,然后由学生提出问题。如我们实际生活中常用的能源有哪些? 常用的能源有什么优点和缺点? 为什么报刊上经常看到节约能源的有关报道? 如果现用能源没有了,我们将怎么办? 新能源有哪几种? 它们有什么优缺点? 为什么能源分为一次能源和二次能源,它们有什么不同? 保护环境和能源开发有什么关系? 允许学生回答问题时互相争辩,对于不同的意见不急于给出正确答案,让学生充分发表自己的看法。也可以组织学生小组讨论,然后推荐小组代表进行交流,以培养学生的合作精神。通过学生之间的讨论,问题逐渐明朗了,学生也会从中获得成功的喜悦。在整个过程中,教师要热情鼓励学生质疑争辩,尽可能地开拓学生的思维,培养学生认真思考的良好习惯,营造一种宽松、和谐、民主的学习氛围,为学生创造一个良好的课堂学习情境。

4. 实验法

把观察、实验这种物理学研究问题的基本方法应用于物理教学过程中,就构成了中学物理教学中常用的实验法。实验法是在教师的组织和指导下,学生亲自动手操作实验仪器,取得实验数据,通过验证和探索,获得科学结论的教学方法,包括边讲边实验,学生分组实验,变演示为学生实验,学生课外实验、探索实验等。从广义来说,除学生实验外,还包括课外科技活动、科技小制作活动等。

(1) 实验法的模式。包括提出实验目的,明确实验原理。选择实验仪器,掌握仪器使用方法。设计实验方案,了解实验步骤。进行实验操作,记录实验数据。分析实验数据,得出正确结论。

(2) 实验法的特点。主要是靠学生亲自动手操作,把实验感知与思维活动紧密结合,获得丰富、深刻的感性认识,手脑并用,发展智力,提高能力,不仅有利于培养动手能力和探索能力,还能培养学生严谨、求实的科学态度。

(3) 运用实验法时应当注意:

①教师主要是创造实验条件和环境,指导学生动手操作,动脑发现问题、积极思考;学生在教师的指导下,亲自操作,进行观察、记录,分析、综合实验现象,归纳得出结论。

②学生在进行实验的过程中,教师不仅要在巡视中引导学生不断明确实验的目的和要求,还要及时发现问题,防止出现不应有的事故。不仅要引导学生利用已掌握的有关知识和经验,还要善于根据情况的变化,灵活地运用知识。实验活动本身包含着复杂的认识活动,通过观察现象、亲自安装实验设备、使用仪器等各种实际操作,以及处理数据得出结论,并写出实验报告,学生可以掌握知识、技能和逐步培养进行观察研究、探讨的能力,提高分析问题和解决问题的能力。

③实验法直观性强,所观察的事物、现象会在头脑中形成生动的表象,对知识的理解和保持起着十分重要的作用,而且能够激起学生学习物理的兴趣,形成今后的爱好和志趣。

5. 情境探究法

任一教学方法要有生命力必须反映课改理念、反映时代要求,突出学科特点。这里情境探究法也不例外。

情境探究法的基本含义是在情境中发现问题,在体验探究中建构概念、发现规律,在应用中与实际、社会联系起来,这也是物理课程改革对物理教学提出的要求。下面以新授知识点为例介绍这一教学方法的主要环节。

(1)情境与问题。教师创设真实的问题情境,在真实的问题情境中引导学生提出或发现感兴趣的与本节知识密切相关的驱动性问题。

(2)引导与探究。教师层层递进地提出问题,引导学生展开对新知识的探究。这里有几层含义:

①教师引导下的探究,不是学生的独立探究。

②这里的引导既包括教师对探究问题、过程、方法的引导,也包括教师对学生思维的引导和适时的总结。

③这里的探究主要是指学生的自主合作探究。

(3)应用与拓展。解决一个利用本节知识可以解决的生活实际问题,或者回应导入环节的驱动性问题,提示一个利用本节知识可以解决的疑难问题,引申一个课外完成的有待解决的问题。

(4)反思与评价。除了课堂上能完成的例题外,教师一要引导学生总结反思本节学到什么。二要具体设计几道有特色的课外作业,这些作业要有目的性、层次性,符合双减政策,体现学业质量标准,且情境化。

我们把这四环节的教学称为情境教学或情境探究法。实践证明,这一四环节教学法,不仅适用于新授课的教学,对于习题课、复习课也是适用的。

5.3.3 物理教学方法的选择与运用

任何一种教学方法都有其优点和局限性,不存在普遍适用的教学方法。教学中应恰当选择、创造性地运用多种教学方法,努力实现教学方法的最优化。选择和运用某种教学方法不是凭教师的主观意向来确定,而是有客观的基础和依据。教学方法选择的主要依据有以下几方面。

1. 具体教学目标和要求

不同的教学目标和要求,需要不同的教学方法去实现和完成。如掌握知识,可选择讲授法;巩固知识、形成技能,可选择练习法和实验法;激发兴趣,培养探究能力,可选择情境探究法。

2. 具体的教学内容

具体的教学内容不同,教学方法的选择也不同。如"光在同种均匀媒质中沿直线传播",可以让学生观察光在各种不同的均匀介质中传播的情况,归纳总结出结论,这时,可以选用实验法;"光在真空中的传播速度",在初中阶段只要求学生知道,光的传播需要时间,光在真空中的速度最大,而这在初中阶段不可能通过实验得出结论,选用实验法和讨论法都不适用。这时让学生阅读课本,或教师讲解,就可以达到目的。

3. 学生的特点

选择教学方法时，要符合学生的已有的知识基础、认知水平、年龄特征和班级特点等。例如，初中生以形象思维为主，宜采用实验法、谈话法等；高中生已具有初步的逻辑思维能力，可适量选择讲授法、情境探究法等。

4. 教学条件和教学时间

某些教学方法的运用，需要一定的教学设施和环境（包括实验场地、实验设备、各种教学资源），故需要考虑本校的教学条件。另外教学时间是有限的，需要协调教学方法与时间要求，力求用最少的时间获得最佳的教学效果。

5. 教师素质

教师本人的特长和经验，对教学方法的选择也有很大的影响。

教师在正确的教学思想指导下，从教学的实际情况出发，按照各种不同教学方法的特点选择教学方法。在选择和运用教学方法时要考虑下列两个原则。

（1）择优性原则

每一种教学方法都有它的特点，亦有它的不足之处。教学实践表明，不同的教学方法所取得的教学效果是不相同的。我们应该根据教学内容、教学对象和教学条件等具体因素，选择比较合适的教学方法。

例如，初中"物体的沉浮条件"一节课的教学方法，可以有下列三种：

① 讲授法。因为这一教学内容与学生已有的二力平衡条件知识密切相关，是属于派生性的知识，可以运用讲授法。通过物体在液体中的受力分析，得出物体的沉浮条件。

② 演示法。教师通过下列几个演示实验，引导学生观察演示实验的现象，步步深入，从而得出物体的沉浮条件。把铁块、木块放入玻璃缸的水中，铁块沉入水底，而木块浮在水面。把一枚大头针和木块（大头针的重量小于木块）放入玻璃缸的水中，大头针仍然沉入水底，木块浮在水面。把一个小铁盒竖着放入水中，则沉入水底，而平放时却浮于水面。

③ 实验法。把上述三个演示实验改为学生实验，学生通过亲自操作，分析实验所提供的物理情境，从而认识物体的沉浮条件。

这三种教学方法，各有优点，可根据学校实验设备条件和学生的基础水平，以及教师本身的特长和教学风格加以选择。

（2）综合性原则

教学方法多种多样，每一种教学方法都有自己的特点，各有其适用条件和适用范围，也就是说，每种方法都有各自的局限性。把某一种方法说成是放之四海而皆准的最佳方法，过分地强调其作用，或把某一种教学方法说得一无是处，过分地贬低其作用，都是错误的。在教学过程中，究竟选择哪一种教学方法，或将哪几种教学方法结合起来，取决于教学内容和学生的实际情况。不区分教学内容的特点要求、学生的年龄特征和能力水平以及教学环境、教学条件，而千篇一律地采用一种方法是不妥的。一般来说，一节课应以一至二种教学方法为主，辅之以其他的方法。要发挥各种不同教学方法的特点，扬长补短、相互配合，相辅相成。总之，教学方法是多种多样的，只有运用得恰当，才可以达到预期的效果。

5.4　物理教学策略

促进学生对物理知识的深层理解,继而形成物理观念,具有科学思维的能力和习惯,养成科学态度,具有科学探究的能力是物理课程的重要目标。因此,学生的学习过程应该是一个理解的过程,但理解并不是简单地对知识的记忆、知道和照本解释,也不是简单地套用公式。所谓理解应该是学生在已有知识的基础上,通过思考发现知识间的内在联系,能够准确解释观察到的现象、做出预测,并能以多种方式(如文字、图线和图表)重新呈现,且能在适当的情境中正确应用,从而使认知结构得到扩展、丰富、完善和提高的过程。已有的研究和经验表明,理解是以已有知识经验为基础;理解过程是一个积极思维活动的过程;理解的本质是认识事物的联系及其本质;理解的表现是解释、预测和描述。物理课堂教学是落实学科核心素养培养目标的主渠道,教学策略的理解、掌握、选择和运用,既是对教师专业素养的基本要求,也是影响课堂教学目标实现的关键因素。促进学生对物理知识的深层次理解是物理教学深化改革的必然要求,应当采用什么教学策略促进学生对物理知识的深层理解呢? 本节将重点讨论这个问题。

5.4.1 什么是教学策略

教学策略(Instructional Strategy)在教育心理学中是指教师教学时有计划地引导学生学习,从而达成教学目标所采用的一切方法。广义的理解是指一般教学上所考虑采用的教学取向,狭义的理解是指用于某种科目的教学方法。

本书把教学策略取狭义的理解,因此我们把物理教学策略界定为:在一定教育理念指导下,为了达成某种教学目标和完成某项任务而采用的具体教学方法和措施。

从教学取向来说,教学策略可分为两种:一种是以教师为中心的教学策略,一种是以学生为中心的教学策略。以学生为中心的教学是当今国际科学教育改革中的主导型教学策略,也是我们课堂教学改革应当努力践行的一个方向。然而,要从以教师为中心的教学策略转向为以学生为中心的教学策略,实非易事,对于在以教师为中心的学校文化中培育和成长起来的教师来说,更是不易。

5.4.2 教学策略的特点

国内外对教学策略的特征研究颇多,归纳起来,教学策略有三个显著的基本特点:明确的指向性、可操作性和灵活性。

1. 明确的指向性

策略化的教学是依据教学目标,针对学生实际、教材特点,将教学方法、教学手段及教学程序等教学诸因素和谐统一的最佳设计。

任何教学策略都指向特定的问题情境、特定的教学内容、特定的教学目标,规定着师生的教学行为。不存在适合一切问题和内容的万能的教学策略。只有在具体条件下,才能发挥教学策略的价值。当完成了一定的任务,解决了相应的问题,这一策略就达到了目的,与其相应的手段、技巧不再继续运用,而转向新的教学策略。

2. 可操作性

在实际的教学过程中,具体教学策略是在教学思想指导下,根据具体的教学目标、教学任务、学习起点和其他教学条件,进行创造性工作的成果,操作性强,有很强的技巧性。任何教学策略都是针对教学目标的每一具体要求而制定的,具有与之相对应的方法、技术和实施程序,它要转化为教师与学生的具体行动。这就要求教学策略必须是可操作的。

3. 灵活性

灵活性是指不具有规定性和刻板性。为了教学目标的实现可以采用各种可供使用的教学组织形式、方法、程序、手段等,在教学过程中,还将根据需要不断改变和调整。没有任何单一的策略能够适用于所有的教学。

教学策略与所要解决的教学问题之间的关系不是绝对的对应关系。同一策略可以解决不同的问题,不同的策略也可以解决相同的问题。这说明了教学策略具有灵活性。教学策略的灵活性还表现在教学策略的运用要随着问题情境、目标、内容和教学对象的变化而变化。教学中不同教学策略面对同一学习群体会产生不同的效果,即便是采用相同的教学策略教授同样的内容,对不同的学习群体也会产生不同的教学效果。

5.4.3 常用的物理教学策略

教学策略对于提高教学质量具有十分重要的意义。根据物理教学的特点,以下介绍一些当前常用的物理教学策略。

1. 合作学习

合作学习是指促进学生在异质小组中彼此互助、共同完成学习任务,并以小组总体表现为评价依据的教学组织形式。合作学习提倡异质小组学习。所谓异质,是指各组成员之间的性别、学习成绩、能力、背景等的差异。在这样的一个小组中,每一个学生都会懂得:每一个人都有长处和不足,人的智能、个性、才能是多样的,既懂得自赏,更要学会欣赏他人,这样学习才会取得更好的成效。由于每个小组都是异质的,所以就全班而言,组与组之间竞争的基础是平等的。

学生合作学习的动机一旦得到激发或形成,它会自始至终贯穿合作学习活动的全过程,并加强和促进学生的学习。如讲授"影响蒸发快慢的因素"的内容时,教师说:"同学们都洗过衣服吗? 为了使湿衣服干得快些,你们是怎样晾衣服的? 请各同学向自己小组的同学介绍一下。"几句似乎平常而又贴近生活的导语,暗示着合作的含义,各小组同学人人都踊跃发言,最后,各组汇报总结,对这一知识的掌握自然是水到渠成了。

在合作学习的实践过程中,要遵循以下三条规则:①每一个小组的成员可以帮助本小组的成员而不是其他小组的。②鼓励谈论。教师要做的事情就是控制各小组讨论的声音不至于影响其他小组的学习。③每一个小组要尽力回答所有的问题,其中每一个小组的记录员要记下自己小组的所有问题。

在小组学习的过程中,教师巡视教室并给予及时的帮助。当各个小组都回答完了所有的问题,教师可把各个小组重新组织成一个班级进行点评阶段的教学。在这个环节中,需要遵循的步骤是:①请一个小组的记录员说出本小组的答案。②教师询问其他小组的不同意见。③全班讨论任何一个问题的不同答案。这种讨论要使全班学生达成一个基本的共识。④作为总结,教师把全班共识性的问题答案写在黑板上,也可以让学生做这件工作。

2. 纠错

学生在学习中关于错的经验对学生正确掌握知识是至关重要的。事实上,学习永远与错相伴,对与错本来就是孪生兄弟,所以,要不怕错、利用错、改正错。纠错的主要特点:①符合学生的认知规律。教学进程以顺应学生的思维过程为出发点,让学生的思维得到展示、碰撞,学生之间互相合作、交流,学生课堂学习的主体作用得到有效的体现。②遵循课堂的教学规律。教师在寻错、溯因、纠错、延伸、归纳的过程中,其主导作用体现在导向、导疑、导思上,以求达到让学生真懂、会学、会用的教学效果。

科学合理地纠错有以下几种常用的方式:

①概念教学中师生共同辨析错。为使学生透彻理解概念的本质特征,以及与其他有关概念的联系,常常要进行正误辨析。

②规律教学中教师设置错。由教师主动设置错误,学生讨论分析,能加深对规律、公式意义的掌握。

③作业讲评中学生挑错。学生的作业中总是有许多错误,要及时指出,达到作业应有的效果。

④测试后集体分析错。同样是一道题的错误解答,不同学生的错因可能不同。把各种典型的错解收集起来并引导学生分析各种错误,将会收到意想不到的效果。

⑤课内外答疑中促使学生先暴露错。学生总要思考问题、钻研难题,教师必然要答疑。要让学生先发表自己的想法、思路、解法,教师发现其中的错误之处,然后再有针对性地释疑,才会药到病除。

⑥建立纠错本。经常错的知识点、物理公式等可以用提要的形式让学生记录在本子上。

3. 预测-观察-解释(POE)

POE 是 Prediction、Observation、Explanation(即预测、观察、解释)的简称,是指先在班上展示一种情境,然后让学生预测如果做出某个改变后将会发生些什么。POE 策略不仅能诊断学生的前概念,在学生认知冲突的引发和解决的过程中还能够促进其迷思概念的转变。

POE 策略最重要的部分是找出和讨论学生的错误观念。具体操作如下:

①展示一种情境。

②让学生对做出某些特别的改变后所发生的现象进行预测。

③学生观察真实的结果后,讨论预测与观察的结果的不同之处。应该鼓励学生用证据或科学的原理来支持自己的说法。

4. 提问

好的问题可以扩展和巩固知识、提供反馈和吸引学生注意。一个好的问题应该足够短,以使得学生易于理解并记住,然后清晰地表述出来,而不仅仅只是简单地回答是与否。通过提问可以评估学生的知识掌握程度、激发动机和巩固记忆。提问增加了学生的参与机会,使学生掌握更多的倾听技巧,并促进了师生之间的互动。提问同样可以帮助学生联系最近所学知识与以前相关的知识,引导学生将新知识应用于新问题中,并促

使学生进一步深入思考,从而提高其思维的水平。具体操作如下:

①向班级提一个启动性问题,以激发他们对所要讨论的内容的好奇心。所提的问题应该很少有学生知道答案。

②给予思考时间,鼓励学生进行推测和猜想,可以使用诸如猜一猜或者试一试之类的语句。教师提出问题之后至少要等待 3s,因为学生进行推理和组织语言进行逻辑解释时需要较长的反应时间。

③提问一名学生,并倾听他的回答。

④不要立即给出反馈。接受所有的推理与猜想。

⑤将问题作为所要教的内容的引子。将答案融入课堂讲述或演示中,以使学生更加集中注意力。

5. 解决问题

学习的最高形式之一就是将知识运用到解决问题中去。解决问题正是促进科学思考的一种学习方法。解决问题允许学生去探索对于他们而言全新的现象之间的关系。学生运用以前学过的知识、技巧和策略来建构新的思路和概念。

解决问题的活动是一系列有目标指向性的操作过程,解决问题可以帮助学生有效地参与物理学习。具体操作如下:

①教师描述一个问题情境,或让学生提出一个真实世界里的问题情境。

②引导学生以问题的形式对该情境进行描述。

③讨论问题的特征,并为可能的解决方案设定限制条件。

④制订调查研究方案。

⑤选择一种较好的解决方案。

⑥检验该解决方案。

⑦确定问题是否得到了解决。

这一教学策略的重要特点是从问题出发实施教与学的活动,通过解决问题促进学生认识和理解科学知识、掌握科学方法。

6. 角色扮演和模仿

苏霍姆林斯基说过:一个孩子如果从未品尝过学习劳动的欢乐,从未体验过克服困难的骄傲,这是他的不幸。角色扮演可产生积极的情感体验,由学生扮演某些科学事物的角色,在课堂上进行表演,可以活跃课堂气氛,调节师生、生生关系。有条件的可到教室外进行表演,扩大学生活动的空间,实现多方位、多角度融合。

角色扮演是指课堂教学中根据教学的需要,在教师的组织下由教师或学生依据教材扮演特定的人物,在扮演过程中开展学习活动的方法。这种方法一般用于物理学史中有争论的科学事件的回顾或者有多种答案的问题讨论中。具体操作如下:

①选择一个用于模仿的主题,例如教材、杂志和教育软件中的例子。

②让学生阅读和收集信息。

③分配学生特定的角色。

④允许学生以小组的形式一起学习,并决定他们自己行动的过程。

⑤向全班展示角色模仿。

角色扮演和模仿具有如下几个特点：其一,角色扮演能调动学生的学习主动性和积极性;其二,比较适合学生的身心特点,能满足他们喜欢模仿,愿意表演,乐于在学习集体中展露才华的心理;其三,有利于学生对知识的理解。

7. 科学案例

案例是对一个复杂情境的记录。科学案例教学法是通过对一个具体的物理教学情境的描述,引导学生对案例进行分析讨论的一种教学方法。具体地说,即根据教学目标和教学内容的要求和学生特点,在教师指导下,以科学案例为载体,组织学生进行案例的阅读、分析、讨论与研究,从中培养学生综合运用物理知识进行分析问题和解决问题的能力,同时培养学生沟通能力、创新能力、创新精神、团队合作精神等的开放式教学方法。科学案例教学具有以下特征:

（1）综合性。平时教学中,许多教师也应用大量事例来阐述科学规律,但举例是一种倾向于精炼和直截了当地进行信息提取的组织方式。而案例是指教学中提供的事物发展变化相对完整、信息量比较充足的综合性实例。案例的呈现更接近为学生营造一种环境,而不是对某一问题的说明。

（2）问题性。科学案例本身既不是纯理论性的内容,又不是简单的事例,而是包含着一定的需要思考的内容和问题。案例有一定的奇特性,有引人入胜之处,人们不仅要看个究竟,还会提出一系列的问题。如案例 5-4-1 飞机动力研究。

 案例 5-4-1

飞机动力研究

甲、乙、丙三名学生对喷气式飞机如何获得向前推进的作用力或加速度,各有不同的主张,并展开了如下讨论:

甲:起落架上的轮子必须转动,在地面跑道施给轮胎的摩擦力的推动下,飞机才能获得前进的加速度。

乙:飞机的螺旋桨或涡轮机必须转动,将周围空气吹向飞机后方,在空气的反作用力推动下,飞机才能获得前进的加速度。

丙:不论飞机的引擎周围有无空气,均能使其燃料迅速燃烧,当废气向后喷出时,飞机获得反作用力,因此能向前加速。

根据你所学知识,分析、辨别以上三名学生的主张正确与否?

讨论题:

（1）对飞机如何获得向前的推进力,甲、乙、丙三名学生提出的主张,分别与汽车、轮船、火箭前进时的原理类似吗?

（2）如果飞机依照三名学生主张的方式,由地面起飞,则哪些必须有加速的跑道,才能升空? 哪些离地升空后,就没有向前的推进力?

（3）实践性。科学案例教学是有针对性地运用理论知识去分析实际问题,案例能缩短教学情境和实际情境之间的差距,这种来自实践的典型性案例能有效地提高学生分析问题和解决问题的能力。

8. 概念卡通

概念卡通是采用卡通绘图式的方式,将日常生活中相关的情境融入某种科学概念当中,借以提供多种不同的看法,让学生先产生相关认知冲突,进而刺激其产生更深层的思考。它并非一般戏谑式的卡通绘画或动画,而是经由精心的设计启发、诱导,以促进学习者进行思考、探讨。两个典型的概念卡通如图 5-4-1 和图 5-4-2 所示。

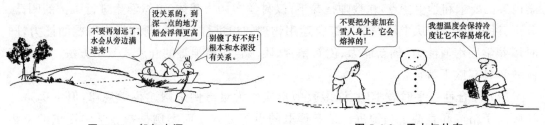

图 5-4-1   船与水深   图 5-4-2   雪人与外套

课程改革的教学理念如何应用在实际的课堂教学上？概念卡通在其中扮演着积极的角色;很典型的反应就是概念卡通可以刺激学生讨论,学生会针对卡通人物中所持的各种不同的观点,提出自己的看法并寻找支持的证据,最后达成共识,找到一项大家普遍可以接受的观点。这种方式的优点在于除了让学生了解自己的观点外,也让学生知道其他不同的观点,当然也包括了所谓正确的概念在里面。通过适当的筛选与设计,概念卡通的内涵可以有各种不同的呈现方式,以利于在不同情境下的学习与教学。

概念卡通具有以下几个特点:

①可视化地表现科学思维。

②运用最少的文字,且以对话的形式出现。

③利用熟悉的情境。

④提供相异的观点。

⑤根据研究文献来设计相异观点。

5.5   物理教学策略应用举例

教学策略在教育心理学中是指教师教学时有计划地引导学生学习,从而达成教学目标所采用的一切方法。本节展示了基于物理教育研究而提出的在实践中证明行之有效的一些具体的教学策略及其应用,包括搭桥类比策略、差异事件策略、认知冲突策略和"5E 学习环"策略。

5.5.1 搭桥类比策略及其应用

(一) 什么是搭桥类比策略

搭桥类比策略由美国马萨诸塞大学约翰·克莱门特(John Clement)教授提出,是一种能够有效促进学生概念转变的教学策略。搭桥类比策略是以学生在参照情境中的正确直觉思维为起点,在参照情境和困难情境之间建立若干可类比的桥接情境,来扩展学生在参照情境中的正确直觉判断,使学生最终能够将这种正确的直觉判断运用于解决困难情境的目标问题,如图 5-5-1 所示。

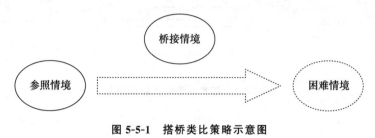

图 5-5-1　搭桥类比策略示意图

在运用搭桥类比策略时,教师需要根据学生对问题的理解程度,给学生呈现一系列有组织的、可类比的桥接情境,促进学生对在不同情境中的同一问题的积极思考,让学生自己去发现和体验概念的建立过程,促使学生的直觉思维一步一步向科学概念转化。以下将以物理教学中,学生无法确定"两个物体之间是否存在反作用力"这个问题为切入点,具体阐释如何在教学中应用搭桥类比策略。

(二) 搭桥类比策略的应用

在进行物理概念和规律的教学中,教师由于自身熟悉概念和规律,往往会不自觉地忽视其建立的过程,即专家盲区(Expert Blind Spots)。比如,在"牛顿第三定律"教学中,对于反作用力,教师往往以书本静止于桌面为例,通过定义的方式,直接告知学生"当一个物体对另一个物体有作用力时,同时也受到另一个物体对它的作用力,这两个相互作用力,其中一个称为作用力,另一个称为反作用力"。对于"是否存在反作用力"这个问题却没有进一步解释。虽然,初学者看似接受了这个结论,但其实他们并不能真正地体会和理解反作用力的存在,与此同时,他们也失去了一次提高自己发现和推理能力的机会。与传统教学不同,我们可以通过运用搭桥类比策略,让学生在教师的引导下,观察和体验反作用力的存在,获取感性认识,再通过对比发现和推理论证将这种感性认识上升为理性认识。具体应用步骤如下:

1. 明确目标问题(Target Questions)

运用搭桥类比策略的第一步就是明确困难情境中的目标问题。困难情境,指学生的直觉判断和科学概念不一致的情境,其中不一致之处即目标问题。

困难情境:一本书静止在桌面上,见图 5-5-2。

目标问题:桌面对书本是否有一个向上的支持力呢?

部分学生认为,桌面不能给书本一个向上的支持力,因为桌面是无生命的物体,只能被迫地承受压力,而不能施力。

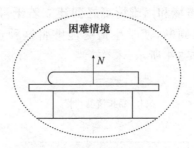

图 5-5-2　困难情境中的目标问题

在此困难情境中,学生的直觉判断与科学概念产生了矛盾,学生对目标问题的理解存在一定的困难。这是由于学生在解决物理问题时,会不自觉地运用自己通过学习和生活所累积的前概念,来做出自己的直觉判断。这些直觉判断可能在某些情境中和科学概念相符,而在另一些情境中却和科学概念相悖。那么,教师该如何引导学生的直觉判断向科学概念转变呢?

2. 寻求参照情境(Anchoring Situation)

学生通过学习和生活所形成的前概念,是促进概念转变的基础,那么,由前概念所产生的直觉判断,便可以作为引导学生概念转变的起点。一方面,教师可以利用错误的直觉判断,制造认知冲突,促进概念转变;一方面,教师也可利用学生在某些情境中正确的直觉判断,通过类比,建立科学概念。正如搭桥类比策略,它试图寻求学生的直觉判断和科学概念一致的情境,即参照情境,以此为起点一步步帮助学生建立科学概念。

参照情境:让书本静止在学生的手中,见图 5-5-3。

学生经历了给书本施力的过程,发现为了使书本静止,必须给书本施加一个向上的支持力。

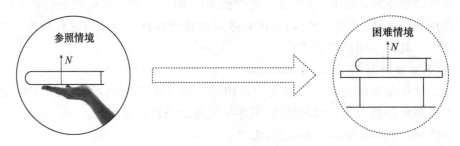

图 5-5-3　寻求参照情境

在参照情境中,学生通过自身体验,所产生的直觉判断与科学概念相符,获得了对支持力存在的感性认识,这种感性认识正是建立概念、掌握规律的基础。但是,对于初学者,他们往往将困难情境和参照情境视为两种完全不同情境,因为他们认为,在参照情境中手是有生命的物体,而困难情境中桌面是无生命的物体,因此他们尚且还无法将参照情境中正确的直觉判断运用于困难情境。

虽然,通过参照情境学生获得了一定的感性认识,但是形成物理概念、掌握物理规律的关键是将感性认识上升到理性认识。那么,教师应该如何引导学生利用自身在参照情境中已有的、正确的直觉判断来建立科学概念,从而解决困难情境中的目标问题呢?

3. 呈现桥接情境(Bridge Situation)

桥接情境,是桥接目标情境和参照情境的中间媒介。之所以称为桥接情境,是因为此情境像桥梁一样,连接了在学生看来不可类比的目标情境和参照情境。创设桥接情境可以以参照情境为起点,通过参照情境中的某些因素逐步向目标情境过渡,但必须保证学生正确的直觉判断在桥接情境中得以延续。

桥接情境:书静止在一个竖直放置的弹簧上,见图 5-5-4。

通过观察弹簧的形变,学生可以判定,弹簧对书本施加了一个向上的弹力,这时学生的直觉判断与参照情境中一致。通过观察、对比,学生可以发现,弹簧是无生命的物体,但是可以施力,所以学生可能推测在目标情境中,构成桌面的原子是否也受到了挤压发生形变了呢? 通过桌面微小形变的实验,学生可以证明自己的猜想是正确的。

当然,呈现的桥接类比情境可能不止一个,在时间允许的情况下,教师可根据学生的理解程度来设置不同的桥接情境,直到学生可以将其正确的直觉判断运用于困难情境。

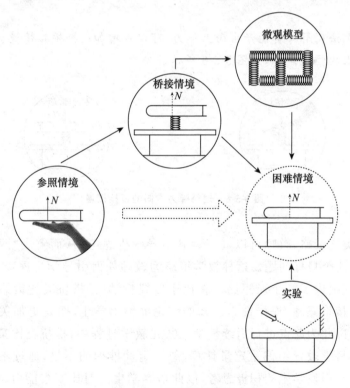

图 5-5-4　呈现桥接情境

比如学生在上述例子中无法理解书本在弹簧上与书本在桌面上这两个情境的类比,教师可以再增加一个类比情境,让书本静止在一片薄木板上,见图 5-5-5。

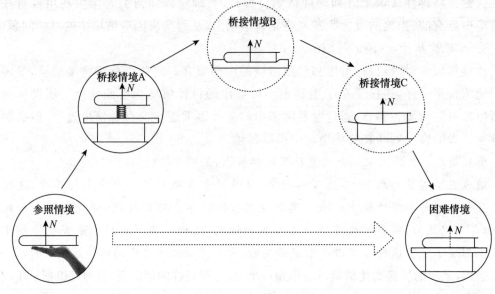

图 5-5-5　呈现多个桥接情境

比如学生无法理解弹簧能产生向上弹力,可以再增加一个桥接情境:让学生用手按压静止在桌面上的竖直弹簧,如图 5-5-6 所示。

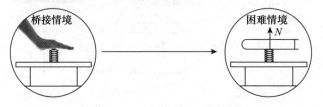

图 5-5-6　理解弹力方向的桥接情境

通过搭桥类比策略,教师可以真正做到引导学生思考,从而解决"两个物体间是否存在反作用力"这个目标问题。这种教学策略为教师如何引导学生逐步建立科学概念,促进其概念转变提供了一个新思路。相比于传统教学:①搭桥类比策略关注学生直觉思维,它不是直接将概念、规律视为已知的结论灌输给学生,而是更加关注学生自己对问题的理解,并以此为起点进行后续教学。②在教学过程中,搭桥类比策略重视定性推理,弥补了传统科学教育中偏重定量计算,忽视定性推理的不足,通过不断呈现学生可利用的桥接情境,引发学生的积极思考,以此培养学生的对比观察能力、推理分析能力、迁移能力等。③搭桥类比策略让学生自己去发现和体验科学概念的建立过程,让学生对目标问题的认识经历由感性逐步发展为理性的过程,有助于学生深入理解概念的本质,从而将其更加灵活地运用到新情境中。

5.5.2 差异事件策略及其应用

（一）什么是差异事件？

差异事件（Discrepant Event）是指呈现的现象或结果是人们意想不到的、违反直觉的、似非而是的事件。它具有强烈的探究激励效应，能激发体验者产生一种"要知道"的动机。一般情况下，学生会基于已有的知识经验对呈现的现象或结果进行"预判断"，当呈现的现象或结果与"预判断"的不相符，甚至相互矛盾时，会激发学生强烈的好奇心。例如在"自由落体运动"教学中，学生常见的物体下落现象是重的物体下落速度比轻的物体下落速度快；若教师在课堂上呈现轻的物体下落速度比重的物体下落速度快，与学生已有的经验就会形成冲突，这个事件就是差异事件。在"摩擦力"教学中，学生对静摩擦力常存在认识误区：摩擦力一定是阻力。为了纠正学生的认识误区，在教学中呈现摩擦力是动力的生活实例，与学生已有的前概念相矛盾，相对于学生的认识误区"摩擦力是动力"的事件就是差异事件。

差异事件的呈现方式与差异事件涉及的具体知识相关，教师应结合相关课堂内容选择差异事件的呈现方式。目前差异事件的呈现方式有物理实验、教师口述、影像播放三种。

（1）物理学是一门以实验为基础的学科，物理实验在物理教学中有着重要作用，为此，大多数教师会选择差异性实验作为物理课堂中呈现差异事件的主要形式。例如，教师讲述离心现象，通常用水杯盛水翻转后，杯中的水会被倒出来，但是当用绳子系住盛有水的水杯在竖直平面内做"水流星"表演时，杯子中的水没有洒出。

（2）物理教师在物理课堂中讲解物理学史时，常采用的方式是：口述，而讲述与物理学家相关的差异事件，更能促进学生对物理的学习兴趣，激发学生的好奇心。例如在"共振"教学中，教师对美国发明家特士拉的故事进行讲述：特士拉把一个小物品夹在一座尚未竣工的钢骨结构楼房的其中一根钢梁上，然后按动上面的一个小钮，数分钟后楼房开始吱吱嘎嘎地发出响声，并且摇摆晃动起来。惊恐万状的钢架工人以为建筑出现了问题，甚至是闹地震了，于是纷纷慌忙地从高架上逃到地面。当教师口述这个故事后，"一个小物品可以使一座楼房摇晃"的差异事件会促使学生想进一步学习共振的相关知识。

（3）当差异事件比较难用实验来呈现，或有仪器限制时，可以选择影像作为呈现差异事件的方式。同样，在"共振"教学中，大多数教师会播放共振导致桥断裂的视频，"风刮桥断"的差异事件让学生明白共振存在的危害，并将课堂知识与生活实际相联系。

差异事件呈现方式的选择与具体知识内容相关，同时也受到学校现有的实验器材、教学装备水平的影响。教师在选择呈现方式时，应综合考虑各种因素，选择呈现效果最佳的途径。

（二）差异事件策略的应用

美国学者阿尔弗雷德·弗里德尔（Alfred Friedl）对差异事件在教学中的应用进行了研究，并依据研究结果提出差异事件教学的"三步曲"：呈现差异事件、引导学生思考差异事件的原因、解释差异事件及学习隐含的学科知识。在运用差异事件进行物理教学时,需要根据不同的教学环节,适当调整差异事件教学环节,使差异事件与物理教学内容相切合。根据物理概念教学的主要环节,差异事件策略适用于以下四个环节:新课导入、创设物理情境、深化概念理解、知识应用。

1. 新课导入,激发学习兴趣

新课导入是一节物理课是否成功与精彩的首要关键点,在设计新课导入时,授课教师必须考虑:如何激发学生对新知识的学习兴趣?选择差异性事件进行新课导入,容易造成学生思维的冲突,诱导学生的学习动机,激发学生学习兴趣,进而引出新课知识的学习。

 案例 5-5-1

"热对流"教学片段

授课对象:高中二年级学生

教师:"夏天到了蚊子多,点燃蚊香,烟是往上飘的,谁能让它往下飘呢?"

学生:"吹它。"

教师吹气,烟往下飘;吸气时,烟往上飘。

教师提问:"谁能让烟乖乖往下飘?"

学生沉默。

教师拿出小道具,边展示边讲解:"这是一个盒子,上面有两个槽,中间有一个隔板。"教师点燃蜡烛后,将蜡烛放在右隔板的下方。

教师:"接下来就是见证奇迹的时刻。"教师将另一根点燃的蜡烛倒放在左隔板上方,学生观察到烟从左边往下飘。

教师:"烟从左往下运动,经过隔板又从右往上运动。"

教师提问:"为什么我从盒子底部点燃蜡烛,烟就能够这样运动呢?让我们带着这个问题,进入今天的学习'热对流'。"

【案例分析】本课的主题是热对流,授课教师结合生活季节的特点,以"蚊香的烟往上飘"作为新课的切入点,并在课堂上演示,加深学生的生活经验"烟往上飘"印象,并顺势抛出一个问题:怎样让烟往下飘?这与学生日常经验不相符,学生会对此产生兴趣,接着让学生参与解决办法的实施,结果均不理想,此时对学生的心理造成一定挫败感。而后授课教师利用塑料隔板箱及一个蜡烛实现了:烟持续地往下飘,并且又从右边往上运动。实验现象与学生已有经验形成差异对比,对学生造成一定认知冲突,激发学生的学习兴趣,学生想明白:为什么要把点燃的蜡烛放在右边?为什么点燃蜡烛后,烟会先从左边往下运动?授课教师利用热对流的知识,设计了差异性实验,将学生引进热对流的学习,并且让学生关注到:蜡烛点燃,有加热的作用,烟的运动方向是否与此有关?为此,授课教师成功地运用差异事件于新课导入,激发了学生对新知识的渴望,从而激励学生认真学习新知识。

案例 5-5-1 中的授课教师运用差异事件于新课导入,首先考虑了学生已有的生活经历,并贴合学生"烟往上飘"的已有生活认知,呈现"烟往下飘"的差异事件,所以教师在运用差异事件于新课导入时,可以从学生常见的生活现象出发,采用逆向思维的方式来设计差异事件,从而形成与学生已有经验相反的差异现象,引起学生的好奇心。同时,教师在设计差异事件时,应将差异事件与知识内容贴合,不可纯粹地让学生觉得新奇或好玩,忽略课堂知识的结合,所以教师在运用差异事件时,可以利用差异事件突出某个条件或关键点,或者通过差异事件的不同点,引导学生思考"为什么某个条件会造成现象差异?"因此,运用差异事件于新课导入,要注意以下几点:①教师应审视学生已有的日常经验;②应选择与要学习的新知识密切相关的差异事件;③差异事件要具有一定的趣味性;④在呈现过程中,应注意引导学生观察,让学生发现差异事件与自己已有经验的差异之处。

2. 创设物理情境,引导学生发现问题

基于建构主义学习理论可知,学生的学习是在一定情境下发生的,创设利于学生进行学习的情境,并促进学生积极主动学习,可以提高学习效果。创设物理教学情境的方法一般有五种:实验创设、问题创设、故事创设、生活创设、多媒体创设。而利用差异事件创设物理教学情境时,上述五种方法也即是差异事件的呈现方法。当教师呈现差异事件与学生已有的认知不相符时,这就造成了学生学习上的疑惑,也就诱导了学生发现问题、解决问题的愿望和动机。

 案例 5-5-2

"稳度"教学片段

授课对象:高中二年级学生

教师做演示,如图 5-5-7 所示,把装有不同水量的三个瓶子放在水平木板上,如果逐渐正面倾斜木板,提问学生:"哪种水量的瓶子会先倒下?"

图 5-5-7 正面倾斜木板,哪一个瓶子先倒下

学生猜想:装满水的瓶、装最少量水的瓶,或装中间水量的瓶。

教师逐渐抬高斜面,装满水的瓶先倒了,接着装最少量水的瓶倒了,最后装中间水量的瓶倒了。

学生产生疑惑,教师提问:"这三瓶水有什么不一样?"

学生:"水面高度不同。"

教师："水面高度不一样,说明它们的重心高低不同。装满水的瓶子重心在瓶中间,装中间水量的瓶子重心在中间往下一点,装最少量的重心更低了。说明重心越低,瓶子越不容易倒。这说明了什么?"

学生回答:"物体的稳度与重心的高低是有关的。"

教师:"而且重心越低,稳度越大。"

【案例分析】本课的主题是"稳度"。授课教师在讲解"物体的稳度与重心的高低有关"之前,已经对稳度的概念、物体稳定的条件、物体稳度的大小与支面大小有关等进行了讲解。如何让学生发现稳度的大小还与物体自身重心的高低有关?要解决这一问题,教师要引导学生学会判断物体的重心位置。案例中的授课教师首先让学生注意到三个瓶子中的水量不同,并让学生预判哪个瓶子会先倒下。结果是装水最多的那个瓶子最先倒下,接着授课老师提问学生:接下来是哪个瓶子倒下?学生根据第一个瓶子倒下推测:水越多,越快倒下。但是结果并非如此,装最少量水的瓶子第二倒下,装中间水量的瓶子最后倒下,与学生的猜测形成冲突。授课教师利用"稳度大小与重心高低有关"设计差异事件,教师不断用语言引导学生对现象进行预判,而学生的常规思维与第一个瓶子倒下相符时,差异事件最后呈现的结果与学生的预判结果有不同,进而形成差异性,引起学生的疑问"瓶子内水量的不同为何会影响稳度的大小?""稳度的大小还与什么因素有关?"从而让学生发现问题,并激发学生产生对稳度知识进一步学习的欲望,保证了课堂学习的高效率。

案例 5-5-2 中的授课教师利用稳度的影响因素设计差异事件,从而顺利创设了探究稳度影响因素的物理情境。故此,差异事件应与知识贴合,在充分挖掘知识的基础上设计差异事件,并配合实物教具进行演示,使学生产生直观的感受;在呈现差异性事件时,授课教师可以结合提问法,用语言引导学生将注意力集中在差异事件的现象上。

3. 深化概念理解,促进概念转变

学生在进入课堂学习新知识之前,学生基于生活经验,在已有知识基础上,对要学的新知识有一定的认识,这些认识有些是错误的,常常成为学习新知识的障碍。错误的前概念会影响新课教学的效果,不及时纠正学生错误的前概念,学生将不能对概念有正确的理解。在概念教学中,差异事件会对学生造成的直观冲击,且现象与学生已有的前概念不相符,学生不能利用已有的知识进行解释,造成学生认知结构不平衡。而且,差异事件的新奇性可以激励学生打破已有的思维定式,进一步深化对概念的理解,促进概念转变。

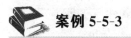 **案例 5-5-3**

"牛顿第三定律"教学片段

授课对象：高中一年级学生

学了牛顿第三定律，不少学生仍有作用力与反作用力不一定相等的错误认识。例如用石头与鸡蛋相碰，鸡蛋破碎是因为石头对鸡蛋的作用力比鸡蛋对石头的作用力大，拔河比赛时胜利一方的拉力比失败一方的拉力大。这种错误的前概念将会影响学生对牛顿第三定律的理解。为了解决这个问题，在教学时设置了以下 3 个情境来帮助学生转变作用力与反作用力的错误认识。

情境 1： 一名身强力壮的男生与一名身体较为单薄的女生用细绳进行拔河比赛。观察到的现象是男生获胜。

教师：男生获胜的原因是什么呢？两学生给对方的拉力大小如何呢？

学生：男生比女生的拉力大。

情境 2： 把细绳两端各系一个手持式测力计，让男生与女生通过测力计来进行拔河比赛。观察的现象是男生获胜，而两测力计的示数却相同。

教师：拉力相等，说明男生获胜的原因不是其拉力大，那么男生获胜的真正原因是什么呢？

情境 3： 悄悄地在男生一侧的地面上加一块光滑的地板，然后重复情境 2。学生惊讶地观察到女生竟不费吹灰之力将男生拉过中间线，而测力计示数仍相同。

教师：学生脚底在情境 2 与情境 3 中的感觉有何不同？男生获胜的原因是什么？

如果让你组织拔河比赛，你需要注意什么问题来保证比赛的公平性？

若你是拔河比赛中某队的领队，你在选择队员时应该注意什么问题？

【案例分析】本课的主题是牛顿第三定律，教学片段的场景适用于牛顿第三定律教学的讨论或应用环节。情境 1 再现生活现象，暴露谬误前概念。情境 2 问题引导，实验归因，产生疑惑。情境 3 对比强烈的实验现象，激发起了学生的探究动机，促使学生主动积极地思考男生获胜原因，适时点破获胜原因，是由于摩擦力不同造成的，然后通过系列问题引导学生学以致用，进而明白拔河比赛中获胜的奥秘。

案例中的授课教师先通过拔河比赛让学生的前概念暴露出来（情境 1：男胜，男的拉力大），接着两次差异事件（情境 2：男胜，两测力计的拉力相等；情境 3：女胜，两测力计的拉力相等）直观地让学生认识到科学的概念。因此，授课教师在应用差异事件于深化概念理解环节时，应在课前了解到学生会对本课哪些知识点存在前概念，在教学过程中应先暴露学生的前概念，然后再呈现与学生前概念有差异的事件，前后对比下形成差异事件。

4. 知识应用，拓展提升

教师在课堂结束前，需要针对本节课的知识进行系统总结，帮助学生理清知识脉络，加深学生对知识的记忆。更重要的一点，是引导学生学会应用知识，物理作为一门与生活实际联系紧密的学科，教师应鼓励学生将课堂学习延伸至课后的生活学习，从而提高学生的综合能力。但是，学生已经在课堂学习中消耗了大量的学习动力和学习资源，课后较难保证有充足的精力去学习或参与实践。在课后应用差异事件于知识应用,因差异事件的新奇性,会再次激发学生学习的愿望,保证课后学习的动力充足。

 案例 5-5-4

"力的分解"教学片段

授课对象:高中一年级学生

教师:"学会将一个力按实际作用效果分解,可以解决一些实际问题。"

教师展示一辆小车模拟帆船,车的上面用纸板做帆。

教师用吹风机正对帆吹风,提问:"看到什么现象?"

学生:"看到小车向左运动。"

教师:"小车向左运动,但风的方向?"

学生:"向右吹风。"

教师:"小车逆风航行。"教师布置作业,同学们回家后将帆船逆风航行,作为一个研究性课题进行研究。

【案例分析】本课主题是"力的分解",授课教师在课堂结束前已经讲解等效替代、力的分力与合力实验、平行四边形法则及相关生活实例。在课堂的最后,授课教师利用帆船前进这个差异事件引起学生的好奇心。学生已有的生活经验是:船很难在逆风的情况下前进。并且让学生预判模型帆船在吹风机的吹风的作用下,往哪个方向前进。而且实验现象与学生猜测的方向相反,教师也没对原因进一步说明,而是鼓励学生课后动手操作并结合所学知识进行研究,留下一个大问号给学生,授课教师利用差异事件成功地将"力的分解"的学习延伸至课后,"帆船逆风前进"引起学生的好奇心。

物理教师将差异事件应用于物理课堂中,可以提高课堂教学效率,增强学生的学习兴趣。在应用过程中,应以落实课堂教学目标为根本,让差异事件服务于教学目标,同时注意差异事件的科学性,在课堂上呈现的差异事件必须有科学的解释。教师在呈现过程中,需做好引领者的角色,引导学生参与差异事件问题的解决,避免学生思维发散的方向偏离课堂教学目标,影响教学的效果。

根据以上分析可知,采用差异事件策略进行教学,必须先充分了解学生学前的思维障碍,并加以细化为具体的知识点;根据具体的知识点设计差异事件,引发学生认知冲突的体验。差异事件一般采用实验的形式,教师要巧设问题,引发学生的思考与讨论,让学生在协作的环境下进行。可以根据具体的教学内容,在课堂中设置递进的差异事件,也可由一个核心的差异事件贯穿课堂始终。

5.5.3 认知冲突策略及其应用

(一) 认知冲突的含义

认知冲突指认知发展过程中,原有概念与现时情境不相符时在心理上所产生的矛盾和冲突,概念转变是认知冲突的引发和解决过程。学生在学习新知识之前,头脑中并非一片空白,而是具有了形形色色的原有认知结构。在学习新知识时,他们总是试图以这种原有的认知结构来同化对新知识的理解。当遇到不能解释的新现象的时候,就会产生认知冲突。例如,学生在学习毛细现象的时候,教师的演示实验往往会让学生产生与"水往低处流"的前概念相矛盾的认知冲突。

（二）认知冲突策略的应用

认知冲突不一定会促使学生发生概念转变，但认知冲突可被看成是概念转变过程的关键。为了促使学生实现概念转变，教师需要创设一定的情境，以引发学生的认知冲突。教师直接提出与学生原有理解相对立的新概念，或者进行实验、演示教学等让学生感到与原有理解相反的事实。引发认知冲突，是实现概念转变的关键，解决认知冲突则是物理教学的最终目标。波斯纳等人的概念转变模型认为，只是简单地认识到原有概念和新概念的不一致还不能保证学生就可以发生概念转变。引发认知冲突之后，下一步是进行各种建构活动，帮助学生建立正确的物理概念。

1. 通过物理实验和早期知识之间的矛盾引发认知冲突

物理实验具有直观性，能非常鲜明地展示物理现象，能为物理概念的建立提供科学的感性认识。在引发认知冲突时，物理实验能起到非常有效的效果。由于知识的学习是由浅到深，不断深入的过程，早期学习到的知识，由于所学知识的深度不够，其适用条件不能更加准确地提出来，在遇到新知识时，往往容易出现错误的判断。在学习新的物理概念时，合适地选择引起学生做出错误判断的实验，能起到意想不到的好效果。

例如，学生在学习"闭合电路的欧姆定律"时，往往会对电动势、路端电压、内部电势降落等概念产生理解上的混乱，如果仅仅推导公式和介绍式地讲授知识，学生往往不能很好地掌握其中涉及的各个概念，不能很好地区分电动势和路端电压的区别，不能很好地理解内部电势降落以及电源内阻的概念。此时，我们可以利用学生之前所学的"部分电路欧姆定律"，以及恰当的实验演示，引发学生的认知冲突，从而达到更好的教学效果。

 案例 5-5-5

在开始讲授"闭合电路的欧姆定律"课程时，老师向学生展示如图 5-5-8 所示的电路：

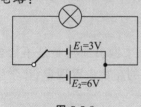

图 5-5-8

老师首先向学生介绍电路的结构，并用电压表实际测量两个电源的电压（路端电压），结果显示分别为 3V 和 6V。接着，老师把开关接到 3V 的电源上，让学生看到灯泡是正常发光的。此时，老师向学生提出，如果把开关接到 6V 电源上，结果会怎样？学生会根据前面所学到的欧姆定律的知识做出判断：灯泡会更亮，或者灯泡会被烧坏。听完学生的判断，老师并不急于给出答案，而是用实验来说明——将开关接到 6V 的电源上，灯泡非但没有变亮或者烧坏，而是变暗了！这个现象和学生前面所学的欧姆定律相矛盾，学生在认知上发生冲突，能有效地调动学生的积极性。在接下来的课上，可以让学生思考和开展讨论，并结合书本中"闭合电路的欧姆定律"一节的内容，尝试去解释实验现象和欧姆定律的矛盾。经过学习、讨论、探究之后，学生能发现电动势（非电压）大的电源，其内阻更大（可以使用废旧电池实现），从而解释了实验现象，并且完善了对欧姆定律的理解，深刻地理解电动势等概念。

2. 利用物理实验和生活经验的矛盾引发认知冲突

许多物理概念的抽象性体现在它的高度数学化上,对于有过多数学描述的物理概念,容易让学生感到脱离现实生活。中学物理知识大多和生活是有紧密联系的,对于数学上较为复杂的概念,在联系实际时,往往比较困难。在与这些概念相关的一些联系实际的问题中,学生往往不能做出正确的判断。究其根本原因,是学生没有很好地理解物理概念。

 案例 5-5-6

学生在学习"圆周运动"时,往往对向心加速度的理解不够深刻,而停留在数学的描述上(高中物理不要求学生做出向心加速度公式的推导)。为了加深学生对向心加速度的理解,并且联系实际生活,设计以下教学过程。

以"过山车经过圆形轨道最高点"为例,创设一系列问题引发学生的认知冲突。

师:过山车到达最高点时,如果把安全带解开,此时乘客有没有危险?

生:有危险,乘客会掉下来。

师:如果有一只矿泉水瓶倒立,当到达最高点时将瓶盖打开,水会不会流出来呢?

生:当然会。

接着老师并不指出学生的观点是否正确,而是做了"水流星"的演示实验,让学生自己去观察现象,发现可能存在的错误。

师:较快运动的塑料杯中的水流出来了吗?

生:没有。

师:如果塑料杯里装的是石头,会掉下来吗?

生:不会。

师:那么过山车上的乘客在最高点的时候会不会掉下来呢?

师:什么情况下乘客有掉下来的危险?什么情况下,乘客解开安全带也不会掉下来?

案件 5-5-6 通过提问和思考讨论,学生就能更加明白自己原来做出的判断是不恰当的。结合向心力、向心加速度等物理概念的学习,结合之前所学的超重失重现象,让学生更加深入地理解其中的含义。

3. 利用数学方法引起认知冲突

物理学是逻辑严密的自然科学,其抽象性、系统性仅次于数学。物理学中大量地存在各种数学的描述、定量的计算,但是这些用数学语言描述的物理规律是有严格的适用范围的,如果脱离具体的物理情境,数学计算往往会带来荒谬的结果。在物理教学中,可以适当地采用数学方法引起学生的认知冲突,达到更好的教学目标。

案例 5-5-7

在学习"电阻定律"时,教师拿出一个白炽灯。

师:白炽灯上都标出了它的哪些规格?(学生观察)

生:额定功率 100W,额定电压 220V。

师:我们能计算出灯丝的电阻吗?

生:根据功率公式的变形,可以这样计算得

$$R = \frac{U^2}{P} = \frac{(220\text{V})^2}{100\text{W}} = 484\Omega$$

师:如果我们要用实验方法测量电阻,通常会采用什么方法?

生:伏安法。

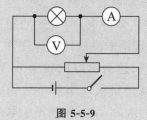

图 5-5-9

老师拿出实验装置,按照图 5-5-9 所示接好电路,闭合开关之后测出灯丝电压和电流,计算灯丝的电阻。

根据测量出来的电压和电流计算灯丝的电阻值:

$$R = \frac{U}{I} = \frac{3\text{V}}{0.062\text{A}} \approx 48\Omega$$

案件 5-5-7 中学生会认为计算的时候小数点出错,但是经过检查发现计算无误。此时引入"电阻定律"的新课,能较好地激起学生的学习兴趣。这一独具匠心的实验设计,能够从学生原有的认知结构出发,学生的观察和思维造成学生的认知冲突。用原有的认知结构无法解决实验得出的结论,使学生感到好奇并渴望求解,学生产生了进一步学习的兴趣,有利于学生进入特定的学习状态,有利于教学目标的顺利实现。另外,这个设计也让学生加深对物理公式具有一定的适用范围的理解。

4. 利用学生之间的讨论和对话中的观点引发认知冲突

每个学生由于对问题认识的深度和广度不同,对事物的理解都会受到自身条件、认知水平的局限,都会受到原有知识背景的影响。因此,对同一问题的认知往往会因人而异,有的较全面,有的较片面,有的较为深刻,有的则完全错误。这样,在合作学习中,学生之间就会产生不同观点的对立、碰撞,从而引发学生之间的认知冲突。

 案例 5-5-8

问题:同步卫星距地心的距离为 r,加速度为 a_1,地球赤道上的物体随地球自转的向心加速度为 a_2,地球的半径为 R。以下比值正确的是

$$\text{A.} \ \frac{a_1}{a_2} = \left(\frac{R}{r}\right)^2 \qquad\qquad \text{B.} \ \frac{a_1}{a_2} = \frac{R}{r}$$

两个选项都有学生选择,老师先不给出解释,而是让学生分别阐述他们的理由。

生 A:根据牛顿第二定律,可得,$G\dfrac{Mm}{r^2} = ma$,可得 $a = G\dfrac{M}{r^2}$,所以选 A。

生 B：因为同步卫星与赤道上的物体具有相同的转动周期和角速度，根据公式 $a = w^2r$，可以得选项 B。

师：下面，就请同学们针对两种不同的观点来展开辩论吧！

生 C：我支持选 A，因为物体环绕地球做圆周运动，离地面越远轨道半径越大，向心加速度越小，而且这个结论是利用牛顿第二定律推导出来的，应该不会有错。

生 D：同步卫星和赤道上的物体的角速度难道不相同吗？公式 $a = w^2r$ 错了吗？

课程改革倡导师生之间、生生之间的思维对话，其目的就是为了让学生在相互争辩中，剖析事理、去伪存真，而辩论的前提就是要有两种对立的观点，需要出现认知冲突。

物理概念是从一类物理现象中抽象概括出来的，在解释现象时比生活经验更具有明确的指向性。在物理概念教学中，创设各种情境引发学生的认知冲突，能有效地提高学生对所学物理概念的专注程度，有利于提高学生对物理概念理解的准确性和深刻性。

在物理教学中，应当灵活地应用各种引发认知冲突的策略，达到更好的教学效果。值得注意的是，在引发认知冲突时，应当避免另一种极端，那就是错误地引导学生认为"凡按生活经验去做、去理解，就会发生错误"。这样容易让学生认为，学习物理不能联系实际生活。因此，适当应用认知冲突进行物理概念教学的同时，也应当利用学生在生活中形成的正确、有用的前概念进行引导教学。

5.5.4 "5E 学习环"策略及其应用

（一）什么是"5E 学习环"

"5E 学习环"（5E-Learning Cycle）是美国教育学家拜比将卡普拉斯（Robert Karplus）提出的三段式学习环，即探索（Explore）、概念介绍（Concept Introduction）和概念运用（Concept Application）在实践研究的基础上进一步细分形成的五个紧密相连的阶段，依次为：参与（Engagement）、探索（Exploration）、解释（Explanation）、精致或扩展（Elaboration）以及评估（Evaluation），如图 5-5-10 所示。由于这五个阶段的首字母都是字母"E"，所以被称为"5E学习环"。"5E 学习环"强调科学探究与知识主动建构的统一，重视学生已有知识和经验的作用，是被实践证明了的比较有效的一种理科教学模式和教学策略。

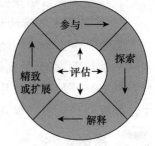

图 5-5-10

（二）"5E 学习环"策略的应用

这里以初中物理"杠杆"一节的教学为例，阐述"5E 学习环"的内涵及其在物理教学中的操作要领。

在人教版九年级《物理》"杠杆"的教学内容中，教材先给出了描述杠杆的几个术语，然后通过实验研究杠杆的平衡条件。在"杠杆"的教学中，力臂既是重点又是难点，如果将这一概念直接告诉学生，将不利于学生对知识的理解和探究能力的培养。为突破这一难点，可运用"5E 学习环"模式进行教学。具体实施过程如下。

1. 参与阶段

参与阶段是整个教学过程的起始环节,其目的是使学生明确学习的主题和探究的方向。这个阶段一般以预先设计的活动或问题情境来诱发学生对问题的反应,从而激起学生的学习兴趣和好奇心,使学生能够主动参与到教学活动中。此活动或问题情境主要是通过引人注意的演示或者相互矛盾的事件等,引入学习的主题和探究的方向,并且将课程内容与学生已有的经验相联系。

 案例 5-5-9

> 教师首先创设"拔钉子"情境。将学生的注意力吸引到学习任务中来。
>
> 教师出示钉有钉子的木板、硬棒、剪刀、羊角锤、钳子等实物,引起学生的好奇心:老师今天拿这么多工具干什么?
>
> 在大家都感到疑惑的时候,教师拿起木板提问:谁能利用讲台上的这些工具把木板上的钉子拔出来? 接着让学生上台用不同的工具"拔钉子",同时引导学生观察不同工具的用力情况,结果发现用羊角锤是最省力的。然后利用多媒体演示羊角锤拔钉子的过程、跷跷板的运动和硬棒撬起石头的情况,并提问学生:经过刚才的观察,你能说出这些工具有什么共同特点吗? 为什么有的工具比较省力呢?

案件 5-5-9 设置的问题情境,学生参与课堂的积极性提高了,好奇心也得到了很大的激发。

这一阶段教师要了解学生的先验知识和已有技能,关注学生的思考过程。

2. 探索阶段

本阶段教师应为学生提供建构知识的材料,给学生充足的时间和机会,并让他们以小组合作的方式进行活动探索,其目的是使学生在动手操作的过程中,对学习的主题建构出共同、具体的经验,并引导出学生的想法。这个共同的经验对学生来说是不可或缺的,因为学生是带着不同的经验和知识进入学习主题的,构建共同经验的过程,可以培养学生自主探究的能力和团结协作的意识。

 案例 5-5-10

> 在进行探索活动之前,教师可先结合杠杆实物和多媒体动画演示,向学生介绍杠杆:在力的作用下能绕固定轴转动的硬棒叫杠杆。然后引导学生总结出杠杆的特点:
>
> ①都是硬棒(软的不行,直的弯的都可以);
>
> ②工作过程中都在转动,转动过程中有一点是不动的,这个点称为支点;
>
> ③除固定不动的点外,还要受到两个力的作用,一个能使它转动,称为动力;另一个阻碍它转动,称为阻力。
>
> 接下来教师不要急着给出力臂的概念,而应让学生思考:除了力,还有哪些因素影响杠杆的转动? 由此激发学生的探索欲望。

在探索活动开始时,教师可鼓励学生以小组共同探索的方式合作,并用问题引导探索,而不给予直接的指导。课堂上教师可为学生提供杠杆、砝码、弹簧秤等器材,并引导学生用控制变量法探究影响杠杆转动效果的因素。

学生首先发现,杠杆转动的效果跟力的作用点的位置有关,如果力的作用点过支点 O ,那么无论用多大的力也无法使杠杆转动。而对于大小相等的作用力,力通过 B 点(F_7、F_8 除外,如图 5-5-11 所示)较 C 点更容易使杠杆转动。也就是说,在力的大小相等的情况下,力的作用点离支点越远,就越容易使杠杆转动。在这个环节,很多学生便会根据观察到的实验现象和已有的经验认为,影响杠杆转动效果的另一因素就是支点到力的作用点的距离。

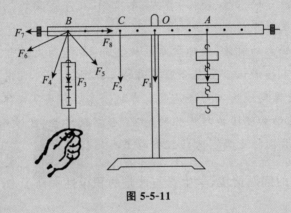

图 5-5-11

为了挑战学生的认识,教师可以这样启发学生:"力的三要素包括大小、方向和作用点,刚才大家已经知道力的大小和作用点对杠杆转动的影响,那么我们能否继续通过控制变量法来研究力的方向对杠杆转动产生的影响呢?"通过实验,学生会发现,在 B 点(F_7、F_8 仍除外),当力的方向不同时,杠杆转动的效果也不同,并且当力的方向与杠杆垂直时转动最容易。到这里,学生便会产生更进一步的认识:仅仅用支点到力的作用点的距离来描述影响杠杆转动效果的因素是不够的,还要同时考虑这个力的方向。

通过探索,学生的思维能力和动手能力可得到锻炼,一些前概念也会在这个过程中有新的进展。在活动进行的过程中,教师应注意观察并留意学生的反应,若有必要,应再问一些刺探性的问题。协助学生解决问题时不要直接给出答案,而是应扮演引导者或咨询者的角色。学生则在以上的探索阶段经历了提出问题、形成假设、进行实验、收集证据、分享观察、分工合作的过程。

3. 解释阶段

本阶段要求学生对探索阶段收集到的证据或数据进行解释并说明理由,教师则适时引导学生澄清错误观念,并用通俗的科学语言解释探索过程中的相关科学概念,其目的是让学生对学习的主题知识和过程技能形成正确的理解,并转变学生的错误观念。解释阶段有时也称为"概念建立"阶段,因为在这个阶段,一般证据以及新发展的概念会被同化到学生的认知结构之中。

案例 5-5-11

通过探索与分析，大部分学生认识到：在力的大小相同的情况下，支点到力的作用点的距离不同，杠杆的转动效果可能不同；在支点到力的作用点的距离相同的情况下，方向不同的力，也会使杠杆产生不同的转动效果。

为了引入描述杠杆平衡的重要概念——力臂，教师可以这样处理：引导学生讨论如下问题，力的方向不同时，会导致哪一个量发生变化？学生经过小组讨论后，可以得出是"支点到力的方向所在直线的距离"发生了变化。但这只是学生自己的语言，教师要趁机引入并帮助学生理解力的作用线的概念：力的作用线是指过力的作用点沿力的方向所画的那一条直线（用虚线表示），是力的有向线段所在的那一条直线，也就是有向线段由两端向外无限地延伸。如图 5-5-12 所示，*ab* 为动力作用线，*cd* 为阻力作用线。

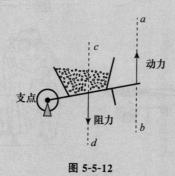

图 5-5-12

自此，教师便可以自然而然地引入影响杠杆转动效果的因素（同时也是影响杠杆平衡的主要因素）——支点到力的作用线的垂直距离。这样就水到渠成地得出力臂的定义了。在此基础上，教师再引入动力臂和阻力臂的定义，同时运用课件和板书介绍力臂的具体做法。

力臂 {
动力臂：从支点到动力作用线的距离。
阻力臂：从支点到阻力作用线的距离。

做法 {
1. 先明确支点。
2. 画出力的作用线。
3. 确定支点到力的作用线的垂直距离。

在此阶段，教师要指导学生对探索阶段收集到的数据进行处理，经由小组讨论后，形成小组的共同结论，然后鼓励学生解释概念或用自己的语言进行定义，并要求学生提供证据做更深入的说明。在学生提出解释后，教师可以学生过去的经验和已有的想法为基础，运用口述、视听资源等，简单、明确、适时地介绍科学概念，并尝试矫正在探索阶段中发现的学生的错误观念。

4．精致（或扩展）阶段

本阶段要求学生将习得的知识与技能应用到新的情境或问题中，重视知识与技能的实际应用，其目的是使学生对所学知识达到更深层次的理解。

在学生的概念得到澄清之后，教师应引导学生扩展自己刚刚习得的概念，使其与其他概念相联系，并运用所建构的新概念解释周围世界或新情境中的问题，例如，用多媒体显示各种杠杆的画面（见图 5-5-13），让学生利用刚刚学习的知识分析情境中的各类杠杆，并画出图中各类杠杆的动力臂和阻力臂，使学生对概念的学习得到巩固和提高。当然，教师所提供的新情境最好是与日常生活相关的例子。

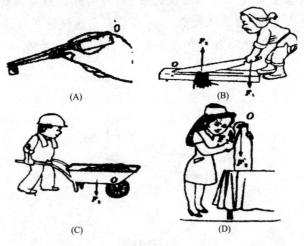

图 5-5-13

在此阶段，教师要营造一个有利于学生互动的学习环境，让学生能够彼此分享想法，并适时鼓励学生寻找运用新概念的例子，从而强化所获得的知识。

5．评估阶段

本阶段鼓励学生评估自己的理解能力，教师可运用正式和非正式的方式评估学生的知识、态度和技能，学生也有机会检验其在新情境下学习的迁移能力。这一阶段处于学习环中间，是"5E 学习环"策略运用中的重要环节，因为其余四个阶段都需要评估的参与。这种评估是教学活动过程中的形成性评估，而不是总结性评估，包括教师对学生的评估和学生的自评、互评。

在"5E 学习环"的每个阶段，教师都要进行形成性评估，可以采用提问、观察等非正式评估的方法，了解学生对新概念和技能的应用，评估学生的知识与技能，并寻找学生的想法和行为改变的证据（如为什么……你是怎么知道……的？你怎么解释……）。在参与和探索阶段，教师要允许学生有不同的想法，并给予及时反馈，同时记录学生的表现和进步；在扩展阶段，则要针对学生的练习情况进行适当点评（如指出学生作图的缺陷，并给出相应的指导）等。通过评估，教师可及时获得学生学习情况的反馈信息，进而调整教学方法和教学内容，并把信息反馈给学生，帮助学生改进学习。

在评估阶段，教师还要鼓励学生对整个学习过程进行反思，使学生在先前的理解、观念的转变、概念的理解和应用与解决问题的技巧之间建立一个连接。教师对学生的这种鼓励要有意识、有计划地渗透到前面四个阶段中。可以看到,在"杠杆"的教学中运用"5E 学习环"的优点是:学生可通过实验进行充分探究,熟悉影响杠杆转动效果的各种变量。这比先讲授力臂的定义,再让学生通过实验加以实践的传统教法更能激发学生的学习兴趣,同时也提高了学生的合作探究能力。此外,"5E 学习环"将评估渗透到教学的各个环节,体现了新课程的评估理念,这种多元化的形成性评估更有利于学生的发展。

以上我们以初中物理"杠杆"一节为例,阐述了"5 E 学习环"的内涵及其在物理教学中的应用。虽然,"5E 学习环"是一种经实践证明了的有效的科学教学策略,但在我国的物理教学中,这种策略的应用还不甚普遍。我们认为"5E 学习环"作为探究教学的一种模式,已经发展成为一套更完整、更符合学生认知特点的教学程序和教学策略。由于物理学中的许多概念和现象都与学生的生活经验密切相关,因而物理课程中的许多主题都适合用"5E 学习环"策略或模式进行教学。只要教师根据所教概念和技能的类型、学生的认知发展水平以及具体的学习需要等来设计和实施"5E 学习环"的教学,就能达到优化和改进教学效果,提高物理课堂探究教学质量的目的。

教学过程是具体而复杂的,教学方法是丰富多彩的,教学要完成的任务又是多方面的,因此实际教学过程中应当有多种策略,不可能一种策略从头到尾用到底。要根据不同的教学目标、不同的教学情境、不同的教学环节,采用不同的教学策略。教师要根据教学的实际情况创造性地组织教学,融会贯通地理解和运用多样化的教学策略。

🔖 思考与实践

1. 讲授式教学方式仍然是物理教学的一种基本方式。在讲授式教学方式中,如何才能发挥学生的主体作用,让学生成为学习的主人?

2. 在课堂教学设计中,是否有必要在某个教学环节加入思想教育的内容,或者专门留出一个环节进行价值观的教育? 为什么?

3. 为了体现新课程理念,在原有基础上还要给学生营造一个主动参与、合作交流的环境,留给学生足够的思维空间和时间,尝试这种做法的教师普遍反映上完一堂课如同打完一仗,累得很。传统教学方法和内容与新课程理念下的教学方法和内容之间,教师该如何进行取舍? 教师该怎样让自己"减负"?

4. 试就手边拥有的物理教材,选取其中一节,根据差异事件教学策略的要求,设计一个用差异性事件教学策略实施教学的教案。

🔍 参考文献

1. 李新乡,张军朋.物理教学论[M].北京:科学出版社,2009.

2. 宏佳,周志华.中外科学教育教学策略比较[J].课程·教材·教法,2005(1).

3. 徐立海,吴永灵,徐招茂.在"认知冲突"中引入新课的几个案例[J].物理教学探讨,2008(9).

4. 国家研究理事会.美国家科学教育标准[M].戢守志,等译.北京:科学技术文献出版社,1999.

第6章 物理教学设计与说课及评课

📖 **学习目标**

1. 了解物理教学设计的概念和意义,知道物理教学设计的依据。
2. 掌握物理课堂教学设计的过程和体例,会写一份实用有效的规范教案。
3. 了解说课的要求,掌握说课的要点,会说课。
4. 了解观课和评课的要求,掌握观课和评课的要点,会观课和评课。

教学是教师引起、维持学生学习的行为方式,旨在建立起促进学生学习的环境。教学活动是一种有目的、有组织、有计划的特殊认识活动,为达到教学活动的预期目的,减少教学中的盲目性和随意性,就必须对教学过程进行科学的设计。事实上,每一节好课都凝结着教师的智慧和心血,都需要教师在课前做大量的准备工作。教师在教学前所做的一切准备工作,统称为教学设计。

作为教师,首先,要明确物理教学设计的概念和意义,知道物理教学设计的依据;其次,通过对物理教学设计内容、要求、过程等问题的讨论和研究,掌握物理教学设计的技能,会写一份实用有效的规范教案。说课、评课目前已成为中学物理教学的常规教研活动,了解说课、评课的要求,掌握说课、评课的技能,会说课、评课,也已成为对新教师的必备要求,因此,物理教师的说课及评课也是本章的重要内容。

6.1 物理教学设计的概念、意义与依据

物理课程实施的基本途径是教学,教学设计和教学实施是教师教学工作的两个最重要的环节,教学设计是教学有效实施的基础,因此,如何进行物理教学设计是教师面临的首要问题。

6.1.1 什么是物理教学设计

所谓物理教学设计(Instructional Design)是教师在一定的教学理念指导下,遵循物理教学过程的规律,运用系统的观点和方法,为达成一定的教学目标,事先对教学活动进行的规划、安排与决策的过程。

(一) 物理教学设计是在一定的教学理念指导下进行的

课堂教学是教师有目的、有计划地组织学生实现有效学习的活动过程。不同的教学理念,会带来不同的教学活动,不同的学习效果。物理教学设计必须体现现代科学教

育的教学理念。这些理念包括：①面向全体学生；②有利于提升学生的物理核心素养；③重视学生已有的知识经验；④重视学生发现问题与提出问题能力的培养；⑤创设使教师与学生、学生与学生有效互动的情景；⑥突出科学探究活动；⑦渗透 STSE 教育；⑧融合 STEM 教育；⑨体现 HPS 教育的要求；⑩使学生获得物理学习的积极体验与情感；⑪关注学生对自己以及他人的学习反思；⑫重视真实有效问题情境的创设；⑬重视学生、知识、交流和评价一致的学习环境；⑭有利于实现信息技术与物理教学的深度融合。不是说，每节课的教学设计都要体现这些理念，而是说教学设计中要有侧重地体现这些理念。

（二）物理教学设计以教学目标为导向

教学目标即教学内容和要求。明确教学目标是教学设计的关键任务，这需要从以下三方面进行考虑。

1. 学习课程标准

课程标准（Curriculum Standard）是国家课程的基本纲领性文件，是国家对基础教育的基本规范和质量要求。

国家课程标准是教材编写、教学、评估和考试命题的依据，是国家管理和评价课程的基础，体现了国家对不同阶段的学生在核心素养等方面的基本要求，规定各门课程的性质、目标、内容框架，提出教学和评价建议。因而，明确教学内容和要求首先要认真分析和研究课程标准。

教师必须认真学习和研究课程标准，按课程标准的规定进行教学。而不能在进行教学设计时就事论事，只看到教学中的具体问题；或基于个人的经验，不能从总体上把握教学内容和要求，只注意了枝节，抓不住大问题。因此，认真钻研课程标准，深刻领会课程标准的精神，对于从根本上改进教学、提高教学质量，就是首要的。

从教学设计的角度来说，需要注意的是学习课程标准不能只满足于表面上通读课程标准的字词语句，应着重在领会课程标准提出的课程理念、设计思路的各项要求的内涵上下功夫。这样才能体会到课程标准对教学的指导作用。

在课程标准中，内容标准和学业标准是学生学习本课程所要达到的最基本的要求，它既有学习内容的规定，也有学习程度的具体规定，是课程目标的进一步具体化，因此内容标准和学业标准是设计教学目标的基本依据。教师在针对具体内容设计教学目标时，既要考虑内容标准中对该项内容学习的基本要求，也要参照学业水平标准对该项内容的评价要求。当然内容标准是最基本要求，表述比较简洁、概括和宽泛，在具体制定教学目标时，还需要从发展和落实物理核心素养上进行分解，以使其更加具体化、明确化和可操作化。

2. 分析与钻研教科书

教科书（Textbook）是课程标准的具体体现，是教学内容的具体载体。分析与钻研教科书是对每个教师最基本的要求，是教学设计的首要任务，是教师顺利完成教学任务的基本条件。关于教科书的分析研究参见本书第 4 章。

3. 其他

教师还要分析和研究教科书中联系生活、技术、社会和其他学科的内容等，认真准备每一个实验；演算每一道习题；广泛阅读一些参考资料或其他一些教材；了解物理教研的动态。

　　陶行知先生说过："要想学生好学，必须先生好学，唯有学而不厌的先生，才能教出学而不厌的学生。"

　　4. 教学资源的开发和利用

　　现代课程论认为，教科书不再是唯一的教学资源。教学设计应重视教学资源的开发和利用。

　　在物理教学中，教学资源的开发和利用应重视以下几方面。

　　① 重视各种教材资源的整合。

　　② 重视各种科技图书报纸和各种科技期刊中相关资源的筛选。

　　③ 重视信息化多媒体教学资源的开发和利用，如幻灯投影片、挂图、录像带、视听光盘、多媒体软件、电视和广播、网络资源。

　　④ 开发实验室的教学资源，如实验室的各种仪器、设备、模型等。实验室的教学资源不仅限于实验室的现有设备，学生身边的物品和器具同样是重要的教学资源。用日常器具做实验，具有简便、直观、原理单一等优点，用日常器具进行教学实验探究活动，更有利于学生动手，发展学生的实验技能，培养学生的创新意识。

　　⑤ 计算机和信息技术等应进入物理实验室。如用计算机处理实验数据，分析实验结果等。

　　(三) 教学设计必须体现物理教学过程的特点

　　教学设计要体现物理教学过程以下特点：以实验为基础，以思维为中心，以过程为主线，以知识为前提，以能力为目标，以情感为落脚点。同时努力做到理念新，教学清，有兴趣，有思维，有生活，有反馈，能动手，能参与。

　　(四) 教学设计是将教学诸要素进行有目的、有计划、有序的安排，以达到最优结合

　　教学活动是由学生、教学目标、教学内容、方法、环境、反馈、教师等因素构成的复杂系统。教学设计只有将教学诸因素进行有目的、有计划、有序的安排，才能实现教学过程的最优化。

　　(五) 教学设计是教学系统的分析与决策

　　教学设计仅是对教学系统的分析与决策，是一个制订教学方案的过程，而非教学实施，但它是教学实施必不可少的依据。课堂教学不是忠实执行教案的过程，而是预设和生成的统一。

　　(六) 教学设计并不排斥教学经验

　　教学设计是教师极富有创造性的工作，成功的教学方案凝聚着教师的个体理念、智慧、经验和风格。教师在长期的教学实践中积累起来的教学经验是宝贵的，是教师进行教学设计的依据之一。经验与理论的恰当结合，才能使教学设计既有共性，又富有个性，体现出教学的艺术性。

　　总之，一堂好课的设计，应以教学目标为导向，在分析学生基础的前提下，将知识、思维发展、价值观影响结合起来进行设计，既要有知识的建构意识，又要有能力的培养意识，还要有明确的价值导向，有目标的达成意识。

6.1.2 物理教学设计的作用与意义

有效的教学设计是教学成功的必要条件。不重视教学设计工作,将会直接影响到教育教学质量。甚至可以说,没有好的教学设计,就不会有好的教学实践。

在具体的教学实践中,教师形成的教学设计方案虽各有不同,但好的教学设计在教学活动中的作用却是共同的、普遍的。

1. 指导性

教学设计是教师为组织和指导教学活动精心设计的施教蓝图,教师有关下一步教学活动的一切设想,如将要达到的目标、所要完成的任务、将采取的各种教学措施等均应反映在教学设计中。因此,教学设计的方案一旦形成并付诸行动,就成为指导教师教学的基本依据,教学活动的每个步骤、每个环节都将受到教学设计方案的制约和控制。正因为如此,教师在课前进行教学设计时,一定要认真思考、全面规划、提高设计方案的科学性和可行性。只有这样,才能在课堂教学中更好地发挥教学设计的指导功能,使教学取得良好的效果。

2. 统整性

教学是由多种教学要素组成的一个复杂系统,教学设计则是对这诸多要素的系统安排与组合。建立在经验基础上的教学设计往往只注重教学的某个部分,如教学内容或教学方法,具有很大的局限性。从系统科学方法出发,就是要求对由诸多要素构成的教学活动进行综合的、整体的规划与安排。无论教学设计指向什么样的教学目标,都必须全面、周密地考虑、分析每一个教学要素,使所有的教学要素在达成一致的教学目标的过程中实现有机的配合,成为一个完整的统一体。

3. 可操作性

教学设计为教学理论与教学实践的有效结合提供了现实的结合点,它既有一定的理论色彩,同时又明确指向教学实践。在教学设计方案中,各类教学目标被分解成了具体的、可操作性的目标,教师对教学内容的选择、教学方法的运用、教学时间的分配、教学环境的调适、教学评价手段的实施都作了具体明确的规定和安排,这一系列的安排都带有极强的可操作性,抽象的理论在这里已变成了具体的操作规范,成为教师组织教学的可行依据。教学设计是直接面对教学,立足于解决教学问题的理论和技术,因而教学设计的过程是具体的,其方案是处方性的。

4. 突显性

教师在设计教学方案时,可以有目的、有重点地突出某一种或某几种教学要素,以达到特定的教学目标。如教师可以在教学方案中突出某一教学方法的运用、某一部分教学内容的讲述、一种新教学环境的设计,从而使教学活动重点突出,特色鲜明,富有层次感。

5. 易控性

教学设计要确定明确的教学目标,教学目标是教学的出发点和归宿,是教学的灵魂。教学目标对教学活动的诸要素都具有较强的控制作用,它既控制着教学活动的方向,也控制着教学活动的大致进程、内容、程序和活动中主客体之间的动态关系。因此,重视教学目标的设计,是强化教学设计控制功能的一个重要方面。

6. 创造性

教学是一门科学也是一门艺术。创造性是教学设计的一个基本特点,同时也是它的最高表现。教学设计的过程,实际上也就是教师在深入钻研课程标准和教材的基础上,根据不同的教学目标、不同学生的特点,创造性地思考,创造性地设计教学实施方案的过程。教学设计虽然使得教学程序化、合理化和精确化,但它并不束缚教学实践的自由,更不会扼杀教师的创造性。为了适应教学活动丰富多彩、灵活多变的固有特点,适应学生学习的多种需求,教学设计十分强调针对具体情况灵活设计。另外,由于教学设计同教师个人的教学经验、风格、智慧紧密结合在一起,每个教师设计的教学方案都会程度不同地带有个人风格与色彩,因而它为教师个人创造才能的发挥提供了广阔天地。

由此可见,教学设计的过程实际上是为教学活动制订蓝图的过程,通过教学设计,教师可以对教学活动的基本过程有个整体的把握,从而保证教学活动的顺利进行。从这个意义上说,教学设计是教学活动得以顺利进行的基本保证。好的教学设计可以为教学活动提供科学的行动纲领,使教师在教学工作中事半功倍,取得良好的教学效果。忽视教学设计,则不仅难以取得好的教学效果,还容易使教学走弯路,影响教学任务的完成。

总之,教学设计的意义在于有利于教学工作的科学化,有利于教学理论与教学实践的结合,有利于教师专业化的发展,培养临床专家型物理教师。教学设计也是教师完成教书育人任务的基础与保证,是发挥教师主导作用,提高教学质量的关键,是教师不断提高业务水平和教学能力的必由之路。同时也可以积累资料,提供课题,为开展物理教学研究奠定基础。

6.1.3 物理教学设计的依据

教学设计是一项复杂的工作,成功的教学设计必须综合考虑多方面的因素。一般来说,教学设计的依据主要有以下几方面。

1. 现代教学理论

理论的指导是教学设计由经验层次上升到理性、科学层次的一个基本前提。在教学实践中我们不难发现,有些教师,特别是从事教学工作时间不久的教师,由于不懂得如何在教学理论的指导下对教学做出详细规划,因而在课堂教学中往往随意发挥,影响了课堂教学质量。即使有经验的教师,若轻视系统的理论指导,教学时局限于经验化处理,教学也不会达到理想的效果。因此,教师只有自觉运用科学的理论指导教学设计,才有可能使教学摆脱狭隘的经验主义,才有条件谈论追求教学效果的最优化问题。

2. 系统科学的原理与方法

教学系统是一个由多种教学要素构成的复杂系统,各教学要素间存在着密切的联系和多种作用方式。运用系统方法分析教学系统中各因素的地位和作用,使各因素得到最紧密的、最佳的组合,从而优化教学效果,是教学设计的一个基本特征,同时也是教学设计成功与否的关键所在。因此,在实际的教学设计过程中,教学设计者应自觉遵循系统科学的基本原理,以系统方法指导自己的设计工作,在此基础上不断提高教学设计的水平。

3. 教学的实际需要

从根本上讲,教学设计的全部意义就在于满足教学活动的实际需要,在于为实现这种需要提供最优的行动方案。因此,教学设计最基本的依据就是教学活动的实际需要,离开了教学的现实需要,也就谈不上进行教学设计。在具体的教学过程中,教学活动的实际需要集中体现在教学的任务和目标中。要对教学任务和目标进行认真的分析、分解,使之成为可操作的具体要求,在此基础上,综合考虑各种教学因素,选择设计必要的教学措施和评价手段,使教学设计方案在立足教学现实需要的基础上发挥出应有的作用。

4. 学生的特点

教学设计的基本特征之一是它既关心"教",又关心"学"。教学是教师和学生双方共同活动的过程,在这个过程中存在着教师的"教",也存在着学生的"学"。教是为了学,学是教的依据和出发点,教师的教必须通过学生的积极主动的学才能起到有效作用。大量的教学实践也表明,重教轻学,课堂教学缺乏学生的积极性,是不可能收到好的教学效果的。因此,在教学设计的过程中,教师除了从教的角度考虑问题外,还必须把学生认知发展的特点和规律作为教学设计的一个重要依据加以认真对待。也就是说,教师作为教学活动的设计者,在决定教什么和如何教时,应当全面考虑学生学习的需求、认识规律和学习兴趣,着眼于辅助、激发、促进学生的学习。这正如加涅(R. M. Gagne)所指出的:校舍、教学设备、教科书以至教师绝不是先决条件,唯一必须假定的事是有具备学习能力的学生,这是我们考虑问题的出发点。

5. 教学内容的规定

课程标准规定了教学内容的选取范围,是规范和指导教学的重要依据,因此教学设计离不开课程标准的指导。教师要仔细研读课程标准,从课程标准中找到教学的依据和参考。教科书是课程标准具体化的产物,是教师教和学生学的直接依据。在教学设计时,教师必须认真分析和研究教材,深刻理解和掌握教材的内容和要求。

6. 教师的教学经验

从一定意义上说,教学设计的过程也是教师个体创造性劳动的过程,成功的教学设计方案中往往凝聚着教师个人的经验、智慧和风格。教师的教学经验、智慧和风格是形成教学个性及教学艺术性的重要基础,是促进课堂教学丰富多彩、生动活泼的基本条件。好的教学经验是教师在长期的教学实践中总结出的规律性东西,它们在教学中往往可以弥补教学理论的某些不足,帮助教师取得好的教学效果。因此,从这个意义上说,教师的教学经验也是教学设计的基本依据之一。在教学设计中,既不能完全依据经验行事,也不能排斥教学经验的作用。只有将科学的理论和方法与好的教学经验结合起来,才能使教学设计既有共性,又有个性,并最终达到科学性和艺术性的有机统一。

总之,教学设计是以获得优化的教学效果为目的,以系统方法为基本手段,以教与学的理论为依据,以学生特征为出发点,研究教学过程和教学效果最优化的理论和实践。教学设计是联系教学理论与教学实践的桥梁和纽带,是一个在学与教的具体境脉中、在互动中发展演化的过程。

6.2　物理教学设计的结构要素与策略

教学设计作为对教学活动系统规划、决策的过程,其适用范围是比较广泛的。它既适用于整个教学体系的设计,也适用于一门课程、一个教学单元、一堂课的设计;它既可以是对课堂教学的设计,也可以是对课外活动的设计。但无论是在什么范围上进行教学设计,设计者遵循的设计原理和过程大体是一致的。本节主要讨论基于课时的物理教学设计和几种常用的教学设计的策略。

6.2.1 物理教学设计的结构要素

从系统论的观点,一般来说,物理教学设计的结构要素,通常包括以下 6 方面。

1. 教学内容分析

教学内容是教师完成教学任务、实现教学目标的主要载体。教师对教学内容进行分析,就是要确定学习内容的范围与深度,明确教师教什么、学生学什么;揭示学习内容中各项知识与技能的相互关系,为教学顺序的安排奠定基础。对教学内容进行分析主要包括以下几方面:

(1)功能分析。主要是分析本节内容在物理教学中的地位与作用。也就是重点分析本节知识发生、发展的过程,与其他知识之间的联系,它在社会生活、生产和科学技术中的应用,以及对于培养和提高学生物理核心素养所具有的功能和价值。

(2)课标分析。主要是分析和明确课程标准对本节内容的要求。

(3)教材分析。主要是分析教材的编写思路、主要内容和教材的特点。

(4)资源分析。主要是对本课可以利用的教学资源进行分析。如对实验条件、习题等进行分析,以确定能否满足当前的教学需要。

在以上分析的基础上,确定教学的重点,并对教材内容作出适当处理(即对教材的内容进行适当调整、补充、删减的说明)。

在教学过程中,教学内容主要体现在课程标准、教科书中。但教学内容不是静态的书本知识,它不等同于课程内容和教材内容。教师应根据课程标准的要求,结合学生的实际水平,对教学内容进行再加工,通过取舍、补充、简化,重新选择有利于目标达成的内容和资源。对选定的教学内容还要进行序列化安排,使之既合乎学科本身内在的逻辑序列,又合乎学习者认知发展的顺序,从而把教学内容的知识结构与学生的认知结构有机地结合起来。

2. 学生分析

一切教学活动都是为了学生的发展,学生是学习的主体,教学设计要满足学生的学习要求。为此,教学设计需从学生的实际出发。对学生进行分析,大体包括以下内容:

(1)分析学生的知识基础。即分析学生学习本节内容的已有的知识基础和能力基础,了解学生是否具有学习新内容所必需的知识和技能。学生的知识、技能可以分为已知的、半知的、未知的。

(2)分析学生的认知状况。即分析学生学习本节内容的认知困难、思维障碍,特别是学生已有的认识和错误概念。

(3)分析学生的情感状况。即分析学生学习本节内容的兴趣情况,了解学生对新内容的情感态度,如哪些学生能够适应,哪些学生不能适应。

(4)分析学生的元认知状况。即分析学生对学习内容的自我监控能力。了解学生在学习过程中"应该做什么""能够做什么"和"怎样做"。

3. 教学目标分析

科学合理地确定教学目标,是进行教学设计时必须正确处理的首要问题。教学目标是教学双方积极活动的准绳,是衡量教学质量的尺度。明确具体的教学目标对教的方式以及学的方式起着决定和制约作用。教学目标分析,就是教师要对学生本节内容的学习应达到的行为状态作出具体、明确的说明。

(1) 教学目标

教学目标是指期望学生在完成学习任务后达到的程度,是预期的教学成果,是组织、设计、实施和评价教学的依据。

(2) 教学目标可分为长期目标和近期目标

①长期目标被称为教育目标,如"培养学生学习科学的热情"等,这些无法在具体教学中一次性实现,而是长期努力的方向。

②近期目标被称为教学目标,这一目标,主要确定一节课学什么内容,学到什么程度,通过什么活动方式来学习。

(3) 教学目标可按学习结果的不同,分为行为目标、生成性目标、表意性目标

在表述课堂教学目标时,要注意不要从教师行为来表述教学目标,不要用学习过程来表述教学目标,不要同时表述两个目标,不要用抽象概括宽泛的术语和语言表述教学目标。

①行为目标。即以具体的、可操作的行为的形式陈述的课堂教学目标,它指明教学过程结束后学生身上所发生的行为变化。这种目标具有精确性、具体性、可操作性的特点,适合于知识、技能领域目标的表述。

正如加涅在《教学设计原理》一书中所指出的那样,设计者开始任何教学,设计以前必须能回答的问题是"经过教学之后学习者将能做哪些他们以前不会做的事?"或者"教学之后学习者将会有何变化?"。

根据马杰(R. F. Mager)的行为目标(Behavioral Objectives)理论与技术,一般认为,一个完整、具体、明确的教学目标应该包括四个要素,即行为主体、行为活动、行为条件和行为标准。

行为主体,即学习者。教学目标的设计,其行为目标描述的是学生的行为,而不是教师的行为。规范的行为目标开头应是"学生要……学生应该……"。

行为活动,即用行为动词描述学生所形成的可观察、可测量的具体行为。如"写出、列出、认出、记住、辨别、比较、对照、绘制、解决、探究、操作、体验、经历"等。

行为条件,即影响学生产生学习结果的特定的限制或范围。对条件的表述有四种类型:

其一,允许或不允许使用手册与辅助手段,如"可不可以带计算器";

其二,提供信息与提示,如"给出一组实验数据,能画出……";

其三,时间的限制,如"在 10min 内……";

其四,完成行为的情景,如"在课堂讨论时,能叙述……要点"。

行为标准(Criterion or Standard),即学生对目标所达到的最低表现水准,用于评测学习表现或学习结果所达到的程度。如"至少写出三个事例""完全无误"等。

例如,"力的图示"认知教学目标可陈述如下:

目标1:能说出力的三个要素。

目标2:对提供的实例,能用力的三个要素来分析力的作用效果。

目标3:对提供的实例,能用力的图示法做出正确的图示。

②生成性目标。即在教学情境中随着教学过程的展开而自然生成的课堂教学目标。如果说行为目标是在教学过程之前预先制定的,那么生成性目标则是在教学过程中生成的,其最根本的特点是过程性。生成性目标不以事先预定的目标为中心,它着重考虑学生兴趣的变化、能力的形成等,适合于科学思维和科学探究目标的表述。如能结合具体情境发现并提出物理问题;能搜集、选择、处理数据信息,并做出合理的推断或大胆的猜测。

③表意性目标。即指学生在具体的教育情境、教学活动和学习活动中的个性化表现,旨在培养学生的创造性,强调学习及其结果的个性化。表意性目标重视学生的内部感受性,适合于科学态度与责任目标的表述。表意性目标的表述,不是规定学生在教学过程结束后应该展示的行为结果,而是强调学生在此情境中获得的个人意义。由于人的情感变化并不是通过几次教学活动便能立竿见影地发生,教师也很难预期一定的教学活动后学生的心理会出现什么变化。这种目标要求明确规定学生应参加的活动,但不精确规定每个学生应从这些活动中习得什么。如物理教学的一个目标是:在独立思考的基础上,积极参与对物理问题的讨论,敢于发表自己的观点,并尊重与理解他人的见解。

上述课堂教学目标的三种表述方法有各自的优缺点和适用范围。如行为目标具有具体化、精确化、可观察、可测量的特点,对提高学生的学习成绩有促进作用。但只运用行为目标也会带来一些弊端,因为简单的目标容易具体化,而高级目标如创造性思维、情感的变化等难以具体化。所以,只运用行为目标会导致教师只关注易于具体化的知识、技能领域的目标,而忽略过程与方法、情感态度与价值观领域的目标。而生成性目标和表意性目标的运用,则可以使教学摆脱固定目标的束缚,使学生的主体性得到充分发挥。因此,三种表述方法的合理运用是课堂教学目标表述的客观要求。

(4)基于物理核心素养确定教学目标

是指将"物理观念""科学思维""科学探究""科学态度与责任"等物理核心素养的培养落实于教学活动中。在教学设计中,要以知识为基础,以活动和任务为载体,将"物理观念""科学思维""科学探究""科学态度与责任"融于同一个教学过程之中。物理课程标准为教学目标的确定,提供了实际操作上的依据。教材也是教师教学的基本依据,教师在制定教学目标时,还应仔细分析教材内容的特点,把握教学内容的深度和广度。从学生的角度来讲,学生是学习的主体,因此教学目标的制定应该以学生现有的发展水平为基础,要切合学生的实际情况,只有这样教学目标才具有可行性。

4.教学策略设计

教学策略是实现教学目标的手段、措施、途径和方法。教学策略设计主要解决"如何教"的问题。此阶段的设计必须建立在教学目标、教学内容、学生分析的基础之上。教学策略设计包括教学的组织形式、教学方法、学法指导、教学媒体设计。这里也可以先简要说明教学设计的指导思想和思路。

（1）教学的组织形式。是指组织学生进行自主式、合作式、探究式学习，是符合现代课程理念和教学目标要求的新的课堂教学组织形式。这些课堂教学组织形式不能用以往的集体授课组织形式来替代。所以，从座位的编排到小组成员的组合、从教材的运用到资源的开发过程、从学生的参与方式到教师的引导方式方法等都必须在教学组织设计时加以考虑和整合。

（2）教学方法。教无定法，教学有法。面对多种多样的教学方法，哪些是教学设计时优先考虑的教学方法？这些方法又该如何有机地结合在一起？这些都是制定教学策略的基本问题。

从教学方法选择的指导思想上，应该建立和形成发挥学生主体性的多样化的学习方式，促进学生主动、富有个性地学习。

从教学方法选择的原则上，应该根据教学目标、学生实际、教学内容、教师特点、教学资源、教学时间、教学技术条件等诸多因素来选择教学方法。

（3）学法指导。是指在学生的学习方式上，既要重视学生学习兴趣的培养和动机的激发，重视教学过程的情感化，还要考虑学生学习方式的养成，重视学生的学习能力和创造能力的培养。

（4）教学媒体设计。教学媒体设计包括怎样选择媒体、如何运用教学媒体以及在什么情况下运用的问题。

在选择教学媒体时，首先了解各种教学媒体的特性，然后根据教学内容的特点选择相应的媒体。关于如何运用教学媒体以及在什么情况下运用的问题，这是媒体设计的核心内容。教师一定要明确所选用媒体是什么，要避免滥用媒体的现象出现。

5. 教学过程设计

教学过程设计（Teaching Process Design）是教学设计的中心环节，是教学理念和教学思想的具体体现。

（1）教学内容的组织与呈现。在综合考虑知识逻辑的序、学生认知逻辑的序的基础上，形成教学逻辑的序，即形成教学内容的组织。教学逻辑的序的呈现方式有三种：

①"问题化"。即以"问题串"的形式组织和呈现教学内容。以层层递进的系列"问题"把内容从未知到已知连接起来。

②"活动化"。即用系列活动组织和呈现教学内容。以内容—活动有机地把"读""想""做"结合起来。

③"结构化"。即以知识间的内在逻辑组织和呈现教学内容。教学主线围绕知识结构的线索展开，并在一定情境中导出学习、研究的课题；教学问题围绕课题重点提出，学习沿着问题凝结、探求和解决的方向发展、深入。

（2）一个完整的教学过程包括导入、新课和结尾三个环节。为了达到教学目标，需要考虑每个环节的具体内容、手段和措施。设计每一环节时要思考以下问题：为什么要确定这一环节（包括这一环节的具体内容）？这一环节的内容可分解为哪几个层次？运用什么方法和手段完成这一环节的要求？在完成过程中可能遇到什么问题，怎样来解决？等。

在教学中,各环节的主要任务可以概括如下：导入环节主要是创设情境、发现问题,目的是做好学习准备,并引起学生的学习心向,揭示本课教学的主题;新课环节主要是在教师引导下进行的探索和思考活动,目的是经历探究和思考的过程,初步形成概念、建立规律,再讨论概念和规律,加深理解、建立联系,最后应用概念规律,巩固成果;结尾环节主要是整理学习所得,反思学习过程,提出进一步思考的问题。

必须指出的是,教学策略的设计与教学过程的设计往往是同时进行的不可分割的两个环节。

6. 教学方案的评价与反思

教学方案(Teaching Program)的形成,不是教学设计的结束。在教学设计的后期和实施后,都要对教学方案进行反思和评价,以便对设计方案进行修改,以使其不断完善。这一过程可进一步提高教师教学认识能力,能促使教师自我认识教学、反思教学,提高教师对教学的评价能力,是教学设计中不可缺少的重要环节。

一般而言,教师在对教学方案反思和评价时,可以从下述问题入手：

①你是否考虑过学生通过这一教学过程要发展和培养哪些物理核心素养？

②你是否考虑过在这些要求中,哪些是教学的重点、难点和关键？

③你是否考虑通过这一教学过程应按怎样的教学顺序(或线索)进行？具体的处理方法是怎样的？你是否清楚通过这一教学过程,要得到什么结论？适用范围和条件是什么？运用它能说明解释哪些现象？能够解决哪些问题？分析和解决的方法是怎样的？

④你是否考虑过在这一教学过程中应采用哪些教学策略和教学方法？

⑤这一教学过程,你认为物理核心素养的目标哪些已达到,哪些尚未达到？

⑥你是怎样知道学生已学内容和未学内容的？

其中的第①②题是确定教学目标的问题;第③题是安排教学过程和教学内容的问题;第④题是选择恰当的教学策略和教学方法的问题;第⑤⑥题是考虑如何及时接受教学反馈信息的问题。

上述设计过程集中体现了教学设计的四个基本要素

①教学所要达到的预期目标是什么？(教学目标)

②为达到预期目的,应选择怎样的知识经验？(教学内容)

③如何组织有效的教学？(教学策略、教学媒体)

④如何获取必要的反馈信息？(反思与评价)。

这四个要素从根本上规定了教学设计的基本框架,无论在何种范围内进行教学设计,教学设计者都应当综合考虑这四个基本要素,否则,所形成的教学设计方案将是不全面、不完整的。

6.2.2 物理教学设计的策略

做任何事情要有成效,在做事情之前,总要事先进行构想,回答为什么做、做什么与如何做、做得怎样等问题。如果把上述问题用到教学设计上,那么"为什么做"就相当于教学目标的确立,"做什么"相当于教学内容的展开,"如何做"相当于教学方式的选用,而"做得怎样"则相当于教学评价。除此之外,在教学设计的策略上也有不同的选择,这里主要介绍四种教学设计的策略。

1. 逆向教学设计策略

加涅在其《教学设计原理》中明确表示："教学设计必须以帮助学习过程而不是教学过程为目的。教学设计也是以有目的的学习而不是'偶然'的学习为目的。"这意味着最终的目标与预期的学习结果指导着学习活动的设计与选择。教学设计中教的起点锚定在学生的已知上，而不是教师教什么上，这就是我们通常说的依学定教。依学定教的教学设计，我们称为逆向教学设计。如果说传统的教学设计在习惯上总是考虑教什么与如何教，那么逆向教学设计则需"教师在思考如何开展教与学活动之前，先要努力思考此类学习要达到的目标到底是什么，以及哪些证据能够表明学习达到了目标"。也就是说，逆向教学设计是从"终点"（学生的学习结果）出发，逆推教学活动，一直逆推到学生已有的学习经验；而通常的教学设计则是从"起点"（教材分析、学情分析）出发，然后设计教学活动，最后通过作业或单元测验进行检测。

逆向教学设计大致分为以下三个阶段：①确定预期的学习结果；②确定合适的评估证据；③设计学习体验和教学活动。由此可见，逆向教学设计是以学生的预期学习结果（终点）作为起点来设计教学活动。这样设计教学，既能引导教师紧扣学科核心素养来思考学习结果，也能真正体现以学生为主体的育人思想。在设计教学活动之前，先思考如何开展评估，而不是在一个单元学习后才进行评估，这样就能最大限度地保证预期的学习结果与教学活动之间的一致性。这种逆向教学设计的一般思路是运用任务分析法进行逆推，即从预期的学习结果（学科核心素养，如科学探究）这一终点目标出发提问：若要实现预期的学习结果，学生需要预先达成哪些目标。这样反复追问与回答，直到从终点分析到学生学习的起点能力为止。比如，以培育学生的科学探究能力为例，借助任务分析，可以追问：①当你面对一个待探究的问题时，你将如何思考解决？②当你实验进行归纳或理论分析时，你将如何思考解决问题？③如果进行实验归纳，你将如何思考解决各环节中的问题？④在"加速度与受力关系"探究中，测量加速度所需的前提技能是什么？然后再仔细梳理、列举哪些证据能表明学生已达成了预设的学习目标。如此反复地推演，关于某学习内容的逆向教学设计就会渐次清晰、明朗。

2. 深度教学设计策略

物理知识虽然不是物理核心素养，但蕴含着物理核心素养；而离开了物理知识，物理核心素养的培育就成了无源之水、无本之木。物理知识之所以蕴含着物理核心素养，就在于物理知识，在特征上具有多维性（实验性、思维性、定量性、结构性、应用性、人文性），在类型上具有多样性（陈述性、程序性和策略性）；在表征上具有多元性（情境、图示、图像、文字、公式）。正是由于物理知识内涵的丰富性，才凸显了物理教学的育人价值。而以往人们却习惯于将物理知识显性内容视为物理知识的全部，遗忘了物理知识背后所隐含的丰富内涵。由于受狭隘的知识观的影响，常规的教学设计过于注重物理内容（事实、概念、规律与理论）的呈现，而相对忽略乃至无视知识内容背后所蕴含的丰富内涵。这样的设计也就难以使学生真正理解物理知识为什么是这样的，从而使知识教学异化为不教"为什么"的知识灌输。比如，学习"密度"的内容，许多学生皆能记住"密度"这一概念，却不清楚为什么要用质量与体积相比来定义，结果也就不能真正理解"密度"的概念。所以指向物理核心素养的教学设计需要深度教学设计。

所谓"深度教学设计",是指基于物理知识,揭示、阐释知识背后所蕴含的丰富内涵;或者说,深度教学设计以知识背后所蕴含的丰富内涵统筹、贯通教学过程的设计。深度教学设计需要教师整体认知物理学科的性质、功能及其内容,尤其是对物理学科的知识结构要拥有清晰的认知图式,清楚本学科的核心观念。

当下有些教师的教学设计蜕化成了各种知识点和解题技巧的汇编,忽略了各知识点之间的联系,将教学设计简化为题型及其答案。而各种碎片化、各不关联的知识点是无法发生迁移的,也难以内化为学生的学科核心素养。比如,在设计"浮力"的教学方案中,有些教师只是将"浮力"呈现为五种题型,并列举了五种计算方法:称重法、浮力产生的原因法、平衡法、公式法与阿基米德原理法。其实,五种题型及其解法都可归结为阿基米德原理的应用。倘若学生真正理解了阿基米德原理,那么自己就能分析、推导出不同情况下的浮力计算方法。从这个意义上说,深度教学设计能够起到"以少胜多"或"少即多"的教学效果。倘若对"密度"进行深度教学设计,那么由于"密度"是质量与体积之比,就需要充分地展示"比较"思维方法,其教学过程的设计主要有四个环节:

①选取比较的主题。鉴于学生对密度最直接的感受是"物体的轻重",而不是"物质的鉴别",比较的主题就选为"物质的质量"比较。比如,选择一小块铁(质量,体积)与一块大石头(质量,体积)进行比较,结果发现石头比铁重,这不符合学生的日常经验。由此,比较进入第二阶段。

②确定比较的标准。显然,同等体积的物体才能比较其轻重,因此,在比较铁块和石块质量时,需要比较相同体积的。但要做到这一点不是采取切割等手段,而是利用除法把质量与体积相除得到比值"ρ",两者的体积都变成了"$1m^3$",此时就可以进行比较了。但此时,"比较的主题"发生了变化,不再是直接用物体的质量大小来衡量物质的轻重,且比值的意义也不清楚。由此,比较进入第三阶段。

③诠释比较的意义。为了查明比值的意义,需要选择多组不同质量与体积的铁块与石块进行比较,经过测量与计算会发现,同一物质,比值是一个常量,不同物质,比值不同,且与物质的质量没有关系。至此,研究思路发生了重大变化:原本是要比较物质的质量大小,结果却出现了一个与质量无关的常量。由此,比较进入第四阶段。

④得出比较的结论。到此,比值"m/V"的物理意义才水落石出,即比值是物质的疏密程度,反映了物质本身的固有属性,我们将其定义为物质的"密度"。如此进行"密度"的教学设计就处处渗透着科学思维(直觉、分析、综合、抽象与比较等),体现了科学探究(问题—证据—解释—交流),也润泽着学生的"科学态度与责任"。

3. 单元教学设计策略

单元教学设计是一种介于课程规划与课时教学设计之间的中观层面的教学设计。单元教学设计有助于教师突破"只见树木不见森林"的课时思维,转变教师只注重零散知识落实的传统课堂教学理念,帮助教师从"长时段"整体规划学科教学,注重学科整体组织化、结构化知识的建构。因此,物理教学中要做好系统的课程教学规划,在课时教学设计之前要做好单元教学设计。

"内容聚焦大概念"是中学物理课程的基本理念之一。何为学科大概念?大概念

（Big Ideas）也被译为大观念、核心观念、核心概念等，依据所适用的范围不同，大概念有跨学科大概念和学科大概念之分。所谓学科大概念，是指能反映学科的本质，居于学科的中心地位，具有较为广泛的适用性和解释力的原理、思想和方法，其主要特征为：

① 能反映学科的主要观点和思维方式，是学科结构的骨架和主干部分。

② 能统摄或包含大量的学科知识，具有普遍性和广泛的解释力。

③ 能提供理解知识、研究和解决问题的思想方法或关键工具，可运用于新的情境，具有持久的可迁移应用价值。

学科大概念并非指学科中某一具体的概念或定理、法则等，而是指向这些具体知识背后的更为本质、更为核心的概念或思想。在大概念的基础上再概括、提炼出物理学科核心素养。因此，进行物理单元教学设计时要着重考虑物理大概念的建构。大概念是在若干重要概念的基础上形成的，重要概念又是在次位概念的基础上形成，次位概念则是基于若干物理事实性知识而形成的。基于此，我们尝试以重要概念为主题进行单元教学设计。

单元教学设计要指向学科核心素养的单元学习目标、"情境—问题—活动"为主线的单元教学过程和学科核心素养达成为导向的单元教学评价等要素。单元教学设计框架如图 6-2-1 所示。

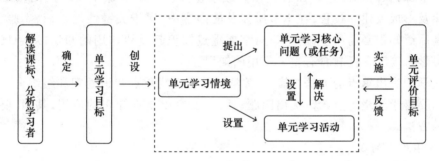

图 6-2-1　单元教学设计框架图

单元教学设计被关注的原因是"以课时为单位的教学导致知识碎片化"。然而我们必须客观地看到，无论以何种理念、何种目标为取向开展单元教学设计，在对知识进行重组与整合后，常规学科教学最终都要将重组的内容按照课时进行安排，也就是单元教学设计转化为课时教学设计。因此，解决知识碎片化问题的出路并非取决于教学设计的时长，而是取决于教学设计对教学内容结构化揭示的程度，这就要求教师必须能够看到具体知识背后的大概念，进而围绕大概念组织教学。

单元教学希望解决的另一个问题就是以课时为单位的教学"难以给学生足够的思考与探究的空间"。单元教学设计通常要对知识进行整合，能为学生提供更多的探究空间。而教师的教学设计是否愿意和敢于给学生自主解决挑战性问题的机会，这与其对知识间联系的认知紧密相关，如果教师孤立地看待知识，就会高估学生的困难，不敢给学生探究机会。

4. **基于课程标准的教学设计策略**

长期以来我国中学物理教学的突出问题是教、学、评存在不一致性，且与标准相分离。教、学、评的不一致性最主要的表现是用考试代替评价，用考纲代替课程标准，以考试导向教学,严重窄化了评价的功能、教学目标、学习目标,严重挫伤了学生学习的积极性和主动性,严重削弱了学生的科学创造力和实践能力的培养,更谈不上素养的提升。

"基于课程标准的教学设计"是要教师根据课程标准对学生规定的学习结果来确定教学目标、组织教学内容、设计教学过程、选取学生学习评价方式、探寻改进教学的措施过程。这一教学设计的核心思想体现在以下四方面:①评价必须先于教学程序的设计;②目标、教学、评价之间需保持一致性;③教学是一个意义建构过程;④评价任务嵌入教学活动中,确保教师的教、学生的学和课堂的评价都是围绕学习目标展开。因此,在设计教学方案时,首先要确定适切的学习目标,然后根据学习目标设计评价任务,最后将评价任务镶嵌到教学活动中去。这种教学设计类似于前述的逆向教学设计,保证了学习目标、教学活动和评价标准的一致性,也保证了课程标准落实到课堂教学中。

6.2.3 几个关键问题的讨论

1. 教学重点问题

教学要讲究实效,就要突出重点,而不是事无巨细,面面俱到。如何突出重点,是教学设计选择教学方法和教学方式必须考虑的问题。

就一节课而言,下面几方面可以作为教学重点。如本节课中所涉及的核心物理概念或规律及形成或建立过程;在本节所涉及的内容中,属于关键性的知识、实验和技能;作为掌握后续知识必需的基础知识;对掌握重点知识起重要作用的知识;对于培养能力和进行科学态度和责任教育有重要作用的知识。

在教学中突出重点的方法:其一,教学过程要围绕重点知识处理和组织全部教学内容;其二,要善于围绕重点知识提出问题;其三,要突出重点知识的应用;其四,要研究突破难点的方法。

2. 教学难点问题

如何化解教学难点,也是教学设计选择教学方法和教学方式必须考虑的问题。

所谓难点,就是指学生难以接受、难以理解,教师难以处理、难于讲授的知识。难点是相对的,在教学中要避免教师本身因素引起的教学难点。

教学难点有下列情况:概念抽象而学生又缺乏感性认识的知识;学生的生活经验与物理知识之间有矛盾;现象复杂、文字概括性强的定律或定理;限于学生的水平和课程标准的要求,不能或不必做深入阐述的知识;思维定式带来的负迁移;概念相近、方法相似的知识。

要化解和突破教学难点,关键是要找到造成教学难点的原因。如果是由于思维方法的障碍造成的难点,就要重视研究问题的思路和方法。如果是由于缺乏感性知识而造成的难点,可以运用各种教学手段,提供感性材料,或尽可能联系学生的生活经验,或让学生亲自动手做实验。如果是由于相近、相似而容易混淆难点知识,就要重视物理现象、物理过程分析,引起认知冲突,揭示现象的本质,或通过知识间的对比与鉴别,弄清各自的本质和区别。如果是由于学生的基础知识尚不具备或接受能力较差而造成的难点,可以利用类比、比喻和举例化解。如果是由于形成或推导过程较复杂的知识或涉及面广量多的知识造成的难点,可以由简到繁、由具体到抽象,分步逐步解决。

3. 联系学生生活问题

(1) 从生活问题出发引出课题

 案例 6-2-1

学生学习了机械能的知识后,再学习内能的知识,有两种引出课题的设计:

教师:我们已经学习了机械能的知识,知道运动的物体具有能,被举高的物体也具有能。那么,静止在地面上的物体,例如放在操场上的一只铅球,是否也具有能呢?

教师:自行车刹车时人和车的动能突然减小,这些动能消失了吗?刹车后我们发现自行车的刹车橡皮和钢圈都会变热,这表明刹车时自行车的动能并没有消失,而是转化成另一形式的能。这种能叫作什么能呢?

前一种设计是从物理学科的角度出发,而后一设计则是从学生的生活经验出发。相比之下,用后一方法引出的知识,更能为学生所接受。

(2) 将所学的知识与生活实践建立联系

 **案例 6-2-2**

在进行"力是物体间的相互作用"教学设计时,教师可以列举力的相互作用所表现出来的大量事实,如鸡蛋敲击灶台,蛋壳会被击破;划船时,桨向后划水,船才会向前行驶;将吹足气的气球松开并放手,球内的气体从气球泄出后,气球会向相反的方向运动;溜旱冰时,如果你向前推别人,你自己也会向后运动,等等。

 案例 6-2-3

在进行"电功率"的教学设计时,为了让学生认识电功率的意义,可以选择各种家用电器铭牌上的标记(图 6-2-2),并从这些标记中认识电功率的意义。

图 6-2-2

(3) 用所学的知识解决实际生活中碰到的问题

进行教学设计时不仅要考虑将物理知识与生活现象建立联系,还要考虑如何运用知识解决生活中的实际问题。

虽然以往的教学设计和实践中也注意引导学生应用所学的知识解决问题,但不少问题与学生的生活相脱离。

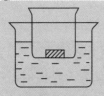

案例 6-2-4

在学了"浮力"之后,常见如下的习题:见图 6-2-3,大烧杯里装着一些水,水面上漂浮着一只小烧杯,小烧杯里放着一块铁块。将铁块取出放入大烧杯的水中后,水面的位置将如何变化?如果小烧杯装的是木块,又如何?如果小烧杯里装的是水,又如何?如果小烧杯里装的是盐水,又如何?这类习题对学生巩固浮力知识

图 6-2-3

固然有一定的作用,但这种习题远离学生的生活,它具有学术的价值,但却缺少生活的意义。过多地进行这类习题的训练,容易使学生认为科学跟生活毫无关系,科学是科学,生活是生活。他们并不去关心生活中的科学问题,也不去关心当今社会面临着哪些问题,科学怎样改变着我们的生活方式,推动着社会的发展。

如果寻找上题的生活原型,我们可以命制出如下的习题:

在一个小池塘里有一条挖泥船,当船上的工人将池塘底的淤泥挖到船上后,池塘的水面将有什么变化?

这类问题为学生呈现出生动的生活景象,学生从中可以看到工人的汗水,也可以闻到泥土的气味,感受到工人劳动的艰辛和劳动的意义。由于这种问题富有生活的气息和实际的意义,往往更受学生的喜爱,值得我们去开发、研究。

联系生活是否意味着与学生的经验越接近越好?有人认为,物理教学要联系学生的生活,所呈现的生活现象和所列举的生活事例必须为学生所熟悉。学生越熟悉,教学的效果越好。这种狭隘的观点是对物理教学联系生活的一种误解。其实,物理教学所联系的生活与学生的实际生活总会存在一定的差距,不同学生的生活经验也存在着很大的差异。我们强调物理教学联系生活,不应受到学生生活经验的束缚。即不但应使学生能够认识自己的生活,而且也应引导学生走出自己的生活圈子,扩大生活的视野。实际上,人具有很强的好奇心,他们既想深刻地理解自己的生活,又很希望了解别人的生活。在许多情形下,人并非对越熟悉的生活越感兴趣,有时反而是对自己所陌生的生活持有更浓的兴趣。例如,在热传递改变物体内能的知识教学时,可以向学生介绍用冷敷的方法使发烧的病人退热的知识。虽然这一知识多数学生并不熟悉,但正是因为学生不熟悉,所以,它能够增长学生的生活知识,扩大学生的知识面。又如,不会游泳的人在水中会下沉,这是一个学生非常熟悉的事实,但很少有学生会对这个事实发生浓厚的兴趣。而在死海中,人却可以悠闲自得地躺在水面上。虽然这个现象学生十分陌生,但正是这个奇异的陌生现象,能够引起学生极大的兴趣。

熟悉的生活应当是学生学习的起点,但它并不是学生学习的终点。所以,在一般情况下,作为建立知识基础(即新知识的教学)的,最好是学生熟悉的生活;而作为知识延伸和拓展的,完全有必要突破学生的生活圈子。

总之,物理教学应使学生不但关注身边的生活,也要关注远离自己的生活。科学推动着社会向前发展,我们不但要了解当代人的生活,也有必要了解人类过去的生活,并且展望人类未来的生活。

4. 实验探究的设计问题

从某种角度来说,科学家们就像侦探一样,把各种线索拼凑起来弄清事情的来龙去脉。他们搜集线索的途径之一就是开展科学实验。实验能够审慎、有序地检验科学家的想法。虽然并不是所有的实验都遵循相同的步骤,但其基本模式大多都与下列所描述的相近。

(1) 提出问题

实验是从提出一个科学性问题开始的。科学性问题是指能够通过搜集数据而回答的问题。例如,"纯水和盐水哪一个结冰更快?"就是一个科学性问题。因为这个问题可以通过实验搜集信息而给予解答。

(2) 构想假说

第二步是构想一个假说。假说是对实验结果的预测。和所有的预测一样,假说是建立在观察和以往的知识经验之上的。但与许多预测不同的是,假说必须能够被检验。严格的假说应该采用"如果,那么"的句式。例如,"如果把盐加入纯水中,那么这水会需要更长的时间才能结冰"就是一个假说。这样的假说其实就是对要进行的实验的一个粗略概括。

(3) 实验设计

接下来需要设计一个实验来检验假说。在计划中应该写明详细的实验步骤,以及在实验中要进行哪些观察和测量。

设计实验时涉及两个很重要的步骤,就是控制变量和给出可操作定义。

① 控制变量。在一个设计良好的实验中,除了要观察的变量以外,其余变量都应该始终保持相同。变量(Variable)是指实验中可以变化的因子。其中人为改变的因子称作调节变量(Manipulated Variable)。在这个实验中,往水里加盐的量就是调节变量。而其他因子,比如水的量、起始的温度,都应保持不变。

随着调节变量变化的因子称为应变量(Responding Variable)。应变量是为了得到实验结果而需要观察或测量的指标。这个实验中应变量就是水结冰所需要的时间。

除了一个因素以外,其余因素都保持不变的实验叫作对照实验(Controlled Experiment)。绝大多数对照实验都要设立对照,本实验中可设立容器 3 作为对照。容器 3 中的水不加盐,因此就可以拿另外两个加盐容器的结果和它做比较。两者结果之间的差别,都可以归结为是加入了盐的缘故。

② 操作定义。设计实验的另一个重要方面就是要有清楚的操作定义。操作定义(Operational Definition)是指一个说清楚某一个变量该如何进行测量,或者某一个术语该如何定义的陈述。例如本实验中,如何来确定水是否结冰呢?你可以在实验开始前向每个容器中插入一根搅拌棒。对于"结冰"的操作性定义就是搅拌棒不能再移动的时候。

实验步骤:

① 在三个相同的容器中分别加入 300 毫升冷自来水。

② 容器 1 中加入 10g 盐,充分搅拌;容器 2 中加入 20g 盐,充分搅拌;容器 3 中不加盐。

③ 把三个容器同时放入冰箱。

④ 每隔 15min 检查一下容器,并记录观察结果。

(4) 分析数据

实验中得到的观察和测量结果称为数据。实验结束时要对数据进行分析,看看是否存在什么规律或趋势。如果能把数据整理成表格或者图表,常常能更清楚地看出它们的规律。然后要思考这些数据说明了什么。它们是否指出了实验中存在的缺陷？是否需要搜集更多的数据才能得出结论？

结论就是对实验研究发现的总结。在下结论的时候，要确定搜集的数据是否支持原先的假说。通常需要重复好几次实验才能得出最后的结论。得出的结论往往会使人发现新的问题，并设计新的实验来寻求答案。

教学设计没有最好，只有更好。教师要做好课堂教学设计，应做到：①熟悉"课程标准"，明确教学要求，领会精神。②了解学生，教学的缘起和归宿就是教会学生学，教师的职责不仅是教学生相关物理知识，还应是教会学生如何学物理。要明白学生需要学什么，怎样学，就必须了解学生。③钻研教材，整体把握教学内容，把握教学重点、难点。④确定教法，研究教材，科学处理教学内容，精心设计教案。

6.3 物理教学设计的呈现与示例

6.3.1 物理教学设计的呈现

物理教学设计的呈现是教师以文本或课件的形式将一个单元或一个课时的教学设计的最后成果呈现出来，包括教学设计过程与结果（教案）。

1. 物理教学设计方案的内容

（1）教学设计说明。主要包括教学设计意图和整体思路。

（2）教学内容分析。主要包括教学内容在课程中的地位和作用，课标的要求，教材内容的编排和特点，以及教材的处理和确定的教学重点。

（3）学生情况分析。主要包括学生已有的认知基础、学习兴趣、认知特点和困难，确定的教学难点以及教学中应采取的措施等。

（4）教学目标。应根据课程标准的要求，认真研究教学内容和分析教学对象的特点，提出本节（课）的教学目标。

（5）教学策略。包括教学的指导思想、教学的组织方式，选用的教学方法、教学手段、媒体、学习指导方法等。

（6）教学流程即教学过程的结构设计。主要包括教师教的活动和学生学的活动，前面所进行的教学内容、学生情况的分析，教学目标，教学策略（包括教学模式、教学方法、教学组织形式、教学媒体）的选择，课堂教学结构类型的选择与组合等工作，都将在教学过程结构的设计中得到体现。

（7）教学反思、评价。即指对前述教学设计过程的回顾、分析与评价。

（8）板书设计。要简明条理，逻辑清晰。

2. 物理教学设计方案的体例

教学设计方案即教案，是教师教学设计过程和结果的呈现，是上课、说课和研课的依据。

教案的体例如下：

课题名称（按照教科书上的章、节（或课）的顺序和名称填写，居中）。

执教教师的姓名、单位（居中）。

【教学时间】本课题教学所用的时长

【教学对象】本课题适用的年级。

【教材】本课题选自的教材版本。

（1）教学内容分析。

（2）学生情况分析。

（3）教学目标。教学目标的叙述应简洁、准确、具体、可操作。在课堂教学的条件下，对象特指授课班级的学生，因此在目标表述中"对象"这个要素可以省略而不致引起误解。

（4）教学重点、难点。简要地写出本节课的重点、难点的内容。

（5）教学策略。

（6）实验教具及媒体。要写清楚教具的名称、规格和数量及所用媒体的资源（如幻灯、投影、电影、录音、录像、课件、网络等）和名称。

（7）教学过程。这是课堂教学设计的核心所在。教学过程可以用结构图（通常称为流程图）加详细说明的形式呈现。教学过程的详细说明可以用文字叙述（即师生对话）的形式呈现（教学实录），也可以选择采用表 6-3-1 的形式呈现。

表 6-3-1

教学环节和教学内容	教师的活动	学生的活动	设计意图

（8）板书设计。板书是指教师讲课时在黑板（白板）上所写的文字、公式符号和所画的图表等内容。板书是整个教学思路和内容的浓缩，是课堂教学重要的一环，不能用电子板书代替黑板板书。

板书设计的目的不仅仅是从表面上要求做到美观、整齐，充分合理地利用板面，更重要的在于板书可以使课堂讲授的主要内容按一定的形式有条理地呈现在黑板上，有助于学生更好地突破难点、掌握重点，进而提高教学质量。因此，要求板书设计紧密结合教学内容，做到重点突出、内容完整，系统性、逻辑性强，符合视觉心理，便于学生学习。

板书的形式是多种多样的。如果精心设计，学生得到的将不仅仅是学习的内容，还是一种艺术上的享受和审美情趣的陶冶。

（9）教学总结或教学后记。写出教学执行情况，学生的反应；疑难问题，典型错误；经验和教训以及本课的改进设想和建议。

6.3.2 物理教学设计示例

"楞次定律"教学设计

【教学时间】15min

【教学对象】高中二年级学生

【教材】人教版《普通高中课程标准实验教科书物理选修 3-2》第四章第三节

【教学内容分析】

1. 教材的地位和作用

电磁感应现象是电磁学中最重要的发现之一,它揭示了电与磁之间的相互联系,推动了电磁学理论和技术的发展。楞次定律是高中物理电磁感应部分的核心内容之一,也是电磁学部分的重点内容之一。楞次定律是普遍的能量的转化和守恒在电磁现象中的具体表现,是普遍的能量的转化和守恒的一个特例。学习和应用定律,学生可掌握从复杂的电磁感应现象中,寻找出判定感应电流方向的一个普遍规律。楞次定律是分析和处理电磁感应现象问题的重要理论基础。因此,本内容对培养学生抽象思维能力和综合运用所学知识分析解决实际问题的能力有着至关重要的作用。

"楞次定律"又是本章教学的难点:①涉及的因素多(磁场方向、磁通量的变化、线圈绕向、电流方向等),关系复杂;②规律比较隐蔽,其抽象性和概括性很强。

2. 教材内容安排

课程标准对本节的要求是:通过探究,理解楞次定律。根据课标的要求,教材将本节内容分为两部分:

(1)"楞次定律——感应电流的方向"。首先从产生感应电流的条件出发,并紧扣住电与磁的关系,抓住磁通量变化这个线索,通过演示实验引导学生寻求感应电流的方向判定的一般方法,从而使学生体会到物理学的基本研究方法,即通过实验观察→分析→概括→探索出物理规律。

(2)"楞次定律的应用"。在上述内容的基础上,进一步帮助学生理解和掌握楞次定律的内容及应用楞次定律解决具体问题的常用方法,同时提出右手定则,并分别应用右手定则和楞次定律对同一问题进行判断,从而提出右手定则可以看作是楞次定律的特殊情况。

本节内容需安排 2 个课时完成。本教学设计主要是第 1 个课时的内容,即通过实验探究,归纳总结出楞次定律。

教材对这部分的内容安排体现了两大特点,即突出实验探究的过程和重视学生科学思维能力的培养。

3. 对教材的处理

根据对教材的分析,对教材做了如下的处理:

(1)重新设计探究实验

教材的探究思路是:以探究感应电流的方向切入,通过磁铁插入线圈、拔出线圈的实验开展探究,然后分析归纳实验结果。在分析实验数据的过程中,再引入感应电流的磁场这一中介,总结归纳出楞次定律。

但教材中的探究实验,只能让学生通过电流表指针的偏转方向来观察到感应电流的方向,并不能很好地让学生体会到感应电流的磁场对闭合回路中原磁通量变化的阻碍作用。

此外,这个探究实验还需要学生弄清楚电流表指针偏转方向与电流方向的对应关系,而线圈的绕行方向不同也会导致实验现象不同。所以,从多变的实验现象中,找出多个物理量(磁通量的变化、感应电流的方向、感应电流的磁场方向、原磁场的方向等)的内在联系,总结出楞次定律,这对学生提出了较大的挑战。

为了降低学生的认知难度,重新设计了探究实验,将探究的重点放在感应电流的磁场方向上。通过磁铁与闭合线圈"来拒去留"的实验,突出对原磁场和感应电流的磁场方向相反和方向相同对应情景的认识过程,旨在帮助学生更好地理解楞次定律。

(2)适当调整教学顺序

教材在完成探究实验的操作后,先分析实验数据,再引入感应电流的磁场这一中介,最后总结归纳出楞次定律。

为了将探究的重点放在感应电流的磁场方向,突出感应电流的磁场对原磁通量变化的阻碍作用,教学顺序做了一些调整:①首先通过实验,提出问题,即为什么磁铁会与闭合线圈有"来拒去留"的力学效果?②然后先通过对实验的分析,引入感应磁场,再开展实验探究,从而能够通过设计的探究实验,突出两磁场(原磁场和感应磁场)方向相同、方向相反的认知过程。③在得出感应磁场和原磁通量的变化之间的关系后,再通过回顾知识分析得出感应磁场的来源是感应电流,从而推导出楞次定律。

【学生情况分析】

1. 学生的兴趣

高二的学生对自然、生活现象的因果认知已表现出浓厚的兴趣,具有强烈的好奇心。他们不满足于单纯的观察实验现象,而是希望通过自己的思维过程,分析现象背后的因果关系。

2. 学生的知识基础

学生已经学习了静电场、静磁场的相关知识,知道了感应电流的产生条件,并且能够判断磁通量的变化。

3. 学生的认识特点

①学生在学习"电磁感应"一章的内容之前,所接触到的电场和磁场只是局限于"静态场",而楞次定律所涉及的是变化的磁场与感应电流的磁场之间的相互关系,是一种"动态场"。学习本节内容,需要学生从"静态思维"过渡到"动态思维"。

②虽然高二学生已经具备初步的抽象思维,但由于楞次定律的探究过程复杂、规律的抽象性和概括性较强,所以学生会产生一定的认知困难。

【教学目标】

1. 物理观念

①知道感应电流的磁场总是阻碍引起感应电流的原磁通量的变化。

②理解楞次定律中"阻碍"的确切含义。

③会运用"楞次定律"解释简单的感应电流方向问题。

2. 科学探究与科学思维

①经历实验探究楞次定律的过程,体会科学探究的一般方法。

②经历楞次定律建立过程中有关电磁现象因果关系的推理过程,提升科学思维的能力。

3. 科学态度与责任

①在实验探究感应电流的磁场与引起感应电流的原磁场之间的关系的过程中,认识电磁现象的多样性和统一性。

②体会物理规律的简洁美。

【教学重点】

楞次定律探究实验的设计和实验结果的概括总结。

【教学难点】

感应电流的磁场与引起感应电流的原磁场之间的关系;定律内容表述中"阻碍"二字的理解。

【教学策略】

本节课在教学的指导思想上,始终坚持"教师为主导,学生为主体"的原则,教师通过创设问题情境和有效的设问引导,让学生亲历物理规律的构建过程。

在教学方法和手段上,综合应用实验演示、讲授、谈话和讨论等多种方法,并辅以多媒体等手段,把教学过程设计成以学生观察实验和已有知识为基础,以问题为主线的师生对话交流的过程。

在学法指导上,让学生尝试自己观察思考、描述实验现象,分析概括,得出结论;使学生在获取知识的过程中,领会物理学的研究方法,受到科学思维方法训练以及协作精神、探索精神等情感态度与价值观教育。

【教学用具】

(1)多媒体课件

(2)实验器材

铝管、载着磁铁的小车、楞次小车实验装置、磁悬浮实验装置。

【教学程序】

1. 教学流程图

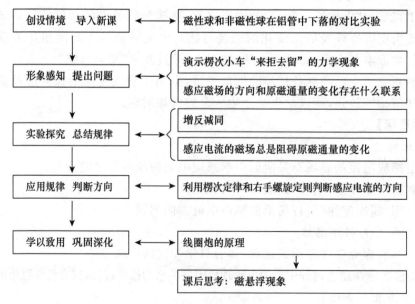

图 6-3-1　教学流程图

2. 教学过程设计

表 6-3-2　教学过程设计

教学环节和教学内容	教师活动	学生活动	设计意图
【创设情境 导入新课】 **演示实验**：落磁法实验 将磁性球和非磁性球分别在两根铝管上方同时自由释放。 图 6-3-2	**设计悬念**： 铝不是铁、钴、镍材料，所以不会跟磁性球吸引。 **提问学生**： 磁性球下落时有什么现象？ 阻碍磁铁下落的力是从哪里来的呢？	**期待回答**： 磁性球下落慢一些。 （观察实验，兴奋,思考）	利用落磁法实验创设物理情境，激发学生的学习兴趣，引发学生认知冲突，让学生带着问题进入课堂
【演示教具 提出问题】 **演示实验**：磁极之间互斥互吸 图 6-3-3 **演示实验**：楞次小车实验 利用楞次小车演示"来拒去留"的力学现象。 图 6-3-4 **提出问题**： 感应磁场的方向和原磁通量的变化之间的关系是什么？	**提出问题**： 同名磁极之间相互？ 异名磁极之间相互？ **阐述**： 磁铁和磁铁的排斥力和吸引力是两个磁场之间相互作用的结果。 **提出问题**： 如果小车上载着的不是磁铁，而是一个闭合线圈的话，情况又会是怎样呢？ 磁铁和闭合线圈没有相互接触，却有"来拒去留"的力学现象，表明磁铁和闭合线圈相对运动时，闭合线圈中产生了什么？ 当 N 极靠近闭合线圈时，线圈靠近磁铁这端是什么极？ 当 N 极远离时，线圈靠近磁铁这端是什么极？	**期待回答**： 排斥 吸引 （好奇、思考、观察） **期待回答**： 磁场 N 极 S 极	演示磁极之间相互作用：一是为了复习旧知识，二是为演示楞次小车"来拒去留"是由于磁场与磁场之间相互作用提供必要的感性素材。 通过楞次小车"来拒去留"的力学现象将感应磁场和原磁场之间的相互作用直观呈现，方便学生判断感应磁场的方向，为接下来的探究明确思路。 该实验将感应电流和感应电流产生的磁场两个变量分开，达到分离变量的原则；实验装置简单，实验现象直观，符合物理教学实验简单性的原则

教学环节和教学内容	教师活动	学生活动	设计意图
【实验探究】 图 6-3-5 图 6-3-6	**提出问题：** 当 N 极靠近线圈时，线圈中磁通量是增加还是减少？ 由同性相斥可知，感应磁场量和原磁场方向相同还是相反？ 感应磁场此时会阻碍线圈中磁通量的增加还是有助于其增加呢？ N 极远离时(问题如上) S 极可以得到同样的数据 (利用多媒体动画进行直观呈现)	**期待回答：** 增加 相反 阻碍其增加 减少 相反 阻碍其减少 (观看实验，记录数据)	教师适当引导，启发学生思维，让学生自己开口说出实验现象，培养学生的表达能力；引导学生对感应磁场的方向及影响进行分析，让学生亲身经历规律的认识过程，传授学生解决问题的方法，体现学生的主体地位
【总结规律】 图 6-3-7 结论：增反减同 感应磁场总要阻碍原磁通量的变化。 分析出感应磁场的来源是感应电流，从而得到楞次定律的表述。 使用谈话法围绕"阻碍"一词对规律进行讨论，加深学生对楞次定律的理解	**提出问题：** 分析表格的二三列，可以得出什么规律？ 分析表格的二四列，可以得出什么规律？ 闭合线圈没有磁性物质存在，为何有磁场存在呢？ 除了磁性物质能产生磁场，奥斯特还发现了什么的周围会存在磁场呀？ 磁铁插入、拔出闭合线圈，线圈中磁通量发生变化，回顾上节课所学知识，闭合回路中磁通量发生变化，这个回路就会产生什么？ (利用层层递进的问题引导学生分析出感应磁场的来源，从而总结出楞次定律)	**期待回答：** 增反减同，感应磁场总要阻碍原磁通量的变化。 (学生思考) 通电导线周围存在磁场。 感应电流	引导学生分析表格数据，增强学生对表格数据的分析能力和物理规律的概括能力
【应用规律，判断方向】 引导学生回顾初中所学的右手螺旋定则，在明确了感应磁场方向之后，尝试利用右手螺旋定则由磁场方向判断电流方向	**提出问题：** 已经知道磁场方向，如何知道电流方向，用什么定则？	**期待回答：** 右手螺旋定则	引导学生通过已学到的理论明确判断感应电流方向的方法，并选取 N 极靠近这一情境引导学生运用方法

续表

教学环节和教学内容	教师活动	学生活动	设计意图
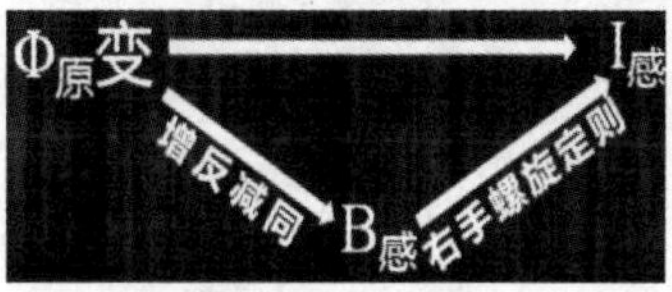 图 6-3-8 在学生利用所学知识对感应电流方向进行猜想之后,向学生介绍电流数据采集器的原理并进行感应电流方向猜想的验证 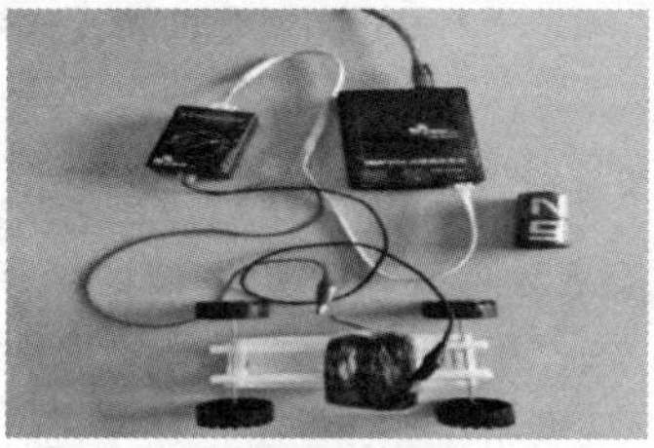 图 6-3-9 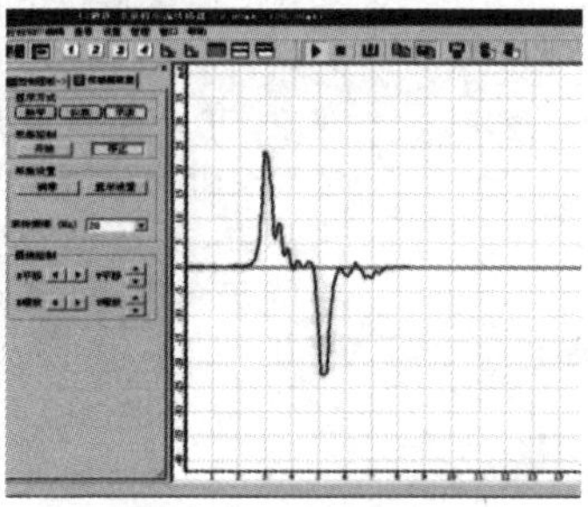 图 6-3-10	当 N 极靠近线圈时,尝试利用楞次定律的增反减同结合右手螺旋定则判断感应电流的方向是向上的还是向下的? 提出问题: 刚才同学们猜想出电流方向是向上的,那待会电流是从哪条线流入系统? 既然是红线,那么电流方向在屏幕上显示是正的还是反的?	N 极靠近,线圈中磁通量增加,由增反可以判断感应磁场方向向左,所以由右手螺旋定则判断电流向上。红线正的	利用数据采集器进行验证,让现代信息技术走进中学课堂。数据采集器能直观显示瞬时变化,捕捉微小变化量并进行维持。
【首尾呼应,解释现象】 利用楞次定律中的"增反减同"解释落磁实验中磁性球比非磁性球下落慢的原因 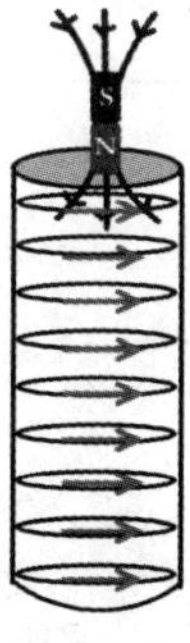 图 6-3-11	动画演示以引导学生运用定律解释物理现象	思考 回答 领悟	引导学生将所学到的知识解释物理现象,加深学生对楞次定律中感应电流的磁场对引起感应电流的磁通量"阻碍"作用的理解

教学环节和教学内容	教师活动	学生活动	设计意图
【学以致用 巩固深化】 1. 线圈炮  图 6-3-12 2. 神奇的磁悬浮：观看演示  图 6-3-13 3. 课后思考：铜线圈和铝板之间为何存在斥力？ 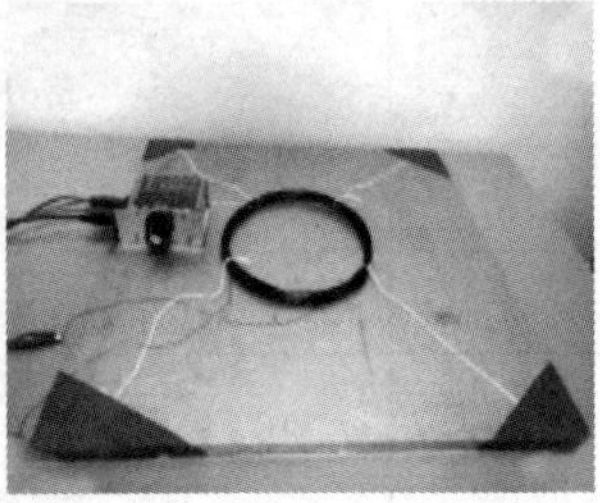 图 6-3-14	（1）介绍电磁炮中的一种：同步感应线圈炮。利用多媒体动画引导学生利用楞次定律解释其原理 （2）演示上海的磁悬浮列车 演示自制磁悬浮装置（在线圈中通以 36V，50Hz的交流电，可以使线圈在铝板上面悬浮起来） **课后思考：** 通以交流电的铜线圈和铝板之间为何存在斥力？如何用楞次定律进行解释？	观看 思考 兴奋 思考	运用所学的楞次定律解释有关的生产实际现象：一方面，可以拉近学生生活与所学物理知识之间的距离，使学生真正感受到物理学就在身边，体会中学物理的实际用处；另一方面，让学生尝试运用所学知识说明和解释生产、生活现象，可以逐步发展学生逻辑的说理和表达能力，以及创造性地解决实际问题的能力

【板书设计】

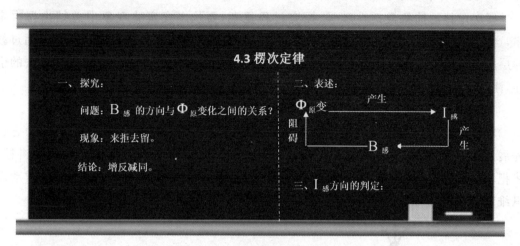

4.3 楞次定律

一、探究：

问题：$B_感$ 的方向与 $\Phi_原$ 变化之间的关系？

现象：来拒去留。

结论：增反减同。

二、表述：

三、$I_感$ 方向的判定：

图 6-3-15

【本教学设计的创新点】

1. 重新设计探究实验

教材中的探究实验是利用磁铁插入和拔出线圈的实验方法，通过观察感应电流的方向判断出感应电流的磁场方向，从而总结出楞次定律。这样的实验设计是让学生观察感应电流的方向去判断感应电流的磁场方向，而又总结出由感应电流的磁场方向去判断感应电流方向的规律，其逻辑关系容易使学生产生困惑。此外，由于楞次定律本身涉及多个物理量，规律的抽象概括性较强，而教材中的探究实验只能让学生观察到电流表的指针偏转，并不能比较直观地体会到感应电流的磁场对原磁通量变化的"阻碍"作用，所以不利于学生理解楞次定律。

为降低学生的认知困难，重新设计探究实验，先将探究感应电流的方向等价转化为探究感应电流的磁场方向，再将探究的重点放在感应电流的磁场方向。利用磁铁靠近和远离线圈的实验方法，观察线圈和磁铁的相对运动，突出了对两个磁场（原磁场和感应电流的磁场）方向相反和方向相同对应情景的认识过程。学生直观地观察线圈阻碍磁铁的相对运动，这样将感应电流的磁场对原磁通量变化的"阻碍"作用具体化，帮助学生更好地理解楞次定律中的"阻碍"含义。

图 6-3-16

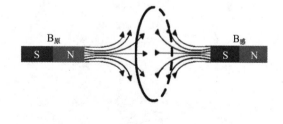

图 6-3-17

2. 突出科学思维和方法的引导

楞次定律的抽象概括性较强、探究过程复杂，要从多变实验现象中总结出楞次定律，这对学生的抽象思维能力、逻辑分析能力、归纳能力都有较高的要求。本节课通过教师层层递进的设疑，引导学生经历楞次定律的建立过程，突出科学思维和科学方法的引导，注重学生理性思维的培育。

3. 将多媒体课件、实验与教学过程有机整合，化抽象为具体

本节课通过多媒体课件的动画展示，将"磁通量变化"和"电磁感应过程"的动态过程展示给学生，帮助学生分析实验现象，化抽象为具体；再配合教师的启发式的讲授，将把学生学习静电场、静磁场的"静态思维"过渡到学习变化的磁场产生电流的"动态思维"。

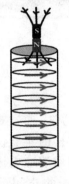

图 6-3-18　落磁法动画图

图 6-3-19　线圈炮动画图

6.4 物理实践活动的设计

物理实践活动包括教师与学生在课堂上的探究实验，也包括课外实践活动，本节的实践活动主要是指后者。物理实践活动的设计应基于以下目标与要求：培养学生搜集和处理信息的能力、交流与合作能力、综合运用知识分析和解决问题的能力，以及创新精神和实践能力；在实践活动中，要促进学生对物理知识与技能的理解，增进学生对科学本质的理解，以及情感态度与价值观的形成和发展，提升学生的物理核心素养。

6.4.1 探索性实践活动设计

 案例 6-4-1

闪光照相能测出重力加速度吗？

在说明自由落体的加速度时,教材常用的实验证据是频闪照片,如图 6-4-1 所示,闪光照相能否测出自由落体运动的加速度,即重力加速度,对这一问题学生常常产生疑问,而问题的焦点也集中在如何从照片上获得小球下落过程中各点间的实际距离。办法只有一个,那就是设法得到拍摄过程中像、物之间的缩小比例。获取原始数据显然是困难的。教师可为学生提供各种条件,开放实验室,放手让学生进行实践。

图 6-4-1

要完成这一实践活动,学生在实验前要了解通过电磁控制实现小球自由下落以及每隔 $\frac{1}{30}$ s 自动进行闪光照相的奥妙,理解实验原理,进行实验设计。在实验过程中,学生既要完成小球自由落体实验,又要进行照片拍摄、制作等工作,还要做好各方面的协调工作。在如何获取像、物缩小比例的问题上,学生也必须开动脑筋。如有的直接测量物距、像距,求像、物距的比值,有的在实验装置旁设置一根标尺,还有的则在不改变物距、像距的情况下,为一名同学拍摄一张全身像,求出像长与身高的比值。最后是理论计算,求得结果:得到像、物缩小比例 k 后,从拍摄的闪光照片上测出 S_n、S_{n+1},…… 由 $g=\left(\dfrac{1}{k}\right)\left(\dfrac{S_{n+1}-S_n}{T^2}\right)\left(T=\dfrac{1}{30}\text{s}\right)$ 求得重力加速度的值。

案例 6-4-2

叠砖块

这里有五块砖,请在不进行计算的情况下,把它们垒叠起来,要求最上面一块砖的俯视投影不与最底下的一块砖的底面重合,叠放时每块砖只能纵向安置,而不允许纵横交错。看谁能最快地把五块砖垒好。

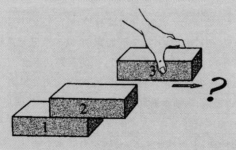

图 6-4-2

某同学首先把一块砖放在桌上,再把第二块砖放在其上。为了获得尽可能多的伸出面,他使上面一块砖伸出全长的 $\frac{1}{2}$,当放第三块砖时他遇到了难题,如图 6-4-2 所示,第三块砖最多只能与第二块砖对齐,超出一点,砖就要塌下来。把第二块砖退缩一点,还是使第三块砖退缩一点呢? 退缩多少才是最佳呢? 看来还得另想办法。你能把这个巧妙的方法想出来吗?

 案例 6-4-3

探究运动的相对性

当跑步时,你感觉到的风向或者雨滴的方向与真实的风向或雨滴下落的方向(即风或雨滴相对于地面的方向)有什么不同? 建议你进行下面的实验研究。

(1)选择基本无风的天气,当你跑步时,你感觉到的风总是迎面吹来的,跑得越快,风力越大。这是因为你向前跑,你相对于空气是向前运动的,空气相对于你是向后运动的。如果你测出了自己跑步的平均速度,你就可以得出结论,你感觉到的风向与你跑步的速度方向刚好相反,速度大小相等,原因是你感觉到的风向和风速是空气相对于你运动的情况,是以你为参照物的。

(2)在有风的天气里,你可以先测量一下风向和风速,可用简易风向标或小旗测出风向,用手表或停表测出风吹薄纸片飞过10m远所需的时间,计算出风速。也可以根据最新发布的天气预报所说的风向和风力参照表 6-4-1 估计风速。记下风向和风速后,例如北风7m/s,你再以一定的速度沿与风向垂直的一个方向(例如向东 4m/s)跑步或骑自行车,记下你感觉到的风向(例如风从东北吹来)。然后改变你跑步的方向(例如向西 4m/s),再记下你感觉到的风向(例如风从西北吹来)。在练习本上画下这两次实验的速度合成图。

表 6-4-1 风速、风向等级表

风向等级	名称	陆上地物征象	风速/(m/s) 范围	风速/(m/s) 中数
0	无风	静,烟直上	0.0~0.2	0
1	软风	烟能表示方向,树叶略有摇动	0.3~1.5	1
2	轻风	人面感觉有风,树叶有微响,旗帜开始飘动,高的草开始摇动	1.6~3.3	2
3	微风	树叶有小枝摇动不息,旗帜展开,高的草摇动不息	3.4~5.4	4
4	和风	能吹起地面灰尘和纸张,树枝动摇,高的草呈波浪起伏	5.5~7.9	7
5	清劲风	有叶的小树摇摆,内陆水面有小波,高的草波浪起伏明显	8.0~10.7	9
6	强风	大树枝摇动,电线呼呼有声,撑伞困难,高的草不时倾伏于地	10.8~13.8	12
7	疾风	全树摇动,大树枝弯下来,迎风步行感觉不便	13.9~17.1	16
8	大风	可折毁小树枝,人迎风前行,感觉阻力甚大	17.2~20.7	19

在这个实践活动中,如果风速和跑步的速度测量较准确,可以判断感觉到的风向是否准确(特别是风速和跑步的速度大小不一样时)。如果感觉到的风向是准确的(例如手拿着风向标),则可以计算出风速的大小。

以上探索性教学活动,不仅使学生掌握了物理研究的方法,更重要的是调动了学生学习的主动性和积极性,为他们提供了实践的机会,可使他们的综合能力得到提高。同时,也是将课堂教学向课外延伸的尝试。物理学并不只是课堂上讲的,课本上写的,而在我们的生活、工作中,在丰富多彩的自然界中,都存在着无穷无尽的物理现象和问题,它们是活的更生动更完美的物理。对这些现象的探究更能激发学生的求知欲,使他们认识到:世界是复杂的,又是有规律的;要想揭示规律,就必须使思维具有多向性,而又善于抓住主要矛盾。

探索性实践活动的课题或者称之为"问题"来源的途径如下:

(1)到生活中找"问题"

如:自行车为何要"骑"起来才不会倒下? 自行车带人为何不安全? 骑惯了自行车,为何骑不惯三轮车? 自行车后刹为何比前刹重要? 载重车和轻便车有何不同? 为什么? 赛车底盘为什么要这么低? 自行车不打气行吗? 如果路上铺满了修路的碎石子,这时,是骑得快些好,还是慢些好? ……从水壶中倒出的水柱从高到低为什么越来越细? 坐在绝对光滑的冰场中央的你如何走出冰场? 两个充气的一大一小的气球,当它们连通后哪个变大哪个变小,为什么? 为什么有三颗通信卫星就能覆盖全球?

(2)到实验中找"问题"

做实验,并不仅是为了"验证"什么,更重要的是让学生"发现"什么。因此每一次实验前和实验后,都要学生想一想:① 这种方法是唯一的吗? 能否变一变? ② 有误差吗? 为什么? 能减少些吗? ③ 器材是否合适? 有好建议吗? ④ 观察是否清楚? 有好点子吗?

(3)在想象中找"问题"

如在生活中,处处存在摩擦力、大气压强和重力,如果有一天摩擦力、大气压强和重力突然消失,我们的生活将是怎样的景象? 如果理想的模型、条件和实验,失去了"理想",又将如何呢? 在每次实验操作之前,可以让学生想一想,如果这样操作将会出现怎样的现象呢? 和预想的会有差异吗? 等等。

6.4.2 设计性实验活动

 案例 6-4-4

测定细沙的摩擦因数

现有一堆细沙,请你在表 6-4-2 中设计出尽量简单的方案并动手测定其摩擦因数,可用实验器材有直尺与量角器,要求写出实验原理,实验步骤以及实验结果。本设计性实验所用细沙可以统一提供,也可以由学生自己寻找。在评价时,在实验原理正确的前提下,实验方案设计以巧妙为优。

表 6-4-2　实验方案设计表

实验名称	测定细沙的摩擦因数
实验原理	
实验器材	
实验步骤	
实验结果	
小组成员	

 案例 6-4-5

测教学楼高度

设计要求：

（1）运用物理原理测试教学楼高度。

（2）禁止任何有危及人身安全的方案。

（3）提供的方案越简单越巧妙、数量越多越好。

（4）把测量的方法、原理和测量结果，写在表 6-4-3 中。

表 6-4-3　测量教学楼高度记录表

方案一 具体操作方法及其原理： 实际测试高度：
方案二

测量方案由各班群策群力构思准备，并选派出几名学生，根据集体设计方案进行现场操作测量，所有相关器材自行筹备。

评定时注意：

① 精确度是指测量数据与参考数据对比而言，只要相差小于 5%，都给予满分，相差过大酌情扣分。

② 创新性是指方案的巧妙性、设计的精巧性，将会对比各班各种方案后再综合打分。

③ 操作方法分数评定，主要考核测量时方法操作是否得当以及测量中的规范性。

设计性实验，就是要打破现成的实验方案，在一些特定的要求和条件下自行设计新的实验方案和步骤，完成其实验要求。由于这种设计具有较大的灵活性，需要学生在牢固掌握基础知识和基本方法的前提下富有创造力，因此，设计性实验是培养学生创造性思维能力的一条重要途径。

设计性实验活动往往只需给学生提出课题的任务和要求，而要完成这个课题的方案是多种多样的，这种实践活动需要充分发挥学生的想象力和合作精神，用所学过的知识来解决生活或学习中的实际问题，同时也是对学生创造潜能的一种测试。这种实践活动成功的关键是选好题,课题可以是学生发现并提出来的,也可以是学生与教师共同讨论而产生的问题。

教师要善于挖掘教学内容中的问题。课程标准只是给出了一个学习内容的下限,有些问题教材未做深入探究,但又在学生探索能力范围内,就可以作为设计性实验的选题。

 案例 6-4-6

在学习了闭合电路欧姆定律以后,可编制如下一道实验设计训练题:

(1)利用电学实验中常用的仪器和仪表,可能有几种测量电池电动势和内电阻的方法。试画出实验电路,并说明其测量的原理和方法。

(2)如果再补充些仪器(如电势差计),你还有其他方法吗?

(3)这些方法中,哪些是比较合理的? 哪些是比较精确的? 哪些方法需要附加些条件?

(4)试就你所想到的各种方法,归纳总结,从中能得到测量电动势和内电阻的一般思路和方法吗?

学生广泛联系和运用所学的知识和方法,集思广益,可以提出近十种可能的实验方案,其中一些不乏闪烁着创造性思维的火花。对此,再组织学生讨论、辨析,对合理的加以肯定,不恰当的指出问题所在,对无法完成的方案阐明其原因。各种方案在一一论证以后,只要条件许可,都可组织学生自己动手操作,进行实际测量。

 案例 6-4-7

提供一定容积的并盛满清水的"可乐瓶"一只(瓶底有一小孔)、细线一根、米尺一把、小砝码一个和用来盛水的桶一只。试估测水从此瓶底小孔连续流出的平均流量,并进行测量的误差分析。

此题是 1997 年浙江省中学生物理竞赛实验试题。从题意来看:水的平均流量 $Q=$ 水的总体积 V/水流尽的时间 t。从提供的条件来看:其中水的体积可从瓶贴的标签上直接观察得到(这里考查的是学生的观察能力)。最困难的问题在于,如何测量水流尽所用的时间? 要想突破这个难点,需要从实验方法上寻找解决办法:用题目提供的细线与砝码组装成一个单摆,用它作一计时仪器去替代秒表。它的摆长 L 可由米尺测出,周期可由公式 $T=2\pi\sqrt{L/g}$ 算出,只要以此作为"参照量"数出水流尽时单摆全振动的次数 N,即可测得时间 $t=NT$。

显然,该题运用的是物理实验中典型的替代法,即用已知的标准量去代替未知的待测量,以保持状态和效果相同为判断依据,从而求出待测量。

案例 6-4-8

试用一根卷尺估测一堆沙粒间的动摩擦因数。

如果说上述实验的设计还是"有法可依"的话，那么本题的设计可谓是"无法无天"，因为卷尺测得的长度与沙粒间的动摩擦因数似乎是风马牛不相及的两码事。但是，我们可以这样来思考，要测定沙粒间的动摩擦因数，必须让沙粒间发生相对运动；再联想到力学中一个常见的斜面模型，见图 6-4-3(a)：逐渐增大斜面倾角 θ 使木块在斜面上将要发生相对滑动，受这一原型的启发，我们可将题所给的一堆沙从高处慢慢漏下，在地面上形成一圆锥体，并不断增高以至高得不能再高，即表面沙粒将要开始滑动。见图 6-4-3(b)，此时的沙堆不就构成一"蠢蠢欲动"的斜面了吗？隔离出其表面的任一颗沙粒，不就相当于斜面上的一木块了吗？这样一来，通过 θ 这个中间变量即可把动摩擦因数的测量转化为可用卷尺测量的长度（圆锥的高 h 和周长 L）。在物理实验中，将不易直接测量的物理量转化为另一种易观测的物理量进行测量的方法，称为转换法。本题运用的正是这种转换法。

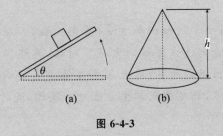

图 6-4-3

在设计性实验活动中，实验方法起着关键的作用，而求异思维则为实验方法的选择开拓了思考的不同途径。当然，科学求异绝不是胡思乱想，它来源于扎实的知识基础和敏捷的思维能力。既要敢于想，又要善于想，才能充分发挥实验方法的长处，以较高的效率、简明的方法去解决面临的新问题。

6.4.3 制作性实践活动

案例 6-4-9

自制欹器

欹(qī)器，是一种灌溉用的汲水罐器，它是我国古代劳动人民在生产实践中的创造。欹器有一种奇妙的本领：未装水时略向前倾，待灌入少量水后，罐身就竖起来一些，而一旦灌满水时，罐子就会一下子倾覆，把水倒净，尔后又自动复原，等待再次灌水。你完全可以自制一个这种奇妙的欹器。

取一只塑料杯，设法找到空杯子的重心位置，在其水平面上方一点的杯壁上钻 2 只孔，孔径与自行车辐条的直径等大，并且使两孔的连线稍稍偏离孔所在平面杯壁圆心（尽管你对准圆心钻孔，一般也总会产生 1～2mm 的偏差）。再取一段自行车的辐条，紧紧地插入杯壁的两个小孔中,作为容器的转轴。然后用铁丝做一个支架,把杯子的转轴架在支架顶端的凹槽内,敧器也就制成了,如图 6-4-4 所示。制好后,请灌水试试。想一想,在灌水的过程中,整个容器系统的重心是怎样变化的?为什么灌一点水以后,容器要竖直一些?灌满水后,为什么容器又会一下子倾覆过来?水倒光后,为什么又会复原?请用平衡与不平衡的原理加以解释。这种翻斗式的容器有很广泛的用途,例如矿山的矿车,某些厕所里的一种定时冲洗的翻斗,以及气象观测雨量计内的计量容器等,都是根据这种构思设计的。

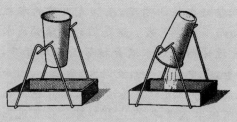

图 6-4-4

 案例 6-4-10

逆风行舟

你听说过逆风行舟的事吗?这似乎不可想象,但事实上如果把握一定的航向和适当控制帆面的位置,是可以做到的。你可以亲自做一做模拟实验。用一个泡沫塑料或木料做一个帆船模型,用一根木棍插入船体作为帆船的桅杆,在桅杆上固定一片用塑料垫板做的帆,在穿过船体的木棍的下端加适当配重(例如螺帽等物),使帆船模型能稳定地浮于水中,在船尾下方固定一个小舵。整个帆船如图 6-4-5 所示。

实验时,把船的模型放在一只大水槽(水盆)的水中,用电风扇沿着一定的方向对船吹风,适当调整帆面、舵面的位置和船头的方向,使船能侧逆风而前进。如果你实验确有困难,请你用三角板(一角为 30° 的直角三角板)、铅笔和直尺先做如下的实验。把直尺固定在某一位置,将三角板的一个长直角边靠在直尺的边沿上,再用铅笔从侧面前方顶压三角板的斜边,如图 6-4-6 所示,你将会看到三角板不是向后退,而是沿着直尺前进了,也许你能从这个实验中得到启发,去完成侧逆风行舟的任务。

图 6-4-5

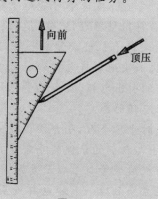

图 6-4-6

制作性实践活动能加强学生的动手能力。学会操作和应用各种制作工具,是培养和发展一个人能力的较好途径,是提高个人素质的最好方式之一。

6.4.4 表演性实践活动

 案例 6-4-11

水顶球

我们在公园或一些酒店或娱乐场所,经常看到如图 6-4-7 所示水顶球的现象,当调整好水柱的高度,在竖直上喷的水柱上,乒乓球在水柱上翻动而不会掉下来。这是因为小球偏离水柱中线后会产生旋转,靠近球附近的水滴会被带着旋转散开,从而使两侧的流速不相等,靠中线的一侧流速大,压强小,因而乒乓球产生向中线靠拢的趋势。所以乒乓球基本上能稳定在水柱上方而不掉下来。不但水能顶球,气也能顶球。你见过图 6-4-8 中如此奇妙的气顶球吗? 请做一做,并试一试,看一看你的身手如何。

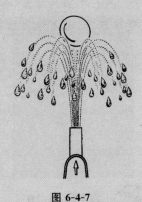

图 6-4-7

图 6-4-8　气顶球

 案例 6-4-12

静电杯

取两只一次性杯子,用铝(锡)箔分别在一只杯子的外面和另一只杯子里面用双面胶进行粘贴包裹,要求尽可能地平整。在里面粘贴包裹的杯子口上用铝(锡)箔引出一电极,然后将内壁粘贴铝(锡)箔的杯子放入外壁粘贴铝(锡)箔杯子中即可。用一根直径约为 4cm 的有机玻璃管和一块旧的丝绸或羊毛围巾包裹着有机玻璃管进行反复摩擦,并一次一次地对静电杯进行充电,待充电完毕后,一只手握住静电杯,另一只手触摸静电杯的引出电极,就会感受到强大的静电刺激,这时学生会对静电产生深刻的理解和难以忘怀的感觉。

游戏时十几个人,手合手围成一个圈,在头尾处暂时分开,其中一个人右手握住静电杯,左手与相邻的伙伴的手合手,另一个的右手与相邻的伙伴的手合手。体验时,操作者用有机玻璃管与丝绸反复摩擦,并一次一次对静电杯充电。待充电完毕后,请另一个人用左手触摸一下静电杯处引出的电极,这时所有的体验者都会感受到强大静电的魅力。

原理注解：

利用摩擦产生静电的原理，将静电充储在简易电容器中，然后让游戏者将已充电的电容器形成回路，这时所有游戏者都会体验到静电的存在和刺激，如图 6-4-9 所示。

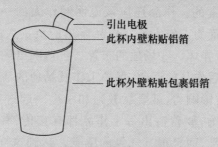

引出电极
此杯内壁粘贴铝箔

此杯外壁粘贴包裹铝箔

图 6-4-9　静电杯原理图

表演性实践活动还有制作孔明灯、马德堡半球、蒸气喷射式游艇、遥控小船、火药火箭等，其实上述实践活动均可以比赛形式进行。例如光迷宫，原理如图 6-4-10 所示。

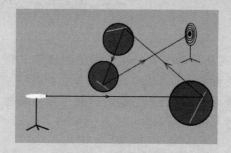

图 6-4-10　光迷宫原理图

要求：

利用 3 次镜面反射把激光反射到指定的靶子上。激光必须经过全部 3 面镜子的反射，少了任意一块镜面的反射视为无效（此实践活动所需物理知识虽然是初中的"光的折射与反射"，但也适用于在高中生中开展，活动也可设计为在桌面上用固定的镜子单人完成或由团队中的几人持镜子站立固定区域内，以计时决胜负，完成整个过程所用的时间越短，成绩越高）。

 案例 6-4-13

登陆火星

自备器材，随意包装鸡蛋，在规定的高度，把包装好的鸡蛋抛出，着地后，落地点与抛出点的水平距离越大，成绩越高。过程中不能借助电动设备，例如飞机模型等，以及不能使用任何燃料助推。

评分标准：

落地点与抛出点的水平距离以 10m 为下限，10m 为 60 分，15m 为 80 分，20m 为 100 分；若把多个鸡蛋包装在一起同时抛出，且鸡蛋都没破，则所得的成绩为鸡蛋的个数乘以单个鸡蛋所得的成绩，例如抛两个鸡蛋到 15m 处成绩为 $80 \times 2 = 160$ 分，以此类推，若所包的鸡蛋中有一个或以上跌破，则成绩为 0 分。

物理课外实践活动要长期坚持下去,不断积累才会有比较好的效果。当活动进行到一定程度,积累了比较多的作品后,就可以考虑举办一次全校性的展示。在举办这样的活动的时候,要做好下述准备工作:①作品的收集、整理、分类、调试工作。这样可以保证所展出的作品都是正常的。作品还应该说明制作人的一些信息,以增强学生的自豪感和积极性。②场地布置的工作人员和作品展出的负责人的安排。做到每件作品都有人负责,防止作品被人为弄坏。③场地的布置。包括展出区域的划分;场地的装饰;作品的摆放等。④活动结束后作品的回收、保护工作及场地的清洁问题等。

活动要搞得有气势,有影响力,就要靠教师和学生一起进行策划、组织,其中很关键的一点是场地的划分和装饰,要营造出每个作品都有宣传、有介绍,然后整个场面让人看上去是参观的人挤而不乱,而且很有气氛的感觉。达到这样的效果,那展出就算是比较成功的了。那到底如何进行场地的装饰呢?可以进行以下几部分工作:①给每个作品画一个相关的宣传图画,可以找学校的美术兴趣小组来协助完成。②可以在场地上挂些彩带、气球之类的东西,这样装饰后会营造一种轻松的气氛。

 案例 6-4-14

物理实践活动——一次大型的科技节工作计划

口　　号:科技任我飞翔!

总原则:让学生亲身参与,在动手动脑的过程中体验物理学科的乐趣和奥妙。

总任务:激发学生学习物理的兴趣,提高学生的实践动手能力,拓展学生的知识面,丰富学生课余生活。

参加对象:全体高一学生

活动具体安排:活动当天现场由展览区、科普区、竞技区组成。

展览区

1. 内容:以展示学生的科技作品为主,分为"物理课件类""物理小制作类""电子类"三类。

2. 形式:实物展示配以文字解说、工作人员演示作品的运行情况。同时部分作品的制作者要在现场介绍作品制作的过程。

3. 作品来源:

(1)学生科技小制作。

(2)鼓励学生自我创新,自我命题。

(3)挑选历届作品中的精品进行展示。

4. 作品要求:高质量,大数量,难度适中,外观精美。

科普区

1. 内容:包括生活中的物理、物理学史、物理学家的趣闻逸事等。

2. 形式:用组图配以文字的形式和视频录像,展示以"历史物理""趣味物理故事""生活中的科学"为主题的图片,展示身边的科学。

3. 作品来源：

(1)学生海报制作(包括生活中的物理小常识、物理学史等)。

(2)以班为单位的"物理狂想"海报(以对物理学未来发展的遐想为主题)。

4. 作品要求：知识性强，涵盖范围广，贴近生活，实用性强。

竞技区(由竞赛区与游戏区合并而成)

1. 内容：以参与性强的竞赛类及游戏类项目为主。

2. 形式：游戏、竞赛。

3. 作品来源：

(1)教师提供的方案。

(2)学生提供的方案。

4. 作品要求：参与性强、趣味性强，规模较大。

活动筹备过程：

第一阶段：材料汇总，集体论证可行性，把课题以文本形式(图文并茂)打印出来。交由校方审阅(包括：计划初稿，材料来源，当天活动的经费预算，以及场地负责人)。并把材料提供给学生选题，同时征集学生的自命课题。定下各个课题小组的人员名单，并正式启动第二阶段计划。

第二阶段：学生开始在老师的指导下准备材料，制作作品(定期聚会汇报进度)。

第三阶段：验收所有作品，并在一个星期内做补充修改。

第四阶段：公开展示日。

6.5 物理教师的说课

说课是中学物理教学中常见的一种教研形式，是教学理论与教学实践联系的中介，在教师专业化发展中，其日益显现出专业实践功能。目前说课在教师选聘、教学竞赛和职称评审中也被列入评价的载体。因此，教师有必要掌握说课的基本理论和相应的技能。

本节从现代教学论的观点出发，在剖析说课的基本内涵的同时，注重介绍说课的过程、方法和技能及其评价。

6.5.1 说课的含义、作用及类型

1. 说课的含义及作用

"说课"(Talking Lessons)是指教师以教育教学理论为指导，在特定的场合，在精心教学设计的基础上，在规定的时间内，面对同行或教研人员，借助有关教学辅助手段，系统地口头表述自己对某节课(或某单元)的教学设计及其理论依据，并与听者一起就教学目标的达成、教学流程的安排、重点难点的突破和把握以及教学效果的评价等方面进行预测或反思，从而使教学设计和实施不断趋于完善的一种教学研究形式。

从狭义的角度看,说课是在教学设计和上课之间进行的教学研究活动,是课堂教学研究活动的一个基础性环节,也是学校开展教研活动中的常规性内容。说课反映了教师对课程的理解、教学设计的解说以及上课的反思。

说课不仅要说出教师要教什么和学生学什么、教师怎么教和学生怎么学,还要从教育理论角度阐述教师为什么要这样教和学生为什么这样学。说课不仅能反映教师的教学基本功和学科素养,还能表现出教师教学的理论水平。它不仅能促进教师的业务素质和教学理论水平的提高,还能增大教研容量,提高教研活动的效率。目前,在各层次的教研活动和教学评比中,说课已作为一项主要手段被教师普遍接受和广泛采用。

2. 说课的类型

作为教学研究活动的一个重要组织形式,说课活动由解说(课前与课后)和评说(自评与他评)两部分组成。因其活动的目的、要求、任务不同,说课有不同的分类方法。由于说课的目的不同,说课可以是课前说,也可以是课后说:前者主要关注教学设计中的思想方法、策略手段,后者主要关注教学设计下所引起的教学效果的探讨和反思。从优化课堂教学设计过程看,分预测性说课和反思性说课;从教学评价角度看,分竞赛性说课和非竞赛性说课;从教学研究角度看,分专题型说课和示范型说课等。下面着重介绍课前说课、课后说课、评比型说课、主题型说课和示范型说课。

(1) 课前说课

课前说课,就是教师在认真研读课程标准和教材、领会编写意图、分析教学资源、初步完成教学设计基础上的一种说课形式,是教师个体深层次备课后的一种教学预演活动。从其对课堂教学的影响来看,通过课前说课活动,可以借助集体的智慧来预测课堂教学的实际效果,最终达到改进和优化教学设计的目的,因而,课前说课也是一次预测性和预设性说课活动。

其操作程序为:指定教师课前说课→集体研讨→集中意见和建议→形成最佳教学设计方案。

(2) 课后说课

课后说课,就是教师按照既定的教学设计进行上课,并在上课后向所有观课教师或教学研究人员阐述自己教学得失的一种说课形式,是建立在教师个体教学活动基础上的一种集体反思与研讨活动。正是在这种集体的反思与研讨中,使说课者个体和参与研讨的其他教师对教学的成败得失有了更加清晰的认识,也为进一步改进和优化教学设计提供了可能,因而,课后说课也可被认为是一种反思性和验证性说课活动。

其操作程序为:上课→说课→研讨→改进和优化教学方案。

(3) 评比型说课

评比型说课,就是把说课作为教师教学业务评比的内容或一个项目,对教师运用教育教学理论的能力、理解课程标准和教材的实际水平、教学过程设计的科学性和合理性等做出客观公正评判的活动方式。它既是发现和遴选优秀教师的一种评比方法,也是以此带动教师队伍建设、促进教师专业发展的有效途径。相对于评比型说课而言,教师在日常教学研究中所进行的说课活动,都属于非评比型说课。评比型说课既可以是课前说课(或预测性说课)方式,也可以是课后说课(或反思型说课)方式。

其操作程序为：说课→上课→研讨评价或说课→研讨评价。

（4）主题型说课

主题型说课,就是以教育教学工作中遇到的重点、难点问题或热点问题为主题,引导教师在进行一段时间实践和探索的基础上,用说课的方式向其他教师、专家汇报其研究成果的教育教学研究活动。显然,主题型说课是一种更深入的问题研究活动,它更有助于教育教学重点、难点或热点问题的解决。

其操作程序为：确定主题→个体探索→说课→研讨评价。

（5）示范型说课

示范型说课,一般是以优秀教师,如教学能手、学科带头人或特级教师等为代表,在向观课教师做示范型说课的基础上,请该教师按照其说课内容上课,然后再组织教师进行评议的教学研究方式。可见,通过这样一种形式的教学研究活动,观课教师可以从听说课、看上课、参评课中增长见识,开阔视野,不断提高自己运用理论指导教育教学实践的能力。这是培养教学骨干的有效方式和重要途径。

其操作程序为：讲授(说课方法)→说课或边讲授(说课方法)边示范说课。

6.5.2　说课的特点

1. 简易性与操作性

说课不受时间、空间、教学进度和人数的限制,也不牵涉学生,简便易行,能很好地解决教学与教研、理论与实践相脱节的矛盾。

2. 理论性与科学性

在教学设计中,虽然教师对教材做了一些分析和处理,但这些分析和处理往往是浅显的、感性的。从理性上审视教材,说课就有可能发现教学设计中的种种疏漏,再经过修改教案,疏漏就会得到弥补。从这个意义上说,它能帮助教师更好地吃透教材。

说课的准备过程是教师驾驭教材,优化教学设计的过程。说课不仅要说明怎么教,还要说明为什么这样教。这就迫使教师去学习教学理论,认真思考问题。这是教师从理论上去认识教学规律的过程。说课还需要教师写讲稿和演讲,这又是提高教师写作能力和语言表达能力的过程。

3. 交流性与示范性

说课是一种集思广益的活动,无论是同行,还是教研人员都会在评议说课、切磋教艺、交流教学经验中获益,尤其对说课者是最贴切的指导。

当然,说课也有局限性。其一,看不到教师临场发挥、处理意外情况和随机应变的教学机智,看不到学生掌握知识形成能力的实际效果。这自然在评议上就有局限性。其二,在具体实施过程中,教师也有说得好,但教得不好,或者教得好而说得不好的现象。这就需要在开展教学研究活动中,不能简单和孤立地看待教师说课的好与坏。要把说课评价与课堂教学评价结合起来。

6.5.3 说课与教学设计、上课的关系

1. 说课与教学设计的异同

说课与教学设计的目标指向性相同,都是为了上课服务,都属于课前准备环节;从所涉及内容看,说课与教学设计的内容总体上是一致的,两者都是围绕同一课题进行课程、教材、教法的研究,都要依据一定的教学理论和教学背景的分析思考问题;从活动过程看,两者都要接受教学实践的检验,都需要教师仔细研究课程标准、教材、学情,并结合教学理论,选择并确定合适的教学方法,设计最优化的教学过程。但是,说课与教学设计又是不同的,不同点主要表现在:

①内涵不同。教学设计是教师独立进行的、静态的个体教学研究行为,而说课是教师集体开展的一种动态的、互式教学研究活动。

②内容不尽相同。教学设计主要解决"教什么,怎么教"的问题;而说课则主要回答"为什么要教这些内容和为什么这么教"的问题,重在说理。

③对象不同。教学设计是教师独立进行教学设计,不直接面对教师和学生,而说课直接面对同行,并说明自己教学设计的依据。

④要求不同。教学设计强调教学活动安排要科学、合理和条理,并为上课提供丰富的素材和内容,但说课不仅要说出要教什么,还要从理论角度阐述为什么这样教。

⑤作用不同。教学设计主要是教师个人的钻研,其成果体现在教案中,是课堂教学主观设计的蓝图,在未付诸课堂教授之前,仍属"纸上谈兵",与课堂教学实际有一定的距离;而说课则通过说课者的口头表述,实际上已经把教学设计转化为教学活动,是授课前的"实战演习"。特别是评说者的评议,既肯定了成功之处,同时又指出其不足,提出改进意见,从而为提高课堂教学质量提供了保障。

2. 说课与上课的异同

说课与上课有很多共同之处。如说课是对课堂教学设计方案的探究说明,上课是对教学设计方案的课堂实施,两者都围绕着同一个教学课题,从中都可以展示教师的课堂教学艺术,都能反映教师语言、教态、板书等教学基本功。一般来说,从教师说课的表现可以预见教师上课的神情。从说课的成功,可以预见其上课的成功。说好课可为上好课服务。因为说课说出了教学方案设计及其理论依据,使上课更具有科学性、针对性,避免了盲目性、随意性。而上课实践经验的积累,又为提高说课水平奠定了基础。这些反映了说课与上课的共性和联系。但说课与上课之间也存在着明显的区别,主要表现在以下几方面。

①性质和对象不同。上课是具体的施教过程,是教师与学生之间的教与学的双边活动,其对象是学生;而说课是具体教学操作过程的理论阐述,是在教师同行之间开展的一种教学研究活动,其对象是教师、教研人员。

②要求不同。上课主要解决教什么,怎么教的问题;说课则不仅解决教什么,怎么教的问题,而且还要说出"为什么这样教"的问题。

③目的不同。说课是介于教学设计和上课之间的一种教学研究活动,对于教学设

计是一种深化和检验,能使教学设计理性化;对于上课是一种更为严密的科学准备。说课是"说"教师的教学思路轨迹,"说"教学方案是如何设计出来的,设计的特色之处在哪里,设计的依据是什么,预定要达到怎样的教学目标,这好比一项工程的可行性报告,而不是施工工程的本身。

④内容不同。课堂上落实的具体知识和技能,并不作为说课的重点;而说课时所说的为什么这么教和指导学生怎样学的理论依据,也不在课堂上展示给学生。

⑤评价标准不同。上课的评价标准虽也看重教师的课堂教学方案的实施能力,但更着重课堂教学的效果,着重学生实际接受新知、发展智能的情况;说课重在评价教师掌握教材、设计教学方案、应用教学理论以及展示教学基本功等方面。

虽然一般认为,说课水平与上课水平具有正相关关系,但也有例外,即某些教师说课表现不差,但实际课堂教学却不理想。一个重要原因是上课比说课多了一个不易驾驭的学生因素。学生不是被动灌输的听众,而是随时参与并作用于教学活动全过程的主体。教学中如何调动学生、积极思维,如何机智地处理教与学中的矛盾,有效地控制教学进程,这些能力需要教师在上课中自觉、能动地表现出来,而说课则往往涉及不到或较难充分表现。

3. 说课与教学设计、上课之间的联系

教学设计是说课、上课的前提和基础,教学设计的过程和结果直接决定着说课、上课的效果;而说课、上课是教学设计过程和结果的表述和检验,是把教学设计成果付诸实践的两个侧面,说课注重于对教学内容的分析,上课则是把教学任务付诸实施。说课使教学设计、上课所要传授的内容更具科学性、计划性,从而提高上课的质量。

6.5.4 说课的内容

一般来说,物理教师说课的范围是一课时的内容或一个教学的重点和难点。说好课的前提是认真领会物理课程标准的精神和课时目标,说好课的关键是吃透教材的内容特点,说好课的基础要有扎实的教学基本功和教育教学理论素养。

说课的内容很广泛,其基本内容可概括为以下几方面。

1. 说教材

教师要说明自己对教材的理解,因为只有对教材理解透彻,才能制订出较完满的教学方案。说教材包括介绍本课在教材中的地位和作用,即本节内容在整个教材中的地位,前后章节的知识联系,在生活和生产实际中有哪些应用,本节内容的学习对于发展学生物理核心素养有哪些作用;课程标准对本节内容的要求;基于以上分析,确定教学的重点;教材的编写思路和特点以及对教材的分析和处理(对教材的知识进行适当调整、补充、删减的说明和考虑)。本部分的说课反映了教师对教材的理解,是对教师专业素养的考核。

 **案例 6-5-1**

"物体的浮沉条件"的说课：说教材

本课选自北师大版物理八年级第八章第六节的内容。

1. 教材的地位和作用：本节内容是在上一节学习浮力概念和阿基米德原理的基础上进一步学习物体的浮沉条件，并与上一节内容构成完整的浮力知识体系。本节知识是前面所学力学知识的综合应用，与力、重力、二力合成和密度等相关知识联系密切。本节内容包括两个知识点：一是物体的浮沉条件，二是轮船、潜水艇、气球、飞艇和密度计的浮沉原理。前者重在培养学生的分析能力，而后者重在使学生认识到浮沉条件在社会生活中的应用及其重要意义。

2. 课程标准对本节的要求：知道物体的浮沉条件。

3. 本课的教学重点：物体的浮沉条件。

4. 教材的编写思路：教材首先基于学生已有知识和经验，以一个引导性问题直接引入主题，然后通过受力分析，得出物体的浮沉条件。在此基础上，教材在"你知道吗"栏目中给出了通过比较物体密度和液体密度来判断物体浮沉的方法。最后，教材为了让学生明确研究物体浮沉条件的意义和价值，专门安排了浮沉条件的五个应用实例，即轮船、潜水艇、热气球、密度计与飞艇。

5. 教材的特点：第一，注意纠正学生有关浮沉条件的错误观念；第二，注重展示物体的浮沉条件的形成过程，重视学生科学探究能力的培养；第三，注意了学生物理学习的差异性，加强了内容的选择性；第四，突出浮沉条件在生产和生活中的应用。

6. 教材处理：①鉴于本节内容的综合性、资源的丰富性和应用的广泛性，同时考虑学生的可接受性，本节内容宜分两部分来处理：一是从受力分析的角度，得出物体的浮沉条件；二是探究物体密度、液体密度和物体浮沉的关系。本教学设计只涉及第一部分内容，第二部分作为下一课时的内容。②适当调整教材的编排顺序，把浮筒打捞的原理提前到潜水艇的浮沉原理之后来讲，使得整节课更有整体性和逻辑性。③充分挖掘教材以外的资源：有机地融入了演示实验和多媒体辅助教学，使得问题呈现得更加直观，帮助学生理解和应用知识。如在解释潜水艇的浮沉原理时，教材是以文字和图片来阐明的，显得抽象。本教学适当运用 Flash 动画，把问题具体化、直观化。

2. 说学情

学情是包括学生年龄特征、认知规律、学习方法及已有知识和经验等在内的总和，它是教师组织教学活动的依据，是学生学习新知的基础。说学情包括说学生学习本节教材的已有的知识基础和能力基础，学生学习兴趣、习惯，认知特点、认知困难等，也包括说以上确立的依据。基于以上分析，确定教学应采取的措施和教学难点。本部分的说课反映教师对教学对象的了解程度，决定了教学的起点。它既可以与教材一起作为教学资源加以分析，也可以单独阐述。

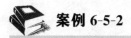 **案例 6-5-2**

"物体浮沉条件"的说课：说学情

本课主要面向初中八年级的学生。

1. 学生的兴趣

八年级的学生具有好奇、好动、好强的心理特点。教学中要注意培养学生对物理的兴趣，充分发挥演示实验与学生实验的作用，调动学生学习的积极性和主动性。

2. 学生的知识基础

学生已经学过受力分析、二力平衡、阿基米德原理、密度等相关的知识。教学中要充分利用学生的已有知识经验，使学生积极主动地参与教学过程。

3. 学生的认知特点

一方面，学生在生活经验中已具备一些有关浮沉现象的感性认识；另一方面，他们对物体的浮沉现象还存在着一些错误的观念(其中最典型的是：有的学生会认为"重的物体容易沉，轻的物体容易浮")，并不了解浮沉的实质，也不能理性地分析和解释各种实际的浮沉问题。因此，在教学过程中要以学生的前概念为切入点，逐步引导，让学生对物体的浮沉条件有本质、正确的认识。在解释潜水艇和浮筒的浮沉原理时，由于学生不知道它们的结构特点，所以感觉困难。

因此，在教学过程中，应该充分利用多媒体辅助教学的优势，运用动画、图片等，向学生介绍其结构特点，从而化抽象为具体，启发学生思维。

基于以上分析，本节的教学难点是运用物体的浮沉条件，解释潜水艇、浮筒的浮沉原理。

3. 说教学目标

教师确立教学目标应依据以下四要素：一是课程标准的规定，二是单元章节的要求，三是课时教学的任务，四是教学对象的实际。要把这四点结合在一起通盘考虑，再来确定本课时的具体教学目标。如果说课教师制定的目标与课程标准、教参不一致，应说明理由。说课时，教学目标越明确、越具体，反映教者的教学设计的思路越充分，教法和学法的设计安排也越清晰。说课时要避免千篇一律的套话，要从物理核心素养上分析教学目标，教学目标的表述应尽可能简洁、明确并且便于测量，目标数量不宜过多。

说课时，说教学目标要注意四点，即"科学、正确、具体、全面"，并切合实际。所谓"科学"，是指教学目标陈述的科学性，陈述的行为主体是学生，陈述的行为动词尽可能有可操作性和可评估性，陈述要预期达到的表现水平和学习程度。所谓"正确"，是指要根据课程标准和教材的要求来"说"，要结合教材在教材体系中所处的地位来"说"。所谓"具体"，是指在物理核心素养的四个方面要明确具体，便于在教学实践中实施和课后评价，切忌把教学目的说得空洞、抽象。所谓"全面"，是指物理核心素养的四个方面不要有缺漏。

 **案例 6-5-3**

"物体的浮沉条件"的说课：说教学目标

1. 物理观念

(1) 知道物体的浮沉条件，会根据物体的浮沉条件判断物体的浮沉；

(2) 了解潜水艇、浮筒浮沉的工作原理；

(3) 应用浮沉条件解决一些简单的问题。

2. 科学探究与科学思维

(1) 通过实验和理论分析，探究物体的浮沉条件；

(2) 通过师生互动与多媒体辅助教学，引导学生思考潜水艇、浮筒的浮沉原理。

3. 科学态度与责任

(1) 通过学习潜水艇、浮筒的浮沉原理，体验科学、技术、社会的紧密联系；

(2) 通过观察实验，激发学生学习物理的兴趣；

(3) 通过新闻时事和生活中的科学技术，培养学生的民族自豪感，热爱物理的情感。

4. 说教学策略

说教学策略包括本课的教学策略选择的指导思想、教学组织形式；在本课的教学过程中，准备采用的教学方法及其理由；如何根据教学内容和教学目标指导学生的学习，主要体现在学习活动的设计和安排上；在本课的教学过程中，教学媒体的选择与设计及其理由。

 案例 6-5-4

"物体的浮沉条件"的说课：说教学策略

本节课在教学的指导思想上，始终坚持"教师为主导，学生为主体"的原则，教师创设问题情境和有效的设问引导，让学生亲历物理知识的构建过程。

在教学方法和手段上，综合应用实验演示、讲授、谈话和讨论等多种方法，并辅以多媒体等手段，把教学过程设计成以学生对浮沉现象认识的前概念为切入点，以观察实验和已有知识为基础，以问题为主线的师生对话交流的过程。

在学法指导上，让学生尝试自己观察思考、描述实验现象、分析概括、得出结论；使学生在获取知识过程中，领会物理学的研究方法，受到科学思维方法的训练以及协作精神、探索精神等情感态度与价值观的教育。

5. 说教学程序设计

教学程序的科学设计，对优化课堂教学结构具有重要的指导意义。说教学程序包括：说教学结构（以教学程序体现出来）和教学过程设计及其意图。教学过程是说课的核心部分，应重在说清准备通过哪些教学环节，借助何种教学手段，怎样围绕教学的重点和难点,来实现教学目标,并说明教学过程中各个教学程序安排的意图及各个教学环节时间上的大体安排等。说教学过程的的关键之处在于:情境如何创设,问题如何设计,活动如何安排,重点如何突破,难点如何化解。应注意说教学程序不是宣读教案,更不应变为课堂教学的浓缩,应省略具体的细节而着重说清教学过程的基本思路及其理论依据。

6. 说板书设计

板书设计要体现"四性",即程序性、概括性、逻辑性和艺术性。

6.5.5 说课的原则和基本要求

1. 说课的原则

(1) 说理精辟,突出理论性

说课不是宣讲教案,不是浓缩课堂教学过程。说课的核心在于说理,在于说清"为什么这样教"。因为没有在理论指导下的教学实践,只知道做什么,不了解为什么这样做,永远是经验型的教学。因此,说课者要能灵活运用学科理论和现代教育教学理论,并能上升到一定的理论高度,体现出较高的理论素养。

(2) 客观再现,具有可操作性

说课的内容必须客观真实、科学合理,不能故弄玄虚、故作艰深,生搬硬套一些教育教学理论的专业术语。要真实地反映自己是怎样做的,为什么这样做。

说课是为课堂教学实践服务的,说课中的一招一式、每一环节都应具有可操作性,如果说课仅仅是为说而说,不能在实际的教学中落实,那就是纸上谈兵、夸夸其谈的"花架子",使说课流于形式。

(3) 不拘于形式,富于灵活性

说课可以针对某一节课的内容进行,也可以围绕某一单元、某一章节展开;可以同时说出目标的确定、教法的选择、学法的指导、教学程序的全部内容,也可只说其中的一项内容,还可只说某一概念是如何引出的,或某一规律是如何得出的,或某个演示实验是如何设计的等。要做到说主不说次,说大不说小,说精不说粗,说难不说易;要坚持有话则长、无话则短、不拘于形式的原则,防止囿于成规的教条式的倾向。同时,在说课中要体现教学设计的特色,展示自己的教学特长。

2. 说课的基本要求

(1) 亲切自然,声情并茂

既然是说课,就要突出"说",要把为什么这么教和指导学生怎样学的道理"说"给同行听,而不是简单地"读"给大家听。因此,说课时应尽量脱稿,要精神饱满、充满激情,使听者受到感染、引起共鸣。

(2) 内容正确、到位

内容正确主要包括两方面:一是对教材的分析、理解要说得正确无误;二是在处理教材时,不能出现知识性的差错,所涉及的名词、术语、概念必须诠释正确、表述无误。

（3）内容完整、系统

凡属说课的基本内容，原则上都应当说到。这是因为说课内容自身是一个结构严密的系统，每一部分内容具有各自的重要地位和作用。当然，在说课活动中，有时由于时间的限制或突出重点的需要，有的内容需要略讲、少讲。但略讲或少讲，不是不讲。即使略讲或少讲，也应当以不损害说课内容的完整性和系统性为前提，不然就会影响说课的质量。

（4）内容有序、连贯

说课在内容上，要求做到有序、条理、连贯、逻辑严密、结构合理、流畅自然、环环紧扣。

（5）详略得当，重点突出

说课的时间一般是 15min 左右，因此不能平铺直叙，面面俱到。而要根据课程标准的要求和教材的实际，精心选择说课内容中最主要、最本质的东西来说。要突出重点，详略得当。

（6）表现专长，突出特色

要能够说出对教材、教法有别于常规的特殊理解、安排，充分体现出执教者的教学专长，突出教学特色和教学成果。在教材的处理、教法的选用、学法的指导、板书的设计、教学环节的安排等方面都可展示独到之处。

（7）媒体辅助，直观快捷

说课应讲究效率，力争在有限的时间内把教学设计说清楚。因此，开展说课活动时，要努力使用多种媒体手段，以增强说课效果。

3. 说课应注意的问题

说课的核心在于说理，在于说清为什么要这样教，说课的重点在于教材内容的分析处理，以及教学过程中教学重点和教学难点的突破上。在说课过程中，要注意把握以下几点：

（1）说课不是备课，不能按教案来说课。

（2）说课不是讲课，教师不能把听说课的老师和专家视为学生，如正常上课那样讲。

（3）说课不是"背课"，也不是"读课"，要突出"说"字。既不能按教案一字不差地背下来，也不能按说课稿一字不差地读下来。一节成功的说课，一定是按自己的教学设计思路，有重点、有层次、有理有据地展开。

（4）说课的时间不宜太长，也不宜太短，通常可以安排一节课的 $\frac{1}{4} \sim \frac{1}{3}$ 的时间。

（5）注意发挥教师自身的教学个性和创新精神，防止生搬硬套网络或杂志上的内容。

（6）注意运用教育理论来分析研究问题，防止就事论事。

（7）注意避免过于表现"理论依据"而脱离教材、学生、教师实际，空谈理论。

（8）说课与上课结合。说课往往是教学的一种主观愿望，是否科学，还要通过上课这一实践来检验。

（9）说课与评课结合。说课者固然要充分准备，听说者、看课者也要做一定的准备，评才有发言权，评才能评到点子上，不走过场，不流于形式，才能集思广益，相互交流，共同提高。

（10）说课整体要流畅，不要作报告式，如"许多 1-2-3"；几个环节过渡要自然，比如，分析教材后，要确定目标时，可以这样说"基于对教材的理解和分析，本人将该节课的教学目标定位为……""下面我侧重谈谈对这节课重难点的处理"。

（11）说课要有层次感，不要面面俱到，不要将说课说得很细，我们要说的都是一些教学预案，所以要多谈谈学生学习中可能碰到的困难和教师的教学策略。这里的层次针对某一教学环节来说也是如此。比如，在重点和难点处理上，应设计哪些问题，如果第一套方案不行，第二套方案又怎样安排等；在练习中应安排哪些练习，有没有体现出层次性等。

（12）说课要自信，要富于激情和个性。既然是说课，说的成分很重要。最好能说得神采飞扬，激情澎湃并感染听众，同时要针对自身扬长避短，体现个性。

6.5.6　说课的评价

说课只说不评作用不大，只有把说和评结合起来，才能发现说课者说课过程中存在的问题，才能使教师从更高的理论高度去研究课，更有效地促进教师加强教学反思，激发说课者更深入挖掘教材，提高说课者参与教学研究的积极性、主动性和有效性。

1. 说课评价的内容和要求

说课评价的内容基本上和说课的内容是相对应的。

（1）评价说课者对教材的理解程度。

（2）评价教学重点、难点的确定是否恰当。

（3）评价对教学目标的确定是否明确、具体、恰当、全面。

（4）评价教法的选择和运用是否合理、实用与有效。

（5）评价教学程序的设计是否科学，是否能达到教学目标。

2. 说课评价的原则

（1）及时性。要使说课评价收到最佳效果，最好的方法是"当场说，当场评"。

（2）客观性。评价的客观性，就是要实事求是、客观、公正地对说课教师的说课内容进行评价。既要善于发现说课中的闪光点，同时，又要实事求是地指出说课中存在的问题，针对不足提出改进和优化的方法或策略，绝不能掺杂个人因素来评价说课。

（3）参与性。说课，从其活动形式以及活动的成效来看，实际是一种教学研究方式。它符合当前教育改革与发展的新形势、新要求，是促进教师专业成长的有效途径。因此，说听双方全程、全体参与到这一活动中，共同研讨，这是开展说课活动的基本要求，也是提高说课效益的重要因素。

（4）创新性。在评价说课的全过程中，要特别注意说课教师是否在继承基础上有一定的创新教学思想，说课的设计在重难点突破教学方法、手段、教学程序等方面是否有创新，不人云亦云。

3. 说课评价的方法

评价说课的方法很多，归结起来主要有以下几种：

（1）自评。教师说课结束后，可以对照说课评价标准，进行自我评价和分析，既可以为别人评价提供评价的背景和现实的依据，同时也是促进教师进行自我教学反思的有效手段。

(2)同行评。说课之后,由同年级该学科老师或全教研组教师采取插话的方式或者轮流每个人单独发言评说,最后由组长总结。

(3)专家评。由教学经验丰富的骨干教师评说,这种评价带有指导性和示范性。

6.6 物理教师的观课与评课

观课、评课是教师在日常教学中经常性的教研活动,是促进教学观念更新、教学经验交流、教学方法探讨、教学艺术展示、教研成果汇报、教学水平提高等的重要途径和主要手段。通过观课、评课,教师相互观摩、切磋和交流,可以达到共同提高教学水平的目的。可以说,观课、评课活动对提高教学质量发挥了重要作用,因此,观课、评课也是教师研究课堂教学、提高专业能力的有效途径。

6.6.1 怎样去观课

1. 观课要有明确的目的

为什么要去观课?观什么样的课?要解决什么问题?观课者应该有明确的目的和任务。特别是新教师观课最主要的目的是观摩学习,看上课教师怎样教的。一般应注意如下几点:①教师是怎样安排课堂结构的。②重点是如何突出的,难点是如何突破的。③板书是如何设计的,教学媒体是如何运用的。要注意媒体运用不是多多益善,先进的媒体未必收到良好效果。所以观课时要注意结合教学内容,看教师对媒体的选择、运用是否行之有效。④课堂气氛是如何创设的。理想的课堂应具有一种愉悦、和谐、充满人文情怀的课堂氛围。在这样的课堂上,师生能够平等对话,和谐地进行情感交流;在这样的课堂上,师生能共同创造奇迹,唤醒各自沉睡的潜能;在这样的课堂上,教师的主导作用和学生的主体作用会得到淋漓尽致的发挥。教师是通过何种方式让学生积极参与教学活动,发挥学生的主体地位的?是以激情感染学生,还是用亲切的语言鼓舞学生?这些都是教师观课时需要特别注意的。

2. 做好观课的准备

(1)明确课程标准的要求。熟悉这节课教材的内容,了解教材的编写思路和意图,弄清新旧知识的内在联系,明确教学的重点、难点和关键点。

(2)明确这节课的教学目标。观课时只有明确了教学目标,才能看出教师教学的完成情况。

(3)如果由你上这节课,你打算如何设计这节课?粗线条地勾勒出大体的教学框架,为评课提供一个参照体系。

(4)对这节课的内容和教学设计,你有什么困惑与问题?

(5)观课前切实进入三个"角色":

①进入"教师"的角色。要设身处地地思考,如果自己来上这节课,该怎样上。这样既可以避免以局外人的身份去挑剔,看不到长处,不理解执教者的良苦用心,又可以避

免无原则地同情理解,看不到不足与缺点。

②进入"学生"的角色。要使自己处于"学"的情境中,从学生的角度去反思教师怎样教或怎样处理教学内容、怎样引导、如何组织,学生才能听得懂、能探究、会掌握、能应用。

③进入"学习"的角色。在观课中更多地去发现教者的长处,发现课堂教学的闪光点,以及对自己有启迪的东西,做到取长补短,努力提高自己的业务水平。

3. 做好观课记录

观课记录是重要的教学研讨资料,是教学指导与评价的依据,它应该反映课堂教学的原貌,使观课者依据观课记录,合理想象与弥补,在头脑中再现教学实况。

观课记录的基本内容包括教学实录和教学评点两方面。而在观课记录本上的体现,可以左边是实录,右边是评点。

(1) 教学实录。记录内容包括:观课时间、学科、班级、执教者、课题课时等;教学过程(包括教学环节和教学内容),以及教学时采用的方法(多以记板书为主);各个教学环节的时间安排;学生活动情况;教学效果等。

教学实录记到什么程度,要根据每次观课的目的和教学内容来确定,通常有三种形式:

①简录,简要记录教学步骤、方法、板书等。

②详录,比较详细地把教学步骤都记下来。

③实录,把教师开始讲课,师生活动,直到下课都记录下来。

(2) 教学评点。记录观课者对本节课教学的优缺点的初步分析与评估,以及提出的建议。评点内容包括教材的处理与教学思路、目标;教学重点、难点、关键;课堂结构设计;教学方法的选择;教学手段的运用;教学基本功;教学思想等。

写教学评点可以采取两种形式:一是简评,把师生双边活动后所产生的反馈感应,随时记录下来;二是总评,就是把对简评综合分析后所形成的意见或建议记在记录本上,待课后与教者互相交流,取长补短。

值得一提的是,在做观课记录时许多人偏于记教学实录,而不做评点。甚至相当一部分人,记录的内容多是教者板书什么就记什么,成了讲授者的"板书",此外别无他记。显然这种观课记录的价值是不太大的。好的观课记录应是实录与评点兼顾,特别是做好课堂评点往往比实录更重要。

如何提高观课记录的效果呢?通常应关注如下几方面。

对于教师的教,观课时重点应该关注:

① 教师的教学理念是否正确?

② 课堂教学目标是否明确具体?

③ 教师的教学设计有无突破、创新?

④ 教师的教学是否体现教学的个性和特长?

⑤ 教学方法和手段是否得当?

⑥ 课堂教学结构是否自然顺畅?

⑦ 课堂教学氛围是否融洽和谐?

对于新教师的课,还要关注其教学的基本功,如:教态是否亲切自然;板书是否规范合理;教具(包括多媒体等)运用是否熟练;重点是否突出,详略是否得当;语言是否流畅,表达是否清楚;知识是否有错误,指导学生学习的方法是否得当;处理课堂突发问题是否灵活巧妙等。

对于学生的学习活动,观课时应该关注:

① 学生是否在教师的引导下积极参与到学习活动中;

② 学习活动中学生经常做出怎样的情绪反应;

③ 学生是否乐于参与思考、讨论、争辩、动手操作;

④ 学生是否积极主动地提出问题;

⑤ 学生正确的学习习惯是否得到重视;

⑥ 学生分析问题和解决问题的能力是否得到培养。

4. 抓好观课反思

观课教师对课堂教学的课后反思,应着重围绕以下环节进行:

① 教师为什么要这样处理教材? 换个角度行不行? 好不好?

② 这节课教师成功的地方是什么? 有什么不足之处? 原因何在?

③ 如果这节课由我来上,我应该怎么上?

④ 如果我是学生,本课的内容哪些我理解了? 哪些还不理解? 还有什么疑惑?

⑤ 在本节课中,教师的教学行为哪些体现了新课程的理念和要求? 哪些没有体现? 亦即哪些是有效教学行为? 哪些是无效教学行为? 为什么?

⑥ 从这节课中,我能吸取哪些教学经验和教训?

另外,要提高观课后反思的实效,还应注意处理好以下四个问题:

① 观课后要尽可能及时地同被听者进行交流。观课后,观课教师要抱着虚心、诚恳的态度,要尽可能及时地与授课教师交流课堂教学的相关内容,最好先听授课教师讲自己的授课体会,然后再有针对性地提出自己的存疑与问题。例如,针对经验不足的青年教师,不要把存在的问题讲得太多,应有重点地指出其存在的突出问题,并以建议的形式提出,要尽可能挖掘他们教学中的闪光点,让他们多一些成功的感觉;针对有经验的教师,要实事求是地指出其存在的问题和需要改进的地方,提出更新更高的要求,使他们认识到还有改进的地方和提高的空间,让他们继续努力,向专家型教师的方向发展。这种交流虽然也需要指出成功和不足或需改进的地方,但交换意见时要抓住重点,多谈优点和经验,明确的问题不含糊,存在的问题不回避,要尽可能以平等研讨的语气,以鼓励为主,在通常情况下,一般不做定性的分析和评价。

② 虚心学习他人课中的闪光点。每次听过课后,总有人会说,这节课哪儿不怎么样,哪儿还没有谁讲得好。如果我们观课时,只抱着这样一种挑刺的态度去观课,那就很难让我们有所长进了。可以说,每一节公开课,哪怕从整体上来看是失败的,只要我们认真去捕捉,至少都会有一两个闪光点。因此,我们在观课时,首先要抱着一种虚心学习的态度,用自己敏锐的眼光,善于去发现他人课堂上的每一点闪光之处,然后慢慢品味,细细揣摩,再将其运用到自己的课堂上去实践印证,这样久而久之,自己的教学水平自然就会不断提高了。

③ 正确对待他人课中出现的问题。无瑕之玉总是少见,实践中的每一节课绝非尽善尽美。针对他人课中出现的问题,我们该持什么态度呢? 是发出"他这一点还不如我"的感慨,还是做出"这一点究竟该怎样处理才会完美"的反思呢? 答案不言而喻。要想使我们自己在观课中真正得到提高,就不要去无视、轻视、蔑视甚至是嘲笑他人课堂上的疏漏之处,一定要静下心来认真思忖,究竟是什么原因导致他的课堂出现了这样的问题,我以后在实践中针对这一问题应该怎样去做。只有这样,我们才能站在前人失败的肩膀上去获取成功。

④ 在分析总结他人的课时要注意比较、研究,取长补短。每个教师在长期教学活动中都可能形成自己独特的教学风格,不同的教师会有不同的教法。观课的老师就要善于进行比较、研究,准确地评价各种教学方法的长处和短处,并结合自己的教学实际,吸收他人的有益经验,改进自己的教学。

6.6.2 教师如何评课

1. 从教学目标上分析

教学目标是教学的出发点和归宿,它的正确制定和达成,是衡量课好坏的主要尺度。所以评课首先要分析教学目标。具体包括以下三方面。

(1) 从教学目标制定的指导思想来看,是否体现了现代课程的教学理念?

(2) 从教学目标制定来看,要看是否全面、具体、适宜。全面是指要从物理观念、科学思维、科学探究、科学态度与责任等确定教学目标;具体是指可操作、可测量、可评价,体现学科特点;适宜是指确定的教学目标,符合课程标准要求,体现年段、年级、单元教材特点,切合学生实际,难易适度。

(3) 从目标达成来看,要看教学目标是不是明确地体现在每一教学环节中,教学方法和手段是否都紧密地围绕目标,为实现目标服务。要看课堂教学过程是否围绕重点内容来展开,重点内容的教学时间是否得到保证,重点知识和技能是否得到巩固和强化。

2. 从教学内容上分析

一节课的教学内容是教材和课程标准已经确定的,但不同的教师上同样的内容在选择和处理上却差异很大,如何去评判呢? 评课时应主要把注意力放在教师对教材的熟悉程度、处理教材的方法和驾驭教材的能力上。具体可从如下五方面进行评价。

(1) 教师对本课中学生要学习知识的本质、地位及其与相关知识之间内在的逻辑关系是否清楚? 有无科学性错误?

(2) 与知识本质紧密相关的材料选择是否典型? 教学中运用是否恰当、有效?

(3) 能否从学生的现实状况出发重新组织教材内容,能否将学过的知识自然融入新情景中? 深度和分量是不是多数学生可接受的程度?

(4) 能否围绕物理知识的本质及逻辑关系,有计划地设置探究性问题,使学生科学思维得到训练?

(5) 教材处理和教法选择上是否突出了重点,突破了难点,抓住了关键?

3. 从教学过程上分析

(1) 课堂教学内容的组织。是否正确反映教学目标的要求,重点突出,把主要精力放在关键性问题的解决上;是否注重层次、结构,张弛有度,循序渐进;是否注重建立新知识与已有的相关知识的实质性联系,保持知识的连贯性、思想方法的一致性;是否有计划地复现和纠正易错、易混淆的问题,使知识得到螺旋式的巩固和提高。

(2)教师设置的问题。是否提出"问题系列",使学生面对适度的学习困难,激发学生的学习兴趣,启发全体学生开展独立思考,提高学生物理思维的参与度,引导学生探究和理解科学本质,建立相关知识的联系。

(3)练习的设计。是否有计划地设置练习中的思维障碍,使练习具有合适的梯度,提高训练的效率。

(4)反馈调节的机制。是否根据课堂实际适时调整教学进程;是否为学生提供反思学习过程的机会,引导学生对照学习目标检查学习效果,有针对性地解决学生遇到的学习困难。

4.从教学资源的利用上分析

(1)根据教学内容的特点以及学生的需要,是否恰当选择和运用教学媒体,有效整合教学资源,以更好地揭示物理知识的发生、发展过程及其本质,帮助学生正确理解物理知识,发展科学思维。

(2)信息技术的使用是否遵循了必要性、有效性、平衡性、实践性等原则,是否适时、适当?

5.从教学方法上分析

评析教学方法包括以下几方面内容:

(1)采用的教学方法是否合理,是否有针对性?师生双方能否密切配合?课堂气氛是否和谐融洽?

(2)教学方法是否有利于学生探究活动的开展及其学习的主动性和积极性的发挥?

(3)是否有利于物理核心素养目标的实现?是否有利于突出教学内容的重点和解决教学难点?

(4)实验演示操作是否熟练、准确?现象是否明显?演示操作是否与观察指导相结合?语言表达、板书设计是否清晰,富有感染力和启发性?

6.从教师教学基本功上分析

教学基本功是教师上好课的一个重要方面,所以评析课还要看教师的教学基本功。

(1)语言。是否科学正确、通俗易懂、简练明快、富有感染力和启发性。

(2)板书。是否正确、工整、美观、条理、系统、醒目。

(3)教态。是否自然大方、和蔼亲切,富有激情与活力。

(4)操作。教师运用教具,如投影仪、录音机、微机等操作是否规范、熟练。

7.从教学效果上分析

教学效果的评价不仅要关注教师教学任务的完成情况和效应,更要关注学生的课堂学习状态和学习结果。因此,课堂教学效果评析包括以下三方面:

(1)教师完成教学任务的情况和效应。课堂教学目标是否得到实现;是否关注了学生的差异;学生学得是否轻松愉快,负担是否合理。

（2）学生的课堂学习状态。如学生是否积极参与；是否独立思考；能否主动探索；能否自由表达；是否善于合作；是否富于想象；是否敢于否定；是否兴趣浓厚等。

（3）学生的学习结果。课堂教学中学生学习结果的评价最终定位于四个学习目标的达成。如：①物理观念。知识是否理解了？学会了吗？②科学思维。科学推理和科学论证是否得到训练？③科学探究。是否经历了科学探究过程？④科学态度与责任。是否学得有趣？

思考与实践

1. 选择中学物理教材中的一个课题，按教学设计的要求，写出这一课题的教学设计方案。

2. 教学设计中最普遍存在的问题，就是教师考虑最多的是自己怎么教顺口顺手，怎么做才能表现自己的才能，而较少考虑这种做法是否切合学生的实际，是否符合学生的需要。显然，只考虑教师自己怎么教而不顾及学生怎么学的教学设计，即使再好的教学设计，可能都是无效的。那么，在教学设计中，教师的教学行为，怎样才能切合学生的实际，符合学生的需要？

3. 教学内容的选择和课程资源的整合是教学设计中的一项重要工作。选择什么内容？内容如何安排？讲到什么程度？学生达到什么水平？到底是以教材为标准，还是以课程标准为标准？谈谈你的看法。

4. 选择中学物理教材中的一个课题，按说课的要求，写出这一课题的说课稿，并在同一小组中进行说课。

5. 观看一段课堂教学的录像，同时进行观课记录，最后整理完成个人的评价报告，在小组或班级内交流你对这堂课的看法。

6. 老师们都喜欢对别人的课评头论足，可是却不喜欢被别人听课，评课时都站在自己的角度去思考问题，不顾及听课者被评的感受。有人建议评课采用 3-2-1 模式，有助于提高评课的效果："3"是找出 3 个优点；"2"是如果你上这门课，会有哪 2 个改善的地方；"1"是找出一个你可以运用的方法。你认为这个模式如何？你是怎样听评课的？

参考文献

1. 张军朋.物理教学与学业评价[M].广州：广东教育出版社,2005.

2. 李新乡,张军朋.物理教学论[M].北京：科学出版社,2009.

3. 李润洲.指向学科核心素养的教学设计[J].课程·教材·教法,2018(7).

4. R.M.加涅.等.教学设计原理[M].第 5 版.王小明,等译.上海：华东师范大学出版社.2007.

5. 格兰特·威金斯,杰伊·麦克泰格.追求理解的教学设计[M].闫寒冰,等译.上海：华东师范大学出版社,2017.

6. 邢红军.中小学思维教学的深化研究[J].课程·教材·教法,2016(7).

7. 周初霞.聚焦生物学重要概念的单元整体教学设计实践研究[J].生物学教学,2019(4).

第7章 物理教学资源的开发和利用

1. 认识物理教学资源的重要性,知道物理教学资源的概念与分类。
2. 知道物理教学资源开发的途径。
3. 了解物理教学资源的利用原则。
4. 结合具体课例,掌握物理教学资源有效利用的方法。
5. 知道单件教具和积件教具的区别和联系,知道积件教具开发的方法。

　　物理教学资源与物理教学之间有着十分密切的关系。没有一定的物理教学资源的支持,物理教学便无法有效实施,物理教学资源的丰富性和适切性程度决定着物理教学目标的实现水平。物理教学资源的开发和利用是每一位物理教师必须面对的课题。本章主要讨论物理教学资源问题,希望能为教师开发和利用物理教学资源提供帮助和参考。

7.1 物理教学资源概述

　　当提到教学资源这个词时,会令人想到课程资源,进而会问,课程资源和教学资源是怎么回事?这两者之间有什么样的关系?我们可以简单地回答这个问题,即教学资源是课程资源的一部分,物理教学资源是教学资源的一部分。课程资源、教学资源和物理教学资源三者之间是包容的关系(见图 7-1-1)。

图 7-1-1

7.1.1 物理教学资源的概念

物理教学中都会利用相关的物理教学资源,但要给物理教学资源下一个确切的定义,并不是一件容易的事。我们知道,教学实践中,对于同一个教学内容,不同教师的授课方法、表达形式、研究方向和思考的角度是有很大区别的,这些区别与教师拥有的物理教学资源有密切的联系。一个教师拥有的物理教学资源越多,他的教学就越形象、生动、风趣和有效;一个教师拥有的物理教学资源越丰富,他的教学就越能左右逢源、水到渠成、深入浅出、化难为易,变抽象为具体、变复杂为简单。就广义而言,物理教学资源是指有利于实现物理教学目标的各种因素;狭义的物理教学资源是指物理教学中可直接利用的因素。

按教学资源的功能特点,我们可以将教学资源划分为素材型资源和条件型资源两大类。素材型资源是作用于教学,并且能够成为教学的素材和来源的资源。如各种教科书、教师教学用书、科技图书、录像带、视听光盘、计算机教学软件、报刊等都属于素材型资源。条件型资源是指作用于教学,却不是形成教学的直接来源,它在很大程度上决定着教学实施的范围和水平,如人力、物力和财力,场地、设备、设施和环境等。而图书馆、博物馆、实验室、互联网等既包含教学的素材,也包含教学的条件。

物理教学资源是多方面的,为了更好地开发和利用教学资源,本章简明地将教学资源分为"文本资源""实验室资源""多媒体资源"和"社会教育资源"。

1. 文本资源

许多教学资源是以文本形式呈现的,如教科书、教师教学用书、学生课外用书等。文本资源在学生学习活动中发挥着非常重要的作用。我国地域广阔,人口众多,经济发展不平衡,学生、学校等方面的基础不同,对文本资源的需求也就不尽相同,因此根据不同的需要开发出具有不同特色、多样化的物理文本课程资源,就变得非常重要了。除此之外,教师也应当根据学生实际和教学需要,自己编写某些教学补充材料。

此外,各种内容丰富、形式多样的与物理学有关的阅读资料,如科技图书、期刊、报纸等,也是学生学习的文本资源,是课堂学习的重要补充。学校一方面应鼓励学生通过多种渠道发现、获取这些资源;另一方面要尽可能地配备一些相关的图书、期刊等。学校要合理开放图书馆,引导学生阅读课外资源,以扩大学生的视野,培养学生自主学习的能力。

2. 实验室资源

物理课程的实践性很强,学生的观察实验、动手操作等活动在学习过程中占很大的比例,许多教学内容要求通过科学探究活动来学习。因此,学校要开设专门的实验室,并配备相应的仪器设备,为教学提供必需的保证。

学校和教师应根据课程标准的要求安排足够的学生实验和演示实验,以保证学生实验活动的开展和实验技能的培养。除专门配备的仪器外,应提倡师生利用身边的物品、器具、材料等进行物理实验。利用日常物品做实验,不但具有简便、直观等优点,而且有利于学生动手能力和创新意识的培养。

随着科学技术的不断发展和应用,数字化实验室在中学物理实验中的应用也越来越广泛,有条件的学校可以利用这类仪器做一些用传统仪器不易做或不能做的实验。

3. 多媒体资源

现代信息技术的迅猛发展和网络技术的广泛应用,为丰富物理教学资源提供了技术条件。应鼓励教师开发和使用丰富的多媒体教学资源,使物理课程的学习更生动、活泼、丰富多彩。

(1)音像资料

物理教学离不开现实的物理情境。但是,学生的直接经验、学校的实验室条件,都是有限的,不可能什么内容都做实验,也不可能让学生做太多的现场参观,因此,切合学习实际的音像资料是十分必要的。音像资料的选材可以是多方面的。比如,可以搜集学生难以见到的、有重要物理意义的现象以及展示科学技术发展等方面的实况录像,如卫星发射、风力发电、山村水磨、激光手术等工作情景的录像;也可以利用快录、慢录、显微摄影等技术手段拍摄的音像资料,向学生展示物理过程的细节,如可利用慢录快放展示颜料在液体中的扩散,用快录慢放展示足球受力后的形变及运动方向的变化等;还可以搜集课堂上难以完成的实验录像资料,如用水银柱测量大气压等。

音像资料可以使用一些动画对科学知识进行说明,但不宜过多。音像资料的主要功能应是帮助学生接触科学现实。

(2)多媒体软件

计算机多媒体软件以其交互性和超文本链接的能力显示了它在科学教育中的巨大发展潜力。在计算机多媒体软件的使用中,应提倡使用智能型软件。这些软件是按照物理规律制作而成的,可以丰富学生对于物理情境的感性认识,深化对于科学规律的理解,同时也可以模拟一些中学实验室中不好完成或不能完成的实验。

(3)学校局域网及数据库

学校应加快局域网、数据库的建设和与互联网的连接,鼓励学生从网上获取信息,为学生创设基于网络的自主学习环境。让学生充分利用诸如电子阅览室、教育网站等网上教育资源,使教学媒体从单一媒体向多种媒体转变,使教学活动信息传递多样化。

4. 社会教育资源

社会教育资源主要来源于报刊、电视,科技馆、少年宫、公共图书馆,以及工厂、农村、科研单位、大专院校等。为了让所有学生都受到良好的科学教育,除了利用学校教育的主渠道之外,充分开发社会教育资源也是一个非常重要的方面。

电视是一种普及的大众传播媒介,教师可用多种方法促使学生更好地利用电视进行科学学习。例如,可以结合课堂教学内容向学生预报某电视台的节目,建议学生收看并用纸笔记录,进行讨论交流等,还可要求学生经常观看新闻及一些科技节目,以便其了解科学技术的最新成果,养成关心科技发展的习惯。

科技馆、少年宫集中了许多有趣的大中型科学教育的器材,这是一般学校难以拥有的,教师可以有目的地组织学生参观学习。工厂、农村、科研单位也是很好的社会教育资源,参观这些地方可以使学生体会科学、技术、社会的关系。这样的参观往往具有科学教育、思想品德教育等多种功能,可以由不同学科的教师联合组织。

互联网上也有非常好的社会教育资源。在互联网上可以找到很多国内外的科学教育网站,有综合性的,也有专科的,有的与初中和高中物理课程结合十分紧密,有的对于扩大知识面很有好处。教师应向学生介绍一些好的网站,也可以下载一些与课程直接相关的内容,在教学中使用。

7.1.2 物理教学资源利用中的问题

就当前的情况而言,现行中学的物理教学资源,无论是种类还是内容都存在明显不足,对教学资源的利用也存在很多问题。

1. 过分偏重于练习之类的教学资源

目前大多数中学教师和学生手中的图书资料除教科书外,几乎清一色是"考王""考霸""一课一练""同步导学""全能训练""最后冲刺""走向成功"之类的练习册。教师为提高考试成绩,带学生在"题海"中遨游;学生为了应试,沉没在"题海"之中。这种偏重于练习册之类教学资源的利用情况,在中学普遍存在。对此我们必须清楚地认识到,练习册只是中学物理教学资源的很小一部分,在中学物理教学中不仅需要练习册之类的教学资源,更需要物理学史、科学家简介以及与物理学有关的科普读物之类的教学资源。了解一点物理学史,可以知道物理学的知识、理论和方法的发生与发展的过程,了解过去、认识现在,展望未来,才有可能"站在巨人的臂膀上";有很多科学家实事求是、科学严谨、坚忍不拔、持之以恒、不畏艰难、敢于挑战权威的科学精神,都是我们学习的好素材;读一点科普读物,可以开阔学生的视野。

2. 辅助类教学资源没有得到足够的重视

以教学挂图为例,到中学去听课,几乎看不到教学挂图在课堂中出现,如测电笔的结构图、日光灯中起辉器内部结构的放大图、电动机的剖面图、磁带录音机的原理图、显像管的结构简图……而这些挂图对物理教学是非常重要的,如在介绍交流电是如何产生的过程中,我们会重点分析矩形线圈的两条边交替切割磁感线而产生交流电,但产生的交流电如何输出去呢? 即电刷的结构怎样? 这是一个技术问题,我们很少介绍。有些教材使用了如图 7-1-2 所示的简图来分析交流电的产生,但只要我们仔细看就会发现,它只能产生大小变化而方向不变的直流电,因此,要产生大小、方向都发生变化的交流电,输出端的技术很关键。为了更好地让学生理解交流电的产生和输送,可以用如图 7-1-3 所示的放大图或挂图进行教学。在传授知识的同时,结合实际,给学生介绍相关的技术,可以为一部分学生以后进行技术革新打下基础。有关统计表明,在我国,技术型熟练工人非常缺乏,已成为我国经济发展的一大制约。这与理工科的教学,只介绍原理而不涉及技术是有密切关系的。

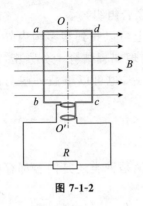

图 7-1-2

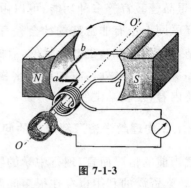

图 7-1-3

3. 用视频实验和仿真实验代替真实实验

视频实验和仿真实验都是物理教学中的一类重要资源。但在使用时，不能用视频实验和仿真实验代替真实实验，否则难以体现物理学的本质，难以取得好的教学效果。不论视频实验，还是仿真实验，在利用时，既要有明确的目的性，又要注意用的时机，还要和真实实验综合协调使用。

4. 教学资源浪费严重

现阶段中学物理教学资源，一方面严重不足，另一方面又存在严重浪费的现象。每位教师有自己的特长，如有的理论水平较高，有的应用计算机的水平较高，有的在小制作、小创造和小发明方面有专长……但学校往往没有发挥他们的潜力，如开展一个小小的应用物理知识类的活动，总是千方百计请外面的专家来指导。其实外来专家讲的内容一般是通识性的，不一定适合本校的实际情况；而本校教师对自己学校的情况、学生的情况都比较了解，开展相应的活动会比较有针对性，可以收到更好的效果。没有充分利用好自身的人力资源，就是对教学资源的一种浪费，这种浪费很多学校可能都没有意识到。

在学校的常规管理中，都要求每一位教师在一个学期内要承担相应的公开课。开展公开课，让教师相互学习、相互交流、相互促进，这是非常有价值的教学资源。但我们发现，在一节公开课过后，往往不是认真分析授课教师的闪光点或不足之处，进而形成文字材料，为其他教师的教学提供参考，而是几位教师很客套地口头交流一下就完事。开展公开课似乎成了教师走过场、完成任务式的一件事。这样开展公开课不仅不能获得应有的价值，更是对教学资源的一种浪费。

在中学举办的小制作、小创造、小发明之类的创新大赛等都会涌现出一批优秀的作品。在比赛完后，为了各种评估的需要，我们往往留下了某某学生获某某比赛几等奖，而学生的作品却成了"一次性消费"。没有把学生的作品积累起来、保留下来，让下一届学生参考、借鉴，也是一种教学资源浪费的现象。

7.1.3 身边的物理教学资源

很多教师以为物理教学资源主要是上级教育部门配发的那些，如教材、实验器材之类;或者有些教师认为物理教学资源就是高新技术、昂贵的实验仪器。其实不然,我们身边处处都是物理教学资源,只要我们有教学资源的意识,就能充分挖掘身边潜在的教学资源。下面我们按题材列出一些可开发和利用的物理教学资源,供广大教师参考和选用。

(1) 农村题材。如犁、耙、镰刀、铁锹、锄头、风车、扁担、手推车、打谷机……涉及很多简单机械的相关知识;人耕地、牛耕地以及手扶拖拉机耕地与功率问题;晒稻谷、烧开水、架柴烧火……都涉及很多的物理知识。

(2) 城市题材。如高楼大厦与高空坠物的危险,玻璃墙与光污染,车水马龙与噪声,汽车、摩托车与空气污染,红绿灯与交通安全所反映的物理知识。

(3) 商场题材。如升降机、电梯、自动门、灯光、音响等涉及的物理知识。

(4) 家庭题材。如各种家用电器牵涉的物理知识。

(5) 体育题材。如球类运动、田径运动、跳水运动等,涉及物理学中的几乎所有力学知识,如质点、位移、时间、时刻、平均速度、瞬时速度、加速度、力、力的合成与分解、直线运动、曲线运动、抛体运动、能量的转化与守恒……

(6) 学生题材。如用文具盒、三角板、笔、纸张等设计小实验;背书包、骑自行车与物理学知识;一天中身体能量的转化与补充;小组学习、合作学习、交流与讨论、互帮互助、共同研究等活动。

(7) 教师题材。如教学设计、教学随笔、教学心得、教学体会、教学反思和教学论文等,都是非常丰富的经验型教学资源。

(8) 人力资源。如专家、大学生、技术员、工厂工人所掌握物理知识和技能等。

以上我们试图通过什么是物理教学资源、中学现有的主要物理教学资源、使用物理教学资源的情况和身边的物理教学资源来大概地描述物理教学资源,但仍然不够全面,相信不能满足广大读者的需要。物理教学资源的开发和利用需要广大教师的创造性劳动。

7.2 物理教学资源开发的途径

物理教学资源的开发,一方面需要政府的投入、社会各界的支持以及学校的科学管理,另一方面需要广大物理教师创造性的劳动,开发出身边潜在的物理教学资源。下面主要就教师在教学中开发物理教学资源的途径做些思考和探讨。

7.2.1 直接从教材中开发物理教学资源

1. 调整增补教学内容

教材是既定的,是通用性的,而教学是特色化、校本化和个性化的。所以在教学实践中,教师可以在认真钻研教材的基础上,根据自己的教学经验,结合学生的实际情况把教材上的有关章节的教学进行调整或重组,对教材进行再创造,使教学更和谐有序,从而达到优化课堂教学的目的。这也是对教学资源的开发利用。

案例 7-2-1

"牛顿第三定律"的教学设计

"牛顿第三定律"这一节课,某一版本的教材是这样安排的:先进行实例分析引出作用力和反作用力的概念;再通过一对弹簧秤的对拉实验,总结归纳得出牛顿第三定律;最后列举牛顿第三定律的应用。教材这一编排存在的主要问题:一是从内容上讲,探究不完备,讨论不充分,知识不完整;从学生学习方面讲,没有考虑学生已有认知和迷思概念。

鉴于此,可从以下三方面丰富教学内容:①重新梳理建立牛顿第三定律的思路。以力的三要素为线索,按照"作用点→大小→方向"这一思路来研究一对相互作用力的关系;针对学生的认知层面,按照"感性认知→理性分析→升华构建"顺序逐步展开教学,使得课堂教学更富有逻辑性和完整性。②重新设计探究一对相互作用力方向(见图 7-2-1)和大小关系的实验思路。在实验探究一对相互作用力的大小关系时,由静态研究延伸到动态研究(见图 7-2-2)。③开发直观教学辅助资源,充实教材的内容。自制教具,在形成概念的环节让学生更好地观察体验作用力与反作用力的真实存在,以及在知识应用迁移环节让学生更好地理解牛顿第三定律的实际应用,使得教学中的物理过程变得更直观清晰,问题更加形象具体。

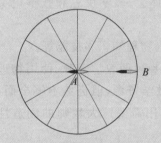

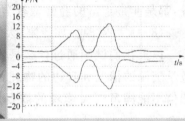

图 7-2-1　用两个强磁针观察　　　　图 7-2-2　用两力传感器对拉演示作用力
作用力与反作用力的方向　　　　　　　　与反作用力的大小之间的关系

2. 重视教材中小实验介绍的方法

教材中的一些小实验,一方面是为配合加深对基本概念的理解或对物理规律的把握而设置的,另一方面是介绍一些物理方法,可以把这些资源开发出来为我们所用。例如,在学习初中"压强"的内容时,教材就介绍了估测一个人对地面压强的实验,在这个实验中重点介绍了如何测量不规则面积的方法,如图 7-2-3 所示,在方格纸上描下鞋底贴地的轮廓,数一下图形里包含的方格数(对于不满一格的,凡大于半格的算一格,小于半格的不算),再乘以每一方格的面积。类似地,我们可以试试测量一片树叶的面积。到了高中,在做"用油膜法测分子直径"的实验时,教师就可以让学生回想一下,在初中是如何测量不规则表面的面积的。

图 7-2-3

7.2.2 从平时的公开课中,开发物理教学资源

在公开课中,讲课的教师一般都会在课前做充分的准备,所以对教材的钻研比较深,对教学的理解比较到位,这无疑促进了教师的发展和提高。听课教师可以互相学习、交流以达到共同提高的目的。下面是两节公开课的评课记录。

 案例 7-2-2

摩擦力

评课要点:

1. 情境一:将两本书,一页一页交叉叠在一起,然后用力向两边拉。请学生猜想两本书会不会拉开,然后亲自动手做一做,并说说为什么会这样。

这个情境设置新颖,有创意,能引起学生的学习兴趣,激发学生的探究热情。这种用学生身边的例子来导入新课、创设情境的做法,符合"从生活走向物理"的课程理念。

2. 情境二:学生到讲台上推动一个较重的纸箱。

学生看到形变、看到运动、听到响声,在培养学生观察能力的同时,为初步建立摩擦力的概念打下基础。

3. 情境三:设计一个学生小活动:为擦干净黑板,在给定的几样工具中选用哪种好些? 并请两名学生上台表演。结果一个选用较粗糙的擦布的学生很快把黑板擦干净了,而选了较光滑的硬纸片的学生既没擦干净也费了不少时间。

这是一个摩擦力在生活中具体应用的例子,学生通过比较,不仅知道了摩擦力的一个具体应用,还启发了学生提出摩擦力与什么有关的问题,很自然地过渡到提出科学探究问题的这一步。

建议:

1. 学生在讲台上演示的这个环节可以省略,省出时间让更多的学生去探究和摸索。

2. 摩擦力大小与什么有关,应让学生猜想,而不应过早告诉学生。

3. 学生实验设计记录表格,做得规范认真的,教师要给予表扬;做得不规范不认真的,要给予纠正,不要责怪学生。

 案例 7-2-3

电场、电场强度

评课要点:

1. 复习力的性质、作用方式两方面知识,从而引入课题,既有复习、回忆和联想,又很自然地导入"电荷间的作用力要通过一种看不见的东西(即电场)来发生作用"。

2. 与初中学过的磁场进行比较,可较好地引发学生的思考,类比思维得到培养。

3. 以电场中某点电场力大小来表示它的强弱,好不好? 为什么? 以问题为线索,引发学生思考,使学生的思维受到撞击,并与匀速直线运动进行类比,让学生逐渐认识到必须有另一个物理量来描述电场的强弱。这种引入,方法富有启发性。

4. 要学生推导出点电荷电场强度大小的表达式,是重视学生的逻辑思维培养与训练的具体表现。

建议:

1. 在引入电场强度时,最好与重力场进行比较。为了加深对电场强度的理解,最好与密度、欧姆定律的内容进行适当的比较,学生更容易接受和理解。

2. 用比值法定义电场强度时,要适当地扩充一点,让学生更加明白电场强度与试探电荷无关这一点。

从上面的评课记录中我们可以看到,开展公开课,无论是对听课的教师还是讲课的教师,都就应是有收获的。分析、讨论和交流具体课例,发现长处、看到不足,各自取其长去其短,相信对教学有很大的帮助。如果把本地区或本学校所有教师公开课的教学设计和评课记录收集在一起,汇编成册,形成教案集或课例研讨集之类。这样几年下来,几乎所有的教学内容、教学模式和课型特征都有相应的课例,可供我们学习、参考和借鉴,这是一份非常有价值的教学资源。

7.2.3 从学生身边入手,开发物理教学资源

1. 利用日常用品进行实验

学生身边的日常物品是重要的物理实验教学资源,在教学中可以充分开发和利用。

 案例 7-2-4

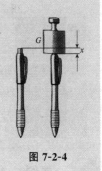

在学习"弹簧伸长长度与弹力关系"后,可以利用砝码,按如图 7-2-4 所示设计一个测量圆珠笔中弹簧劲度系数的实验。

图 7-2-4

 案例 7-2-5

在学习"机械能守恒定律"后。如果已知圆珠笔的质量,利用刻度尺,按如图 7-2-5 所示,手握圆珠笔杆,使笔尖向上,笔帽抵在桌面上,再压下后突然放手,笔杆将向上跳起一定的高度。由此估测圆珠笔中弹簧压缩时所具有的弹性势能。

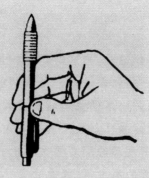

图 7-2-5

案例 7-2-6

　　利用文具盒、橡皮擦、刻度尺，如图 7-2-6 所示，将橡皮擦放在文具盒做成的斜面上，轻轻推一下橡皮擦使其匀速下滑，量出文具盒抬高端到水平面的距离 H 和图中的水平距离 L，则可粗略测出橡皮擦与文具盒的动摩擦因数为 H/L。

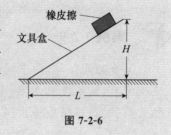

图 7-2-6

案例 7-2-7

　　利用学生尺、两支铅笔，设计如下的探究小实验。如图 7-2-7 所示，将铅笔在水平桌面上平行地分开约 20cm，把学生尺放在铅笔上，现将两支铅笔同时向里靠拢，猜想铅笔移到什么位置时，学生尺会失去平衡而落到桌面上。如图 7-2-8 所示，将两支铅笔在水平桌面上平行地分开约 2cm，把学生直尺放在铅笔上，再将两支铅笔同时向直尺的两端移动，猜一猜又会有什么发现？

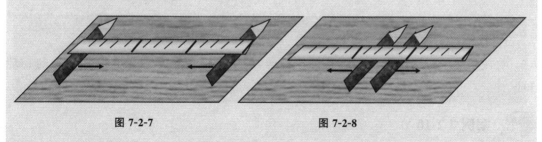

图 7-2-7　　　　　　　　图 7-2-8

案例 7-2-8

图 7-2-9

在学习"自由落体运动"内容时,可以利用刻度尺来测人的反应时间。实验时要两名学生一起配合进行。如图 7-2-9 所示,一名学生用两个手指捏住刻度尺的一端;另一名学生拇指和食指曲成环状,放在刻度尺的下端零刻度线的周围,做好握住刻度尺的准备,但手的任何部位都不要碰到刻度尺。当看到捏住刻度尺的那名学生放开手时,另一名学生随即握住刻度尺。测出刻度尺降落的高度,根据自由落体运动的知识,就可以算出反应时间。由此设计一把测量反应时间的尺,并与几名学生一起进行以下调查:同一个人在不同的时间(如早上、中午、下午、晚上)的反应时间;不同的人(如男人、女人——不同性别的人;小孩、少年、青年、中年、老年——不同年龄阶段的人)在同一时间的反应时间。

案例 7-2-9

下垂的两张纸,向中间吹气时相互靠拢(如图 7-2-10 所示);在一张纸的上面温和地吹气时,该纸会上升(如图 7-2-11 所示)。可以用这两个小实验来说明,气体的流速越大的位置,压强越小。

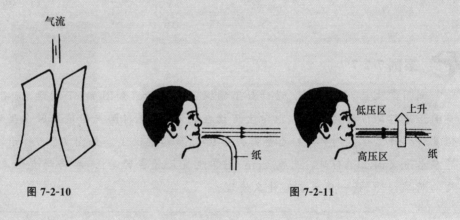

图 7-2-10　　　　　　　　图 7-2-11

2. 从学生生活中开发物理教学资源

物理学是一门密切联系生活的自然科学,现实生活中蕴藏着无数取之不竭的物理知识。

案例 7-2-10

在学习"弹簧弹力与弹簧伸长量的关系"后,让学生到菜市场、中药店、商场、酒店和工厂等地,调查他们都使用过哪种秤?进而要求学生写一篇有关秤的历史的调查报告。

案例 7-2-11

在学习"超重和失重"的内容时,可让学生带着弹簧秤或座秤到酒店或商场里的升降机里,做超重和失重的实验,体会超重和失重现象。

 案例 7-2-12

在学习"运动的合成与分解"的内容时,可让学生到商场或酒店里的滚动电梯上,沿着电梯运动方向走动或逆着电梯运动方向走动,体会速度的合成与分解。

 案例 7-2-13

学生骑自行车上学,这里面包含了丰富的物理知识,如杠杆、轮轴、摩擦、圆周运动、骑车前行时车速与空气阻力的关系、上坡时为什么要用力蹬脚踏板? 上坡时弯弯曲曲地上行比沿直线上行要省力些,这是为什么? ……

3. 从学生的体育活动中开发物理教学资源

体育运动与物理知识密切相关,可以说每项体育运动都蕴含着一系列的力学综合知识。我们可以从中开发出很多有用的物理教学资源来。

 案例 7-2-14

在学习"力的合成"后,要学生用如图 7-2-12 所示的两种方式在单杠上做引体向上,体验一下哪种方式觉得手臂用力较大? 并用所学的知识分析。

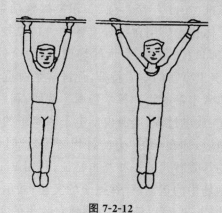

图 7-2-12

 案例 7-2-15

推铅球时不滑步和滑步,推出的距离有什么不同? 跳高、跳远如果不助跑,成绩会怎么样? 请学生亲自到运动场上实验并记录对比成绩。用所学过的动能定理或动量定理进行解释。

案例 7-2-16

自选器材,测出学生百米跑的平均速度;可不可以用测百米跑的方法测量蛇形跑时的平均速度?

 案例 7-2-17

男同学可以通过做引体向上的方法估测自己在这个过程中克服重力做功的平均功率。女同学可以通过跳绳的方法估测自己在这个过程中克服重力做功的平均功率。

7.2.4 挖掘物理仪器的潜在功能,开发物理教学资源

很多物理仪器的功能都不是单一的,在教学中我们要善于发现它们的潜在功能并开发出来,为中学物理教学服务。如电流表在已知内阻的情况下,不仅可以测电流,还可以测电压;电压表在已知内阻的情况下,不仅可以测电压,还可以测电流;滑线变阻器连成分压电路时可以增大电压的调节范围;投影仪不仅仅用于放几张投影胶片,还可以利用它的放大作用,在其玻璃表面上做一些演示实验,如探究水波的干涉、衍射,曲线运动的条件;一支试管不仅仅用来装液体,还可以将空试管插入水中观察光的全反射现象;平抛演示仪,不仅可以用来研究平抛运动,还可以测出小球沿轨道运动时摩擦力对小球所做的功……

7.2.5 充分利用信息技术,开发物理教学资源

《普通高中物理课程标准(2017 年版)》强调,积极探索信息技术与物理教学的深度融合,将电子计算机等多媒体技术应用在物理实验中。信息技术的介入,无疑将改变传统物理课堂教学基本靠教师口授、板书、演示的局面,能为全体学生的充分感知创造条件;也可以重新组织情景、突出事物的本质特征,促进学生对重、难点知识的理解;充分利用信息技术,可以开发出非常丰富的物理教学资源。例如,利用几何画板制作简易动画,展示物理过程,如电容器充、放电过程,电源内部电子和离子的移动。利用 Flash 制作动画,展示较为复杂的物理情境,如在学习“力的替代与等效”时用 Flash 制作一个曹冲称象的动画,可以让学生看到等效替代的一些基本特征;利用 Flash 制作动画,还可以进行仿真实验,如带电粒子在磁场中的运动、弹簧振子的实验;展示微观结构,如布朗运动、光电效应、α 粒子散射。利用 Excel,可以简捷、方便地对收集的实验数据进行处理;可以丰富物理规律的表达方式,加深对物理规律的认识,进而探究物理规律。利用网络搜集相关资料,为教师的备课提供服务,因为备课的目的在于教学,如在教学“万有引力定律”这部分内容时,需要物理学史、天文、物理方法、现代科技等方面的知识,到哪里去找这些东西? 上网搜索。

7.2.6 利用各种报刊,开发物理教学资源

各种与物理教学有关的报刊,刊登的是全国各地物理教师在教学实践中总结出来的优秀文章,涉及教学论谈、教学研究、教学方法、教学随笔、教材讨论、物理与生活、物理与社会、物理学史与物理学家、实验研究、教改动态……这些相关文章既有理论又有实践,反映教学现状,紧扣时代脉搏。教学论谈、研究之类的栏目,主要介绍了相关的教学理论和思想,可为我们提高自身的素养开发相应的资源;教学随笔、教材讨论、教改动态等栏目主要刊登的是教学实践的内容,从中我们可以提高对教学的认识、更进一步地了解教材,为灵活选择教学策略提供帮助;物理与生活、社会等栏目主要介绍了"从生活走向物理,从物理走向社会"的具体实例,这其中的很多内容可直接为我们的物理教学所用……总之,利用各种报刊,可以实现资源共享;充分利用各种报刊,可以开发出非常多的物理教学资源。

7.3 物理教学资源的利用

7.3.1 物理教学资源的利用原则

所谓物理教学资源的利用,实质上是指充分挖掘物理教学资源的教育教学价值,并使其在物理教学中体现出来。有效利用物理教学资源需要一定的原则来规范。根据物理教学资源的特点,有效利用物理教学资源应坚持以下原则。

1. 科学性原则

物理课程的目标是为了发展和提升学生的物理核心素养,坚持物理教学资源利用的科学性原则是促进学生的物理核心素养发展的基本保证之一。科学性原则包括使用科学的物理教学资源和科学使用物理教学资源两方面。

①所使用的物理教学资源本身必须是建立在科学事实基础上的资源,坚决将伪科学知识排除在物理教学资源之外。当然对学生在学习过程中所提出的一些生活中遇到的伪科学的问题,不能采取回避的态度,而要加以正确引导,提高其对科学与伪科学、伪科学与错误理论间的分辨力,如在初中"乐音与噪音"一节的教学中介绍新浪网上一篇关于"自行车致空气污染"的报道,让学生分析和讨论,以此激发学生的学习兴趣,提高对伪科学的鉴别力。

②教师还要以发展和提升学生的物理核心素养为中心来组织各种资源,利用的资源必须落在学生认知发展水平的"最近发展区"内,过于简单或过于深奥的资源都不利于物理课程的学习。

2. 教育性原则

由于物理教学资源的多样性,不同的资源会体现出不同的教育价值,同一种教学资源在不同的物理内容或教育对象面前也会体现出不同的教育价值。因此,利用物理教

学资源既要抓住有利时机,又必须能最大限度地体现物理教学资源的教育价值。如学生都知道爱因斯坦是一位伟大的物理学家,故在物理绪论课中就可以介绍爱因斯坦的生平事迹来激发学生的学习兴趣。而在进入运动学的学习后,学生往往会对时间、位移、速度及加速度间的大量公式的应用产生困惑,这时介绍爱因斯坦的典型论述:"在建立一个物理学理论时,基本观念起了最主要的作用。物理书上充满了复杂的数学公式,但是所有的物理学理论都是起源于思维与观念,而不是公式",以此来引导学生掌握学习物理的方法——不能把物理学习当成物理公式推导的游戏,一定要弄清公式中每一个物理量的物理意义,透过公式认清物理现象的本质。

3. 时效性原则

物理教学资源的利用还要坚持时代性和实效性的原则。

①在课程改革背景下,对资源的开发达到了一个新的高度,各种物理教学资源层出不穷,但只有那些能着眼于学生的未来发展、紧跟物理学和人类社会最新发展脉搏的课程资源,学生最感兴趣。一些重大科学发现的诞生,往往会引起全社会的广泛关注,这样就给资源的利用营造了一个极佳的教育环境,同时这些课程资源本身也会具有极大的教育价值。例如,纳米技术应用于实际生活后就在社会上引起了很大的反响,各种媒体对其进行了大量的报道,那么在长度测量的教学中就可以从游标卡尺和螺旋测微器的使用中提出纳米的数量级是多少,如何测量 1nm 的大小等学生感兴趣的问题。

②我们还必须关注每一种物理教学资源的实际使用效果,要结合当地的地域特色、文化背景及学生的个性特点,选择那些能给学生带来最大效果的资源以帮助学生物理课程的学习,这样才能做到因材施教,确保高效而有意义的学习。

4. 针对性原则

一般说来,每一种物理教学资源对于特定的物理课程目标具有不同的作用和功能;不同的物理课程目标就需要利用不同的物理教学资源。但是,由于物理教学资源本身的多质性,同一物理教学资源又可以服务于不同的课程目标,所以,物理教学资源的开发与利用就必须在明确物理课程目标的前提下,认真分析与物理课程目标相关的各类物理教学资源,认识和掌握其各自的性质和特点,这样才能保证利用的针对性和有效性。如网络的出现给我们带来了丰富的物理教学资源,甚至一些在线课程网站还提供了许多具体的课件和教学视频资源。然而对此我们必须保持清醒的头脑,不能采用简单地"拿来主义",一定要选择那些符合物理课程标准要求与自己学生学习特点和水平的资源为我所用。如在讲解"匀速直线运动"时有两个典型课件:一个是以手扶拖拉机在平直公路上拖运稻谷为例,另一个是以小汽车在高速公路上行驶为例。前者适合于农村学校的教学,后者则对城市学生的物理教学更具针对性。

5. 简约性原则

物理教学资源利用的简约性原则是指在利用物理教学资源过程中不要进行资源的简单堆砌,要精选精用,力争用最简单的教学资源来揭示尽可能多的复杂而深奥的物理本质,使学生的物理学习过程变得简单而有效。如在通电直导线在磁场中运动的专题教学中,学生普遍对导线、磁场方向及斜面的空间位置关系的认识模糊不清,从而导致无法准确地描述出导线所受各力的方向和导线的运动规律。对此我们可以让学生用书本代替斜面(即在桌面上把书本的一端垫高即可),用红色的笔代替导线(笔尖的方向代替电流的方向),用黑色的笔代替磁场的方向(让笔尖的方向与磁场的方向一致),然后按问题的要求把问题所描述的空间模型搭建起来,学生在此基础上分析出重力、支持力、摩擦力和安培力的方向,最后对照实际搭建的空间模型按不同的视角做出力在空间的截面图,借助力学、运动学及牛顿运动定律的有关知识进行分析,就能使一类复杂问题迎刃而解。

7.3.2 物理教学资源的利用策略

1. 一物多用,启迪智慧

(1)火柴棒的利用

① 电场线不是电场里实际存在的线,而是人们为了形象描述电场而假想的线。为了加深对电场线的认识和理解,在学习"电场线"时,让学生用火柴棒在橡皮泥上插出正点电荷的电场线分布情况(见图 7-3-1),然后让学生观察哪些地方疏、哪些地方密。这样可以让学生对电场线的分布由平面的认识过渡到立体的认识,还可以帮助学生理解为什么可以用电场线的疏密程度来描述电场的强弱。

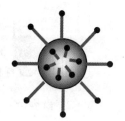

图 7-3-1

② 在学习"原子物理"这部分内容时,学生一般都觉得很枯燥无味。为激发学生的学习兴趣,保持学生的学习热情,在学习"链式反应"时,可以让学生用火柴棒摆摆链式反应的模型(见图 7-3-2)。这虽是一个小活动,学生却很乐意去做,而且会主动阅读教科书,了解链式反应是怎么回事。

图 7-3-2

③ 安培的分子电流假说,能够解释种种磁现象。为使解释更加形象化,可以撒一把火柴棒出来,这时火柴棒头部与火柴棒的尾部朝向杂乱无章,可用以说明分子电流方向的无序性而无法对外显示磁性;如果整理火柴棒,让火柴头部朝同一个方向摆放,然后用橡皮筋把它们捆住,这时可以看到这束火柴棒一头大一头小,可用以说明各分子电流的取向变得大致相同,对外显示磁性。橡皮筋的作用相当于外界磁场的作用。当解开橡皮筋,并轻轻敲击放置火柴棒的桌面时,火柴棒又变得杂乱无章。教学时把火柴棒放在投影仪上展示效果更为理想,现象形象生动(见图 7-3-3)。

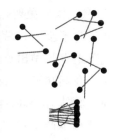

图 7-3-3

④ 在学习物体内能的变化时,课本中介绍"压缩气体做功"时,气体内能增加,并用如图 7-3-4 所示的实验进行演示,该实验介绍用浸有乙醚的小棉花放在厚玻璃筒内。教学实践表明,放浸有乙醚的小棉花实验效果不一定理想,如果放一到两粒火柴头,效果非常明显。

图 7-3-4

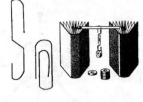

图 7-3-5

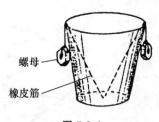

螺母

橡皮筋

图 7-3-6

⑤利用火柴、曲别针、金属圈设计实验。物体在无支撑时断裂之前所能承受的最大拉力或压力叫作抗拉强度。抗拉强度与物体的长度有关系。

如图 7-3-5，把两本书立在桌子上，把书略微分开一些，两书相距一定距离。把火柴架在两书间。把两只曲别针展开，使其成"S"形，每只曲别针的两端都弯成小钩。把一只曲别针挂在火柴棍的中间，在曲别针另一小钩上挂一只金属圈，并不断增加，直到火柴折断。记下火柴上挂了多少个金属圈。

重复上面的实验，但每次实验都把两本书靠近一些，比较每次所挂的金属圈个数，就可以知道火柴的抗拉强度与其长度的关系。

（2）橡皮筋的利用

橡皮筋可用来做很多的物理实验，如研究弹性形变、探究橡皮筋的伸长量与弹力的关系、力的合成、显示力的作用效果。

① 观察失重现象。课程标准要求通过实验认识失重现象，为此，可以用一条橡皮筋、一纸杯和两个螺母设计一个实验来加深对失重现象的理解。实验操作如下：把两个金属螺母拴在橡皮筋的两端；再在橡皮筋的中点将其固定在杯的底部正中，并让两个螺母挂在空杯的口边上，如图 7-3-6 所示；最后让空杯从约 2m 高处自由落下。学生可以看到两个螺母掉进杯内去了，分析橡皮筋的作用特点，让学生由此认识失重现象。

② 探究抛射距离与什么有关。当把一个物体斜向上抛出时（如推一个铅球），我们知道它不会一直沿这个方向运动，而是缓慢地向地面弯曲下落，最后落到地面上，我们把落地点与抛出点的水平距离叫作抛射距离。

我们知道，不同的人在抛射同一物体时，有的抛得远，有的抛得近；同一个人在抛射同一物体时，有时抛得远些，有时抛得近些。那么，是什么因素决定抛射距离呢？在日常生活和生产实践中，炮手为了让大炮击中目标，在发射速度一定的情况下，就必须知道大炮上仰的角度；跳远运动员为了跳得远一些，往往通过助跑来提高起跳速度；消防警察在用高压水枪向火灾现场喷水时，为使水能落在火苗上，是通过调节水压和水枪的倾斜角度来实现的。由此可以猜想，抛射速度和抛射角（抛出物体时的速度方向与水平面的夹角）是两个可能的影响因素。我们可以通过实验从以下两方面进行相关的探究。

实验 1：探究抛射角与抛射距离的关系

实验器材：自制的大量角器，橡皮筋、小三角旗、卷尺。

本实验分若干小组，分工合作来进行。

如图 7-3-7 所示，把一根橡皮筋的一端挂在量角器底边中点处的固定小柱上，另一端匀在量角器圆弧边的插销上,使橡皮筋有一定程度的拉伸并与水平面成一定角度。慢慢把插销拔出,使橡皮筋弹出去,在地面上用三角小旗标出其落地位置,用卷尺量出抛射距离,并记下与之对应的抛射角度,将数据记录在下面的表 7-3-1 中。

图 7-3-7　探究抛射距离演示仪

保证橡皮筋的拉伸长度不变,改变角度,重复上面的实验。

表 7-3-1　抛射距离与抛射角度记录表

抛射角度/°											
抛射距离/m											

得到结论:

实验 2：探究抛射速度与抛射距离的关系
本实验通过调整橡皮筋的拉伸长度来调节抛速度,拉伸长度大则发射速度大。

任选一抛射角度,调整拉伸长度进行实验,并将实验数据记录在下面的表 7-3-2 中。

表 7-3-2　发射速度与抛射距离记录表

拉伸长度/m （橡皮筋的拉伸长度从小到大排列）	L_1	L_2	L_3	L_4
抛射距离/m				

得到结论:

交流与讨论:将小组这一组得到的结论与其他小组进行交流,看看有没有相似的结果。

③ 探究弹性的特点。弹性是指材料在受到拉伸或挤压后能恢复其原有形状的能力。那么弹性与什么因素有关呢?我们可以取两根相同的橡皮筋进行比较实验来研究。将一根处在自然状态下的橡皮筋放在室内,另一根挂上重物,使其处于拉长状态下,放在室外晒。经过一段时间后(如两三天),比较它们哪个恢复原有形状的能力强些。

2. 基于学生的认知冲突，启迪思维

（1）浮力产生的原因

在学生的生活经验中，乒乓球会漂在水面上。我们可以设计这样一个实验：将一个可乐瓶的底部截去，盖子旋开，倒置，把乒乓球放入其中，向可乐瓶中注水，发现乒乓球并没有浮起来（见图 7-3-8a）。学生很疑惑，猜想其中的物理道理。这时用手堵住瓶口（或把盖子从下面旋上），发现当瓶中水位上升到一定程度时，乒乓球又浮了起来（见图 7-3-8b）。对比实验，学生再深入思考就容易多了。

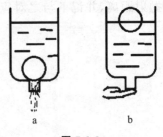

图 7-3-8

（2）压强的导入

图 7-3-9

学生都知道生活中的纸杯非常软，不能承受多大的力量。在设计"压力压强"课的导入时可以做这样一个实验：先拿一个纸杯扣在桌子上，用手轻轻向下一压，纸杯被压坏。接着问学生：如果一个中学生用脚踩上去会怎样呢？怎样才能让中学生踩在纸杯上而不会踩坏纸杯呢？学生就会积极思考，提出各种解决方案。接下来，在地面上倒扣几个纸杯，并在纸杯上放一个玻璃板，让一个学生站到玻璃板上。发现纸杯并没有被压坏！如图 7-3-9 所示。这种现象跟学生的前认知不一致，会引起很大的探究欲望，从而就会积极地去思考其中的物理道理了。

3. 基于娱乐活动，激发兴趣

各种娱乐活动都对初中学生具有较强的吸引力，为此我们可以利用娱乐活动中所包含的物理内容，开发实验教学资源。其中具有观赏性，又有些疑惑性、知识性的魔术表演可有效地激发学生的学习兴趣和求知欲。

在讲"平面镜成像特点"时，为了激发学生的学习兴趣，可以设计如下的一些活动内容：

（1）摸纸牌。提前在中指的指肚上粘贴一个比手指肚还小的平面镜，纸牌正面对着学生，反面对着教师，虽然看起来像用手指摸，实际上通过手指上的平面镜成像已经看到了扑克牌上的花色了。

（2）粉笔不见了。在粉笔盒中斜放一平面镜，在平面镜反向面的一侧放置不同长度的粉笔，这些粉笔的末端均与盒口平齐，使得看起来像是一满盒粉笔，如图 7-3-10 所示。平面镜的成像使得没有放置粉笔的一侧看起来像一个空盒子。课前表演时，先展示给学生"空盒子"的一面，在学生不注意的情况下翻转盒子展示"装满粉笔"的一面。学生看到一个"空空的盒子"转眼间变出了一整盒粉笔，都急于想知道其中的奥妙，听起课来会更加认真了。

图 7-3-10

（3）浇不灭的火焰。平板玻璃前方放置一蜡烛，后面像的位置放一烧杯，看起来烧杯中有一个蜡烛。点蜡烛时要做一假动作使"前后蜡烛同时点燃"，或挡住实验装置点燃蜡烛。向烧杯中注水，看起来就像水浇火焰但火焰并不灭。学生看到这样的现象，都会惊奇地"哇——"的一声，充满了疑惑和探究的欲望。

设计比赛或游戏可将学生的思维快速拉到课堂中来。如在讲"光的反射"时，可采用师生游戏引入：教师与学生进行一场特殊的射击比赛，"怎样让外面的阳光射向靶子？"从而引入新课。在讲"摩擦力"的引入时，可采取拔河比赛的方式：两名学生分别拔一个玻璃棒的两端，然后重新比赛，玻璃棒被老师偷偷换成一端涂有洗手液的同样的玻璃棒，上轮比赛中赢的学生握有洗手液的一端，结果是刚才赢的学生输了。学生自然会带着疑惑，从而进入影响摩擦力大小的实验探究。同样是"摩擦力"的引课，还可以采用比赛筷子夹豆的方法等，都是采用减小一方摩擦力的方法干预比赛结果，从而引入摩擦力的教学。

再如，在讲"内能"时，可以用一个"电子礼炮"来引课：拆开一个废旧的一次性打火机（这种打火装置市场上有售，几毛钱一个），取出其中的打火装置（某种压电陶瓷），用铜导线焊接在其两端的导线上，并引出到一个装胶卷的塑料盒内，调整两导线末端距离到合适位置（0.5cm 左右）。并用电工胶带（或硬塑料管）将其外端固定，如图 7-3-11 所示。打开塑料盒盖，只要用蘸了酒精的棉花在内部轻抹几下，盖上盖子，按下压电陶瓷的开关，电打火引燃内部酒精气体，对外做功，随着一声巨响，将盒盖冲出去。让学生看到飞出的盒盖同时又听到一声巨响。当然，市场上还有一种给煤气炉点火的点火器，如果能买到，也可以用它代替打火机的压电陶瓷开关，直接按如图 7-3-12 所示安装也能起到上面的效果，但要注意塑料盒盖应与点火器固定并密封。

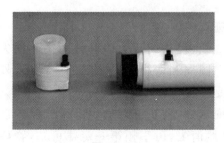

图 7-3-11

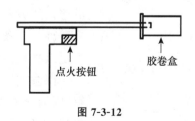

点火按钮　　胶卷盒

图 7-3-12

杨振宁说过：科学的根源是科学现象！美国心理学家布鲁纳曾说："学习最好的激励是对所学材料的兴趣。"中学生的兴趣特点是对物理现象的直接兴趣，所以学生总是被客观事物的新奇性所吸引，喜欢观察鲜明、生动、不平常的现象。所以，在我们的教学中，教师应创设更多的趣味实验，让实验教学在学生的物理学习中起到更大的作用！

7.4 由单件到积件：物理自制教具开发的新思路

物理学从根本上说是实验的科学，现象是物理学的根源。观察现象来学习物理是一条有效的途径。有些现象，不通过实验演示，是很难让学生形成清晰的物理图景的。演示实验能起到激发兴趣、促进思考、加深理解的作用。一个精彩的演示实验，往往会给学生留下深刻的印象。仪器是演示实验不可缺少的物质条件，离开了仪器，演示和实验就无法进行，只能纸上谈兵。因此，巧妙地构思和研制演示教具或教学仪器，具有重要的意义和价值。虽然目前的教学仪器随着科技的进步不断更新与改进，但仍然跟不上教学的需要，很多物理现象、物理规律仍未有教学仪器可以进行演示。为了解决教学仪器的不足，这就需要教师根据自己的教学需求，自行设计实验与自制教具。随着科技发展以及网购的普及，教师自制教具的取材也方便许多，成本也相对低廉，而且可以因地制宜，达到简单明了，揭示事物本质联系的效果。

自制教具看似简单，其实不然，因为制作过程中的每一步都凝结了教师的智慧。在课程改革的背景下，积极探索自制教具制作方面的问题，有利于教师物理教学理念的更新，有利于提高教师教具制作的能力，有利于改进物理教学，进而有利于发展学生的物理核心素养。

目前的教具分为两类：

①单件教具。这类教具的功能具有单一性，只适用于特定内容的特定现象的演示或特定规律的探究。这类教具具有不可重组性。教具一旦制作完成，一般是相对固定不变的。

②积件教具，也称基元组合教具或系列教具。这类教具的功能具有多样性和多维性，适用于一类现象的演示或单元教学中一组现象的演示或规律的探究。这类教具具有可重组性，即组成教具的各个部件可以拆分、重组，以实现不同的演示。这样的积件教具正愈来愈受到重视，并逐渐成为教具开发的发展方向。本节以高中物理"曲线运动"单元教具的制作为例展示由单件教具到积件教具的制作和利用过程。

7.4.1 实践中发现问题

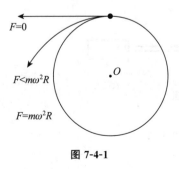

图 7-4-1

离心运动轨迹有两种，如图 7-4-1 所示，一种是一条沿着切线方向的直线（提供向心力的合外力突然消失）；另一种是一条夹在圆周和切线方向之间的曲线（合外力不足以提供所需要的向心力）。

课堂实践发现，第一种轨迹对学生来说比较容易理解，因为合外力突然消失，由牛顿第一定律可知，物体要保持原来的运动状态，便按照在该点的速度方向一直运动下去,所以轨迹便是沿切线方向的一条直线;但第二种轨迹对学生来说是比较难理解,现实中也没有专门的教具可以直观呈现该轨迹。如果能制作出可以显示离心运动的第二种轨迹的教具,就可以突破这个学习的难点。

结合学生的实际学习情况,课堂实践发现教学中一个难点,便能找到教具制作的需求和切入点,为后面的教具制作奠定基础。

7.4.2 查阅现有文献资料,从已有的研究中获取灵感

现有文献提出的离心运动留下轨迹的方法主要有两种:一种是采用墨水,见图 7-4-2,将墨水滴在旋转的纸片上,墨水滴留下的轨迹就是离心运动轨迹;另外一种是利用磁性画板,如图 7-4-3 所示,将嵌入了磁性笔尖的橡皮块放在固定在圆形转盘上的磁性画板上,然后转动手摇转台,使圆盘和画板随之转动并且使转速由慢到快,直到橡皮块飞离画板,从而在画板上自动"画"出了橡皮块做离心运动的轨迹。

已有的文献资料,不仅给教师的教具制作提供了很好的思路,提高了制作的效率,同时也提供了灵感,教师可以根据实际情况对其进行改良。

图 7-4-2

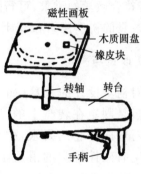

图 7-4-3

7.4.3 根据科学性和可行性原则,初步设计制作教具

依据以上两种方法进行操作,我们在过程中发现画出来的运动轨迹并不是一条夹在圆周和切线方向之间的逐渐远离圆心的曲线,而是一条几乎沿着圆周半径向外的直线(墨水运动的轨迹如图 7-4-4 所示,墨水到了 A 点后做离心运动,然而箭头所指的墨水的运动轨迹并没有夹在切线和圆周之间,而是在切线之外近似沿半径甩出)。为什么会出现这个现象呢?初步的探索结果不得不让我们思考实验的科学性。

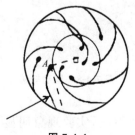

图 7-4-4

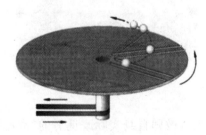

图 7-4-5

粤教版《普通高中教科书物理必修第二册》"离心现象及其应用"一节中也有与轨迹相关的教具,如图 7-4-5 所示。在一个水平转动的圆盘上固定一个直径比乒乓球直径略宽些的槽,将乒乓球放在距圆盘中心不远处的槽内,慢慢转动圆盘,乒乓球在槽里随圆盘一起转动;当圆盘加快转速时,乒乓球沿槽逐渐做远离圆盘中心的运动,最后从槽口飞出。乒乓球在圆盘上的运动轨迹是沿半径向外的直线,而同时乒乓球还会随着圆盘转动,所以乒乓球相对于地面的离心运动的轨迹应该是相对圆盘沿圆盘半径方向向外的运动和随圆盘一起转动两个运动的合成之后的运动轨迹,这条轨迹才是夹在圆周和切线方向之间的离心运动轨迹。

对比几个教具,我们找到了前两个装置画不出夹在圆周和切线之间轨迹的原因,其运动轨迹均是相对于转动参考系的运动轨迹,因此,轨迹如粤教版教材中教具的凹槽,小球相对于圆盘的轨迹是沿着半径方向。所以,要想得到夹在圆周和切线方向之间的运动轨迹,参考系需要选择地面,也就是"墨水画"的纸板或者磁性画板不能跟着圆盘转,应该相对地面静止。

查阅现有文献资料,可以从已有的研究中获取灵感,但同时资料中的教具设计是否科学,是否符合教学的需求,可行性如何,通过一系列的分析,教师可以根据自己的实际情况进行教具的初步探索和设计。

7.4.4 改良与实现

我们对初步设计的教具(如图 7-4-6 所示)进行改良,原来磁性画板是固定在转盘上的,因此会随着转盘一起转动,不符合相对地面静止的要求,故我们将磁性画板位置提高,倒扣在固定有磁性笔尖的滑块上,用升降台固定画板,如图 7-4-7 所示,滑块放置在可以调节转速的转盘上。

经过改造后,在转盘转速较小的时候,滑块做圆周运动,带动笔运动,在固定不动的磁性画板上画下圆周的轨迹,调大转速以至于滑块做离心运动,就会留下夹在圆周和切线方向之间离心运动的轨迹,效果如图 7-4-8 所示。

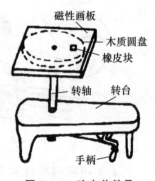

图 7-4-6 改良前教具

图 7-4-7 改良后教具

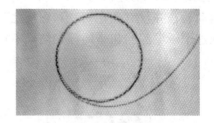

图 7-4-8 运动轨迹

根据教师自身实际改良后的"离心运动轨迹的演示"教具,实验现象明显,实验结果清晰直观。

7.4.5 拓展,形成系列教具

制作完成了"离心运动轨迹的演示"教具,我们并没有止步探索,而是将磁性画板在描绘物体运动轨迹中的妙用扩展到"曲线运动"单元。根据教学设计的需要,设计了"曲线运动"单元的系列教具,包括演示曲线运动速度的方向、演示向心力、演示离心运动轨迹三部分。

(1)装置1:演示曲线运动速度的方向

我们将 PVC 板按照图 7-4-9 进行切割,形成曲线运动凹槽,并切割成为 1～6 版块,放置于磁性画板上,磁铁小球在画板上运动,可留下运动轨迹。为了减小摩擦,在 PVC 板与磁性画板之间放置有机玻璃板。图 7-4-10 中右方和下方的盒子可用于接收小球。

把磁铁小球从某一高度的轨道上释放,小球运动到 C 点时,由于没有挡板的作用,保持在 C 点时的速度方向匀速直线运动下去,这便留下了小球在 C 点时的速度方向。同理,取下版块 5 和 6,使小球从同一高度释放,留下小球在 B 点时的速度方向,取下版块 3 和 4,留下小球在 A 点时的速度方向,小球的运动轨迹的最后结果如图 7-4-11 所示。

教具中的零件有一些并不好找,比如图 7-4-10 中右方和下方的盒子,我们巧妙使用衣物收纳箱代替;图 7-4-10 左边的轨道和轨道支架是自制的,根据自身需要的高度,自己利用 PVC 板和 502 胶水制作。教具的取材可以来源于生活用品,甚至可以自己根据需要制作,造价较为便宜,因地制宜,效率也较高。

 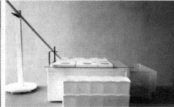 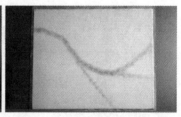

图 7-4-9 装置 1 俯视图　　　图 7-4-10 装置 1 正视图图　　　图 7-4-11 装置 1 实验结果

(2)装置2:演示向心力

①装置2.1:圆周挡板实验。我们将 PVC 板按照图 7-4-12 进行切割,得到圆周挡板。同理板下方是玻璃板,玻璃板下方是磁性画板。用手拨动磁铁小球,给其一个初速度,使其沿着挡板做圆周运动,此时可以引导学生对磁铁球进行受力分析,发现是始终指向圆心的挡板的支持力使其做圆周运动。那到底是不是这个始终指向圆心的力使其做圆周运动的?怎么证明?此时可以撤去 PVC 板第 2 部分,如图 7-4-13 所示,再次拨动小球,使其在此绕着挡板做圆周运动,发现小球到了 A 点,没有挡板的作用,小球不能再做圆周运动,而是直线运动,如图 7-4-14 所示,这个结果证明确实是挡板的支持力使其做圆周运动,也说明了做圆周运动的物体需要受到始终指向圆心的力。

图 7-4-12　装置 2.1 俯视图

图 7-4-13　装置 2.1 俯视图

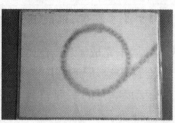
图 7-4-14　装置 2.1 实验结果

　　我们对该部分教具的设计并非凭空想象，而是延续了装置 1——演示曲线运动速度的方向实验设计思路，将之前的曲线轨道改为圆周轨道，从而设计出装置 2.1。功能相近似的教具，其设计思路可以从一个教具迁移到另一个，我们就是采用这种方法做出装置 2.1。

　　②装置 2.2：转盘实验。我们认为教具是为教学服务的，要演示向心力，显然一个例子不足以说明问题，便将之前离心运动轨迹的实验进行整理改造，设计了装置 2.2，如图 7-4-15 所示。

　　在小物块上安装带有小磁铁笔尖的磁性笔，磁性画板倒扣固定在支架上，小物块放置在可调转速转盘上，当转速较小时，滑块做圆周运动，在磁性画板上留下圆周运动轨迹，如图 7-4-16 所示。

　　引导学生分析滑块受力，发现是始终指向圆心的静摩擦力使其做圆周运动。（这里可以引导学生从上一个实验获得启发，做圆周运动的小球有向外的运动趋势，才会挤压挡板，所以做圆周运动物体有向外运动趋势，那么该实验中也是，因为小球有向外运动趋势，所以才受到静摩擦力使其做圆周运动，从而降低了学生理解小球为什么会受到静摩擦力的难度。）

图 7-4-15　装置 2.2 正视图

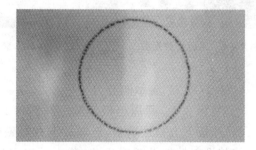
图 7-4-16　装置 2.2 实验结果

　　③总结。我们再引导分析以上两个实验，可以得出第一个实验是挡板提供指向圆心的力；第二个实验是摩擦力提供一个指向圆心的力，即做圆周运动的物体会受到一个指向圆心的力，即向心力。

　　在设计教具的过程中，应充分考虑教具在教学中的使用问题，例如，设计的每一个教具在课堂中怎么操作，如何提问，如何引导学生通过观察现象，总结归纳结论，这些问题都应在教具设计与制作中有所考虑。只有教具设计与课堂教学设计紧密联系，才能使制作的教具具有操作性和有效性。

（3）装置 3：演示离心运动轨迹

①我们利用装置 2.1 来演示离心运动的第一种轨迹：提供向心力的合外力消失，运动轨迹是沿着切向方向的直线，如图 7-4-14 所示。

②我们利用装置 2.2——转盘实验来演示离心运动轨迹中的第二种轨迹，如图 7-4-16 所示。当转速较小，物块在磁性画板上描绘出的是圆周运动轨迹，增大转速，物块做离心运动，画出离心运动轨迹。

该部分教具其实与演示向心力的教具一样，只是操作上有细微的差别，一个教具有时可以用于多个教学设计中，我们充分开发了教具的功能，"一具多用"。

7.4.6 总结与反思

我们将"离心运动轨迹的演示教具"拓展为"曲线运动单元的系列演示仪"后，不仅解决了相关教学难点，提高了课堂效率，同时还在全国第七届大学生与研究生自制教具与设计实验展评中获得一等奖，并且被大赛组委会推选到大会进行展示（全国仅 15 组），图 7-4-17 是我们参赛的海报。

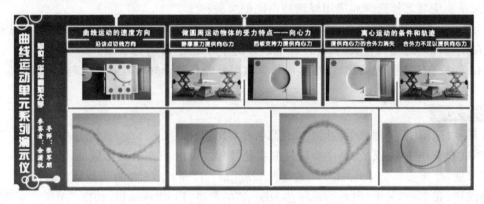

图 7-4-17

在物理教具的探索过程中，我们有收获与感悟，但也并非一帆风顺，有困难与艰辛，还留下了有待解决的问题和后续的探索方向，主要有以下两方面：

曲线运动单元系列演示仪的完善。教具中关于演示曲线运动速度方向和向心力的演示部分，由于轨迹是用磁性铁球画的，轨迹比较粗，后续可以寻找更适合的磁铁球，使得实验结果更加精确。小球初速度的获得可以从"用手拨动"完善为用斜面等工具使其获得速度，使得操作起来更加方便。

磁性画板在其他教具中的使用。磁性画板在呈现运动轨迹方面有独特的优势，不但现象明显而且可以重复使用，操作方便，后续的开发还可以将磁性画板运用到运动的合成、平抛运动、简谐运动等轨迹的演示上。

物理实验在教学中尤为重要，它能激发学生探究的兴趣和热情，揭示物理现象的本质，而做好物理实验必须有一定的物质条件，其中最重要的是教学仪器。虽然目前的教学仪器随着科技的进步不断更新与改进，但仍然跟不上教学的需要，所以我们从自身教学实际与需求出发,从"离心运动轨迹的演示教具"拓展到"曲线运动单元的系列演示仪",自己亲手制作教具,不仅满足了课堂教学的需求,还给自己积累了教具制作的经验和方法,我们将在物理教具探索的道路上继续努力。

教具在物理课堂教学中有时候能起到事半功倍的效果。物理教师应该思考,在自己的课堂教学中有哪些难点,能否通过实验的设计和教具的演示,帮助学生化解难点,真正理解物理知识,体会科学思想方法。

🔘 思考与实践

1. 当今网络迅速发展,已成为教学的最大资源库。然而,网络资源量庞大,浩如烟海,日常工作量非常大的教师应该如何提升自己的网络知识,以便快速地查找到所需的资源?

2. 有的教师认为,计算机虚拟演示的效果很好,可以节省购买许多仪器设备的经费,而且不会出现真实实验中的失误,对此你有什么看法?

还有的教师认为,数字化实验信息系统更符合实验教学的要求,第一,它是真实的实验,而不像虚拟实验;第二,它体现了现代化的要求。因此应当大力提倡应用这种实验,尽可能地用它来替代传统的实验。对此,你有什么看法? 应用现代信息技术的实验与传统实验有什么关系? 应当怎样选择和应用好这些不同的实验?

3. 你有没有自制教具的经历? 如果有,请描述你的教具制作过程;如果没有,请选择初中或高中物理的适当内容,尝试设计一个教具制作的计划,并进行实践。

4. 如果有一个年轻的物理教师,向你请教怎样制作一个好的教具,你该如何告诉他?

🔍 参考文献

1. 李新乡,张军朋.物理教学论[M].北京:科学出版社 2009.
2. 张军朋,李德安,全汉炎.高中物理微型实验[M].广州:广东教育出版社,2011.
3. 张军朋,李德安,全汉炎.高中物理趣味实验[M].广州:广东教育出版社,2011.
4. 余潇杭,张军朋.关于"离心运动轨迹的演示"的改进[J].物理通报,2015(5).

第 8 章　物理教学测量与评价

学习目标

1. 知道测量的含义、要素和条件,知道教学测量的特点。
2. 知道教育统计的一些概念,知道物理教学评价的含义、类型、功能、原则和内容。
3. 理解物理教学测量与评价的方法。
4. 理解物理教学测量的质量分析与评价的方法。
5. 理解物理学业质量标准与学业评价之间关系,掌握基于核心素养的学业评价方法。
6. 理解中学物理实验教学目标的分类、测量和评价方法。

课程教材、教学方法、教学评价是影响物理教育成效的三个基本因素,其中教学评价在一定程度上对课程实施和教学方法的改进有重要的引导和导向作用。因此,建立和完善教学评价制度是物理教学改革的重要方面,了解和掌握物理教学评价方法,并且能够结合教学实际进行应用和改进是对合格物理教师的基本要求之一。物理教学评价包括物理教学中的评价和物理教学的评价。前者评价的对象是"学习过程",后者评价的对象是"教学过程"。也就是说,前者评价的是学习过程中学生的学习状况,后者评价的是教学过程中教师的工作状况。本章最主要就学习过程的评价进行讨论。

8.1　物理教学测量与评价的基本概念

教学测量与评价是教学活动的重要组成部分,是教学领域科学管理的重要手段,合理开展测量与评价活动是提高教学质量的有效保证。物理教学测量与评价是教学测量与评价的一般原理和方法在物理学科教学中的应用。为了正确理解和科学应用这些原理和方法,本节简要介绍物理教学测量与评价的基本概念。

8.1.1 物理教学测量的概念

1. 测量的概念

测量是教学测量与评价理论中的首要概念。测量的前提和基础,在于任何事物、现象都有程度上的不同或数量上的差异。

谈到测量,人们自然会联想到各种各样的仪器,例如测量长度的米尺、测量质量的天平、测量时间的钟表等。但是,对某些变量的测量并不一定要用仪器,例如,有经验的炼钢工人,可以根据炉火的颜色估计炼钢炉中的温度,音乐家可以用耳朵分辨出不同频率的声音,优秀的售货员可以根据手感确定商品的重量。这些都是仅仅依靠人的感官和大脑,而不是利用仪器进行测量的例子。由此可见,仪器的使用并不是测量的最基本特征。测量的最基本特征是将事物及其属性进行程度或数量上差异的区分。这种区分的过程必须按照一定的法则进行,区分的结果必须能够用数学的方式进行表示。因此,测量可以较严格地定义为:依据一定的法则,对事物及其属性利用数字或符号进行量的确定过程。

任何一个测量都包括下述三要素:

(1) 事物及其属性。这是测量的对象或目标。

(2) 法则。这是指引我们如何测量的准则和方法,即在测量时,给事物及其属性指派数字的依据。依据法则可以制成各种量具。法则的好坏,直接影响测量的结果。因而,法则是测量中最重要的要素。

(3) 数字或符号。数字指 1、2、3 等,符号指 A、B、C 等。数字或符号仅代表某一事物或事物的某一属性,但只有当我们赋予它意义时,在一定条件下,它才具有量的特性。并且数字系统本身具有一些特性,如区分性(2 不同于 3)、序列性(1＜2＜3)、等距性(3－1＝4－2)和可加性(2＋3＝5)。那么数字所代表的事物的某一属性是否一定具有同样的性质呢?也不一定。例如,我们在测量学习者的学习能力时,分别用 1、2、3 代表高、中、低三种能力水平,这里的 1、2、3 仅具有区分性和序列性,而不具有等距性和可加性。因此,我们只能根据事物本身所具有的特性来使用数字系统的某些性质。制定法则时,一定要明确指出如何指派数字于事物,以及所采用的数字具有什么特性。

2. 测量的条件

任何测量都是依据某种法则,采用一定的程序对具有某种属性的对象给出可以比较的数值的过程。因此,任何测量必须满足以下三个条件。

(1) 等值单位(Equivalent Unit)。这是对量具的基本要求。它包括两方面含义:一是单位要具有确定的意义,即对同一单位,所有人的理解都相同,不允许有不同的解释;二是单位的距离要等值。一般来说,教育与心理测量的单位都不是绝对等值的。

(2) 参照点(Reference Point)。这是计算的起点,也称零点。对同一事物同一属性或不同事物同一属性的测量,若参照点不同,测量的结果也就不同,测量的结果也就无法相互比较。参照点分为绝对零点和相对零点两种。相对零点是人为确定的。在教育测量中的参照点一般都是相对零点。

(3) 量表(Scale)。一般而言,要测量某种事物,总需要先有一个具有单位和参照点的连续体,用以确定该事物的数量,这一连续体就叫量表。教学测量常用的量表多以文字试题的形式出现,也有以图形、符号、操作要求的形式出现的情况。总之,量表作为教学测量的重要工具,就一般而言,指在教学测量或心理测量中,根据测量目的所设计的测试项目及赋值规则。

3. 物理教学测量

根据测量的一般概念,我们可把物理教学测量定义为:根据一定的客观标准,运用各种手段和统计方法,对物理教学领域内的事物或现象进行严格考核,并依一定的规则对考核结果予以数量化描述的过程。它是进行统计分析的依据,也是进行教学评价的基础。同时,测量的结果只有通过评价环节才能获得实际的意义。

4. 物理教学测量的特点

教学测量不同于一般的物质测量,它具有自身的特点。

（1）间接性

与物质的测量（可方便地选用仪器进行）不同，教学测量的对象常常是人的大脑活动，是人的智能、情感、态度等精神特质，从而决定了教学测量的复杂性。当然，学生的学业成绩有好有坏，学生的思想品德也有不同，这些程度上的不同为教学测量提供了可能，但如学生的记忆能力、推理能力等，到目前为止无法进行直接测量。教学测量得以进行，在于依据对欲测量对象的明确的操作定义，如学习能力、学业成绩等，并借助于一组测验项目引起教学活动中教师和学生的行为，然后测量教学活动中教师和学生的这些外显行为或外在表现特征，从而推断人的知识、智能和人格特征等方面的不同程度，达到测量的目的。所以，我们只能根据这些外显行为或外在表现特征对教师的教学工作的成效和学生学习的质量做出推断。这就反映了教学测量的间接性。同时测量是仅就这些外显行为取一组样本，不可能是研究其全部，尤其当行为样本对所要研究的行为表现缺乏足够代表性时，会导致测验出现较大的系统误差。教学测量的系统误差是难以消除的。

（2）随机性

教学测量的随机性，在于测试项目抽样的随机性。就一次测量而言，往往存在很多测试点，围绕这些测试点，会有大量可供选择的测试项目，都能从不同侧面测试学生的程度或水平，而一次测试只能选择全部测试项目中的一部分。如一次学业成绩测验，就会包含很多知识点，围绕这些知识点会有大量可供选择的题目，都能从不同侧面测试学生掌握和理解的水平，而一次测试只能选择全部试题中的一部分。因此，教学测量具有不可避免的随机性。并且，在教学测量中，同一测量不可能在同一时期连续多次地进行，因而教学测量存在着不可避免的随机误差。

（3）相对性

教学测量的相对性是指测量结果的相对性，如一个学生在一次测验中的得分只是相对于该次测验才有意义，该学生的程度水平也只有放在被测试者的群体中才能确定高低。并且，教学测量的结果，若不经转化或转换，只能提供一种顺序关系。如测验中，从 30～40 分之间，90～100 分之间，虽然都相差 10 分，但是它们的差异是不相等的。或者说，这两个 10 分的难度是不相等的。这是因为教学测量中，测验分数的零点往往不是从绝对零点开始，即测量的参照点是相对零点。这一点与物质测量结果的绝对意义有很大不同。一般教师的自编测验中，所得到的结果只是一个相对量数，绝不等距，因此，不能直接进行加减运算。

（4）目的性

教学测量是一种具有明确目的的测量。整个测量过程包括内容、难度、程序和方法等方面都要符合测量的目的，都要以课程标准和教材内容为依据来制定。

教学测量的上述特点同时也是物理教学测量的特点。

8.1.2 教育统计的基本概念

教育测量的结果往往是大量杂乱无章的原始数据，为了揭示并认识这些原始数据中所蕴含的教育现象的本质和规律，需要运用教育统计的方法和手段对原始数据进行整理、分析，在此基础上，对所考察的问题做出尽可能精确、可靠的判断和预测。

1. 次数分布表

教育统计中常用次数分布表来整理原始数据。对一批数据按一定的次序排列并加以分组,编成反映这批数据在各组上出现次数的统计表格,就是次数分布表(Frequency Distribution Table)。

由于编制次数分布表是数据整理的基本方法,下面结合实例来说明次数分布表的编制步骤。

 案例 8-1-1

一次物理测验中,某班 48 名学生的成绩如下:

86 77 63 78 92 72 66 87 75 83 74 47 83 81 76 82 97
69 82 88 71 67 65 75 70 82 77 86 60 93 71 80 76 78
57 95 78 64 79 82 68 74 73 84 76 79 86 68

(1) 求全距(用 R 表示)。全距(Range)可用原始数据中最大值与最小值之差来表示。因此,只要找出这批数据中的最大数值和最小数值,然后相减就得全距,即 $R = \max\{x_i\} - \min\{x_i\}$。式中 R 是全距,$\max\{x_i\}$ 为这批数据 x_i 中的最大数值,$\min\{x_i\}$ 为这批数据 x_i 中的最小数值。本例中,$\max\{x_i\} = 97$,$\min\{x_i\} = 47$,故 $R = 97 - 47 = 50$。

(2) 定组数(用 k 表示)。根据全距决定组数(Class Number)。组数是对这批数据分组的个数。一般而言,组数以 10 组为宜,多至 20 组,少至 5 组。若组数太多,便会失去实行分组化繁为简的作用;若组数太少,又会使数据丢失太多信息。组数与数据的个数有关,若数据多时,要分 10 组以上;数据少时,可分 5~10 组。

(3) 定组距(用 i 表示)。组距(Class Interval)就是每一个组内包含的间距,即组距(i)是指每个小组的组上限(即组的终点值)与组下限(即组的起点值)之间的距离。在一批数据中,组距一般是相同的。显然,组数与组距有关,组距越小,则组数越多;组距越大,则组数越少。全距 R、组距 i、组数 k 三者之间的关系为

$$i = \frac{R}{k} \quad \text{或} \quad k = \frac{R}{i}$$

由全距 R、组距 i 决定组数时,一般根据上式求得的结果取整数后,得组数 k。如本例中,全距 $R = 50$,若取组距 $i = 5$,则组数 $k = 10$。

(4) 列组限。组限(Class Limit)是每一组在数尺上的起始点和终止点,即上、下限。从最高分或最低分所在的区间上限或下限开始,以组距为单位依次分组。列组限时,相邻两组的起点和终点,既要连接又不要重叠。本例中,各组限可写成 100 96,95 91,90 86……或者 99 95,94 90,89 85……

(5) 求组中值(用 m_0 表示)。组中值(Class Mid-value)是各组的中点值。组中值等于该组的组限右端点与左端点的值的平均数。

本例中,若取 99 95,94 90,89 85……为组限,则各组的组中值为 97,92,87……

(6) 归组划记,登记次数(用 f 表示)根据上述所列的一种组限,把所有数据逐一归入相应的组内,再统计归入各组数据的个数(称次数或频数),每组的次数用 f 表示,总次数用 N 表示。归入各组的次数可用符号 卌 或"正"来标记。

本例中,编制成次数分布表如表 8-1-1 所示。由次数分布表 8-1-1 可见:

① 大多数学生的成绩在 70~85 分之间,而更多学生的成绩在 65~90 分之间。

②以 75～79 分的分数段中的人数为最多。

有了次数分布表还可以列出累积次数分布表、相对次数分布表、累积相对次数分布表，见表 8-1-1。

表 8-1-1　次数分布表

组限 （1）	划记 （2）	次数 （3）	累积次数 （4）	相对次数 （5）	累积相对次数 （6）
95～99	丅	2	2	0.04	0.04
90～94	丅	2	4	0.04	0.08
85～89	正	5	9	0.10	0.18
80～84	正正	9	18	0.19	0.37
75～79	正正正丅	12	30	0.25	0.62
70～74	正丅	7	37	0.15	0.77
65～69	正一	6	43	0.13	0.90
60～64	丅	3	46	0.06	0.96
55～59	一	1	47	0.02	0.98
50～54	0	0	47	0.00	0.98
45～49	一	1	48	0.02	1.00
合计	48	48	/	1.00	/

2. 次数分布图

次数分布图（Freguency Distribution Chart）是在次数分布表的基础上利用表中的数据找点，描绘而成的图形。次数分布图可以更直观地揭示出数据间的关系、数据变化的大致趋势、数据的总体结构以及相应事物的变化规律，可方便地进行数据间的比较研究。

（1）次数直方图。次数直方图（Frequency Histogram）的绘制是在直角坐标系中，以横坐标表示分数，以纵坐标表示次数。具体方法是在横坐标轴上以组距为单位，标出各组数据的组中值，在纵坐标轴上等距标出次数值。然后，以各组中值为中心，组距为底，各组次数为高，依次作出各组（或各个）矩形，即可得到次数直方图。

（2）次数多边图。凡是可以用直方图表示的数据都可以用次数多边图（Frequency Polygon）来表示。同样，横轴表示分数，纵轴表示次数，以每组数据的组中值为横坐标，以各组的次数为纵坐标，描出各点，连接各点成一条折线，就可得次数多边图（在全距以外的次数取作零）。

（3）次数（或相对次数）分布曲线。当数据的个数较少，且分组的个数也较少时，次数分布曲线是一条折线。若进行整理的数据个数逐渐增多，组距逐渐变小，而组数逐渐增多时，图中的折线将逐渐变成光滑的曲线，这种光滑的曲线称为次数分布曲线（Frequency Distribution Curve）。次数分布曲线的形状多种多样，常见的有正态分布曲线与偏态分布曲线。

正态分布曲线（Normal Distribution Curve）是中间高、两边低、左右对称的曲线。曲线的最高峰即次数的最多处是曲线的中间或对称位置。

偏态曲线又可分为正偏态（Positive Skewness）曲线（最高峰偏向左侧，即一般为低分端）和负偏态（Negative Skewness）曲线（最高峰偏向右侧，即一般为高分端）。

3. 统计的特征量数

用上述图表法对数据进行初步整理后,可以很形象、直观地反映数据的大致情况和一些基本特征。但要想深入了解一批数据的全貌及各种特征,还需进一步分析所考查的数据,计算一些特征量数。一般而言,这些量数在用于反映一个样本的特征时称为统计量(Statistics);用于反映总体特征时称为参数(Parameters)。在教育测量中最常用的特征量数有集中量数、差异量数、相关量数等。

(1) 集中量数

集中量数(Measure of Central Tendency)是指在一批数据中,处于比较中间位置的代表数值,它反映一批数据向某点集中的情况。集中量数是一批数据的典型水平,它既可反映它们在集中趋势方面的典型特征,又可以用来进行组间比较,以判明一组数据与另一组数据的数值差别。集中量数的形式有多种,如算术平均数、中位数、众数等都是集中量数,但最常用的是算术平均数。

算术平均数(Arithmetic Mean),又简称平均数、平均值或均值。它是用来反映一组数据典型"水平"的一个最好的集中量数。

①利用原始数据计算平均数

假定某一批数据有 n 个,分别用 $x_1, x_2, \cdots, x_n$ 代表这些数值,则这组数据的算术平均数(用 $\bar{x}$ 表示)为

$$\bar{x} = \frac{1}{n}(x_1 + x_2 + \cdots + x_n) = \frac{1}{n}\sum_{i=1}^{n} x_i$$

②利用次数分布表计算平均数

当原始数据数目较多,并已将原始数据整理成次数分布表时,可利用次数分布表计算算术平均数。若总次数为 n,分组的个数为 k,各组的组中值分别为 $x_{c1}, x_{c2}, \cdots, x_{ck}$,各组的次数分别为 $f_1, f_2, \cdots, f_k$,则

$$\bar{x} = \frac{1}{n}(f_1 x_{c1} + f_2 x_{c2} + \cdots + f_k x_{ck}) = \frac{1}{n}\sum_{i}^{k} f_i x_{ci}$$

(2) 差异量数

差异量数(Measures of Variability)用来表示数据的离散程度,即数据的变异程度。教学测量与评价中,要了解一组数据的全貌,除了用平均数描述这组数据向某一点集中的趋势之外,还要看它们的离散程度,即数据分布状况。有时两组数据的集中趋势相同(如平均数相同),但离散程度却不同。表示数据离散程度的差异量数,常用的有平均差、方差和标准差。

①平均差

平均差(Average Deviation)是每个数据与该组数据的平均数之差的绝对值的算术平均数。一般用符号 AD 表示。其公式为

$$AD = \frac{1}{n}\sum |x - \bar{x}|$$

式中的 n 为数据个数,$\bar{x}$ 为数据的平均数。

②方差

若考虑的一组数据为 $x_1, x_2, \cdots, x_n$,共有 n 个,我们将各个数据和算术平均值的差

称为离均差,即离均差$=x_i-\overline{x}$。由于,离均差之和$=0$,故离均差的平均值也为零。因此,不能用离均差的平均值来表示一组数据的离散程度。

定义该组数据的方差(Variance)(用S^2表示)为

$$S^2=\frac{1}{n}\sum_{i=1}^{n}(x_i-\overline{x})^2$$

方差能准确描述数据的离散程度,且方差越大,数据离散程度越大,即数据分布范围越广;反之,方差越小,数据离散程度越小,数据分布范围亦越小。

③标准差

方差的平方根就是标准差(Standard Deviation)(用S表示),即

$$S=\sqrt{\frac{1}{n}\sum_{i=1}^{n}(x_i-\overline{x})^2}$$

式中,S表示标准差,x_i为第i个数值,n是数据的总个数。与方差一样,标准差也能准确描述数据的离散程度,是教学测量与评价中应用最为广泛的一个差异量数,并与测量数据有相同的单位。

(3)相关量数

在教学测量与评价中,我们经常遇到两列数据协同变化,但它们之间又不存在严格的线性或比例关系的情况,为了描述这样两列数据之间协同变化的程度,统计中引入相关量数的概念。并把表示两变量之间相关关系密切程度的量称为相关量数。常用的相关量数有积差相关量数、点二列相关量数、等级相关量数等。

①积差相关系数

积差相关系数(Product-moment Correlation Coefficient),一般称为相关系数,用来描述两个正态连续变量或可分数据(如百分制记分的分数)之间的线性关联程度。若设$x_1,x_2,\cdots,x_n$及$y_1,y_2,\cdots,y_n$分别表示两组数据,则变量x与y之间的相关系数用下列皮尔逊(Pearson)积差相关系数公式来计算

$$r=\frac{\sum[(x-\overline{x})(y-\overline{y})]}{nS_xS_y}$$

式中,x表示变量x的各观测值;y表示变量y的各观测值;$\overline{x}$表示变量x的平均数;$\overline{y}$表示变量y的平均数;S_x表示变量x的标准差;S_y表示变量y的标准差;n表示数据的总个数。r的取值范围为:$-1\leqslant r\leqslant 1$。

②点二列相关系数

在二列变量中,当其中一列是可以测量的连续变量,而另一列为"二值变量"(如对与错、男生与女生、合格与不合格)时,表示这两个变量相互关联程度的相关量数称为点二列相关系数(Point-biserial Correlation)。计算点二列相关系数的公式为

$$r_{pq}=\frac{\overline{x}_p-\overline{x}_q}{S_x}\sqrt{pq}$$

式中,r_{pq}表示点二列相关系数;p表示二值变量中某一类占的比例;$q=1-p$,表示二值变量中另一类所占的比例;$\overline{x}_p$为连续变量中某一类别p那部分(如答对或男生或合格

等)相应数据的平均值;$\overline{x_q}$为该连续变量中另一部分即q部分(如答错者或女生或不合格)相应数据的平均值;S_x为连续变量x的标准差。r_{pq}的取值范围为:$-1 \leqslant r_{pq} \leqslant 1$。

③二列相关系数

在两列相关连续变量中,若其中一列变量人为地划分成"二值变量",如依一定的标准(60分或75分),把学生的考试成绩分成及格与不及格或依一定的标准把人的身体分成健康与不健康等。表示这样两个变量之间关系的相关量数称为二列相关系数(Biserial Correlation)(用r_b表示)。二列相关系数的计算公式为

$$r_b = \frac{\overline{x_p} - \overline{x_q}}{S_x} \cdot \frac{pq}{y}$$

式中,y为p的正态分布曲线纵线的高度,可根据p值在标准正态分布表中查到。其余符号的意义同r_{pq}式。r_b的取值范围为:$-1 \leqslant r_b \leqslant 1$。

④等级相关系数

当两个变量以等级次序排列或以等级次序表示,两个变量的总体分布不一定是正态分布时,表示这样两个变量之间相关关系的相关量数称为等级相关系数(Rank Correlation Coefficient)(用r_R表示)。其计算公式为

$$r_R = 1 - \frac{6 \sum D^2}{N(N^2 - 1)}$$

式中,r_R表示等级相关系数;N表示成对数据的个数;D表示两个变量成对数据等级的差数。r_R的取值范围为:$-1 \leqslant r_R \leqslant 1$。

8.1.3 物理教学评价的基本概念

教学改革实践表明,物理教学评价,始终对整个物理教育的发展方向,以及物理教育改革的成败起着关键作用,是促进物理教育不断发展的动力机制之一。在大力推进素质教育的今天,物理教学目标、教学内容、教学模式、教学手段和方法已经或正在发生深刻的变化,物理教学评价的内容、形式、手段和方法也必将发生相应的变革。建立促进学生全面发展、教师教学水平不断提高、课程不断完善的评价体系,是我国课程改革面临的一个重大课题。我国目前教学评价存在的主要问题是:重知识和技能的评定,轻态度、方法、行为的评定;重结果的评定,轻过程性评定;重继承评定,轻发展评定;重评价的甄别和选拔功能,轻诊断、反馈、导向、激励功能;重共同性评价,轻个性化评价;重表面性评价,轻真实性评价等。这种评价的现状已严重制约了素质教育在物理教育中的全面落实,制约了物理课程、教材和课堂教学的改革。基于核心素养的课程改革预示着评价重点将发生一系列重要改变。

1. 物理教学评价的定义

自从20世纪30年代,泰勒提出教育评价的概念以来,各种流派的教育评价理论层出不穷,但到目前为止,人们对教育评价的概念还没有一个统一的定义。人们普遍认为,一个较为全面的教育评价定义至少应包括评价的依据、方法、性质和目的。我们认为,物理教学评价就是依据物理教学目标,系统地搜集和处理物理教学信息,对物理教学活动

过程和成就进行价值判断,并为改进物理教学实践活动提供参考的过程。亦即,物理教学评价的依据是物理教学目标;它的制定是受社会、学科、学生 3 个因素的制约;评价的方法不仅有测验法,还有观察法、问卷法、统计分析法以及多元分析法等;评价的对象是物理教学活动的过程和成就;评价的性质是价值的判断;评价的目的是为改进物理教学活动提供信息。

2. 物理教学评价的功能

物理教学评价是帮助人们获得信息,并在分析数据的基础之上,进行有效决策的工具。物理教学评价的功能是多方面的,概括起来主要表现在以下 7 个方面:

(1) 评价功能

在学校教育中,评价不仅能检查和评价学生的学习成绩,还可以对教学方法的优劣,教学效果的好坏,课程、教材质量的高低给予评价。

(2) 鉴定功能

教学的目的在于促进学生行为的完善,它具有教育、教学和发展三方面职能。教学过程使得教育对象究竟发生了什么变化,效果如何? 这就需要对教学的结果进行测量和评价,以确定教学方案是否成功,教学目标是否达到,以及达到的程度等。评价可对学校工作做出鉴定,对教材的优劣做出鉴定,对学生的成绩、毕业生的水平做出鉴定。

(3) 反馈功能

以检查成效为主要目标的教学评价,在教学环节中起着最后把关的作用,还会对各个环节进行信息反馈,因而在各个环节上具有调控的功能,从而使教学工作始终处于优化状态。

(4) 激励和强化功能

教学评价可帮助教师了解到自己的优点与缺陷、成功与失败之处,从而激励教师的社会责任感,激发教师的内在需要和动力,增强工作的热情,提高教师改进教学的积极性和自觉性。学生通过考试可以看到自己学业成绩的进步,提高学习的兴趣,增强学习的信心,提高学习的动机。教学评价还可以促使学生对学过的知识进行全面系统的复习,巩固学习成果,促进知识的迁移,提高学习的效果。

(5) 导向功能

教学评价主要通过制定评价指标、考试目标,编制测试工具的内容,以及解释和使用测量结果,从而影响教学的方向、教学的思想等。例如,高考的考试方式、命题原则、指导思想、试题类型、试题质量等都直接影响着学生的学习方向和能力的发展,也影响着教师教的方向,从而使我国目前的高考在客观上对中学各科教学起到"指挥棒"的作用。

(6) 诊断功能

对学习上有困难的学生实施诊断性测量评价,可以及时了解这些学生在学习上的困难及原因,以便采取有针对性的补救措施以及为其提供特殊的帮助和指导。

(7) 教育研究功能

教学评价是教育研究的基本工具。对于各级各类学校的学制、课程的设置的合理性,各种不同的教学方法效果,教育改革中任何一种新理论或方法的价值优劣,完整的教育管理系统的建立等,都必须借助于测量评价方法进行深入研究。

3. 物理教学评价的类型

（1）宏观评价和微观评价

从评价对象的角度物理教学评价可分为宏观评价和微观评价：①宏观评价是指以物理教育的全领域为对象的评价,它涉及物理教育的各个方面。②微观评价是指对教育对象个体发展状况的评价。如对学生的知识能力、道德品行、身体发育、审美情操、劳动表现及个性品质的形成等方面的评价,对教师素质、教学等方面的评价均属于微观评价。

（2）绝对评价和相对评价

从评价标准性质的角度物理教学评价可分为绝对评价和相对评价：①绝对评价又称目标参照评价(Criterion-referenced Evaluation),是以评价对象以外的某一客观目标为参照标准的评价,主要考查评价对象达到目标的程度和水平,主要用于衡量评价对象的实际水平。这种评价比较客观,但鉴别性较差。②相对评价又称常模参照评价(Norm-referenced Evaluation),是以评价对象团体的平均水平为参照标准的评价。主要考查评价对象在评价团体中的相对位置,主要用于衡量评价对象的相对水平。这种评价有较好的鉴别作用,但不同团体评价结果缺乏可比性。

（3）诊断性评价、形成性评价和终结性评价

从评价目的角度物理教学评价可分为诊断性评价、形成性评价和终结性评价：①诊断性评价(Diagnostic Evaluation)是为了对评价对象的发展状态做出判断而进行的评价,其目的主要是了解发展状况,发现存在的问题,分析问题的原因,找到解决问题的办法。②形成性评价(Formative Evaluation)是在教学活动运行过程中进行评价,其目的是为了及时了解动态过程的效果,及时反馈信息,以便及时强化、及时调节,使教学活动在不断调控中得到完善,顺利达到预期目标。③终结性评价(Summative Evaluation)是在教学过程某一阶段终结时,为对其总体状态和阶段效果做出判断而进行的评价,其作用主要是进行阶段总结,为今后改进提供依据。

（4）外部评价和内部评价

从评价主体的角度物理教学评价可分为外部评价和内部评价：①外部评价是指不包括评价对象在内的其他评价者对评价对象进行的评价,又称他人评价。②内部评价是指评价对象自己参照评价标准进行的自我评价。这时评价对象又是评价主体,评价过程也是自我比较、自我改进、自我提高的过程,又称自我评价。

（5）定性评价和定量评价

从评价方法的角度物理教学评价可分为定性评价和定量评价：①定性评价是使用描述性语言来评价对象"质"的特征、状态和性质等。②定量评价是指采用定量计算方法,以数量分析为依据的评价,主要反映对象"量"的特征。

4. 物理教学评价的原则

物理教学评价的原则是指开展评价活动必须遵循的基本要求。

（1）目的性原则

目的性原则是指开展教学评价必须明确评价目的,即明确评价的方向,这是使教学评价能充分发挥其导向功能的根本保证。

强调评价目的性,不仅因为它是决定评价内容与标准的重要依据,同时也因为它还是决定评价效果和教学活动方向的重要因素。因此贯彻目的性原则,就要做到开展评价活动首先要明确评价目的,评价目的又必须服从教学目标。也就是说,无论是使用什么技术和方法,都必须根据教学目标来进行。

（2）客观性原则

尽管教学评价从性质上来讲,是一个价值判断的过程,但开展教学评价时,评价者必须采取客观公正、实事求是的态度,不能主观臆断或掺杂个人感情。评价、判断时,评价者只能依据客观事实,而绝不能凭主观印象,更不能受个人感情因素影响。同时,评价方法必须具有客观性和科学性,采用客观方法搜集信息、处理信息,以尽量减少评价过程中的主观随意性。

（3）全面性原则

全面性原则是指评价内容应尽量全面,评价过程应充分搜集有关信息,以防止评价结论的简单化和片面性。

评价过程中,评价内容根据目的需要选取若干评价指标,这些指标相互联系构成一个完整评价体系。这一体系要尽可能全面反映评价内容,不可偏废任何一部分;要保障搜集信息的全面性,不要遗漏哪一方面;最后做出评价也要全面、恰当。

（4）一致性原则

一致性原则是指在进行一次评价或同类评价中,要用一致的标准。

评价时遵循一致性原则,才能区分评价对象的好坏和优劣,使被评者知道自己在评价群体中的位置,从而发扬长处,弥补不足,激励自己,积极向上。

（5）可行性原则

可行性原则是指教学评价实施必须符合各项制约条件的要求,使评价活动简单易行,切实可行。教学评价的实施受许多主观条件的制约,因此评价实施要充分考虑各种条件和要求,以使评价活动可以顺利进行,并取得成效。所以评价指标体系应尽量精练,评价标准应尽量简明可测,计量方法应尽量简单易行。

（6）指导性原则

指导性原则是指评价应与指导紧密结合,以保证评价目的最终实现。

评价的目的是改进工作,为此,必须将评价结果及时反馈给被评价对象,并对其进行有效指导,帮助他们不断调节自己的行为,这样才能达到改进提高的目的。原则上,对什么问题的评价,就应有什么问题的指导,否则评价工作就失去了它存在的意义和价值。把指导作为实现教学目的的关键环节对待,使评价与指导紧密结合,形成一个评价、指导、改进三者循环往复,不断发展的过程。这样才能使教学活动不断接近教学目标,使教学目标得以实现。

比较教学测量与教学评价,容易看出,测量是一种纯客观的过程,要求尽量排除各种主观因素的影响;评价则是对事物价值的判断过程,而价值是从人们对待满足他们需要的外界物的关系中产生的,即评价以主体的一定愿望和目标为准绳,对客体的效用加以衡量。因此,评价具有二重性,是客观性与主观性的结合,人们的价值观直接制约着评价结果。另外,测量是对事物的数量化描述,关心的是量的获得,其活动较为单一。而评价则着眼于事物质的差异,有定量分析也有定性把握,包含多重活动过程,其程度也更加复杂。

8.2　物理教学测量与评价的基本方法

物理教学测量是搜集物理教学过程信息的过程,物理教学评价是对搜集到的信息,分析处理并进行价值判断和决策的过程。有效的评价必须基于有效的信息。信息的有效性与搜集信息方法的适当性、搜集信息的过程的科学性和搜集信息工具的质量高低密切相关。

8.2.1　物理教学测量的基本方法

物理教学测量的内容不仅包括知识、技能和能力,还包括兴趣、态度、情感等方面的行为表现。不同内容有不同的特点,因此,测量不同的内容采用的测量方法也不同。物理教学测量中常用的方法有观察法、调查法和测验法等。

1. 观察法

观察法是在某种条件下,以观察学生的特定行为表现为目标的测量方法。它常应用于难以用纸笔测量的领域,如态度、兴趣、习惯、操作及技巧等方面。

观察法常用的评定工具是观察评定量表。制定观察评定量表的要求是:将学生在活动中预期的行为表现或学习结果,用具体统一而明确可测的操作性语言加以表述,以此为标准判断学生在活动中的等级水平。使用评定量表进行具体评定,要防止和避免个人偏见、月晕效应、逻辑错误等现象的发生,以提高评定的一致性和客观性。

2. 调查法

调查法是在自然条件下,依据一定计划,有目的地对客观事物或进行观察,搜集、综合所要了解的情况,以取得数据和资料,最后形成调查报告。

教学调查的基本特征在于着重描述现有事件和现象,在自然条件下,搜集有关资料。

教学调查的主要作用:①了解教学现状,掌握有关动态和信息,为教学决策提供依据;②可以验证某种假设,发现新情况、新问题,提出新见解或新理论。

教育调查的步骤:制订调查方案——实施调查和搜集数据——整理和分析数据——写出调查报告。其中制订调查方案是关键的步骤,直接影响着调查的成败。制订调查方案的程序及要求如下:

(1) 确定调查的目的和任务

调查的目的一般可分为三类:①探测性目的,主要用于对现状不甚了解的情形;②描述性目的,一般用于对现状有一定的了解,但缺乏深入了解的情形;③解释性目的,主要用于对现状的原因做出分析的情形。调查目的要明确,任务要具体,这样,才能搜集到所需要的信息。

(2)确定调查的范围及对象

根据调查的目的、人力、物力和时间等条件来确定调查的范围;根据调查的目的和任务确定调查的对象。调查的范围要清楚,调查的对象要明确,否则会影响调查资料的准确性。

（3）确定调查的项目及指标

把调查的任务分解成一个个具体的可操作的项目。调查的项目就是调查的内容纲要，它要求：①调查的项目应能充分反映调查的目的；②项目的表述要简明清晰，便于在实施中操作；③项目的设立还应考虑到调查后是否便于归纳、统计和分析等。把项目具体化为可测定的量就形成指标。指标要精选、独立、客观、具体，并尽量量化。

（4）选择适当调查方法

教育调查的基本方法有表格法、问卷法、谈话法和个案调查法。

①表格法。它是根据调查的目的，事先设计好调查表格，让被调查对象按要求填写的一种调查方法。

②问卷法。它是把所要调查的问题或事项列在"卷"上，要求被调查者以书面的形式回答，从而获得所要了解的情况，并取得资料和数据的一种调查方法。问卷法可以用于调查事实，对事物的意见、倾向及评判，情感、态度等。问卷中对项目的回答方式有直接填写形式、是非判断形式、多项选择式、评定量表的形式、自由叙述的形式、顺位排列的形式等。

③谈话法。这种方法是采取面对面交谈的方式，调查有关问题。谈话法可以调查思想、兴趣、态度、品德等内心活动的问题，也可以了解学生掌握知识时的认知特点、思维状况、推理过程以及学习中的困难及原因。因此，谈话法有诊断价值，但对谈话结果的分析易受主观个人偏见的影响。

④个案调查法。它是教师针对某些在学习上和行为上有突出问题的学生，为深入了解整个问题的情况、原因及发展等，广泛地搜集有关资料，以做出整体性的诊断、解释与诊疗而采用的调查方法。搜集的资料要全面而详细，对个案调查的结果的解释与处理要客观合理。

3．测验法

测验法是通过选取具有代表性的一组试题，组成试卷，对学生施测，然后根据解答的过程和结果获得可靠的成绩评定的一种方法。测验是教育测量中最常用的一种搜集数据的手段，试卷是测量的主要工具。测验的实施程序主要包括考查目标的确定、试卷的编制、施测、评分和分数的解释等，这里主要对试卷的编制过程做简要说明。

编制试卷的一般步骤如下：

（1）确定测验的目的

编制测验必须首先明确测验的目的，是属于目标参照测验，还是常模参照测验，是形成性测验还是诊断性测验。否则可能达不到测验的预期目的，即测验的测量目标与方法以及结果的解释，不能与需要达到的测验目标相一致。例如，高考就属于常模参照测验，其目的是选拔具备能胜任高一阶段学习任务所需的基础知识和学习能力的测量对象，这时若只注意对中学课程内容的覆盖面，那就只能较好地达到"评定成绩"的目的，而不能达到"能力选拔"的目的。

（2）确定测验的目标

确定测验的目标也就是为达到测验目的的需要，确定应测量什么，以及测量到什么程度等具体的测验目标,即要确定测验内容的取样范围和测验的行为目标,要对所测量的内容范围和能力要求做出具体规定。

（3）确定试题的形式

试题的形式有客观型试题和主观型试题。一个完整的物理测验,应当包括各种形式的试题,以全面考查学生的认知行为和能力。

（4）制订命题计划

为了科学合理地进行测验,应根据测验的目的和目标,制订命题计划。命题计划是试题编制、试卷如何组成的计划。命题计划应包括两部分内容:

①试题和试卷的编制原则和要求。具体说明考试的目标和内容范围,考试方法和试题类型,编制试题和组配试卷的要求等。

②试卷中试题分布规定。具体规定出测验内容中,各部分的试题数量和所占分值比例,常常以命题双向细目表（Two-way Specification Table）的形式给出。

制订命题计划的目的如下所述:

①保证试题是教材内容的代表性样本,且能反映各部分教材的相对重要性,以便使试题取样适当,提高测验的效度和信度。

②规定了各种知识层次,不同能力要求的试题的分配比例,为使试卷具有合理的难度和区分度提供了依据。例如,如果我们要编制一个力学测验试卷,采用三种形式的题型:选择题（用符号 A 表示）、填空题（用符号 B 表示）、计算题（用符号 C 表示）。另外还需要规定各类试题的数量及所占的分值:选择题 10 个小题,每小题 3 分,共占 30 分;填空题 10 个,每小题 3 分,共占 30 分;计算题 4 个,每题 10 分,共占 40 分。此外,每小题还应设计一定的难易程度,一般分为难（用符号 D 表示）、中等难度（用符号 M 表示）、容易题（用符号 E 表示）。整个试卷中,难题、中等题、容易题的得分比例,在一般常模参照测验中,以 2∶5∶3 为宜;在一般的达标测验即目标参照测验中,以 1.5∶2.5∶6 为宜。表 8-2-1（高中必修物理第一册、第二册测验双向细目表）基本上说明了命题计划的内容。

表 8-2-1　高中物理必修第一册、第二册测验命题双向细目表

内容取样范围	行为目标				合　　计
	知道	理解	应用	探究	
	题型和难易程度				
一、运动的描述	B(E)	B(M)	A(E)		11％
二、力		B(M)	A(E)		6％
三、牛顿运动定律		A(M)	B(M)	C(D)	16％
四、抛体运动		A(M)	B(M)	C(D)	16％
五、圆周运动		A(M)、B(E)	A(M)		9％
六、万有引力	A(E)	B(M)	C(M)		16％
七、机械能	B(E)	A(M)、B(E)	C(M)		18％
八、经典力学与现代物理	A(E)	A(M)	B(M)		8％
合　　计	12％	30％	38％	20％	100％

（5）编制试题

编制试题的具体依据为：

①命题双向细目表；

②编制测验的基本原则；

③不同题型的具体编制要求。

（6）集合成测验试卷

在编排试题时，试卷的格式、试题的排列顺序，要符合一定的要求；试题的难易排列，要有层次，先易后难。编制测验的试卷，一般应有正题、副题以及补考题等，几份试卷要等价平行，互为复本。

（7）试做

试卷命就后，教师必须亲自或指定其他教师进行试做，对学生能否按规定的考试时间答完全卷，做出较准确的估计。

（8）编制标准答案，规定评分标准

标准答案要简明准确，评分标准要客观合理，能使成绩合理反映测量对象的水平。

以上编制测验的步骤，主要适用于教师的自编测验，至于标准化测验除了要满足以上原则外，还有其他具体要求，有兴趣的读者可参阅相关书籍。

8.2.2 物理教学评价的过程和方法

1. 物理教学评价的基本过程

物理教学评价的过程与一般教学评价的过程一样。而一般教学评价的过程随评价理论的不同而不同，下面介绍的是目标达到度的基本评价过程。

（1）确定评价的对象

确定评价的对象主要是指解决评价的客体是什么或评价的领域是什么的问题。例如，评价的对象在学校范围内，主要评价学生学习成绩、学生能力水平，教师授课质量、学校领导班子与办学思想等。

（2）设计评价指标体系

所谓指标体系，就是关于被评价对象的全部因素的集合。以学生知识学习的评价为例，比较行之有效的办法是，根据布卢姆（B. S. Bloom）的教育目标分类学认知领域的六个分类，将学生的学习水平加以分类，而后，按此编制测验、搜集资料、处理资料，对学生的学习进行价值判断。所以，设计评价指标体系，就是规定评价哪些因素，不评价哪些因素，将评价所依据的目标具体化、可操作化。

上述指标体系的含义是狭义的。广义的指标体系，不仅包括各项指标的集合，还包括各项指标的权重系数的集合以及各项指标的描述和测量的方法。

因此，在实施评价之前，评价者不仅要将评价所依据的目标具体化、可操作化，还要规定好各项指标的权重系数以及各项指标的描述和测量方法的选用，即评定工具的选用。

（3）运用评价工具广泛地搜集资料

选用效度和信度高的评价工具搜集一切与评价有关的资料。例如,谈话法、问卷法、测验法、评定量表法等方法均可获得评价所需的资料。

（4）处理评价资料

在评价过程中,评价者首先要对各个单项指标进行评价,但如何将这些单项数据资料综合起来? 针对不同情况,可按不同的方法进行数据的综合。

如果所使用的评价工具是常模参照测验,则可运用常模表找出与原始分数相应的量表分数。

如果所使用的评价工具不止一个,而是几个,每种工具所测量的数值参照点相同,单位相等,则可用加权平均方法求其平均分数。

如果被评价的指标是模糊的,可用模糊数学综合评判法来求得综合分数。

评价资料的处理不仅有数据综合问题,有时还有数据之间相关分析、显著性检验的问题,这些都可以运用统计方法来解决。其他诸如从多个因素中找出主要因素,就可用多元分析的方法。

（5）做出评价结论

做出评价结论,就是指形成综合判断和分析诊断问题。所谓形成综合判断就是从整体上对评价对象做出定量或定性的综合的评价。例如,做出优良程度的区分,或做出是否达到目标的结论。基于教学评价的目的,我们不仅要在评价的结果处理上做出综合评判,还要分析问题、诊断问题和提出改进教学的措施,以促进被评对象的改善。

上面所论述的评价过程是目标达成度的评价过程,而根据斯塔克(R. E. Stake)的表象模型,评价过程的程序是:①描述一个方案;②向有关听取人做说明报告;③获得并分析评价听取人的看法;④再向听取人报告分析后的看法。其他的评价过程就不再一一枚举了。评价专家们在这个问题上没有一致意见,但大多数的学者还是一致认为,评价不能仅限于搜集和分析资料的机械活动,而应该分析为什么要评价,以及在评价结束之时报告评价的结果。

2. 物理教学评价的一般方法

物理教学评价中对学生的评价方法,主要有连续观察与面谈、实践活动评价、书面测验、个人成长记录等方法(对教师各方面的评价方法在本章的最后两节中讨论)。

（1）连续观察与面谈

通过对学生较长一段时间的连续观察或面谈,记录学生在物理课程达成目标上的表现,从而做出评价。该方法做出的评价较客观深入,但花费时间较多,适用于评价学生某一方面或在某一段时间内的表现。

（2）实践活动评价

实践活动包括科学探究、实验、调查、科技制作、问题研讨、演讲表演、角色扮演活动等。实践活动评价指对学生在实践活动过程中的表现和成果做出评价,可以通过多种方法进行,例如,观察、记录和分析学生在活动过程中的参与意识、合作精神、表达交流、实验操作等;分析学生的实践活动成果,如学生的作品与制作、调查报告、观察记录、实验报告等。实践活动评价主体要多元化,提倡采取个人、小组和班级等的组织形式。实践活动评价既可以在学习过程中进行,也可以在学习结束后进行。

(3)书面测验

书面测验也称为笔试,是最常用的评价方法。要改变以知识记忆为主、脱离实际的书面测验内容和方法。试题要努力创设引起学生兴趣和联系实际的情境,加强试题的综合性、探究性和开放性。

按测验的目的来分,测验可分为诊断性测验、形成性测验、终结性测验;按解释测验结果的参照标准来分,测验可分为目标参照测验和常模参照测验;按测验的来源来分,测验可分为标准化测验和教师自编测验。

(4)个人成长记录

个人成长记录由学生本人、家长、教师记录学生物理学习活动的成长经历(包括学习内容、学习成绩,在校内外参加科学实践活动的过程、体会、成果以及家长、教师的期望等),发展地、综合地对学生做出评价。

无论采取什么方法,具体评价方案都要关注学生物理核心素养的发展,尽可能真实地反映学生物理核心素养的全貌。这样有利于学生主动参与、积极探究、动手动脑,反对死记硬背、机械训练,并有利于培养学生学习物理的自信心和兴趣。评价的要求应适合学生的发展水平。学生正处于具体形象思维向抽象思维发展的阶段,评价应多采取创设具体生动的情境和鼓励表扬等积极的评价方式,肯定学生的学习进步。注重学习过程的评价,力求对学生科学素养的原有基础、学习和探究过程、学习结果和长期效应四个方面做全程性的评价,注意定性评价与定量评价相结合,过程性评价与终结性评价相结合。

评价过程应包括明确对学生学习的期望,搜集并分析学生的表现和确定促进学生学习的关键因素。要把评价结果以书面或口头的方式及时地反馈给学生,不能单纯地告之学习成绩,同时要告诉学生学习的优势与不足,提出激励学生进一步达到目标的建议。

8.3 物理教学测量的质量分析与评价

在物理教学测量与评价中,作为测验基本工具的试卷或问卷的优良与否,直接影响到测量结果的质量。为了编制出性能良好的试卷或问卷,除了编制过程严格按照科学的编制方法和程序进行外,还要分析和评价测验的质量。因为一个好的测验应该既是有效的,又是可靠的,还是可行的。

8.3.1 信度

1. 信度的概念

测验的信度可用对同一组测量对象测验结果的稳定性程度来表示,即信度是多次测验结果的一致性程度,是衡量测验质量高低的一个重要指标。信度高的测验其测验结果与测量对象真值的接近程度高,或者说测验结果能在一定程度上反映测量对象的真实水平。当然测量对象的真实水平或实际水平是客观的,所以,当测验能反映测量对象真实水平时,多次测验的结果应有较高的一致性或成绩有较大的稳定性,这时测验的信度也就较高。当测验能反映测量对象真实水平时,我们说测验具有较大的可靠性,因此,信度是反映一个测验可靠性的重要的质量指标。

由于一组测验试题对同一组测量对象一般只能使用一次。所以,为了研究一项测验的信度,最好再编制一套试题,它与所研究的测验中所使用的试题在考查方向、内容、类型、难易程度等方面是完全等价的,这样,我们将所研究的某项测验的一组成绩与使用等价试题再测试同一组测量对象所得到的另一组成绩相比较,它们相关联、相一致的程度,就代表这项测验的信度。因此,从操作上,我们可以这样定义测验的信度:一项测验的信度,就是这项测验的一组成绩和对同一组测量对象实施等价测验所得的另一组成绩相比较,它们之间的一致性程度。

从统计的观点来看,两组变量的相关程度可用相关系数来表示。因此,我们也可以这样定义测验的信度,一项测验的信度,就是这项测验的一组成绩和对同一组测量对象实施等价测验所得的另一组成绩的相关系数,这个定义称为测验信度的统计定义。由此定义计算得出的信度值叫作信度系数,又简称信度。从测验信度的统计定义上可以看出,测验信度是一个统计指标,只对一个测量对象进行的测验是无所谓"信度"的。一般来说,一项测验测量的是不同测量对象间的差异,而不是一个测量对象某方面知识和能力的"绝对测量"。因此,测验的客观可靠性实质上是指它所反映的个体间差异是真实的、确定的。

总之,从测验误差的角度看,信度所反映的是测验的客观性和测验结果的可靠性程度,即反映学生真实水平的程度。信度高的测验能较客观地反映学生掌握知识的水平和能力。对信度的理解还应注意以下几点。

①信度是指测量工具(试卷)所获得结果的可靠性,而不是指测量工具本身的可靠性。我们平时习惯于讲"测验的信度",这实际上是一种简略的表示方法,因为同一个测验的信度会因测量对象的性质和测验的情况的不同而有差异,所以用"测验结果的信度"的说法更为恰当。

②每一个信度估计值,如上所述可用"一致性"来表示,但"一致性"可有多种不同的表达方式。如同一时间测量结果一致性;不同时间测量结果的一致性;不同试题样本测量结果的一致性等。测验分数很可能在某方面的一致性很高,而在其他方面的一致性却不太理想,所以我们在评价一个测验的信度时,要以测验结果所应用的情景为依据。

③对信度的检验完全采用统计的方法。测验结果的一致性的高低,可用测量对象在群体中相对地位的情形或用个体测验分数的可能分布范围表示,即前者以相关系数(信度系数)表示,后者以测量标准误表示。但因这两种方法,均以测验分数的差异性为先决条件,故只能用在常模参照测验的信度估计上。

2. 信度的估计方法

估计信度的方法很多,如表 8-3-1 所示。

表 8-3-1　估计测验信度的方法比较

方　法	意　义	程　序	一致性
重测法	稳定性量数	以相同的测验对同一批测量对象在不同的时间内测量两次	同一测验不同时间所得结果的一致性
复本法	等值性量数	以等值的两个测验在同一时间内测量同一批测量对象	等值的两个测验在同一时间所得结果的一致性
重测复本法	稳定及等值性量数	以等值的两个测验在不同时间内测量同一批测量对象	等值测验在不同时间所得结果的一致性
分半法	内部一致性量数	实施一次测验,将测验分成等值的两半,计算这批测量对象在两半测验上所得分数相关性,并用公式加以校正	同一测验中在所包含的各试题上所得成绩的一致性
库-理法		实施一次测验,计算每个题目的难易度和测量对象得分的方差,代入公式	
α系数法		实施一次测验,计算每题的方差和测量对象得分的方差,然后代入公式	

表 8-3-1 中前三种方法均需测试两次,并用两次测试结果的相关系数表示信度;而后三种方法是比较常用的方法,可从一次测试中求得信度。

（1）分半信度估计

利用分半法估计测验的信度时,通常将全部试题按奇、偶数分成相等的两半,使这两部分的考查目的、内容、题型、题数、难度分布、分值分配等都相同或大致相同,这样就相当于把其中的一半试卷在相同条件下,对同一批测量对象考查了两次,从而可考查测量对象在两个分半测验上得分的一致性程度。为此可用皮尔逊积差相关公式计算测量对象在两个分半测验分数上的相关系数 r。但此相关系数仅是分半测验的信度系数,必然低于整个测验的信度,因此,还需要用以下公式之一来校正,并求得整个测验的信度。

①当假定两分半测验分数的方差相同时,可用斯皮尔曼–布朗（Spearman-Brown）公式进行校正

$$r_{S-B}=\frac{2r}{1+r}$$

并求得整个测验的信度。

式中,r_{S-B} 为整个测验信度的估计值,r 为分半测验的信度系数。

例如,若两分半测验的信度系数 $r=0.60$,则整个测验的信度的估计值是

$$r_{S-B}=\frac{2\times0.60}{1+0.60}=\frac{1.20}{1.60}=0.75$$

②当两分半测验分数的方差不相等时,可用卢朗（Rulon）公式直接求得测验的信度

$$r_R=1-\frac{S_d^2}{S_x^2}$$

式中,S_x^2 为学生在整个测验中总分的方差,S_d^2 为两分半测验分数之差的方差。

卢朗公式又可转化为盖特曼（Guttman）公式

$$r_G = 2\left(1 - \frac{S_a{}^2 + S_b{}^2}{S_x{}^2}\right)$$

式中，$S_a{}^2$ 与 $S_b{}^2$ 分别表示两分半测验分数的方差。

（2）库－理法

当试题全为二值性（指答案只有对、错两种情形）试题且试卷无法分成等效的两半时，可采用库－理（Kuder-Richardson）公式之一来估计整个测验的信度。$K - R_{20}$ 和 $K - R_{21}$ 是常用的两个公式，分别为

$$K - R_{20}: \quad r_{K-R20} = \frac{n}{n-1}\left[1 - \frac{\sum pq}{S_x{}^2}\right]$$

$$K - R_{21}: \quad r_{K-R21} = \frac{n}{n-1}\left[1 - \frac{\overline{x}(n-\overline{x})}{nS_x{}^2}\right]$$

式中，n 表示测验的题数；p 表示某题答对的比例（即难度）；$q = 1 - p$ 表示某题答错的比例；pq 表示二分值记分题目的方差；$\sum pq$ 表示所有题目的 pq 的乘积相加；$S_x{}^2$ 表示总分的方差；$\overline{x}$ 表示整个测验的平均数。

采用 $K - R_{20}$ 公式估计信度时，当二值性试题的满分值不相同时，均应变成"0—1"型（即答错得 0 分，答对得 1 分）后，才能使用此式。而且 $K - R_{20}$ 要求试题的测量特征相同、难度适中（在 $0.33 \sim 0.7$ 之间），否则，计算结果将有偏低的倾向。

$K - R_{21}$ 公式要求所有的题目难度相同，否则，计算结果有偏低的倾向。当各试题的难度相差悬殊时，更是如此。对此测验专家又设计了一个校正公式

$$r_{K-R21'} = \frac{n}{n-1}\left[1 - \frac{0.8\overline{x}(n-\overline{x})}{nS_x{}^2}\right]$$

（3）α 系数法

在实际测验中，当试题分成两半的等效性无法保证时，且试题为非二值性试题，或一份试卷中既有二值性试题又有非二值性试题时，一般可用 α 系数法来估计测验的信度，其公式为

$$r_a = \frac{n}{n-1}\left[1 - \frac{\sum S_i{}^2}{S_x{}^2}\right]$$

式中 n 表示题数，$S_i{}^2$ 表示测量对象在各题上得分的方差，$S_x{}^2$ 表示测量对象测验总分的方差，$i = 1, 2, \cdots, n$。

（4）目标参照测验的信度——复本估计法

以上估计测验信度的方法主要适用于常模参照测验。由于目标参照测验目的不在于区分测量对象间的程度差异，一般不强调测验分数的差异性。因此，对于目标参照测验来说，一般不能再使用相关系数和方差来估计测验的信度。但考虑到在目标参照测验中，我们同样希望测量结果具有理想的一致性，主要表现在：

①每个题目之间是否有较高的一致性（内部一致性）；

②不同时间测验结果是否有较高的一致性（稳定性）；

③等效的两份测验是否有较高的一致性（等值性）。

评价这些一致性的方法仍是应用相关系数来描述,但这时它们的相关系数只要达到显著性就可以了。应当指出,对于目标参照性测验,至今尚未有一种令人满意的估计信度的方法,下面介绍一种常用的估计目标参照测验信度的复本估计法。

以等值的两份测验对同一测量对象群体进行测试,但不计算测量对象在这两份测验中得分之间的相关系数,而是计算这两份测验中都通过及都未通过的人数之和,与样本总数的人数之比作为测验的信度。根据表 8-3-2,其信度系数为

表 8-3-2　测验中通过与未通过记录

B 测验〱A 测验	通 过	未通过
通 过	a	b
未通过	c	d

$$r_{XX} = \frac{a+d}{n}$$

其中 a 表示两测验中都通过的人数,d 表示两测验中都未通过的人数,n 表示样本容量。

例如,以 A、B 两个物理目标参照测验对 100 名学生施测,结果如表 8-3-3 所示,试估计该测验的信度?

表 8-3-3　100 名学生的施测结果

B 测验〱A 测验	及格	不及格
及格	$a=62$	$b=8$
不及格	$c=12$	$d=18$

A、B 两测验都通过的人数 $a=62$,A、B 两测验中都未通过的人数 $d=18$,样本容量 $n=100$,则该目标参照测验的信度系数为

$$r_{XX} = \frac{62+18}{100} = 0.8$$

3. 影响信度的因素

测验的信度与测验误差有密切的关系,要提高测验的信度就要减少测验误差,提高测验的客观性和准确性。从测验误差的角度来看,影响测验信度的因素主要有以下几种。

(1) 试卷的长度

一般而言,增加试卷的长度(指试题数)可以提高测验的信度。试题数量与信度的关系可用下式表示

$$r_{XX} = \frac{kr}{1+(k-1)r}$$

式中 r_{XX} 表示试题数量增加到 k 倍后的测验信度,r 表示原测验的信度系数,k 为新测验长度(试题数)与原测验长度(试题数)之比。

（2）分数分布的影响

从前面各种计算信度的公式中可知，如果测量对象所得总分的方差越大，则考试的信度越高。也就是说在其他条件不变时，分数分布的范围越广，则信度就越高。怎样才能扩大分数分布的范围？测量对象间的水平差异是客观的，不能人为地制造或扩大客观上不存在的差异，只能采用提高试题区分能力、控制整个试卷难度的方法，把不同测量对象的差异尽量明显地显示出来。

（3）试题难度的影响

测验的难度和信度之间虽然没有直接的关系，但对于常模参照测验，如果测验太容易或太困难都会缩小测验分数的分布范围。若题目太容易，则大部分测量对象都得高分，若题目太难，则大部分测量对象只能得到低分。这两种情况都将减少测验分数的个别差异而使测验结果不可靠，因而降低了测验的信度。我们要求试题的难度要适当，才能提高测验的信度。

（4）评分者的影响

评分者的主观因素将影响测验信度。为此，测验中使用较多的客观题，可以增加评分的客观性；并要尽量使主观题的评分客观化，努力减少或控制评分误差。

（5）命题过程的影响

命题过程包括明确考试目的、制定考试目标、编选试题、设计试卷、规定评分标准等。考试目的不明确，考试内容范围过窄或各部分内容分配比例不恰当，考试目标水平凭经验而定，试题本身质量不合格，试卷设计不合理，试题评分标准不准确、不具体等，所有这些都是引起误差的原因，从而影响测验的信度。因此，制定具体而详细的考试目标，编制质量合格的试题，制定具体、明晰的评分标准等都有助于提高测验的信度。

（6）测验实施过程的影响

考场的设置、监考人员的表现等都会影响测验的信度。因此，遵循一定的考试规则，按照统一的考试实施程序组织考试，可提高信度。

（7）测量对象本身因素的影响

如测量对象的考试动机、考试的经验、考试焦虑、生理因素等都会影响考试结果的可靠性。因此，增强测量对象考试的动机，加强考前训练和教育，消除测量对象紧张和忧虑的情绪，提高测量对象的应考积极性等，都有助于提高考试的信度。

8.3.2 效度

1. 效度的概念

效度（Validity）是衡量测验结果的有效性或准确性的质量指标，是反映测量结果与所要测量的结果相符合的程度，是一个反映测验对于它所欲测量的行为特征能够测量到的程度。

在物质测量中，效度的问题并不是很突出的问题，因为根据所要测量的意图，人们很容易选择所需要的工具，同时工具的测量用途也是显然的。例如，天平测量的是质量，米尺测到的是长度。这时人们所关心的是测量的精确性问题，即信度问题，绝不是效度问题。在教育测量中,由于被测试的对象非常复杂,只能采用间接测量的方法,根据被试者在测验中引起的行为反应来推测对这些行为反应起决定作用的心理属性。因此,考查作为测量工具的测验对于所欲测量的心理属性能够测量到什么程度即测验的效度,就显得特别重要。测量的有效性是良好测验的最基本的条件,一个缺乏效度的测量是毫无价值的,或者说这个测验内容与其名称是不相符的。例如,物理测验是要测量被测量对象对物理知识的掌握程度,但其中往往包含许多数学知识成分,学生由于计算上的错误可能造成整个答案的错误而丢失分数。假设有这样一份物理试卷,只有几道大题,涉及的物理知识原理不多,但计算却颇为复杂,被测量对象花费了很长时间用于计算上,这样的试卷难以真正测量到学生对物理知识的掌握程度,至少对于它所要测量的东西达到的程度效率很低,因为要测量的物理知识在测验中涉及的不多,而数学知识涉及的又不少,这份试卷就"物理测验"则名不符实。

根据美国心理学会(American Psychological Association,APA)1974 年出版的《教育与心理测验的标准》(*Standards for Educational and Psychological Testing*)一书,将测验的效度分为三大类:内容效度、效标关联效度和结构效度。这里主要介绍一下内容效度。

2. 内容效度

(1) 内容效度的概念及其意义

内容效度(Content Validity)是指测验内容对所要测量的内容的代表性程度。也就是说测验的内容范围、材料与所要测量的内容范围、教学目标是否符合,测验中的试题所引起的行为是不是所要测量的属性的明确反应,测验的结果是不是一个具有代表性的行为样本。

物理学业成绩测验的主要目的在于考查学生对该门学科知识技能的掌握程度。单凭测验的内容是否就可以确定它的内容的有效性呢? 例如,我们能否因为一个测验的所有试题都包含着有关的物理内容,就认为它对于测量学生的物理知识技能的掌握程度是有效的呢? 这显然是不能的。对于测验内容的确定,要以对所要测量的内容范围和教学目标的系统逻辑分析为基础,要以这些内容范围和教学目标层次所占的比重为根据,来考查测验是否按比重覆盖了所要求的内容。

实际上测验有效性的核心问题就是保证内容的有效性。在确定一个测验的有效性时,内容效度是首先应该考虑的效度,而其他的效度都是以它为基础和前提的。因此,无论以什么方法估计测验的效度,首先应考虑的问题就是测验所涉及的内容、范围和目标。除此之外,对于内容效度的理解还必须注意以下几点。

①测验的内容包括教学内容和教学目标,所以教学内容和教学目标是内容效度的两个要素。例如,中学物理课程中,教学内容是中学物理课程标准中所规定的内容,包括力、热、电、光、原子、实验等;而教学目标则是指所预期的学习结果,包括记忆、理解、简单运用、综合运用等能力,所以在决定一次测验的内容效度时,必须同时考虑到教学内容和教学目标两个方面,并依据各项教学内容及教学目标的重要性给予不同的权重,而命题双向细目表恰好体现了这两个方面及相应的权重。因此,按命题细目表来命题是体现内容效度的基本保证。

②以测验结果作为了解一个学生在某一学科的整体表现,应采用内容效度来评价。一份试卷是否具有理想的内容效度,关键在于试题的取样是否恰当,而不在于测验的形式。试题取样的代表性直接影响着测验的内容效度,因此试题应是测验内容范围内的代表性的取样。

③在考虑内容效度时,还要注意避免和表面效度(Face Validity)相混淆。所谓表面效度,是指一个测验在表面上直觉地认为这个测验的有效性程度。一个具有良好的内容效度的测验必定有良好的表面效度;但具有良好表面效度的测验,则未必能保证其所测量的内容范围及其教学目标具有代表性,即不一定能保证有较高的内容效度。

（2）提高内容效度的方法

在编制测验时,如能遵循下列步骤则可以提高测验的内容效度。

①对教材中所包含的内容和教学目标进行系统的逻辑分析,并对所欲测量的内容范围及能力加以界定,在此基础上将各部分的内容和教学目标分类,使之明确化、具体化。

②根据各部分内容及教学目标各个层次的重要性,确定其比重。

③编制命题双向细目表。细目表要能体现所要考查的内容重点和目标重点以及它们之间的相对重要性。

④根据命题双向细目表编制有代表性的试题,并按表中的比例恰当分配试题,组成整个测验试卷。

（3）检验内容效度的方法

①逻辑判断法。检验内容效度的方法,一般是由本学科的专家或有经验的教师根据测验的目的、测验的内容范围以及各部分内容和教学目标各层次的比重,用逻辑分析的方法,对编拟的试题能否符合命题细目表中的考查内容和考查目标,能否符合细目表中所规定的权重做出判断。符合的程度愈高,内容效度就愈好。这种检验方法的缺点在于缺乏数量化指标,不同的判断者对同一门学科的内容范围和教学目标可能有不同的理解,对同一试题所考查的目标也可能有不同的理解。因此,对整个测验内容效度的判断就有可能不一致,带有一定的主观性。

在有些情况下,也可以借助下面两种数量化指标来检验内容效度。

②相关法。测验的内容效度也可以用反映同一内容范围的两个不同的测验,对同一组被试者施测结果的相关系数表示。若相关程度高,表明测验的内容效度较高;若相关程度低,表明测验的内容效度低。但这种方法在个别情况下,也可能由于两个测验的取样偏向同一个方面,而造成虚假的高相关。

③再测法。对同一组被试用一个测验的两个复本在某一学科教学或训练前后实施测验,该测验内容的有效性可以由两次测验成绩差异的显著性来加以判断。如果两次测验成绩的平均数之差在统计上有显著意义,则表明测验所测量的内容正是教学或训练的内容,因此,可以认为测验的内容具有有效性;若两次测验成绩的平均数之差,在统计上无显著意义,则表明测验所测量的内容与教学或训练的内容较少可能符合,因此,可认为测验的内容缺乏有效性或内容效度较低。

3. 影响效度的因素

由于效度的种类不同,测验的目的、性质、功能也各有不同,因此,效度的高低与许多因素有关,例如,测验的内容、试题的难度、区分度、测验的长度等因素对测验的效度都有不同程度的影响。下面就几个主要因素进行简要分析。

(1) 试题的组成方面。试题是组成试卷的要素,试题的性能是影响测验效度的主要因素之一。如试题的指导语不清楚、题意不明确、内容不合理、题量太少、题目的难度太高或太低、试题的编排不当等都可能使测验的效度降低。

(2) 考试的实施及评分方面。如考场上暗示或提示语、学生作弊、考场混乱、时间不够、评分标准不统一等都会影响效度。

(3) 考试的心理和情绪方面。测量对象的兴趣、动机、情绪、态度和健康状况等都影响考试结果的可靠性、准确性和有效性。

(4) 信度的影响。信度是效度的必要条件,信度和效度存在下列关系

$$r_{xy} \leqslant \sqrt{r_{xx}}$$

即测验的效度不超过同一测验信度的平方根。提高信度有助于提高效度,但同时又应注意信度高的测验效度不一定高,效度高的测验却一定有较高的信度,因此,在考虑测验的信度和效度值时,首先应强调测验有较高的效度。

8.3.3 难度

1. 难度的含义

难度是指测验题的难易程度,它是试题对学生的知识和能力水平的适合程度的质量指标。表示难度的数量指标叫作难度指数(Difficulty Index),用 P 表示。难度只具有统计意义。因为,一个学生对一个试题的回答通常是不足以做出该试题是难还是易的结论的。只有统计分析一批测量对象的答案,才能给出试题难易的结论。若大部分测量对象对某一试题都不能通过,则该题目难度较大;若大部分测量对象对某一试题都能通过,则该题目难度较小。难度过大和过小的题目都不能将不同水平的测量对象有效地区分开来,因此对常模参照测验的价值不大。试题的难度不仅对题目的区分度有直接的影响,还对试卷的信度和效度也有较大的影响,因此试题难度是评价试题质量的重要指标。

在常模参照测验中,要求试题难度适中,即大多数题目的难度在 0.3～0.7 之间,少数题目可超出这一范围,使整个试卷的平均难度在 0.5 左右。因为只有难度适中的题目,才能使测量对象成绩呈正态分布,也才能使试题产生区分不同程度测量对象的最好效果,因此,一定要删除全部测量对象都能做对或都不能做对的题目。

2. 估计难度的方法

(1) 用试题的答对率(或通过率)计算难度

用公式可表示为

$$P = \frac{R}{n}$$

式中,P 表示试题难度指数,R 表示答对某题的人数,n 表示参加测验的总人数。

①此方法适用于二值性试题的难度估计。

②$0 \leqslant P \leqslant 1$。$P$ 值越大,试题越容易;P 值越小,试题的难度越大。

③这里的难度指数实际上是容易度(即通过率或答对率、得分率),真正的难度是指不通过率、答错率或失分率$1-P$。由于国际上均使用容易度表示难度,而且不会引起误解,所以这里也采用这种表示方法。

(2)用测量对象答对某题的百分比表示难度

用公式可表示为

$$P=\frac{\overline{X}}{\omega}$$

式中,P 表示试题的难度指数,$\overline{X}$ 表示所有测量对象在该题得分的平均数,ω 表示该题的满分值。

① 此方法适用于非二值性试题,如计算题、简答题、论证题等。

② P 表示试题难度指数。

③ 利用上式也可以估计整个测验的平均难度,这时 $\overline{X}$ 是测量对象总得分的平均值,ω 是试卷的满分值。

(3)用"两端分组法"估计试题的难度

在大规模考试中,常用两端分组法来计算试题的难度。不管是选择题还是论述题均可使用这种方法,而且通过这种方法还可以同时计算试题的区分度,因此这种方法受到广泛的欢迎。

用两端分组法来计算试题的难度的步骤是:①把测量对象的总分进行由高分到低分的排列;②从最高分开始向下取 27% 的测量对象作为高分组,从最低分开始向上取 27% 的测量对象作为低分组;然后计算高分组答对该题的百分比 P_H,低分组答对该题的百分比 P_L;③由下式计算该题的难度

$$P=\frac{P_H+P_L}{2}$$

3. 评判试题难易的一般标准

在实际运用中,人们通常把试题的难度划分为 5 个等级,并以此作为判断试题难易程度的标准。如表 8-3-4 所示。

表 8-3-4　评判试题难易程度的一般标准

评判等级	难	较难	一般	较易	易
难度指数	0.00～0.19	0.20～0.29	0.30～0.59	0.60～0.79	0.80～1.00

4. 影响难度的因素

一般而言,影响试题难度的主要因素有以下几方面。

①考查知识点的多少。题目中考查的内容越多,学生答错的概率越大,完全答对的概率越小,难度就越大。

②考查能力的复杂程度或层次的高低。题目中涉及的能力层次越高,题目就越难。

③测量对象对题目(或内容)的熟悉程度。它反映被测量对象对试题的心理准备状态。如本来较易的题目,会因被测量对象未加注意而造成很难;或本来较难的题目,会因普遍练习过而导致较易。

④命题的技巧性(题目中的信息与干扰)。同一个知识内容的题目可以容易些,也可以难些。

⑤题目情境的复杂程度。题目的情境越复杂,题目越难。

另外,试题的难度与学生的素质(知识、能力水平)有关。同一道题,对于不同的测试团体,可以得到不同的难度值。一般来说,对中等程度的学生难度适中的题,对程度好的学生就是较易的题,对程度差的学生就是较难的题。因此,掌握题目的难度除了考虑上述的因素外,还要通过预测来掌握难度。在教学班级考试中,教师熟悉学生的情况,主要凭经验来控制难度,使之与教学的难度相适应。大规模的考试,主要是通过预测来掌握难度。首先命题人员应根据上述因素对题目估计一个难度范围,这个范围一般如表 8-3-4 所示;然后通过预测看自己估计的准确程度并分析原因,进而提高估计能力。经过预测取得难度指数的题目,便可进入题库备用,但进入题库的题目难度指数必须作等值处理。

8.3.4 区分度

1. 区分度的含义

试题的区分度(Discrimination)是指试题对不同知识和能力水平的测量对象的区分程度和鉴别能力。若试题的区分度高,则能力强、水平高的测量对象得分较高;能力弱、水平低的测量对象得分较低,这样就能把不同程度的测量对象区分开来,以利甄选。若试题的区分度低,则不论何种程度的测量对象得分都相差不多,这样的试题区分和鉴别能力较差。由于常模参照测验的目的是把不同程度的测量对象区分开来,因此区分度也是衡量试题质量的重要指标。

2. 用"两端分组法"计算试题的区分度

这种方法与计算难度的两端分组法相同,只是计算公式不同,它是用统计某题的高分组通过率(或百分比)P_H 与低分组的通过率(或百分比)P_L 之差表示某题的区分度,即

$$D = P_H - P_L$$

式中,D 称为区分度指数。$-1 \leqslant D \leqslant +1$。当 $D = +1$ 时,表示高分组全部答对,而低分组全部答错;反之,$D = -1$ 时,表示高分组全部答错,而低分组全部答对;若两组答对的百分比相同,则 $D = 0$。

3. 评价标准

D 值越大,试题的区分度越大。艾贝尔(1965)提出了根据区分度指数 D 值的大小对试题质量进行评价的标准。如表 8-3-5 所示。

表 8-3-5 区分度指数与试题质量之间的对应关系

区分度指数 D	评 价
0.40 以上	非常好
0.30~0.39	良好,如能改进更好
0.20~0.29	尚可,用时需作改进
0.19 以下	劣,必须淘汰或加以修改,以提高区分度

8.3.5 选择题的选项分析

调整选择题难度和区分度,可通过对其选项的分析来完成。选择题的选项分析是指对选择题后面所提供的几个备选答案进行的统计分析。一般是考查正确答案是否对得太明显,错的答案是否起到了干扰的作用,分析的结果可作为修改试题的依据。这一分析是建立在难度和区分度分析基础之上的。其分析方法是将所有测量对象的测验总分从高到低排列,并分别从高、低两端各取 27%(或 33%)数量测验分数,组成高分组和低分组,然后再根据高分组和低分组的测量对象对每一个试题的选项人数加以分析。通常情况有以下几种:

①高分组全部答对,低分组只有少数人答错。经分析若是题目太容易,就要删除;若属编制不当,如试题中有暗示,错误选项和正确选项缺乏似真性,就应修改;如果确认试题编得好,只是因为试题内容是必须掌握的,并的确是由于学生掌握得好而出现普遍得高分情况,则这样的试题就要保留,但仍可考虑修改,如进一步加大错误选项的干扰性,增加试题的难度。

②对于不正确的选项,若高分组和低分组没有一个测量对象选择,说明选项不具有迷惑性。一般认为选项的迷惑率未达到 2%,就应该考虑修改此选项。

③对于某一错误选项,若高分组选择人数高出低分组很多,教师应做调查,了解高分组测量对象选答该选项的原因,由此对该题做出判断。

④若对某一错误选项,高分组和低分组几乎所有测量对象都选择,则可能是试题答案有误或教学上发生错误所致。

⑤若高分组和低分组在几个错误选项上选择的概率相当,则很可能由于题目编制不当所致。

⑥若高分组与低分组选择正确选项的概率相当,则区分度很低,说明该题所测内容与测量对象的能力水平无关。

⑦若对某题,高分组有大多数人答对,而低分组则无一人答对,则题目太难。

⑧若几个选项都有人选择,且正确选项高分组选择的人数多于低分组,几个错误选项低分组选择的人数多于高分组,此题难度适中,区分度较好,应当保留。

通过以上讨论可以看出,分析选择题的选项,可能会出现多种情况,应对具体问题作出具体分析。

8.4　物理学业质量标准与学业评价

教育部 2017 年颁布的高中物理课程标准增加了学业质量标准,明确了学生完成本课程学习内容后,学科核心素养应该达到的水平,形成基于核心素养的学业质量水平。物理学业质量水平是高中物理学业的日常评价、阶段性评价、学业水平合格性考试和等级性考试命题的重要依据。学业质量水平 2 是高中毕业生在本学科应该达到的合格要求。学业质量水平 4 是学业水平等级性考试的命题依据。

8.4.1 学业质量标准

物理核心素养应该达到的水平的关键表现构成评价学业质量的标准。学业质量的标准引导教学更加关注育人目的,更加注重培养学生核心素养,更加强调提高学生综合运用知识解决实际问题的能力,帮助教师和学生把握教与学的深度和广度。学业质量的标准为阶段性评价、学业水平考试和升学考试命题提供重要依据,还有利于促进教、学、考有机衔接,形成育人合力。

1. 学业质量的内涵

学业质量是学生在完成本学科课程学习后的学业成就表现。学业质量水平是以本学科核心素养及其表现水平为主要维度,结合课程内容,对学生学业成就表现的总体刻画。依据不同水平学业成就表现的关键特征,学业质量水平明确将学业质量划分为不同水平,并描述了不同水平下学习结果的具体表现。高中物理学业质量是依据物理核心素养中的"物理观念""科学思维""科学探究""科学态度与责任"四个方面及其水平,结合课程内容的要求而制定的。

高中物理学业质量根据问题情境的复杂程度、知识和技能的结构化程度、思维方式或价值观念的综合程度等划分为不同水平。每一级水平皆包含物理核心素养的四个方面,主要表现为学生在不同复杂程度情境中运用重要概念、思维、方法和观念等解决问题的关键特征。不同水平之间具有由低到高逐渐递进的关系。

2. 学业质量水平

学业质量水平分为5级,或者说分为5个层次,如表8-4-1所示。每一个层次包含了物理核心素养的四个维度及每个维度相应的表现水平。

表 8-4-1 学业质量水平

水平	质 量 描 述
1	(1) 初步了解所学的物理概念和规律,能将其与相关的自然现象和问题解决联系起来。 (2) 能说出一些所学的简单的物理模型;知道得出结论需要科学推理;能区别观点和证据;知道质疑和创新的积极性。 (3) 具有问题意识;能在他人指导下使用简单的器材搜集数据;能对数据进行初步整理;具有与他人交流成果、讨论问题的意识。 (4) 认识到物理是对自然现象的描述与解释;对自然界有好奇心,知道学习物理需要实事求是,有与他人合作的意愿;知道科学、技术、社会、环境存在相互联系。
2	(1) 了解所学的物理观念和规律,能解释简单的自然现象,解决简单的实际问题。 (2) 能在熟悉的问题情境中应用所学的常见的物理模型;能对比较简单的物理问题进行分析和推理,获得结论;能使用简单和直接的证据表达自己的观点;具有质疑和创新的意识。 (3) 能分析观察物理现象,提出物理问题;能根据已有的科学探究方案,使用所学的基本的器材获得数据;能对数据进行整理,得出初步的结论;能撰写简单的报告,陈述科学探究过程和结果。 (4) 认识到物理学是基于人类有意识的探究而形成的对自然现象的描述与解释,并需要接受实践的检验;有学习物理的兴趣,具有实事求是的态度,能与他人合作;认识到物理研究与应用会涉及道德与规范问题,理解科学、技术、社会、环境的关系。

续表

水平	质 量 描 述
3	(1) 了解所学的物理概念和规律及其相互关系,能解释自然现象,解决实际问题。 (2) 能在熟悉的问题情境中根据需要选用所学的恰当的物理模型解决简单的物理问题;能对常见物理问题进行分析,通过推理,获得结论并做出解释;能恰当使用证据表达自己的观点;能对已有观点提出质疑,从不同角度思考物理问题。 (3) 能分析物理现象,提出可探究的物理问题,作出初步的猜想;能在他人帮助下制订科学探究方案,使用基本的器材获得数据;能分析数据,发现特点,形成结论,尝试用已有的物理知识进行解释;能撰写实验报告,用学过的物理术语、图表等交流科学探究过程和结果。 (4) 认识到物理研究是建立在观察和实验基础上的一项创造性工作;有较强的学习和研究物理的兴趣,能做到坚持实事求是,在合作中能尊重他人;认识到物理研究与应用应考虑道德与规范的要求,认识到人类在保护环境和促进可持续发展方面的责任。
4	(1) 理解所学的物理概念和规律及其相互关系,能正确解释自然现象,综合应用所学的物理知识解决实际问题。 (2) 能将实际问题中的对象与过程转换成所学的物理模型;能对综合性物理问题进行分析和推理,获得结论并做出解释;能恰当使用证据证明物理结论;能对已有结论提出有依据的质疑,采用不同方式分析解决物理问题。 (3) 能分析相关事实或结论,提出并准确表述可探究的物理问题,作出有依据的假设;能制订科学探究方案,选用合适的器材获得数据;能分析数据,发现其中规律,形成合理的结论,用已有的物理知识进行解释;能撰写完整的实验报告,对科学探究过程与结果进行交流和反思。 (4) 认识到物理研究是一种对自然现象进行抽象的创造性工作;有学习和研究物理的内在动机,坚持实事求是,在合作中既能坚持观点又能修正错误;能依据普遍接受的道德与规范认识和评价物理研究与应用,具有保护环境、节约资源、促进可持续发展的责任感。
5	(1) 能清晰、系统地理解物理观念的规律,能正确解释自然现象,能综合应用所学的物理知识灵活解决实际问题。 (2) 能将较复杂的实际问题中的对象和过程转换成物理模型;能在新的情境中对综合性物理问题进行分析和推理,获得正确结论并做出解释;能考虑证据的可靠性,合理使用证据;能从多个视角审视检验结论;解决物理问题具有一定的新颖性。 (3) 能面对真实情境,从不同角度提出并准确表述可探究的物理问题,作出科学假设;能制订有一定新意的科学探究方案,灵活选用合适的器材获得数据;能用多种方法分析数据,发现规律,形成合理的结论,用已有物理知识作出科学解释;能撰写完整规范的科学探究报告,交流、反思科学探究过程与结果。 (4) 认识到物理学是人类认识自然的方式之一,是不断发展的,具有相对持久性及普适性,但同时也存在局限性;有较强的学习和研究物理的内在动机,能自觉抵制违反实事求是的行为;在交流中既能主动参与又能发挥团队作用;在进行物理研究和应用物理成果时,能自觉遵守普遍接受的道德与规范,养成保护环境、节约资源、促进可持续发展的良好习惯。

3. 学业质量水平与考试评价的关系

高中物理学业质量分五级水平,既是指导学生自主学习和评价、教师开展日常教学设计、命题和评价的重要依据,也是高中学业水平考试命题的重要依据。其中,学业质量水平 2 是高中毕业生应达到的合格要求,是学业水平合格考试的命题依据,学业质量水平 4 是用于高等院校招生录取的学业水平等级性考试的命题依据。

教师应把握学业质量要求,结合教学内容,合理设计教学目标,并通过教学促进学生物理核心素养的提升及相关水平的达成。在教学评价中,要关注学生对具体内容的掌握情况以及学生物理核心素养的不同表现,要关注物理核心素养各要素的不同特征及要求,同时还要关注物理核心素养的整体性与综合性。

8.4.2 物理学业的日常评价

物理学业的日常评价既是学生平常物理学习的重要一环,也是物理教学重要内容,是根据一定的目的和要求,对学生平时物理学习过程的诊断和评价活动。因此它既是对学生物理学习成效的评价,也是对物理教学是否有效的评价。

1. 物理学业日常评价的理念

(1) 目的主要在于促进学生学习和改进教师教学

物理学业日常评价是以学生发展为本、基于物理核心素养的评价,其目的主要在于促进学生学习和改进教师教学。物理学业的日常评价应围绕物理核心素养的具体要求,创设真实而有价值的问题情境,采用主体多元、方法多样的评价方式,客观全面地了解学生物理核心素养发展状况,找出存在的问题,明确发展方向,及时有效地反馈评价结果,促进学生全面而有个性地发展,而不能过分强调评价的鉴别与选拔功能。

(2) 既要评价成绩又要评价学生参与学习的机会

物理学业日常评价不是检查学生记住了多少信息,而是要了解学生对物理知识的理解、科学思维的掌握和应用,因此对学生学业评价的重点要集中在最重要的科学内容和具有良好结构的知识上。同时也要评价学生参与学习机会的情况,要重视评价学生在活动、实验、制作、讨论等方面表现。

(3) 重视过程评价

评价和学习是一个事物的两个方面。评价的主要功能是为教师的教和学生的学提供有价值的反馈信息;而有关学生学习效果的信息也只有通过关注学生的学习过程才能获得。

(4) 重视自我评价

自我评价能力是学生在学习中自我反思的重要工具,学生通过反思,明确了他们应学习些什么,就会把学习物理的外部期望转化为内在的动力。让学生经常参与下列评价活动,可以提高学生自我评价的能力。

①选择一份自己的探究作业来证明自己对物理概念和规律的理解或者是进行科学探究的能力。

②以口头、书面或图解的方式解释如何利用一份作业标本来证明自己的理解力。

③根据教师制定的标准和要求来评判自己的一份作业标本。

④对其他同学的作业提出建设性的意见。

(5) 突出真实性评价

真实性评价要求评价活动要尽可能接近物理教育的预期效果,同时要求学生把掌握的物理知识、科学思维能力和科学探究能力运用于与现实世界中可能遇到的情况和科学家实际工作的情况很相似的情境。

2. 物理学业日常评价方式

学业日常评价,主要是评价学生在日常学习过程中所表现出来的素养水平和综合能力。学业日常评价应与学生的学习融为一体,成为日常教学的一部分。为此,教师在教学设计过程中应同时考虑安排丰富多样的评价任务,选择适当的评价方式,确保评价全面、真实、有效,达到检查效果、诊断问题、明确方向、促进发展的目的。日常评价有四种方式:课堂问答、书面评语、自我评价和同伴评价。

（1）课堂问答

课堂问答指在课堂教学过程中教师和学生之间的言语互动,在多数情况下是教师提问和学生回答。课堂问答是一种融教师教学与学生学习为一体的教学评价,可及时了解学生学习的情况,找出存在的问题,及时加以纠正。课堂问答应起到一种桥梁作用,在学生原有基础与课堂学习的目标之间搭起桥梁,帮助学生克服学习障碍,纠正原有的错误观点或模糊认识,达到新的思维高度和探究水平。

课堂提问的关键在于问题的设置。问题设置应有针对性,即针对学生原有的想法、观念和思维惯性等设置问题,引发认知冲突;应与学习目标密切关联,学生能正确回答问题,就意味着向学习目标前进一步,这样通过分析解答一系列的问题,促进学生自然而然地达到学习目标;应有恰当的思维难度,让学生"跳一跳,摸得到",使学生既不至于无从下手,也不会觉得没挑战性,过难和过易的问题既不利于学生的学习,也不利于调动学生的积极性。

（2）书面评语

书面评语指的是教师对学生的作业、实验报告、研究性活动或其他活动报告所做的书面评语,是一种过程性的质性评价。书面评语不是简单地给学生一个等级或分数,而是用一段话表达教师对学生学习的看法。

书面评语可具体地说明学生的进步情况、存在的问题以及今后努力的方向,这样带给学生的信息比简单的一个等级或分数更多、更具体和深入,对学生的学习有更大的促进作用。评语应以正面鼓励为主,但也要明确指出学生学习中存在的问题,并进行合理分析,起到帮助学生认识和解决问题的作用。

（3）自我评价和同伴评价

自我评价和同伴评价是让学生对自己或同伴的学习进行反思,检查回顾学习的起点、过程、成果、困难和问题及其产生的原因,从而对自己的学习方法和学习能力有清醒的认识,明确下一步学习的方向,进而学会评价与反思。自我评价和同伴评价不仅对学生当前的学习很重要,对学生形成终身学习能力也十分重要。

自我评价和同伴评价的方法多样。如教师要创造机会,引导学生在学习中及时自我反思和相互讨论;采用成长记录的方式,让学生用自己的语言描述学习和进步的情况,对自己和他人的作品进行评价,教师要及时对成长记录进行评价,肯定学生的进步,指出存在的问题,明确进一步学习的方向;在一阶段的学习结束之后,举行分组或全班形式的学习讨论会,教师不应代替学生进行分析,而应提出具体的问题,引导学生讨论,和学生一起分析总结。

8.4.3 物理学业阶段性评价

1. 物理学业阶段评价的原则

（1）目的明确

评价应以促进学生物理核心素养的提升和学习能力的提高为目的。围绕"物理观念""科学思维""科学探究""科学态度与责任"等物理核心素养搜集反映学生物理学习情况的信息，判断学生达到的水平和学习中存在的问题，明确进一步学习的方向；创造机会让学生开展自我评价和相互评价，学会正确评价自己的进步，反思自己的不足，更好地进行学习。

（2）可信有效

可信指评价过程中所搜集的数据和资料符合学生的实际情况，有效指评价的工具确实指向学生的物理核心素养，反映学生物理核心素养的真实水平。

（3）全面深入

评价不仅要依据课程标准全面检查学生所学的基础知识和基本技能，更重要的是要深入检测学生是否通过基础知识和基本技能的学习形成正确的物理观念，是否掌握了科学的思维方法，是否具有相当的探究、解决实际问题的能力，是否具有科学的态度和责任感，判断学生所达到的物理核心素养水平。

（4）主体多元及方式多样

要发挥学校、教师和学生等不同角色在评价中的作用，从不同视角进行评价。应将单项评价与整体评价、定量评价与定性评价、终结性评价与形成性评价有机结合，及时准确地反馈评价结果，保证评价结果与改进策略的一致性。

（5）激励进步

要将评价作为进一步促进学生学习和发展的重要手段，建立学生成长记录档案，记录学生成长轨迹，激发个性潜能，激励学生不断地发展进步。

2. 物理学业阶段性评价任务的设计

教师要根据课程阶段性、层次性的特点以及学生个体差异等，设计有效的评价任务。教师要理解物理核心素养的内涵，认识到学生物理核心素养的发展是一个自我建构、不断发展的过程，领会真实物理情境在评价学生物理核心素养方面的作用。评价任务的设计要符合学生的认知特点，着力提高学生分析综合及创造性解决实际问题的能力。

评价任务设计是实施评价活动的基础，一般包括以下三步。

①根据物理核心素养和学业质量水平的要求，制定评价目标。评价目标的描述要明确、具体、可测，体现一定的概括性。要说明学生在什么样的问题情境中，运用哪些物理知识、思想和方法，其行为应达到什么样的水平。

②根据评价目标和课程内容要求设计评价内容。评价内容的设计应以物理基本概念和规律为依托，指向物理核心素养，创设有利于学生讨论、探究的真实问题情境，评价学生在真实学习环境中物理核心素养的表现水平，以提高评价的真实性和准确性。评价内容主要包括以下几方面。

● 物理观念。评价学生关于物质、运动与相互作用、能量等物理观念的发展水平，如：能否理解所学的物理概念和规律及其相互关系，能否正确描述和解释自然现象，能否综合应用所学的物理知识解决实际问题。

● 科学思维。评价学生从物理学视角对客观事物的本质属性、运动规律及相互关系认识的科学思维发展水平,如:能否将实际问题中的对象和过程转化成物理模型;能否对综合性物理问题进行分析和推理,获得结论并做出解释;能否恰当使用证据证明物理结论;能否对已有的结论提出有依据的质疑,采用不同的方式分析解决物理问题。

● 科学探究。评价学生提出科学问题、获取证据、做出解释、表达交流等能力的发展水平,如:能否分析相关事实或结论,提出并准确表述可探究的问题,做出有依据的假设;能否制订科学探究方案,选用合适的器材获得数据;能否分析数据,发现规律,形成合理的结论,用已有的知识进行解释;能否撰写完整的实验报告,对科学探究过程与结果进行交流和反思。

● 科学态度与责任。评价学生在认识科学本质、形成科学态度和社会责任感方面的发展水平,如:能否认识到物理研究是一种对自然现象进行抽象的创造性工作,是否有学习和研究物理的内在动机,坚持实事求是,在合作中既能坚持观点又能修正错误;能否依据普遍接受的道德规范认识和评价物理研究与应用,具有保护环境、节约资源、促进可持续发展的责任感。

③依据物理学科学业质量水平制定评价指标。评价指标的制定要针对评价内容,依据物理学科学业质量水平进行具体描述,要体现学生在具体学习活动中的行为表现。

3. 物理学业阶段性评价的方式

在经过一个阶段的学习之后,需要对学生进行阶段性的测试,以便较为全面和深入地了解学生学习所达到的水平和存在的问题。阶段性测试的目标应与物理核心素养要求、课程内容要求以及学业质量相吻合。测试内容的选择应与测试目标保持一致,围绕课程标准中有关内容和学业要求的规定,评价学生是否达到要求。

测试应有较高的信度和效度,要制定科学、可操作的评价指标,能客观、全面、有效地搜集学生物理核心素养发展水平的信息,真实反映学生物理核心素养发展水平。

在阶段性测试中,还应注意测试结果的反馈,倡导让学生参与测试结果的判断和解释过程,关注后续决策与测试结果的一致性。教师应将测试结果及时反馈给学生以帮助学生发现、纠正学习中存在的问题,增强学生学习物理的兴趣和自信心,促进其发展。教师应充分认识测试结果不同呈现方式的优势和不足,采取恰当的方式进行反馈,让学生了解自己取得了哪些进步、发展了哪些能力、还有何潜能,同时指出存在的不足。

8.4.4 物理学业水平考试与命题建议

学业水平考试是保障教育教学质量的一项重要制度,是根据国家课程标准和教育部考试规定,由省级教育行政部门组织实施,以学业质量为依据的标准参照考试,主要测量学生是否达到国家课程标准规定的学业质量要求。学业水平考试的成绩是学生毕业或升学的重要依据。下面的考试设计及命题建议主要适用于高中阶段实施的学业水平考试。

1. 考试设计要求

(1) 考试内容要求

物理学业水平考试的内容应根据普通高中课程方案和课程标准的规定及要求确

定,注重考查"物理观念""科学思维""科学探究""科学态度与责任"四个方面。考试内容的任务情境应符合学生心理发展水平和认知规律,反映物理学科本质,密切联系社会、经济、科技、生产生活实际,充分体现考试评价促进学生学习、甄别学生学业水平的功能。

用于高中毕业的学业水平合格性考试的考查内容为高中物理课程标准规定的必修内容,要体现基础性和全面性,反映学业质量水平和物理核心素养的基本要求。注重考查对必修课程中的基本概念和基本规律的了解和认识情况,试题要注重围绕生产生活或科技等设计问题情境,加强考查学生运用基础知识解决简单实际问题能力。

用于高等院校招生录取的学业水平等级性考试的考查内容为高中物理课程标准规定的必修和选择性必修两部分内容,要体现综合性和应用性。注重考查对必修和选择性必修课程中重要的物理概念与规律的理解与运用情况,试题的任务情境要与生产生活、科技发展等紧密联系,要关注物理学前沿与成果应用;要探索设计具有与现实相关的问题情境,加强对学生应用物理学知识综合解决实际问题能力的考查;要强调创新精神和实践能力的考查,能够较好区分学生物理核心素养的水平。

（2）试卷结构要求

学生完成高中物理必修课程学习后,可参加用于高中毕业的学业水平合格性考试。该考试旨在诊断学生是否达到高中毕业的水平要求,达到学业质量水平2为合格。用于高中毕业的学业水平合格性考试要科学合理地设计试卷结构,包括试卷长度、题型比例、试卷难度等。

学生完成高中物理必修课程和选择性必修课程学习后,可参加用于高等院校招生录取的学业水平等级性考试。该考试旨在诊断学生学习相关课程后是否具备进入高等院校相关专业学习的资格。学业质量水平4是进入高等院校相关专业学习应达到的水平要求。用于高等院校招生录取的学业水平等级性考试应具有较好的区分度,要求试卷结构设计科学合理,有利于区分学生不同层次的学业水平,有利于高校选拔人才。

（3）试题命制流程

试题命制的流程包括以下三个步骤:①根据课程标准关于物理核心素养和学业质量水平的要求,制定试题考核目标,明确命题依据;②根据课程标准中的内容要求和试题考核目标,围绕常见的生产生活、科技事件等设置试题任务情境,明确评价内容;③依据物理学科的学业质量水平、学生的学业行为表现,制定试题评分标准,明确评价指标。

2. 命题建议

命题工作科学性、专业性要求高。命题队伍要深入研究课程标准,熟悉学业质量水平;了解高中物理教材,了解学生学习的实际情况;了解相关教育测量理论,能够用教育测量理论指导命题工作,努力提高考试命题的质量和水平。同时,还应注意以下几方面。

（1）科学设计试卷结构。根据用于高中毕业的学业水平合格性考试和用于高等院校招生录取的学业水平等级性考试的不同评价目标,合理确定两种考试的试卷结构,包括试卷长度、内容结构、难度结构等内容,制定科学、有效的多维命题细目表。

（2）合理设计题型结构。要认真研制用于高中毕业的学业水平合格性考试和用于高等院校录取的学业水平等级性考试的试卷题型结构,保持不同题型的适当比例。选择题能较好鉴别学生对物理概念和规律及其相互关系的理解,能提高试卷考查内容的覆盖面,提高考试的信度;非选择题能呈现学生的解答过程,比较深入地反映学生分析问题、解决问题的能力,能较好地评价较高层次的物理核心素养。因此,设计试卷的题型结构时,选择题和非选择题的数量要合理搭配,关注测试的目的和不同水平的要求。

(3)科学合理设计试题难度。要从物理核心素养、试题情境和知识内容的要求等方面科学合理地设计试题难度。可根据物理核心素养的水平层次、试题情境的复杂性或新颖性、知识要求的深度或广度等多方面来设计试题的难度,保证合理的梯度,有利于学生发挥正常水平,符合考试的目的要求。

(4)试题应有明确的测试目标。试题的立意要明确,要清楚地指向物理核心素养某个或多个方面,尽量明确到对具体要素的测试。整份试卷所考核的内容要尽可能涵盖学科所有可测的物理核心素养。针对用于高中毕业的学业水平合格性考试和用于高等院校招生录取的学业水平等级性考试的不同目的,试题考核的物理核心素养水平应有所不同,要符合两类考试的具体要求。

(5)试题所涉及的知识内容应具有代表性。要根据考核目标,按照课程标准中的课程内容要求,抽取具有代表性的核心物理概念、规律、思想和方法等内容设计试题;要反映物理学科的知识结构和基本规律,要与今后的进一步学习或职业选择相适应。所抽取的考核内容要具有合理的覆盖面和适当的比例。

(6)试题的情境要具有一定的问题性、真实性、探究性或开放性。通过学生在探究和解决复杂情境下的真实问题中的外在表现可用于考查物理核心素养。因此,评价学生的物理核心素养,应尽量创设类型多样的、具有一定复杂程度的、开放性的真实情境作为试题的任务情境。

(7)试题的编制要科学、规范。试题的情境、设问的角度及方式要科学、可信、新颖、灵活;试题的表述方式要科学、合理、有效,符合学生的认识特点和能力水平。选择题的题干要围绕一个中心,选择项的错误选项要具有较强的干扰性,能反映学生的典型错误,有利于学生改进学习,各个选项的结构、长度要大体一致。

(8)试卷评分标准应清晰准确。评分标准的制定要依据学业质量水平的要求,清晰界定所考查的知识、能力和素养,使之能相对比较准确地判断学生的物理核心素养及其水平。评分标准要摒弃单纯的、知识性的描述方式,要研制基于核心素养的等级。

3. 试题案例

案例 8-4-1

研究"蹦极"运动时,在运动员身上装好传感器,用于测量运动员在不同时刻下落的高度及速度。如图 8-4-1 甲所示,运动员及所携带装备的总质量为 60kg,弹性绳原长为 10m。运动员从蹦极台自由下落,根据传感器测到的数据,得到如图 8-4-1 乙所示的速度—位移图像。

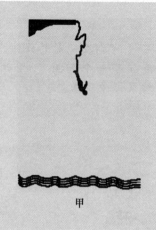

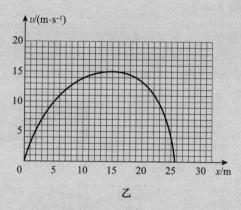

甲　　　　　　　　　　　乙

图 8-4-1

（1）运动员下落过程中在什么位置动能最大？试从运动和力的关系讨论运动员在该位置受力有什么特点。

（2）运动员下落动能最大时和落到最低点时，绳的弹性势能分别为多大？请陈述运用相关定律解决问题的条件。

【考核目标】本题第（1）问主要考查物理核心素养中"物理观念"的"运动与相互作用"观念和"科学思维"中的证据意识。学生要能从图像中获取证据，利用运动与相互作用的知识解决实际问题。第（2）问主要考查物理核心素养中"科学思维"的模型建构和科学推理能力。学生要能根据问题情境确定运动的模型，通过科学推理解决问题。

【任务描述】本题情境源于生活中的"蹦极"运动。当运动员从平台下落时，如果忽略空气阻力，可视为做自由运动。当弹性绳绷直后，绳开始对运动员施加拉力作用，绳的拉力随绳伸长量的增加而增大。在绳的拉力小于运动员重力时，运动员仍做加速运动；当拉力增大到等于重力时，运动员所受合外力为 0；在继续向下运动中，拉力大于重力，运动员开始做减速运动。因此，当拉力等于重力时，运动员速度最大，动能最大；当运动员位于最低点时，速度为 0，动能为 0，此时绳的弹性势能最大。整个下落过程中忽略空气阻力，可认为机械能守恒，运用机械能守恒定律可得绳的弹性势能。

【评价方案】对于第（1）问前半部分，可根据学生能否利用图像回答问题的情况给分；对于第（1）问后半部分，可根据学生回答是否清楚、正确的情况，给予不同的分数。对于第（2）问，若学生认为空气阻力可忽略不计，并能运用机械能守恒定律正确解得绳的弹性势能，可给一定分数；若学生不仅解得正确结果，而且根据图像的信息，计算和推理，以此说明空气阻力可忽略不计，从而满足机械能守恒的条件，这表明该学生达到更高水平，可给更高分数。

案例 8-4-2

老师给小明一个密封盒,其表面可见一个灯泡和一个可调变阻器的旋钮。为了探究密封盒里灯泡和可调电阻器是如何连接的,小明连接了一个如图 8-4-2 所示的电路,他将可调电阻器的电阻 R 减小,并将变化前后的结果记录下来。

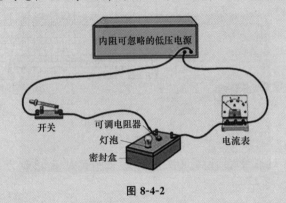

图 8-4-2

> 数据:电源电压 $U=3V$
> R 的初始值 $R_1=15\Omega$　　电流表的初始读数 $I_1=1.5A$
> R 的最终值 $R_2=5\Omega$　　电流表的最终读数 $I_2=0.9A$
> 观察结果:灯泡亮度保持不变

(1) 请判断盒中的可调电阻器和灯泡是如何连接的,并说明理由。利用记录的数据,计算灯泡工作时的电阻值。

(2) 将两个 1.5V 的电池串联起来代替低压电源,进行同样的实验。发现当 R 减小时,灯泡的亮度会发生变化,请解释这一现象。

(3) 在实际操作中这种电路有没有安全隐患? 如果有,请指出安全隐患的原因及可能产生的后果。

【考核目标】本题主要考查学生的物理核心素养中关于"科学探究"及"物理观念"等方面的水平,尤其考查"科学探究"中关于证据和解释要素的水平以及对电路中相关概念的理解。

【任务描述】试题所陈述的是可调电阻器阻值变化时灯泡亮度不变的物理情境。题目告知"内阻可忽略的低压电源",由此可判断小灯泡两端电压不变,根据并联电路的特点和规律,可知可调电阻器和小灯泡是并联的。根据欧姆定律和并联电路的特点,可计算出灯泡的电阻。用电池替换低压电源后,用闭合电路欧姆定律讨论电源路端电压与外电路电阻的关系,可解释可调电阻器电阻减小时灯泡亮度变化的现象。电路实验中的短路现象,说明这种电路在实际操作中所存在的安全隐患。

【评价方案】对于第(1)问,学生若能判断可调电阻与灯泡并联并能说明理由,则表明其能用所学物理知识解释相关现象,可得该问的部分分数;若还能正确求得灯泡电阻,能用所学知识解决简单的问题,则可得该问全部分数。对于第(2)问,学生若根据闭合电路欧姆定律得知 R 减小、灯泡变暗的结论,并有合理的解释,则可得满分;若仅回答灯泡变暗但理由不成立,则得部分分数。对于第(3)问,要求学生观察电路、发现问题,围绕安全隐患回答问题,对不同层次的解答给予不同的分数。

8.5　中学物理实验教学测量与评价

一次成功的教学必须有一个好的评价伴随。为了发挥实验在培养学生物理核心素养方面的功能,我们需要重视和关注物理实验教学的评价。这种评价希望把教师教什么以及怎样教,学生学什么以及怎样学的信息传递给教师和学生。例如,在"单摆"的教学中,让学生按规定的步骤和要求测量一个单摆的周期,与给学生一些实验的材料,让学生制作一个15 s摆动6次的单摆相比,学生所获得的收获大不相同。本节主要讨论物理实验教学评价问题。

8.5.1 中学物理实验教学目标分类

在物理课程中,物理实验教学目标可划分为认知、操作、情感三个领域的目标。根据我国中学目前的实际情况,我们对中学物理实验教学目标提出如下分类和要求。

1. 认知领域的目标

有关实验原理、方法、步骤,实验仪器的工作原理和读数方法,误差分析和实验的设计等各项理论知识都属于认知领域。这一领域的目标又可分为以下四个层次。

(1) 知道。是指能记住学习过的实验内容。它是对实验内容、实验过程的回忆和识别。主要包括:

①知道基本仪器的用途、主要构造及各部件的作用。

②记述基本仪器的操作方法。

③记住测定基本物理量的实验目的、方法、简单的步骤和结论。

④知道实验中要观察的对象及基本现象,记住现象说明的基本问题。

(2) 理解。是指能初步理解实验的原理、步骤、方法、操作规程、注意事项以及要点。主要包括:

①懂得常用仪器的构造原理和读数方法。

②理解重要实验的原理。即明确实验中所运用的物理知识和所要观察的物理现象,以及所要观测的物理量,知道观察和测量的方法。

③能够对观察的现象和测量的结果,运用所学的物理知识进行正确的判断、解释和分析。

(3) 掌握。是指能运用学过的实验知识和方法,去解决新情况下的简单问题。主要包括:

①会设计实验步骤,会选择实验仪器,并会用不同的方法进行实验。

②会观察、分析、计算得出结论,并用来解释其他有关简单的问题。

③会对实验结果进行分析,找出在教材范围内影响测量结果准确性的因素。

④能根据要求,写出完整的实验报告。

(4) 评价。是指对有关的重要实验,掌握其设计思想,提出改进的方法,并能设计一些新的实验。主要包括:

①能在给定的情景中,提出可探究的问题和假设,能阐述所提出问题和假设的合理理由。

②能够正确理解实验目的、原理、方法与步骤之间的关系。

③能对实验误差进行简单的分析。

④能够指出一个实验系统产生错误的原因。

⑤理解一个实验系统的局限性，并力求寻找改善的方法。

⑥根据实验的结果，提出新的假设，设计出新的实验方案。

2．操作领域的目标

有关仪器的使用及实验过程中的观察与操作技能都属于操作领域。这一领域的目标又可分为以下四个层次：

（1）模仿操作。是指能在教师讲解或示范下进行的动作。这一层次的动作机械，协调性差，意识参与程度不深。主要包括：

①知道实验中所用基本仪器的名称和实验的操作方法，操作规程和读数方法，并能比较正确地读出测量的示数。

②能明确观察对象的主要特征及其变化的条件。

③能用适当的语言对观察到的现象进行描述。

④能重复教师的示范操作。

（2）意识操作。是指学生完全在独立意识控制下进行的操作。这一层次的操作，动作不够熟练，但能独立地完成操作过程，并在规定时间内完成实验任务。主要包括：

①能按照基本仪器的操作步骤和规程，对基本仪器进行调试和操作，即做到"会拿""会放""会调""会接""会读"。

②能按照实验目的和要求，正确地选择仪器和器材，正确地组装仪器和器材，并使仪器布局合理，便于观察、读数和操作。

③对组装好的实验装置，能按照实验内容和步骤，按一定的程序正确地调试和操作。

④会正确地选择观察目标，准确地观察、读数，独立地设计表格，认真无误地记录实验数据。

⑤能够排除简单仪器的故障，并了解产生故障的原因。

⑥实验完毕后，能对实验仪器和用具进行整理。

（3）定型操作。是指对重要的实验仪器和重要的实验经过，多次练习，已经能比较熟练地操作。这一层次的操作，动作比较熟练，且操作所需的时间短，质量高。

①能够熟练地调试和操作仪器。

②能在较短的时间内组装好仪器。

③能对组装好的仪器熟练地进行调试和操作。

（4）创新。是指在提高学生实验探索能力的基础上，要求他们有创新意识。

①能改进实验装置和实验手段。

②能独立进行实验和实验设计。

③能根据实验的目的设计出新的实验方案，并能在操作过程中对原实验方案的合理性、科学性进行检验。

④在课外实验活动中，能应用在课堂物理实验中学到的物理知识，独立思考，以设计出新的实验方案，并动手操作。

3. 情感领域的目标

有关实验中的动机、态度、习惯、兴趣等都属于情感领域。

①动机。知道做实验的意义,并有做好实验的愿望。

②态度。在实验过程中,具有尊重事实,专心致志,严肃认真,一丝不苟的科学态度。

③习惯。实验前有预习的习惯,认识仪器的习惯,实验过程中有严格按规范操作的习惯,认真观察现象、记录数据的习惯,手脑并用、随时思考的习惯,爱护仪器、注意安全和整洁的习惯,并养成用实验手段研究物理问题的习惯。

④兴趣。对实验有浓厚的兴趣、强烈的追求,具有克服困难的坚强意志。

⑤品格。树立为科学献身、为人类造福的远大理想,培养为科学真理奋不顾身、勇往直前的优良品格。

以上我们提出的物理实验教学目标的分类、分层次的要求,是对实验教学的总体要求。具体到每一个单元、每个实验不可能都达到这些要求,应当根据具体内容和学生可接受的程度,提出适当的、明确具体的实验教学目标,且易于操作,便于实施。

需要指出:以上我们对实验教学中提出的认知领域和操作领域的目标的层次要求中,前三个层次是达标性的,是对学生实验能力的基本要求;最后一个层次是发展性、提高性的,是对实验能力的较高要求。至于情感领域的目标是对学生实验素质、实验素养提出的要求,这些要求是长期的,教师应当有意识地在每个实验中加以训练和培养。

8.5.2 物理实验教学评价的内容

为了发挥评价对实验教学的正确导向作用,实验评价的内容应与实验教学目标一致,应着重考查学生对基本的实验知识和基本的实验操作技能的掌握程度,其重点应加强对学生选择仪器、组装仪器、使用仪器的能力的考查,并渗透实验习惯的考查。特别是评价要用来测定学生是否能够提出或澄清问题、形成可能的解释、设计并实施探究、利用数据作为支持或反对他们自己的解释的证据等,其最高层次是测定学生对科学家所探究问题的评价能力、对探究目的的理解能力,评估数据、解释以及论证的能力。

具体来说,包括以下内容:

(1) 实验探究中的问题和假设的考查内容。即学生能否在给定的情景中,提出可探究的问题和假设,能否阐述提出问题和假设合理的理由。

(2) 实验原理的表述考查内容。即学生能否根据实验课题和假设运用已掌握的物理知识阐明实验的理论根据,其中也包含对测量仪器的工作原理、定性实验的设计思想的考查。

(3) 实验器材的选取考查内容。即学生能否根据实验对象及各测试项确定所需器材的名称、规格、数量,能否装配、调试仪器,是否会使用有关工具观察、测量和读数,其仪器的选取是否适当,装配仪器的布局是否合理等。

(4) 实验步骤的设计和编排考查内容。即学生能否根据实验对象,测试项目和使用的器材,设计编排实验步骤,其实验步骤的编排是否科学有序,实验过程的设计是否科学合理,技术细节是否严密可行,方法是否得当。

（5）动手操作的熟练程度考查内容。即学生实验操作是否规范熟练,对现象的观察是否准确,数据记录是否正确,表格的设计是否简明清晰,处理偶发事件和排除故障是否机动灵活。

（6）数据处理和结论分析考查内容。学生能否根据实验对象和所测量的数据找出普遍特征,形成规律或验证某些规律,能否运用数据处理的方法(包括数据的取舍、计算、制表、填表、读图、作图等)分析数据,能否根据对数据的分析推断出合理的结论,能否从观察的现象中导出定性的结论,能否恰当地用文字或数字表述和报告实验结果。

（7）实验误差的分析和实验方法的研究考查内容。即学生能否分析测量工具和测量过程中的误差及其产生的原因,能否在教材范围内找出影响测量结果准确性的因素,或故意设计一些不规范的操作或提供一些不够精确的数据,请学生辨析和纠正等。

（8）对科学探究的理解的考查内容。即学生能否识别假设(即变量以及变量之间的关系),能否在搜集数据的基础上表述或改进假设,能否提出可能被推翻的假设;设计实验时,能否分辨出独立变量、非独立变量和控制变量,能否设计恰当的步骤验证假设,而不是证实假设;分析数据时,能否建立数据和假设之间的联系;能否准确地运用概念来解释观察到的现象、做出预测以及用多种方式(如文字、图线和图表)恰当地表述结论等。

以上各项考核内容,可根据各阶段的教学目标和要求做适当的选择。每次考核的内容可以有所侧重,多次考核的结果应能全面反映学生的实验能力和达到实验教学目标的程度。

8.5.3 物理实验教学评价方式

1. 试卷型评价

它是由教师把实验的基本理论、观察和操作技能,根据实验探究学习目标编成试题,组成书面试卷,由学生进行笔答,从答卷的成绩评判学生实验能力的高低。这种考核方式简单易行且省时经济,但这种考核方式没照顾到实验考试的特殊性,不能全面反映学生实际操作技能的水平。

试卷型考核方式,实验试题的编制是个关键,编得不好,易导致教师上课讲实验,学生考前背实验的不良后果。因此,在选择和编制试题时,除做到与实验教探究学习目标一致,有一定的代表性和区分度外,还要坚持实践第一的原则,尽量在与实际操作技能有关的问题方面进行命题。

2. 操作型评价

它是由教师根据操作领域的教学目标进行命题,学生按试题要求进行操作。在操作过程中,教师进行观察或辅以"口试",然后,按评分标准记录、评定成绩。这种考核方式注意了实验考试的特殊性,实践性强。只要组织得当,命题合理,能较全面地考核学生的操作技能。但这种考核方式工作量较大,也受仪器、设备、实验条件等因素的限制,且评分主观、随意性大。

3. 试卷和操作结合型评价

教师根据实验探究学习目标进行命题,由学生在实验操作的基础上,完成试卷,在操作过程中,教师按事先制定的评定量表和观察量表,进行适当的观察和记录,然后综合评定学生的成绩。

我们认为,根据我国目前的实际情况,对于小规模的实验考试,就实践性和可行性来说,这种考核方式是比较合理的。因为它能较全面地反映学生对实验理论和实验技能的掌握情况,并能较为准确地判断学生达到实验探究学习目标的程度。

8.5.4 物理实验教学评价方法

考核方法可分为笔试部分和操作部分。

1. 笔试部分

以传统回答试卷的方式进行。笔试部分主要考查学生对实验的原理、方法、步骤、操作规程、设计思想、误差分析等的掌握情况。其试题可以编制成问答题、选择题、图解题、计算题等。

2. 操作部分

(1) 观察技能的考查

观察技能的考查可以通过用实物演示、幻灯、投影、播放录像等方式进行。根据目标要求,观察部分的考核内容可以是向学生显示具体的物理现象,让学生记述观察到的现象,或指出现象产生的条件,或判断现象变化的原因;也可以是向学生显示具体的测量仪器或器材或实验装置,让学生说出仪器的构造、各部分的作用,读出仪器显示的数据,画出实验装置的结构图示,或进行演示操作,让学生指出操作中错误的地方,发现实验操作中疏漏的步骤或违反规则之处等。

(2) 操作技能的考查

操作技能的考查可以从以下几方面进行:让学生按指定的要求,选择器材,组装仪器;按指定的要求对实验装置进行调试,使之达到规定的状态;或按实验课题要求,设计出简要的实验步骤和数据记录表格,在规定的时间内进行操作和读数,并进行数据处理,在此基础上,完成实验报告,并回答有关问题。检查学生设计的实验步骤是否科学合理,设计的表格是否简明,操作是否规范熟练,数据记录是否可靠,数据处理方法是否得当,结论是否正确,回答问题是否全面正确,并检查实验操作完毕后器材放置、整理的程度。

考试前,教师可根据操作领域的学习目标,编好若干实验操作题,并提供一定量的仪器设备,在学生全面准备的基础上,由学生抽签进行考核。试题要突出典型实验,题目的形式可以是操作式、排除故障式、读取数据式、设计实验方案式、选择仪器进行测量式等,题目按名称、仪器、要求等栏目,写成卡片并编号。评分原则主要看其过程是否规范,主要的标准要求是否达到。

总之,不管采用什么方式、方法进行实验考核,都要保证测验的可靠性和有效性。为此,在进行实验考核时:

①要明确规定考核的目标、内容、范围、要求、形式、步骤及评分细则。

②操作型实验的考核,要根据操作领域的行为目标和内容,准备好必需的实验仪器、用具等。

③实验命题要注意科学性、代表性、全面性、实践性、针对性和可行性。要突出典型实验,要强调对实验理论和技能的全面考查。

④要围绕考核目标进行命题。试卷型实验题应根据考查目标,结合常用题型的特点,合理选择题型。

⑤要及时对考核结果进行讲评。

应该指出,物理实验教学目标的分类、测量与评价是我国中学物理教学中关于实验教学的测量与评价研究的新课题。近年来,理论上确立了实验教学在物理教育中的重要地位,使其成为物理教学过程中的中心问题之一。但应该看到,物理实验教学目标的分类与制定和实施的可操作性之间也还存在着一定的距离。如何根据我国的国情,制定出科学的、切实可行的物理实验教学目标的分类和评价体系,仍需广大物理教学工作者结合实践加强理论研究,并在实践的基础上逐步加以提高和完善。

8.5.5 物理实验教学评价举例

 案例 8-5-1

一个研究者使用一个安装在13m高的柱子上的录像机拍摄某一狭窄公路上的交通状况。观看视频图像,研究者可以知道交通流量有多大、车与车之间的距离有多大、车子一般使用公路的哪一部分。过了一段时间,在公路上划出单向行车道。研究者继续用录像机考察:这时候的交通是否通畅?车子开得更快了还是更慢了?车与车之间的距离是变大了还是缩小了?在单向行车道划出后,摩托车驾驶者是靠公路旁驾驶还是靠路中间驾驶?在研究者了解到这些信息后,他就可以决定是否在狭窄的公路上划线了。

问题1 假如在一条狭窄的路上,研究者发现,在单向行车道划出后,交通情况发生了如下变化:

速度	交通更通畅了
位置	车靠路边更近了
车与车的距离	不变

根据以上情况,决定在狭窄的公路上划出单向行车道。你认为这是不是最好的决定?给出你同意或不同意的理由。

问题2 要求司机在车与车之间保持更大的距离,特别是在车开得比较快时,因为开得比较快的车要花更长的时间才能停下来。

解释:为什么开得较快的车要比开得较慢的车花更长的时间才能停下来?

问题1主要评价运用有关力和运动知识的能力,评价学生得出结论和评价结论的能力。但只写同意或不同意不给分,只有给出原因、提供相关信息才给分,例如,同意是因为车子即使在快速行驶时,仍保持靠近路边,冲撞的可能性将被减小;如快速运行时,被追尾的可能性也将减小。或不同意是因为如果车子快速行驶并保持相互之间一样的距离,这可能意味着他们没有足够的空间在紧急状态下停止。

问题2主要评价学生对有关力和运动的科学概念的理解。这要求给出一个建构性的回答,根据是否提及重要的信息点来评分,计分为2、1、0分。(参考答案是:a.一辆车开得较快时,其冲力也就更大,因而需要更大的制动力才能使它停下来;b.在相同时间内,一辆开得较快的车停下来会比开得较慢的车滑出更远的距离。)

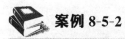
案例 8-5-2

以下是八年级表现性评价的一个试题。使用"漂浮铅笔实验"估测未知盐溶液的含盐浓度。在这项任务中,学生观察、测量,并比较在蒸馏水和 25% 盐溶液中铅笔在水表面以上的飘浮部分的长度。然后预测含盐量对铅笔漂浮的影响。并由此解决如何测量未知液体的含盐量问题。该项任务共含有 14 个问题组成的问题链。

使用"漂浮铅笔实验"估测未知盐溶液的含盐浓度

对于这项任务,你将会得到一个包含所需材料的工具包,并要求在 30min 内完成一项探究任务。现在请打开你的工具包,并使用图 8-5-1 来检查图中所有的材料是否都包含在你的工具包中。如果缺少任何材料,请举手,管理人员将会提供你需要的材料。

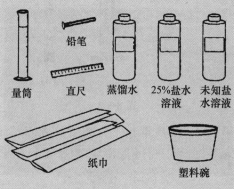

图 8-5-1

在每一个自然生态系统的水域中都含有溶解于其中的盐及其他物质。溶解的盐的浓度各不相同,淡水溪流和湖泊不到 0.2%,大多数海洋约为 3.5%。在这项任务中,你将要分别观察和测量一个浮在浓度非常低的盐水(蒸馏水)和很高浓度的盐水表面之上的铅笔的长度。然后,你将使用相同的程序,估测一个未知溶液盐的浓度。按照下面的说明一步一步完成,并将你的答案写在测验册提供的空格内。

1. 打开贴有蒸馏水标签的塑料瓶。瓶内水中盐的浓度非常接近于 0%,将瓶中的蒸馏水倒入量筒中,直到水面达到黑线位置处,盖上瓶盖。将铅笔带有橡皮的一段竖直插入量筒的水中,铅笔的一部分将浮在水面之上,如图 8-5-2 所示。

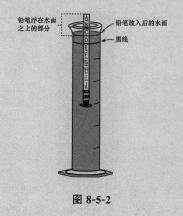

图 8-5-2

解释放入水中的铅笔为什么会漂浮。

2．观察水中的铅笔。沿铅笔的侧面标有字母,确保该铅笔不接触量筒的侧壁。请注意,观测时眼睛的视线要和水面与铅笔的交接处水平,如图8-5-3(A)所示。然后在图8-5-3(B)上画出一条线,标出水面在你的铅笔上的位置。这条线将帮助你完成下一个步骤的任务。

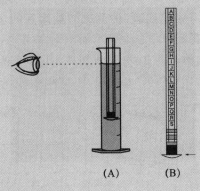

(A)   (B)

图 8-5-3

3．现在将铅笔从水中取出,用纸巾擦干。用直尺测量露出水面部分的铅笔的长度。将测量结果记录在表8-5-1第一行(蒸馏水)测量1一栏中。

表 8-5-1   数据记录表

溶液类型	水面以上铅笔的长度/cm		
	测量 1	测量 2	平均值
蒸馏水			
25％盐溶液			
未知盐溶液			

4．现在将铅笔重新放回装有蒸馏水的量筒中,重复步骤2和3。结果记录在表8-5-1中(蒸馏水)测量2一栏中。

5．计算出两次测量结果的平均值,并把结果记录在表8-5-1中。

6．为什么测量铅笔浮在水面之上的长度最好要超过一次?

现在把量筒中的蒸馏水倒入一个大塑料碗中,稍后,你就可以倒掉这水了。

打开贴有盐溶液浓度是25％标签的塑料瓶。将瓶中的盐溶液倒入量筒中,直到液面达到黑线位置处,盖上瓶盖。

7．将铅笔带有橡皮的一段竖直插入量筒的25％盐溶液中,铅笔的一部分将浮在水面之上。

铅笔漂浮在盐溶液中与漂浮在蒸馏水中相比有什么不同?请在下面的答案中选出正确的选项。

在盐溶液中,有更长的铅笔露出液面以上。

在盐溶液中,有更长的铅笔在液面以下。

8. 现在你可以利用上面铅笔在蒸馏水中使用过的相同观测方法,获得铅笔在25%盐溶液中漂浮在液面之上的两次长度的测量值,并把测量结果及平均值记录在表8-5-1 中第二行(25%盐溶液)相应的空格内。

9. 为什么铅笔在盐溶液和蒸馏水中漂浮露出液面的长度不同?

10. 如果你在25%的盐溶液中增加更多的盐,搅拌盐溶液,直到全部溶解为止,这时铅笔的漂浮将如何变化?请在下面的答案中选出正确的选项。

    A. 铅笔浮出液面之上的长度将减少;

    B. 铅笔浮出液面之上的长度将更多;

    C. 铅笔浮出液面之上的长度不会有差异。

现在你可以把量筒中的25%的盐溶液倒入一个大塑料碗中,稍后,你就可以倒掉这盐溶液了。

现在打开贴有未知盐溶液标签的塑料瓶。你现在要估计这个未知盐溶液的浓度。将瓶中的未知盐溶液倒入量筒中,直到液面达到黑线位置处,盖上瓶盖。

11. 将铅笔带有橡皮的一段竖直插入量筒的未知盐溶液中。然后重复你用于观测蒸馏水和25%的盐溶液时相同的步骤,获得铅笔在未知盐溶液中漂浮在液面之上的两次长度测量值,并把测量结果及平均值记录在表8-5-1 中第三行(未知盐溶液)相应的空格内。

12. 在下面的坐标纸上(如图8-5-4 所示),用你测得的在蒸馏水和25%的盐溶液中相应的铅笔浮出液面之上长度的平均值描点,在这两个数据点之间画一条直线,假设这条线表示铅笔露出液面之上的长度和盐的浓度之间的关系。

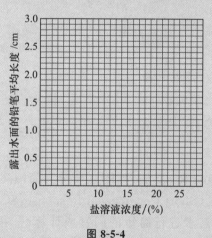

图 8-5-4

13. 根据绘制的曲线图,当盐溶液的浓度改变时,铅笔漂浮在液面之上的长度如何变化?请在下面的答案中选出正确的选项。

    A. 铅笔浮出液面之上的长度随盐浓度的增加而增加;

    B. 铅笔浮出液面之上的长度随盐浓度的增加而减少;

    C. 铅笔浮出液面之上的长度随盐浓度的增加保持不变。

14. 根据绘制的曲线图,求得的未知溶液含盐的浓度是多少?解释你是如何得出答案的?

这一试题的特点：①评价目标明确；②评价任务规范、具体；③探究的问题大多为生活常见的物理问题；④实验器材简单、易行；⑤精心设计实验与探究过程；⑥注重问题之间的内在逻辑联系；⑦重视考查考生运用科学概念、规律以及规范进行科学交流能力；⑧注重学习方式的多样化；⑨具有详细、可操作的评价标准；⑩不仅可用于过程性评价，也可用于终结性评价。

8.5.6 基于 POE 策略的实验命题

POE(Prediction、Observation、Explanation，POE)，是 1992 年由冈斯顿(R. F. Gunstone)和怀特(R. T. White)正式提出的一种教学策略，包括预测、观察和解释三个阶段。这一教学策略可应用于实验试题的设计上。

1. 选择题

 案例 8-5-3

(8 年级试题)物块 A 放入水中会下沉，如图 8-5-5 所示，若将物块 A 切成不等的两部分。物块 B 是物块 A 的 2/3，物块 C 是物块 A 的 1/3。将物块 B 和物块 C 放入水中，会发生什么现象？

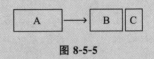

图 8-5-5

A. 物块 B 和物块 C 均漂浮在水面上

B. 物块 B 下沉，物块 C 浮在水面上

C. 物块 B 悬浮，物块 C 浮在水面上

D. 物块 B 和物块 C 均下沉

本题对应 POE 策略的预测，综合考查浮力这一知识点。

2. 建构反应题

建构反应题(Constructed Response，CR)主要分为简短建构反应题和拓展建构反应题两类：①简短建构反应题(Short Constructed Response，SCR)一般给学生创设一定的科学情境并要求学生根据需求进行简短的问答或计算；②拓展建构反应题(Extended Constructed Response，ECR)给学生创设相对复杂的科学情境，一般涉及多个科学原理与规律，设置若干个小问题，学生需综合运用所学知识才能完成，考查学生对知识的分析综合运用能力，难度相对较大。

基于 POE 策略的建构反应题设计主要应用在解释环节上设置问题，要求学生对产生某一情境的原因或实验结果进行解释，如案例 8-5-4 所示。

案例 8-5-4

　　小芳有四个相同的容器,每个容器中有 200g 不同颜色的彩沙,沙子颗粒尺寸相同,如图 8-5-6 所示。

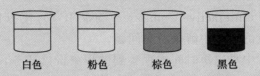

白色　　　　粉色　　　　棕色　　　　黑色

图 8-5-6

　　一开始所有沙子温度相同,小芳将 4 个容器放在阳光下 3h,然后她测量每个容器中沙子的温度,测量结果如表 8-5-2 所示。请解释:为什么每个容器中沙子的温度是不同的?

表 8-5-2

白色	粉色	棕色	黑色
22℃	28℃	41℃	45℃

　　案例 8-5-4 对应 POE 策略的解释环节,考查温度与阳光的吸收和反射之间的关系。学生做出合理的解释是基于题意的分析及实验数据的观察分析。

　　3. 选择题及建构反应题的组合

　　选择题及建构反应题的组合,一般要求学生对某一现象进行预测、观察和(或)解释。例如,描述一个情境,学生的任务是对即将发生的结果做出预测或给出实验现象的原因和解释。POE 策略主要运用科学实践中的"运用科学原理"及认知水平的"程序性知识"对学生的科学能力进行考查,任务可以是选择题或建构题的形式,也可以是二者的组合,一般对应预测或解释环节。针对观察环节的考查,一般结合操作任务进行设置。

 案例 8-5-5

　　如图 8-5-7 所示,两个一样的杯子都装有 30℃ 的水。杯子 A 水的质量为 20g,杯子 B 水的质量为 40g。

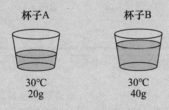

杯子A　　　　　　杯子B

30℃　　　　　　30℃
20g　　　　　　40g

图 8-5-7

　　请问在室温 25℃ 环境中,哪个杯子会释放更多的热量?

　　　　A. 杯子 A

　　　　B. 杯子 B

　　　　C. 两个杯子释放一样的热量

　　　　解释你选择的答案:＿＿＿＿＿＿＿＿＿＿＿

案例 8-5-5 为单项选择题及建构反应题的组合,分别涉及预测和解释两个环节,是 POE 在纸笔测试中常见的呈现形式,不但要求学生"运用科学原理"进行预测,而且进一步要求学生对预测的原因给出合理正当的解释。

4. 交互式计算机任务

交互式计算机任务(Interactive Computer Task,ICT),模拟自然的或实验室情境,要求学生在基于计算机的环境中解决科学问题。

一般结合生活实际中难以短时间内观察到的现象设置任务,不受现实条件的限制,又与动手操作相联系,是操作表现性任务的补充,而不是取代。

 案例 8-5-6

下文以交互式计算机任务为例,探析试题的设计。限于篇幅,不完整呈现任务原题。

任务:根据生活情境,就冬天雨后人行道裂缝加重的现象(如图 8-5-8),要求学生探究产生这一事实情境的原因。

任务时间为 20min,具体包括 2 个阶段的内容:阶段 1 是探究水在不同状态下的体积变化,阶段 2 是探究人行道裂缝增大产生的原因。

(1)阶段 1

要求学生按步骤探究水结冰及冰融化为水前后的体积变化,涉及烧杯体积的读数要求(如图 8-5-11),不同温度下水的状态观察、体积变化预测、结果的记录等。

阶段 1 问题如表 8-5-3 所示。

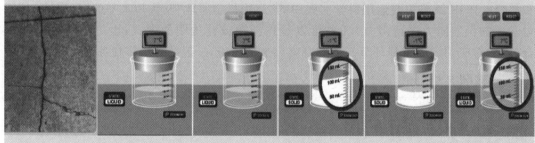

图8-5-8   图8-5-9   图8-5-10   图8-5-11   图8-5-12   图8-5-13

表 8-5-3   交互式计算机任务阶段 1 试题

问题 1:如图 8-5-9 所示,烧杯中盛有水,温度计上显示水的温度,点击"放大"读取烧杯中水的体积,并记录水的体积(mL)。
问题 2:7℃时,水处于液态,当温度下降到 −1℃时,水会发生什么变化?
问题 3:如图 8-5-10 点击"降温",结果如图 8-5-11,记录冰的体积(mL)。
问题 4:描述水结冰的体积变化,体积变化了多少?
问题 5:如果冰融化成水,体积会发生什么变化?
(A)水的体积比冰小   (B)水与冰的体积一样大   (C)水的体积比冰大
解释原因,利用数据来支持你的解释。
问题 6:如图 8-5-12,点击"加热"按钮,实验结果如图 8-5-13 所示,当冰融化成水后,它的体积会发生什么变化?
(A)体积增大   (B)体积减小   (C)体积不变
解释原因。

问题 2、问题 3、问题 4 分别与预测—观察—解释 3 个环节一一对应。问题 5 和问题 6 可看为一组 POE 试题。

（2）阶段 2

这一部分涉及 3 个问题：

①预测冬天雨后人行道裂缝的变化并利用阶段 1 探究结果解释原因；

②观察动画，描述冬天雨后人行道裂缝的变化并解释原因；

③要求学生为城市防止裂缝的增大提出建议方案。

阶段 2 中 3 个问题如下。

问题 7：下雨天，水会渗入人行道的小裂缝里。温度计显示为 7℃，如果人行道温度下降至 −1℃ 时，预测人行道的裂缝会发生什么现象。

（A）裂缝变小　　　（B）裂缝大小不变　　　（C）裂缝变大

根据水和冰的探究结果，解释你的理由。

问题 8：夜晚温度经常下降到 −1℃，观看动画，描述裂缝发生的现象并解释原因。

问题 9：防止冬天人行道裂缝变大，城市能做什么？

问题 7～问题 8 为一组 POE 试题。

问题 7 要求学生预测冬天雨后人行道裂缝的变化并解释原因，问题 8 需要学生观察动画后，描述冬天雨后人行道裂缝的变化并解释原因，与"预测、观察、解释"3 个环节对应。

问题 9 是试题的升华，要求学生根据探究结果，给城市提建议方案。

由此可知，本阶段重点是考查学生"运用科学原理"和"进行技术设计"的情况，承接阶段 1 的内容，呼应主题。

综合本次任务 2 个阶段的 9 个问题，3 次结合 POE 策略设置试题，考查学生对科学知识的理解及运用。这样有明确 POE 策略指导的试题设计，脉络清晰，考查目标明确。

思考与实践

1. 学生学习评价的目的是什么？当前有哪些现象和做法干扰了评价目的的实现？

2. 如何使考试更好地促进学生的发展？请写出你对考试内容与方式上好的建议。你认为应该如何评定和对待考试成绩？你喜欢什么样的评价？你认为如何评价才能激励学生的发展？

3. 分组交流下列问题：

（1）如果考试不再只关注学生的知识和技能，还要考查学生的学习过程，发现问题和解决问题的方法，情感态度与价值观等，考试和考查的项目多了，最后还要不要给学生一个总成绩？怎么给？

（2）如果考试不将学生进行甄别、排序，学生不分"好坏"，那么，还要评价做什么呢？

（3）要发挥评价的激励功能，是否只能用表扬的方式？

4. 选择你参加过的某一次物理课程的考试，试利用你所学的有关教学测量与评价的知识，对这一次物理考试做出质量分析。

5. 你认为学生成长记录卡片评价法有哪些优点,有哪些不足?应当怎样改进才能更好地发挥它的作用。

6. 观看一节课堂的教学录像,同时进行听课记录,最后整理完成个人的评价报告,在小组或全班交流你对这堂课的看法,并思考下列问题:

(1) 对同一堂课不同人的评价意见不一致,这是为什么?

(2) 你认为应该重点从哪几方面评价一堂课?是评价项目多一些、细一些好,还是线条粗一些好?

(3) 物理课堂教学评价项目如何描述,才能更客观、更公正?

(4) 在对课堂进行教学评价时,应注意些什么?

🔍 参考文献

1. 张军朋,张生太. 物理教育测量学[M]. 太原:山西高校联合出版社,1995.

2. 宓子宏. 物理教育学[M]. 杭州:浙江教育出版社,1995.

3. 国家研究理事会. 美国国家科学教育标准[M]. 戢守志,等译. 北京:科学技术文献出版社,1999.

4. 中华人民共和国教育部. 义务教育物理课程标准(2011 年版)[M]. 北京:北京师范大学出版社,2011.

5. 中华人民共和国教育部. 普通高中物理课程标准(2017 年版)[M]. 北京:人民教育出版社,2018.

6. 张军朋,许桂清. 中学物理科学探究学习评价与案例[M]. 北京:北京大学出版社,2011.

7. 张军朋. 中学物理实验教学目标的分类、测量与评价初探[J]. 课程·教材·教法,1996(1).

8. 丁格曼,张军朋. NAEP 科学能力测试中 POE 项目集及基于 POE 策略的试题探讨[J]. 教育测量与评价,2016(6).

附录1　物理教育及其研究有关网站

一、物理教育相关的网站

1. 网站：http://wl.12999.com

简介：12999 物理网，网站内设有直播、试卷、课件、教案、素材、学习天地、教师专区、初中、高中等栏目，可以在其中获取初高中物理试卷、课件、教案等教学资源。

2. 网站：http://www.dearedu.com/wuli

简介：物理资源网，本网站以教师备课、授课与学生自主学习课程为主，包含试题、试卷、课件、教案、图片素材、音频素材、文字素材、微课（视频）、在线学习课程等资料。

3. 网站：https://www.physicsclassroom.com/

简介：The Physics Classroom 网站是美国的一个物理教学资源网，可免费使用网站上的教学资源。

4. 网站：http://math.ucr.edu/home/baez/physics

简介：物理学问题解答网，对物理学中的一些常见问题进行解答。用户可以提出新的问题，也可以对别人提出的问题进行解答。

5. 网站：http://wl.zxxk.com/

简介：物理学科网，提供初中物理、高中物理备课教学资源，包括：试题试卷、课件PPT、教案、教学设计、教学素材等。

6. 网站：https://www.guokr.com/scientific/subject/physics/

简介：果壳网物理学科专栏，不断更新热门或趣味性的科普主题，在教学设计或制作教具的过程中，可以从中筛选一些素材。

二、物理教育研究有关的网站

1. 网站：https://eric.ed.gov/

简介：ERIC 可以对各种期刊资源包括物理教育的文献进行索引。

2.网站：http://www.cps-net.org.cn/

简介：中国物理学会网址，提供与很多国家物理学会的链接，有关物理学研究进展的综合报道和各种物理期刊文献的查询以及国际物理学术会议的预告。

3.网站：http://www.aps.org/

简介：美国物理协会网站，主要包含以下栏目内容：物理期刊、物理资源、物理会议、物理日历、物理教育等。

4.网站：https://www.per-central.org/

简介：本网站是一个专门为物理教育研究的"生产者"和"消费者"提供信息的在线社区。在这里，你可以找到文章和论文的链接、研究小组、基于课程的材料、新闻和事件以及物理教育研究领域的许多其他内容。

附录 2 物理教育及其研究有关期刊

1.《物理教学》

简介:《物理教学》主要是以传承物理科学文化、沟通教育理论与物理教学实践、融会物理教学经验,以最大限度服务于提高中学物理教学质量为宗旨。本刊主要刊载关于学生创新探究、教学论坛、物理实验、命题与解题、物理学史与物理学家、国外物理教学等方面的文章。

网站:http://wljx.ecnu.edu.cn

2.《物理教师》

简介:《物理教师》主要面向中学物理教学与研究。本刊主要刊载教育理论研究、科学方法教育论坛、教材与教法、物理实验、问题讨论、教师进修园地、现代教学技术、物理·技术·社会、物理学家和物理学史、复习与考试、竞赛园地等方面的文章。

网站:http://physicsteacher.suda.edu.cn

3.《物理实验》

简介:《物理实验》主要刊载物理实验成果,交流物理实验教学改革的新思想、新方法、新动态。开设的栏目有:科海寻迹,前沿动态,近代与综合实验,普通物理实验,实验讲坛,专题(包括竞赛、仪器研制与创新、物理学史、专题实验讲座、国外实验简介、实验误差、学科教学论、典型实验剖析、实验技术与技巧、问题与讨论等),互联网＋物理,学生园地,基础教育。

网站:http://wlsy.nenu.edu.cn

http://wlsl.cbpt.cnki.net/

4.《物理通报》

简介:《物理通报》旨在支持与推动物理教学改革,是一本以教学研究为主,横跨中学与大学物理教学,注意科学文化品味,普及与提高相结合的综合性物理杂志。本刊主要刊载关于物理教学新思想、物理课程改革探索与讨论、大学以及中学物理教学、竞赛与物理专题研修、解题思路与技巧、教学案例设计与分析、物理实验教学、教育技术在物理教学中的应用、考试与评价研究、物理学史与教育等方面的文章。

网站:http://www.wltb.ijournal.cn/

5.《课程·教材·教法》

简介:《课程·教材·教法》是反映基础教育、教师教育课程、教材、教法领域最新研究成果、改革动向和教育实践经验,简介国内外这些领域的改革动向和先进经验的国家级期刊。

网站:http://bkstg.pep.com.cn

6.《中国电化教育》

简介:《中国电化教育》面向全国中小学开展各项教学交流活动,反映各地基础教育信息化典型经验和信息技术与课程整合成果。本刊集国内外教育技术理论、教育信息化实践、信息技术与课程整合、学习资源建设与应用、远程教育与网络教育、信息技术教育研究、教育技术设备与产品等多方面研究成果、信息于一体。

网站:http://www.webcet.cn/ewebcet/homePage

7.《物理与工程》

简介:《物理与工程》主要包括四个方面内容:①教学研究,②学科前沿与普及性简介,③物理与工程及相关领域应用,④物理学及相关学科方面的研究成果。

网站:http://gkwl.cbpt.cnki.net

8.《教育研究》

简介:《教育研究》关注教育理论的前沿问题,以刊登教育科学论文,评介教育科研成果,探讨教育教学规律,传播教育教学经验,宣传教改实验成就,开展教育学术讨论,报道学术研究动态,提供国内外教育信息为主旨,引领开展教育理论和教育实践的热点、难点问题研究。

网站:http://www.nies.edu.cn/jyyj

9.《全球教育展望》

简介:《全球教育展望》主要关注国际教改战略、课程理论与政策、教学理论与技术、考试与评价制度改革和教师教育改革五个领域。本刊设置课堂转型、核心素养、儿童研究、普通教育与职业教育的融合、中考高考改革、中国传统课程等专栏。

网站:http://wgjn.cbpt.cnki.net

10.《心理发展与教育》

简介:《心理发展与教育》主要栏目有认知与社会性发展、教与学心理学、心理健康与教育、理论探讨与进展等。

网站:http://www.devpsy.com.cn

11. *Physical Review Physics Education Research*

简介:*Physical Review Physics Education Research* 属于物理教育研究领域内完全开放的电子期刊。本刊主要刊载教育评估和认知学习、教师专业发展、测量与评价、科学教育政策等方面的文章。

网站:https://authors.aps.org/Submissions/login/new;
https://journals.aps.org/prper/;https://journals.aps.org/prper/authors

12. *The Physics Teacher*

简介:*The Physics Teacher* 主要发表有关基础物理教学、当代物理学、应用物理学和物理学史等主题的同行评审论文。本刊致力于加强中学和大学在内的所有层次的物理教学,致力于提供经过同行评审的内容和材料,以供课堂和教学实验室使用。

网站:https://aapt.scitation.org/journal/pte;
https://editorialexpress.com/cgi-bin/e-editor/e-submit_v15.cgi?dbase=tpt

13. *American Journal of Physics*

简介：*American Journal of Physics* 的任务是发表有关物理学教育和文化方面的文章，这些文章对物理学专业的学生，教育工作者和研究人员非常有用，可以加强对物理学的理解。

网站：https://editorialexpress.com/cgi-bin/e-editor/e-submit.cgi? dbase＝ajp

https://editorial.express.com/cgi-bin/e-editor/e-submit.cdbase＝ajp

14. *Journal of Research in Science Teaching*

简介：*Journal of Research in Science Teaching* 是教育学领域的顶尖期刊，在全球教育和教育研究（EDUCATION & EDUCATIONAL RESEARCH）类 235 种期刊中，排名第 9，属于 Wiley Online Library 数据库，被 SCI 收录。

网站：https://onlinelibrary.wiley.com/journal/10982736

15. *Physics Education*

简介：*Physics Education* 是一本面向所有在中小学和大学中从事物理教学的人员的国际期刊。本刊专门讨论物理教学法，文章反映了中学教师、教师培训师以及涉及入门级本科课程的人员的需求和兴趣。

网站：https://mc04.manuscriptcentral.com/ped-iop

后　记

在结束本书写作之际，回溯其写作过程，我们在编写中主要关注了以下五方面：

1. 关注基础教育物理课程改革

当前学校课程的中心任务在于充分挖掘各学科课程独特的育人功能，落实立德树人的根本任务。物理核心素养是物理课程育人价值的集中体现，物理教育改革与发展的目标是培育和发展学生的物理核心素养。当前我国基础物理教育改革与发展的方向是实现由基于物理知识的课程、教学与评价，向基于物理核心素养发展的课程、教学与评价转变。实现上述转变，就要解决"两落地"问题，即物理核心素养在"物理课堂上"落地，在"物理考试评价中"落地。当前我国在解决"两落地"的问题上还缺乏机制和策略，特别是缺乏足够的、系统的和深入的研究。在解决"两落地"问题上，需要广大物理教育工作者和一线教师贡献各自的智慧和力量。我们期望本书能在落实物理核心素养培养和解决"两落地"问题上提供有效指导、策略和方法。

2. 关注教师教育改革

学校教育改革的核心是课程，课程改革的核心是课程标准和教材，教学改革的核心是教师。2018 年 1 月，中共中央、国务院在《关于全面深化新时代教师队伍建设改革的意见》中指出，"兴国必先强师"，教师"是教育发展的第一资源，是国家富强、民族振兴、人民幸福的重要基石"，这是在国家层面上给予教师教育事业重要性的最新表述，达到了前所未有的战略高度。当前我国物理教师教育改革与发展的方向和目标，应紧紧围绕培养高水平物理教师的目标来规划，要求物理教师努力提升自身的核心素养，在实施"素养为本"课堂教学的关键能力上取得重大突破。国际科学教师教育研究发现，存在"'三高'因果链"，即"高水平教师""高质量教学"和"高素养学生"之间存在因果关系。高素养物理创新型人才的培养，呼唤高水平物理教师。"两落地"问题的解决，亟需高水平物理教师。高水平教师的培养不是一句空话，而是需要开展扎扎实实的学术研究。例如，研究高水平物理教师所需的课堂教学特质，高水平物理教师应具备的关键能力、成长机制及其有效发展策略，职前培养、职后培训的有效路径，评价标准、测量工具及发展进阶等。我们期望本书在培养师范生从事中学物理教育工作所必备的一些专业知识技能和持续发展自身专业素养的基本能力方面，特别是培养在职教师实施"素养为本"课堂教学的关键能力方面发挥积极的作用。

3. 反映国际国内物理教育研究的最新成果

更新课程内容，是课程教材改革与建设的一项重要任务。站在面向未来的高度审视国际国内物理教育的改革和发展，把国内外最新的物理教育研究成果和基础教育物理课程改革的实践成果，以及来自教学第一线的教学案例反映到本书的很多章节，这些会给大家耳目一新的感觉。例如，第 1 章中学物理教育的目标和任务中设置了从教育的层面对物理学的多维思考,讨论了科学本质的教育问题,以及更明晰地阐释了物理核心素养概念等;第 2 章中学物理学习的基本理论,设置了认知科学对物理学习研究的最新成果等。根据物理教育研究的最新成果,我们对每一章的内容都进行了重新建构。

4. 反映物理课程与教学论学科建设的最新成果

"中学物理课程与教学论"是笔者所在学校设立物理学(师范)教师教育专业以来的优势课程,是国家级本科建设专业物理学(师范)教师教育专业的核心课程。

从特点上来看,本课程具有综合性、实践性、发展性。从课程性质上来看,本课程是研究物理课程与教学问题,揭示物理课程与教学规律,指导物理课程与教学实践的一门理论兼应用的课程。

在课程目标上,本课程确立了从物理教学信念与责任、物理教学知识与能力、物理教学实践与体验三维目标培养师范生。在"物理教学信念与责任"目标上,期望师范生具备先进的、与时代相适应的物理教学理念,具备正确的课程观、学生观、教师观、教学观及相应的教学行为。在"物理教学知识与能力"目标上,期望师范生掌握中学物理教学的基本知识与技能,掌握常见的中学物理课型的教学设计及实施能力,并具备专业自我发展的知识与能力。在"物理教学实践与体验"目标上,期望师范生具备观摩中学物理教学实践的经历与体验,了解中学物理课堂教学的规范与过程;具备参与中学物理教学实践的经历与体验,逐步提高物理教学设计和实施能力,获得对中学物理教学的真实感受和初步经验。

笔者执教"中学物理课程与教学论"多年,本课程近年来开展了持续的改革与实践,取得了一系列的教学成果:

- 2008 年"中学物理课程与教学论"课程确立为校级精品课程。
- 2009 年主编的《物理教学论》教材纳入国家"十一五"规划教材。
- 2012 年立项建设广东省高校精品共享课程"中学物理课程与教学论"(https://moodle.scnu.edu.cn/course/view.php? id=5712),2016 年 12 月通过省级验收。
- 2018 年主持省级新形态教材《中学物理微格教学教程》的建设。本教材 2021 年 10 月在北京大学出版社出版。
- 2017 年编写的教学案例《由单件到积件:物理自制教具的新思路》收入中国专业学位教学案例中心案例库。
- 2010 年"物理教师教育新课程体系的构建与实践"、2014 年"卓越物理教师'三元'一体化培养模式的探索与实践"、2018 年"基于'三融合'理念的物理师范生创新能力培养路径与实践",连续三届获得省级教学成果一等奖。
- 2018 年"中学物理演示实验改进创新与教学应用"获国家级教学成果二等奖。
- 2018 年作为"中学物理课程与教学论"课程重要组成部分的"中学物理教学设计"立项建设省级在线课程。2020 年 2 月,课程在粤港澳大湾区高校在线开放课程联盟平台上线。网址如下:

http://www.gdhkmooc.com/portal/GdoocCourse? id=14827841&refer=/fanya/courselist? fcId=553&scId=&coursesource=0

- 2019 年 12 月在线课程"中学物理教学设计"在中国大学 MOOC 网（https://www.icourse163.org/course/scnu-1207427803）平台面向社会开放。

- 2020 年主持的"中学物理教学法"（又名"中学物理课程与教学论"）被教育部认定为首批国家级线下一流课程。同年主持的在线课程"中学物理教学设计"被广东省教育厅认定为首批省级线上一流课程。

5. 顺应"互联网＋教育"时代的要求

在线课程、数字资源、在线课堂、在线学习、混合学习、翻转课堂、直播课堂、新形态教材等是当今"互联网＋教育"最典型的表现形态和发展趋势。为了适应这种变化，我们在物理教师教育课程的数字化建设及教学改革方面做了一定的努力和尝试。例如，开发了中学物理基元教学视频案例；将纸质教材与数字视频资源相结合，编写了新形态教材《中学物理微格教学教程》（第 3 版）。鉴于此，建议本教材在使用时要有意识地建立纸质文本教材与数字资源的有效对接。例如，可以把本教材与在线课程"中学物理教学设计"以及新形态教材《中学物理微格教学教程》（第 3 版）有效对接，从而实现线下学习和线上学习、在线课堂与线下课堂、课外学习与课内研讨的打通和深度融合。

本书是华南师范大学创建国家教师教育创新实验区首批教师教育专家工作室主持人张军朋教授的研究成果。参加本书初稿讨论的有张军朋、许桂清、詹伟琴、王恬、肖洋、王丽、梁利雄、陈路畅、陈锦云、陈敬业、李振芳、赵志维、方颖、曹嘉琪；参加本书审校的有胡嘉莹、尹文慧、李捷、黄泽璇、邱文婷、周珏谊、许建、谢晓妹、杨佳婷、李丹瑶、李雨茜、赵家隆，以及华南师范大学首届基础教育访问学者张峰、高秀丽、王剑、刘长灿；最后由张军朋教授负责全书的修改、统稿和定稿工作。

本书的出版得到北京大学出版社李淑方副编审，华南师范大学教师教育学部、物理与电信工程学院的大力关心、支持和帮助，在此表示衷心感谢！同时，本书的编写参考和引用了国内外出版、发表的物理教育研究的文献和众多一线优秀教师的教学案例，正是这些成果和案例充实和丰富了本书的内容，在此向大家表示衷心的感谢；由于种种原因，有些成果（尤其是网上相关资料）无法找到作者和出处，故未能在书中一一标出和注明，在此向这些作者表示深深的歉意。

限于时间和作者水平，书中肯定存在一些缺漏和不足，敬请广大读者批评指正。

张军朋

2021 年 6 月

北京大学出版社
教育出版中心 精品图书